教育部人文社科研究项目结项成果

课题名称：《传统中国的能动司法模式研究》

项目批准号：11YJA820004

结项证书编号：2016JXZ2900

国家社会科学基金项目阶段成果

课题名称：《基于社会安全视角健全化解社会矛盾的人民调解、行政调解、司法调解联动机制研究》

项目批准号：15BZZ088

法律溯源丛书

张晋藩 主编

传统中国能动司法研究

◎ 陈会林 著

中国政法大学出版社

2020 · 北京

图书在版编目（ＣＩＰ）数据

传统中国能动司法研究/陈会林著.—北京：中国政法大学出版社, 2020.7
ISBN　978-7-5620-9372-5

Ⅰ.①传... Ⅱ.①陈... Ⅲ.①司法－研究－中国 Ⅳ.①D926.04

中国版本图书馆CIP数据核字(2019)第290565号

书　名	传统中国能动司法研究
	CHUANTONG ZHONGGUO NENGDONG SIFA YANJIU
出版者	中国政法大学出版社
地　址	北京市海淀区西土城路 25 号
邮　箱	fadapress@163.com
网　址	http://www.cuplpress.com（网络实名：中国政法大学出版社）
电　话	010-58908466（第七编辑部）010-58908334（邮购部）
承　印	北京中科印刷有限公司
开　本	720mm×960mm　1/16
印　张	24.75
字　数	380 千字
版　次	2020 年 7 月第 1 版
印　次	2020 年 7 月第 1 次印刷
定　价	89.00 元

总　序

　　中国是世界著名的文明古国之一，法制的历史不仅悠久而且辗转相承历 4000 余年而迄未中断，其连续性、系统性、典型性为世界法制历史之最。中国也因此而被公认为中华法系，自立于世界法系之林，其影响及于东方世界。

　　中国古代的法律体系发展至唐代已经基本定型并日趋成熟，内含刑事立法、行政立法、民事立法、经济立法、诉讼立法等内容，是一套诸法并存的相当完备的法律体系。不仅如此，在古代重伦常关系的传统影响下，调整尊卑伦常秩序的礼的规范不断入律，形成了"德礼为本，刑罚为用"互相结合的特殊的法制发展规律，成为中华法系的主要表征。

　　4000 多年的中国法制历史，蕴涵了古圣先贤杰出的理性的法律思维，并且综合了儒法墨道诸子百家的学说，为中国法制发展奠定了深厚的文化基础。

　　4000 多年的中国法制历史，也凝聚了治国理政的丰富经验，它是一座宏大的智库，为我们建设法治中国储备了最丰富的资源。

　　古代中国是以农立国的政治经济文化发展不平衡的统一多民族的大国，在这样的国情下，中国法制历史的发展与国情息息相关，带有深刻的国情烙印，形成了独立的发展传统。但历史的发展是不能斩断的，尽管世易时移，固有的国情的因子仍与当代中国有着千丝万缕的联系。所以，我们要尊重法制历史的传统。

　　总之，中国法制历史有着极其深厚的法文化积淀，也有着在治国理政上可为当代借鉴的史鉴价值，同时还为我们建立当代的中华法系提供了参考。

基于此，我们编辑了"法律溯源丛书"，选取法律史学杰出的中青年才俊的著作，编辑成书，期望在法学这个春天的花圃中，植下一株新葩，借以弘扬中华传统法文化，开启一个新的智库之门，以有裨于依法治国的宏大事业。切盼法史界的学者共同维护滋养这株新葩，使其茁壮成长。

张晋藩

2016 年 12 月 3 日

内容简介

　　"能动司法"（judicial activism）的固有表达源自美国。"能动司法"作为一种司法模式或司法理念，历来都是一个有争议的话题。我国 2009 年前后在"和谐社会"建设的语境下，司法界对"能动司法"进行了运动式的倡导、探索和实践，并且形成当代中国可以有，甚至必须有"能动司法"的主流观点或认识，但是对于传统中国有没有能动司法的问题，学界缺乏应有的关注。

　　对于传统中国司法中存在的突破"断罪引律令"（这里的"罪"即不法行为）、"依告状鞫狱"等严格司法规定，纠补严格司法之缺陷的种种做法，我们用现代语言总结并表达为"能动司法"。本著在中西贯通语境下，从能动司法的视角考察和解读传统中国"细事"（民事性）案件审理的规则或程序往往并不严格依据"国法"，乃至有所谓"卡迪司法"嫌疑的法律现象。"能动司法"是语源来自西方，但在国内外都曾大行其道的特别司法模式。这里的能动司法是指司法机关或司法官在特殊案件审理过程中，在法治前提下，积极作为、变通规则、调整程序、扩张功能，最大限度实现公平正义的司法理念和司法方式。传统中国没有对应"能动司法"这一术语的固有表达，但普遍存在能动司法的事实。传统中国能动司法的主流反映了古今共通的某些司法规律和法律智慧。

　　本著的考察和研究，以特别能反映传统中国司法规律与特质的、司法应对"小事闹大"诉告的策略为切入点，以司法经验较为成熟、研究史料相对丰富的清代为重点时间段。本著认为，传统中国"细事"能动司法的方式主要有三大类：变通规则的"曲法通情"、积极作为的"代民作主"、调整程序的"官批民调"。"反经而善"可以反映传统中国能动司法的哲学机理：传统中国的能动司法主要以"定分止争"为基本路径和方法、以不违"天理"和不徇私情为边界、以"和睦"为实质正义追求的终极标准;强调人伦、追求和睦是传统中国能动司法不同于西方能动司法的根本特征,传统中国能动司法是一种"情理教化息讼"型能动司法。

传统中国"细事"能动司法,源远流长,化身千万,至20世纪初在近代民事司法变革中凤凰涅槃、蝶化新生。近代的"马锡五审判方式",当代的人民法院委托调解、人民调解协议司法确认等司法方式都与传统能动司法一脉相承。当下中国的能动司法并不完全是创新。

传统能动司法与现代能动司法,不完全是"落后"与"先进"的关系,因为两者各有其特定的社会生态与政治基础,但两者意气相通,其共通的思想元素体现了习近平总书记所说的"讲仁爱、重民本、守诚信、崇正义、尚和合、求大同"这些中华传统文化的核心精神。相对而言,如果说在农耕文明、宗法社会、熟人社会、非民主、非法治的传统中国,能动司法追求以"和睦"为主要标准的实质正义具有一定合理性和必然性的话,那么在工商文明、公民社会、陌生人社会、追求民主法治的现代中国,能动司法追求的实质正义,就应该主要是维护和保障权利,通过"维权"实现"维稳"。

本著的研究,既有学术视野,又有现实情怀。为了能使本著"惠及"实务界,本著没有刻意省略那些在法律史专家们看来是"常识",但删掉它们则可能影响实务人士完整理解的内容,以致本著说了不少"正确的废话"。

本著的研究,试图初步建构起一套较为合理的传统中国能动司法话语体系,并以此总结传统司法的相关经验和智慧,推进对传统中国法律文化特色的认识,为当代中国司法的改革和发展提供传统本土资源,为"东方法律主义"的可能性和适度的文化自信提供历史佐证。

序

会林这部专论传统中国"能动司法"问题的著作，视角特殊，思路新颖。粗览一遍，获得启发不少。关于吾国司法之"情理法兼顾"传统，多年前我曾稍有涉足，虽然尚未名之以"能动司法"，但初有一些感悟。会林将这一研究推向更高境界，发我所未言，履我所未及，令人欣慰。欣悦之余，将读后感想串联起来，权充序言，权作荐语。

这本书，据我所知，是关于传统中国"能动司法"问题的第一部专著，是第一部从"能动司法"视角全面研究传统中国司法模式的论著。说它是第一部，绝不是说此前没有任何研究著述涉及这一问题，而是强调本书是以"能动司法"一语概括传统司法之"情理法兼顾"特性并系统深入探究的第一部著作。

会林的这一研究，大约始于2008年。是年他开始做国家司法与民间解纷联接问题的研究，获司法部法学研究基金立项支持。从这一课题出发，会林顺势将传统中国官民互动解纷问题的研究延伸到对"情理法兼顾"即注重"权变"或"权宜"这一传统司法特性的研究，长期思考至今，难能可贵。尤其是2011年夏《传统中国的能动司法模式研究》获教育部人文社科基金立项资助后，会林的这一研究更如拓黑土，如种嘉禾，收获颇丰。呈现在我们眼前的这部著作，就是他"十年磨一剑"的结果。

"能动司法"的概念或提法，古代中国当然没有，但不能因此说古代中国没有能动司法的实践。在具体案件审理中，突破现行成文法的某些硬性规则，结合天理人情、风俗习惯，作出"权宜"或"权变"的司法调处或裁判，这种做法当然就是今人所谓"能动司法"。会林在书中集中讨论的那些做法，如"突破'断罪引律令''依告状鞫狱'等严格司法规定，从而纠补其缺陷的种

1

种做法",其实就是古时的能动司法。这种"能动司法",不仅在"细事"("自理词讼"案)中比较普遍,而且在"重情"("命盗狱讼"案)中也大量存在。这是传统中国司法不同于近现代司法的一个重要方面。会林对这一方面进行的探讨,超越了过去"情理法兼顾"问题的研究视野,触及传统司法的权变(权宜)模式及其价值判断选择艺术问题,这是值得注意的。更可贵的是,在讨论这一问题时,会林特别强调了两个前提:一是强调能动司法所突破的"法"主要是国家制定或认可的法,亦即通常所说的"国法",并不是广义上的法;二是强调能动司法之"变通"或"权宜"是在那时人们公认的正义价值准则指导下,以天理人情即中国式自然法为旨归,并非漫无标准。他认识到这种能动司法,与现代法治国家司法有时允许在遵循法治原则前提下积极作为、变通规则、调整程序、扩张功能,在个案中最大限度实现公平正义的"司法能动主义"还是有一定距离的。

会林的这一研究,在以下几个方面给我们启发尤多。

第一,从能动司法视角研究传统中国司法模式,有助于深化对中国传统法律文化特别是司法文化的认识,有助于我们更进一步认识传统中国司法的价值宗旨及解纷技巧。因为所谓能动,绝不是乱动,而是绕过成文法中的障碍,回复伦理价值的断狱决讼艺术。紧扣目标、巧避障碍二者是一物两面,不可分开。这样的司法艺术,当然不是"卡迪司法"一语所能概括。对这种司法艺术的全面研究,其所注重的当然不是一般的解纷技巧,而是克服困难、恢复正义价值或秩序的技巧。从能动司法视角研究这一技巧,当然更可能深入解读中国传统司法的民族个性或民族风格。

第二,从对民间"小事闹大"诉告策略的官方司法应对技巧的考察出发,会林系统梳理了传统中国州县衙门在断理"细事"(词讼)案时的能动司法情形,总结分析了其中的一些有共性的特征或规律,给了我们很多启发。他将官府在"细事"审理中的司法能动归纳为三类,即变通规则的"曲法通情"、积极作为的"代民作主"和调整程序的"官批民调",这种分类分析和总结,当然更好地揭示了传统司法的内在规律。特别是,会林借汉朝赵岐"反经而善"一语概括传统中国能动司法的哲学宗旨,揭示了能动司法表面虽违反常法而实际上更合乎法上之法(善或正义)的本质属性,这确实是切中肯綮之论。

第三,从与今日能动司法追求的差异视角去考察分析传统中国能动司法的特性,这一方面更予人重要启发。会林注意到,传统中国的能动司法,有很多不同于今日司法能动追求之处。他提醒我们注意，在传统中国的能动司法操作中，重和谐轻权利（甚至在一定程度上将和谐与权利对立起来）、重教化轻审断、重情理轻国法、父权家长式息讼、审判与行政职能不分等，几乎如魂随躯。但他认为，不能仅仅因为这几条就给传统中国能动司法简单地扣上"不良"或"落后"的帽子。古今中国的社会生活形态不同、政治法律秩序不同，我们不可用今人的价值标准去苛求古人司法，而应该看到这一模式在降低司法成本、保护正当权益、恢复社会和谐等方面的永恒意义。会林注意从中西会通视角乃至所谓"法律东方主义"语境中讨论这一问题，更是非常有意义的。

第四，对中华法系的一些不同于其他法系的特征进行新的分析阐发，会林也颇有心得。他认为，传统中国"法"的内质主要是"刑"，是惩罚违反"礼"、不服从君王号令、不响应圣贤感召、轻肇事端、轻启纷争等行为的刑罚制裁规范；古人并没有关于民事责任、刑事责任分类的意识，认为所有不当行为都是"罪"或"恶"，都可以施以轻重不等的刑罚，于是历代律典看起来大多都"长得"像"刑法"，令、科、格、式、例等都是"刑法"的衍生物或为"刑法"服务的；因为坚持"德主刑辅""明刑弼教"的治理逻辑，所以法律体系没有也无需像今天这样复杂和完善（所谓"法网恢恢"），"天理""人情"之类的非"法"（国法）规则必然更多地进入司法领域；在司法上没有民事诉讼、刑事诉讼之类的严格分别，只有根据"罪"情轻重的"细事"与"重情"（"词讼"与"狱讼"）的分别；旧时律典强调的"断罪引律令"规则，与今天的"罪刑法定"追求也不完全是一回事，等等。这些看法，都有一定的新意。

在本书中，会林想为传统中国司法的"能动司法"方面特征建构起一套重述话语体系，这种努力是难能可贵的，也是初有成效的。但是，由于各种各样的主观客观限制，本书的研究离这套话语体系的完成还有相当距离，"细事"案能动司法模式研究还有待进一步系统化和深化，"重情"案能动司法模式研究有待正式开始，古时能动司法模式与今日司法能动主义追求的内在价值的一致性和差异性的分析阐发有待深入，这是我们可以继续期待于会林的，也是他未来研究可能继续格外着力之处。

匆匆阅读并草记感悟，疑未全面深入理解。井视管窥，勉强为序。

范忠信

2019 年 3 月 3 日于余杭古镇凤凰山北麓参赞居

自　序

一

　　"近代以前，中国一直稳健地走着自己的路"〔1〕，以至可以说中华文明是除西方基督教文明之外最大的原创性文明，博大而精深，垂世而独立，其重要表现之一便是传统中国的法制模式与西方有着根本的不同，在"德主刑（法）辅"的规范结构、人际和睦与社会和谐的目的追求等方面所表现的不同于西方的"路向"上达到了极高的水准。西方美国著名学者、当代"头号中国通"费正清（John King Fairbank，1907—1991）说：

　　　　（传统）中国的法律概念根本不同于西方。它起源于古代中国人对天理（自然秩序）的观念，认为人的行动必须合乎天理，而统治者的职责是维护这种协调一致。统治者是以懿行美德而不以法律来影响百姓的，所以认为通晓事理的文明人会受这种榜样和高尚行为规范的指引，而毋需绳以法规。按照这一理论，只有对那些野蛮的、未开化的人，即那些不遵圣贤教导和皇帝榜样的人，才需要实行惩罚而使其愉服。明正赏罚，在于表明每个人按其身份应采取什么样的合乎体统的行动。但在理论上，赏罚总被认为是保证人们循规蹈矩的次要手段，其目的是"以罚止罚"。〔2〕

　　这是说传统中国的法（国法）主要是用来制裁那些破坏人际和睦、社会

---

〔1〕　张中秋：《中西法律文化比较研究》"序言"，法律出版社 2018 年版。

〔2〕　[美] 费正清：《美国与中国》，张理京译，世界知识出版社 1999 年版，第 109 页。

1

和谐，尤其是"不遵圣贤教导和皇帝榜样"的人的工具，而不是近现代意义上规定权利义务的法律。日本法学家滋贺秀三（1921—2008）说："纵观世界历史，可说欧洲的法文化本身是极具独特性的。而与此相对，持有完全不同且最有对极性的法文化的历史社会似乎就是中国了。"[1] 王亚新教授讲："传统中国的法与审判可以说是人们从另一个方向上设想和构筑秩序并将其发展到极为成熟精致高度的产物，是另一种同样具有自身内在价值的人类文明的体现。"[2]

纵然，中西传统法律文化代表着两种不同的法制模式，但并非像滋贺秀三所说的"完全不同"[3]，例如在传统中国的司法方面，费正清评论道：

> 一般说来，法律在国内既不是首要的，也不是遍及一切的，而且人们觉得，如果像莎士比亚剧本中的夏洛克那样援引法律条文，那就是不顾真正的道德，或者承认自己的讼案有亏德行。要做到公允，执法必须衡情度理。[4]

梁治平教授说："时人多以为西人行事严格地依据法条，吾人行事则散漫

---

〔1〕 参见 [日] 滋贺秀三："中国法文化的考察——以诉讼的形态为素材"，载《比较法研究》1988 年第 3 期。

〔2〕 参见王亚新："关于滋贺秀三教授论文的解说"，载 [日] 滋贺秀三等：《明清时期的民事审判与民间契约》，王亚新等编译，法律出版社 1998 年版，第 98~99 页。

〔3〕 一直以来，中西法制传统比较研究的主流思想中有夸大差异性、忽视共同性的倾向。比如，宪法的观念和制度，苏亦工教授指出：毋庸否认，中国是一个缺乏宪政传统的国家，但这不等于说中国人毫无类似近代西方的宪法观念。只不过这种观念比较原始，没有得到充分发展罢了。两千年来，中国文化中自发地生长出一种中国独有的"约法"观念。这种观念在民间长期流传，但极少引起学术界的重视。所谓"约法"观念，是指统治者向民众作出的一种承诺，理论上对其自身具有一定的约束力。通常在新王朝伊始，某些开国皇帝会向民众作出若干许诺以换取民众对新王朝的支持和臣服。其中最著名的莫过于汉高祖初入关与关中父老"约法三章"，唐高祖与民"约法十二条"。辛亥革命后诞生的中国历史上第一部真正的宪法《中华民国临时约法》称作"约法"而不称"宪法"，显然也是刻意要表达这种传统的政府与民众"约法"的观念，以强调其对政府自身的约束力。仔细品味这一传统观念，我们可能会觉得与其说它近似西方的宪法观念，不如说更近似于一种契约观念。其实，西方的宪法观念与契约观念原本就是同源，近代欧洲宪法观念的成长曾经受到社会契约论的强烈影响。在西方人看来，"宪法不过是人民与政府间的契约而已，而契约就是普通人之间的宪法"。由此看来，中西传统宪法观念并非毫无共通之处。参见苏亦工：《中法西用——中国传统法律及习惯在香港》，社会科学文献出版社 2002 年版，第 45~46 页；顾元：《衡平司法与中国传统法律秩序——兼与英国衡平法相比较》，中国政法大学出版社 2006 年版，第 16 页。

〔4〕 [美] 费正清：《美国与中国》，张理京译，世界知识出版社 1999 年版，第 112 页。

无章，仅有抽象的道德原则或模糊的公正观念作指导。这两种看法同样地似是而非……大而言之，经与权乃是所有受规则支配的人类共同的问题。吾人与西人的差别，在这一种意义上，只有程度的不同。"[1]能动司法就是中西法制"同曲异工""殊途同归"的一个重要方面。相对于"严格司法"而言的"能动司法"，是司法官在案件审理过程中，对"经"（法定规则、程序等）进行"权"（灵活变通），以最大限度地实现公平正义的司法理念和司法方式。

中华法系具有很多能动司法的条件和元素。近代著名法学家陈顾远先生（1896—1981）在《中国固有法系之简要造像》一文中将中华法系的特色概括为六个方面："神采为人文主义，并具有自然法像之意念"；"资质为义务本位，并且有社会本位之色彩"；"容貌为礼教中心，并具有仁道恕道之光芒"；"筋脉为家族观念，并具有尊卑歧视之情景"；"胸襟为弭讼至上，并且有扶弱抑强之设想"；"心愿为审断负责，并且有灵活运用之倾向"。这里"灵活运用"之"心愿"，说的就是能动司法问题。所谓"（司法官）在刑狱方面适应时代环境之需要，自不必拘守一格，极尽其灵活之运用……一方面尊重法律之安定性，一方面抬高法律之适应性，并非一成不变者可知"。而"仁道恕道"之"容貌"与"扶弱抑强"之"胸襟"，都是中华法系追求的实质正义的特有内容，也与能动司法相关。[2]

传统中国司法有道德化、行政化与非专门化（非职业化）、人情化与艺术化、个别化和非逻辑化等特质[3]，这些特质的一个重要共性就是"能动性"。正如陈景良教授所指出的："在古代中国的'礼法传统'下，法官审理案件首先是依法判决是非，其次是援情入法，尤其是对于重大疑难案件，审理者不能单独地、机械地适用法律条文，而是要特别注意天理、国法、人情三者之间的平衡。审判既是一门高超的艺术，也是儒家追求'和谐'，倡导'致中和'精神的实现。"[4]在特定案件的审理中，司法官"曲法通情""代

---

〔1〕　梁治平：《法意与人情》，中国法制出版社2004年版，第247页、第249页。

〔2〕　本段所有引文参见范忠信等编校：《中国文化与中国法系：陈顾远法律史论集》，中国政法大学出版社2006年版，第38~48页。

〔3〕　参见胡旭晟主编：《狱与讼：中国传统诉讼文化研究》，中国人民大学出版社2012年版，第10页。

〔4〕　陈景良："礼法传统与中国现代法治"，载《孔学堂》2015年第4期。

民作主""官批民调"等做法，在今天或许出人意料，但在古时则理所当然。能动司法是传统中国司法的一道亮丽风景，反映了先贤们的司法艺术和法律智慧。

关于传统中国法制的研究，瞿同祖先生（1910—2008）曾警示我们要注意法律规定与司法实践的差异，他说："研究法律自然离不开条文的分析，这是研究的根据。但仅仅研究条文是不够的，我们也应注意法律的实效问题。条文的规定是一回事，法律的实施又是一回事……如果只注重条文，而不注意实施情况，只能说是条文的、形式的、表面的研究，而不是活动的、功能的研究。"[1]有学者对南宋《名公书判清明集》（主要是民事性判例集）所收470余件书判的判决依据情况进行统计后得出以下几点结论：第一，绝大多数判决并未引述"国法"条文，直接引述法条的书判仅115件，不到1/4。第二，未引法条或法意未详、书面上明显以其他理由作为主要判决依据的，至少有67例。第三，有些判决即使明确引述"国法"规定，但仍以各种理由进行"权断"，这类书判至少有33例。[2]从这里的研究结果来看，南宋民事性司法审判中普遍存在着"曲法通情"的能动司法情形，这实际上是传统中国司法的一个缩影。

"反经而善"[3]"通变达理""反常而合于道"[4]等表述，是中国先贤对"特殊情况下灵活变通运用常经或常规才可实现真善或道义（实质正义）"这样一种意思的固有表达。这类表达虽然不是直接针对能动司法的，但它是"传统中国司法通过能动司法实现实质正义"的较好表示，完全可以用来表达传统中国能动司法的精义和神韵。

---

〔1〕 瞿同祖：《中国法律与中国社会》"导论"，中华书局2003年版。

〔2〕 参见王志强："《名公书判清明集》法律思想初探"，载叶孝信、郭建主编：《中国法律史研究》，学林出版社2003年版，第486～487页。

〔3〕 东汉文学家、经学家赵岐（108—201）在《孟子注疏·离娄上》中说："（孟子）曰：'嫂溺不援，是豺狼也。男女授受不亲，礼也。嫂溺援之以手者，权也。'"赵岐注："权者，反经而善者也……夫权之为道，所以济事也，有时乎然，有时乎不然，反经而善，是谓权道。故权云为量，或轻或重，随物而变者也。"赵岐：《孟子注疏》，山东画报出版社2004年版，第204～205页。

〔4〕 南朝儒家学者、经学家皇侃（488—545）在《论语义疏》中说："子曰：'可与立，未可与权。'""权者，反常而合于道者也。自非通变达理，则所不能……故王弼曰：'权者道之变，变无常体，神而明之，存乎其人，不可预设，最至难者也。'"皇侃：《论语义疏》，中华书局2013年版，第231页。

二

任何研究都是基于特定的语境或理论基础而展开的。本著探讨能动司法在传统中国的存在及表现、机理和意义，这是一个具有挑战性或争议性的话题，这个话题主要基于以下理论预设或逻辑前提：

（1）本著所谓"能动司法"是司法机关或司法官在特殊案件审理过程中，在法治前提下，积极作为、变通规则、调整程序、扩张功能，最大限度实现公平正义的司法理念和司法方式，这一定义不同于其语源故乡美国早期基于司法审查的司法能动主义，但与美国现代司法能动主义形神相通。这样界定"能动司法"，表明我们建立自我话语体系的努力，同时也表明我们记取苏力教授对我们的警示：中国传统法律文化的研究，"不能满足于以西方的理论框架、概念、范畴和命题来研究中国，因为这样弄不好只会把中国人的经验装进西方的概念体系中，从而把对中国问题的研究变成一种文化殖民的工具"[1]。能动司法的定义是本著所有内容的逻辑起点和理论根基。

（2）传统中国没有"能动司法"的说法，但有能动司法的做法，其能动形式主要有变通规则的"曲法通情"、积极作为的"代民作主"、调整程序的"官批民调"等。传统中国对司法功能的认知有儒家的"和为贵"、法家的"定分止争"等固有表达，通过"定分止争"实现"和为贵"大概是传统中国能动司法发生的逻辑场域。传统中国的能动司法主要发生于严格司法不利于实现实质正义（例如人际和睦）时的情形，并非说传统中国所有司法都是能动的。

（3）能动司法之"法"是"正式的和公共的法律"，亦即国家制定或认可、依靠国家强制力保障实施的规范，其在传统中国主要是"国法"，包括律、礼、令、例、典等形式，不包括"天理"和"人情"。

（4）"细事""细故"和"重情""重案"是传统中国对案件的重要分类，本书勉强将它们分别对应于今天的民事案件和刑事案件。传统中国没有部门法的概念或思维，没有今天民事、刑事等分类，其法律观念中只有根据违法轻重施以不同处罚的思维，所有违法行为都是"罪"，所有处罚都是

---

[1] 转引自苏力：《法治及其本土资源》，北京大学出版社 2015 年版，第 230 页。

"刑",轻罪(细事案)处笞杖刑,重罪(重案)处徒、流、死刑。古代的罪不是今天的罪,古代的"刑"不是现在"刑法"的"刑",笞、杖、徒、流、死等处罚在今天看来都是"刑罚"。正是在这个意义上,晚清大理院正卿张仁黼(?—1908)才说:"中国(古代)法律,惟刑法一种,而户婚、田土事项,亦列入刑法之中,是法律既不完备,而刑法与民法不分。"[1]但传统中国"轻罪"(笞杖刑案件)与"重罪"(徒流刑案件)之类的区分还是有的,大致来说,前者可对应于民事案件,后者可对应于刑事案件。今天说传统中国法有刑法、民法、行政法等,只是将有关内容与今天的部门法大致比附对应,是"以今观古"的体现。

(5)本书主要探讨针对"细事"案的能动司法,但实际上传统中国的"重案"司法也存在能动的情形。[2]今天的刑事司法要求严格遵行"罪刑法定"原则,不允许能动司法,传统中国的"重案"司法不能等同于今天的刑事司法。

基于农耕、宗法、帝制的传统司法文明,整体上不适于今天追求民主法治的市场经济工商文明社会,但其中有些可以贯通古今的司法规律和法律智慧,值得我们认真总结和借鉴。本书用现代法理考量传统司法,对传统中国司法中的能动情形进行考察和解读,试图初步建构一套较为合理的传统能动司法话语体系,为当代中国司法的改革和发展提供传统本土资源,为"东方法律主义"的可能性和我们适度的文化自信提供历史佐证因素。

三

传统中国的法律文化,只有在现代语境和全球背景中才能彰显其特色,昭示其意义。本著的讨论注重从现代和全球两个视角建构传统中国能动司法的话语体系。

---

[1] 故宫博物院明清档案部编:《清末筹备立宪档案史料》(下册),中华书局1989年版,第835页。

[2] 现在很多与传统中国"能动司法"相关的研究成果,例如顾元教授的《衡平司法与中国传统法律秩序》(中国政法大学出版社2006年版)、刘军平博士的《中国传统诉讼之"情判"研究》(中国政法大学出版社2011年版)等,都是将传统中国民事性司法、刑事性司法中的"衡平""情判"等能动司法情形进行一体考察或研究的。

就现代视角来说，传统法律文化可以在纵向比较中得到理性评判和价值定位。美籍华人学者黄宗智先生讲："贯穿历史与现实的研究，乃是中国法律研究今后所应该走的方向。唯有如此，才可能建立既有历史的特殊性也有普适性的，并具有实用意义的中国现代法律。"〔1〕在此我们需要注意的是，现代中国的法学是随着法律移植建立起来的，与固有传统形成某种程度的断裂，"我国的现代法学不同于许多中国传统的人文学科，后者有一个相当久的传统，有自己的命题、范畴、概念和语汇；目前的中国法学则不同，它的几乎全部范畴、命题和体系包括术语都是 20 世纪以后才从国外进口的，与中国传统和现实有较大的差距"〔2〕。现实是研究传统应有的基本面向。毕竟，在某种意义上，"理论是实践的眼睛"〔3〕。

就全球视角来说，传统法律文化可以在横向比较中获得独立价值和普世意义。"19 世纪至今，中国完全置身于世界历史的广阔图景之中，因此对于中国古代法的研究便不能不参照世界其他法律的发展"〔4〕；"与作为对照实例的中国进行比较（研究），可望深化人们对于社会组织的不同模式、思想意识的不同类型以及规范秩序的不同形态之间的复杂关系的理解"〔5〕。相对而言，对传统中国法律文化的"全球性"把握比较复杂和麻烦，"自近代以来整个法律体系以西方法为导向的全面转型，导致我们今天在理解传统中国的法观念方面存在很大的困难"。〔6〕正因为如此，我们对传统中国法律文化的研究必须小心谨慎，"不能满足于以西方的理论框架、概念、范畴和命题来研究中国，因为这样弄不好只会把中国人的经验装进西方的概念体系中，从而把对中国问题的研究变成一种文化殖民的工具"。但这只是问题的一个方面，问题的另一个方面是，"学术本土化还具有它自己的意义……不满足于只能被表现，而是要自我表现"，〔7〕也就是说，不管是用民族语言，还是用外来思想，

---

〔1〕　［美］黄宗智："中国法律：历史与现实丛书·总序"，载黄宗智、尤陈俊主编：《从诉讼档案出发：中国的法律、社会与文化》，法律出版社 2009 年版。

〔2〕　苏力：《法治及其本土资源》，北京大学出版社 2015 年版，第 229 页。

〔3〕　邹韬奋："理论和实践的统一"，载《生活日报星期增刊》1936 年 6 月 14 日第 1 卷第 2 号。

〔4〕　梁治平：《法意与人情》，中国法制出版社 2004 年版，第 55 页。

〔5〕　［美］昂格尔：《现代社会中的法律》，吴玉章、周汉华译，译林出版社 2001 年版，第 284 页。

〔6〕　李贵连、李启成：《中国法律思想史》，北京大学出版社 2010 年版，第 1 页。

〔7〕　苏力：《法治及其本土资源》，北京大学出版社 2015 年版，第 229~230 页。

传统法文化研究总要建立自己的话语体系。

四

传统中国能动司法问题的讨论，是基于东方与西方、传统与现代的法制比较语境展开的，在东西方法律文化比较和东方法律文化特质的认知方面，西方学界有所谓"法律东方主义"（Legal Orientalism）和"东方法律主义"（Oriental Legalism）的表达，这套话语在西方影响很大，近年来也被国内很多学者关注和讨论。能动司法的问题（《法律东方主义》一书的讨论正是从司法问题切入的）是考察（或参与讨论）"法律东方主义"问题的一个重要视角或切入点。下面就相关问题谈点粗浅认识[1]，以示我们理解传统中国能动司法的多重视角。

迄今为止，有关"法律东方主义"的代表作主要是两位美国学者的著作：萨义德（Edward W. Said, 1935—2003）1978 年出版的《东方学》（又译为"东方主义"）[2]和络德睦（Teemu Ruskola）2013 年出版的《法律东方主义：中国、美国与现代化》[3]，这两本书"讲述的是同一个故事"[4]，即东西方法律文化的差异或对立。在后一部著作中，作者明确提出了"法律东方主义"和"东方法律主义"的概念[5]。

所谓"法律东方主义"，按络德睦教授的说法，"乃是一套关于何谓无法以及何人并不拥有法的未被言明的文化预设……（因为）如果缺乏一种无法

---

〔1〕 2018 年 3 月 27 日梁治平教授在我校做"寻觅'民法'的踪迹"的学术报告，我被主办方安排为"与谈人"（实在是愧不敢当），在"法律东方主义"问题上受到梁教授诸多指教；2018 年 11 月 2 日魏磊杰教授在我校做"迈向东方法律主义：'法治'话语的祛魅与重塑"的讲座，我怀着"听真神讲真经"的心情聆听，受益不少。

〔2〕 Edward W. Said, *Orientalism*, Pantheon Books, 1978. 中译本有《东方学》，王宇根译，三联书店 2007 年版。

〔3〕 Teemu Ruskola, *Legal Orientalism: China, the United States, and Modern Law*, Harvard University Press, 2013. 中译本有《法律东方主义：中国、美国与现代化》，魏磊杰译，中国政法大学出版社 2016 年版。

〔4〕 参见梁治平："有法与无法"，载《东方早报·上海书评》，2016 年 10 月 9 日。

〔5〕 作者在最后的"结语"（第六章）中提出了"法律东方主义抑或东方法律主义"的问题。参见〔美〕络德睦：《法律东方主义：中国、美国与现代化》，魏磊杰译，中国政法大学出版社 2016 年版，第 231~234 页。

的、专制的东方作为陪衬，那么一个法律现代性的世界也就不会存在"〔1〕，其所要表达的核心意思，依笔者的理解，大致是说中国法制因为没有西方（主要是美国）法制所拥有的那些特质——规范方面直接规定权利义务、区分公法与私法（有部门法意义上的民法），司法方面遵从法律至上主义（不是法律工具主义）——而实际上是一种"无法"的法律制度，"法律东方主义"就是西方"有法主义"映衬下的东方"无法主义"。〔2〕显然，"法律东方主义"是西方人挪揄东方法律文化、确认西方法律优越性的一套"法律文明等级论"叙事。

所谓"东方法律主义"，似乎有这样两层意思：一是认识论意义上的，对中国法律文化的理解，亦即认为中国法律文化如果用西方标准判断，就是"法律东方主义"；如果用东方标准判断，就是"东方法律主义"，正是在这个意义上，络德睦教授《法律东方主义：中国、美国与现代化》一书最后部分提出"法律东方主义抑或东方法律主义"〔3〕的疑问。二是制度建设意义上的，对中国法制发展之"有法"的预期或期待。这方面如果说络德睦教授说得较为"模棱两可"——中国法制发展要么是步趋欧美，要么"独树一帜"，"或许总有一天中国将会屈从于现代欧美形式的法治，从而确认其普世性，或者它将会采用一种正在演进中的中国普世主义（一种东方法律主义）形式重塑法治"〔4〕，那么《法律东方主义：中国、美国与现代化》一书的中文译者魏磊杰博士说的则较为明确："（东方法律主义）就是重新建构一种新的理解法律与法治的话语与观念，唤醒东方，使得东方重新获得它的主体性，重新变成一个有法的主体，以此作为克服和超越法律东方主义的一种可能的途径。"〔5〕这个意义上的"东方法律主义"是对"法律东方主义"的超越，但这种"东方法律主义"仍在路上。

---

〔1〕［美］络德睦：《法律东方主义：中国、美国与现代化》，魏磊杰译，中国政法大学出版社2016年版，第9页。

〔2〕参见梁治平："有法与无法"，载《东方早报·上海书评》，2016年10月9日。

〔3〕［美］络德睦：《法律东方主义：中国、美国与现代化》，魏磊杰译，中国政法大学出版社2016年版，第231页。

〔4〕［美］络德睦：《法律东方主义：中国、美国与现代化》，魏磊杰译，中国政法大学出版社2016年版，第232页。

〔5〕魏磊杰："从'法律东方主义'转向'东方法律主义'"，载《中国社会科学报》2016年11月3日。

西方在东方文化认识问题上的殖民主义色彩逐步褪去，例如络德睦教授说："法律是当代世界政治本体论的关键层面……如果不考虑中国在其间的位置，那么就无法完全理解当今世界。"〔1〕但"法律东方主义"和"东方法律主义"都是西方人基于西方标杆或"在法治与人治之间进行一种准神学的对比"（络德睦语）而建构的概念或话语，是欧美人眼中"非我族类"〔2〕的产物。

笔者在这里无意，也无力对"法律东方主义"问题作出全面评判，仅对作为一种符号性公共话语的"法律东方主义"在思维方式或逻辑层面上可能存在的问题，说点个人看法。这里的问题至少有两个方面：

第一，以西方标准取代"普世标准"有失公允。试想，如果我们把"法"定义为"国家制定或认可、依靠国家强制力保障实施的规范"（这也是本书对"法"的基本定义）之类，而不是刻意强调法律直接规定权利义务，可能就无所谓法律的"东方主义"与"西方主义"之争。更何况德国法学家茨威格特（K. Zweigert）和克茨（H. Kotz）说过，"每个社会的法律实质上都面临着同样的问题，但是各种不同的法律制度以极不相同的方法解决这些问题"〔3〕。

第二，将中国古代帝制时期的法律文化与西方近代民主时期的法律文化进行"错位"比较是不科学的。络德睦《法律东方主义》主要是在中国帝制时期和美国近现代民主时期的法制比较语境中论说"法律东方主义"的，帝制中国与民主美国，处在两个不同的社会发展阶段，各自有着不同的社会生态（例如中国是农耕文明、宗法社会，美国是工商文明、公民社会）。我们不能要求北方的土地上也长出椰子树来。法律制度不是空中楼阁，在很大程度上，什么样的社会生态便长出什么样的法制〔4〕，这在马克思主义那里有"经济基础决定上层建筑"的原理，在资本主义世界里也有相当的共识，例如霍

---

〔1〕 ［美］络德睦：《法律东方主义：中国、美国与现代化》，魏磊杰译，中国政法大学出版社2016年版，第1页。

〔2〕 参见张宽："欧美人眼中的'非我族类'"，载《读书》1993年第9期。

〔3〕 ［德］K. 茨威格特、H. 克茨：《比较法总论》，潘汉典等译，法律出版社2003年版，第46~47页。

〔4〕 有关详细论述，参见陈会林：《国家与民间解纷联接机制研究》"前言"，中国政法大学出版社2016年版。

姆斯（1841—1935）就说："任何时代的法律，只要其运作，其实际内容就几乎完全取决于是否符合当时人们理解的便利。"[1]对不同社会历史阶段的法制进行"事实描述"，乃至以"特色"或"主义"进行区别是可以的，但如果借"特色"或"主义"之名作出落后与进步的结论或价值判断，则是伪命题或伪判断，否则，我们就便可以针对美国发明电脑而说中国人发明算盘是"科技东方主义"，是落后的东西。美国学者费正清说："中国旧法制是'非现代'的，然而按其所处的时代环境来看，还不应马上称它是'落后'的。早期欧洲观察者曾对中国人的秉公执法获有深刻印象。只是到了18、19世纪，西方改革了法律和刑律之后，中国才落后了。"[2]中国台湾地区学者黄源盛教授说："从比较法史的角度观察，传统中国自有法，是为'家族伦理法'；西方近代自有法，是为'个人权利法'，各自有其产生的时空社会背景，这无关乎谁'先进'谁'落后'的问题。"[3]日本学者滋贺秀三将欧美和传统中国的诉讼类型分别称之为"竞技性诉讼"和"父母官诉讼"，认为"这两种诉讼类型由根本理念的不同而形成如此的区别。两者各自都有其长处和弱点，不能说哪一方是蒙昧和落后的。这正是文化的差异。只是从父母官型诉讼中产生不出 jus、Recht 系列的概念来，这对中国来说确实是一种宿命"[4]。

话说回来，尽管传统中国与近代美国的能动司法有很多差异，但总归来说，"司法能动现象"是东西方法制的重要共通之处。说"超越东西方二元对立"[5]也好，说从"法律东方主义"迈向"东方法律主义"[6]也好，本著都想做出自己的努力，即尝试在统一话语体系中诠释传统中国的能动司法。

---

[1] Oliver Wendell Holmes, Jr., The Common Law, Little, Brown, and Company, 1948, p.2. 转引自苏力：《送法下乡》，中国政法大学出版社 2000 年版，第 238 页。

[2] ［美］费正清：《美国与中国》，张理京译，世界知识出版社 2002 年版，第 109 页。

[3] 黄源盛："从无夫奸到通奸的除罪化——以晚清民国刑法为例"，载《甘添贵教授七秩华诞祝寿论文集》（下册），甘添贵教授七秩华诞祝寿论文集编辑委员会 2002 年版，第 104 页。

[4] ［日］滋贺秀三："中国法文化的考察——以诉讼的形态为素材"，载《比较法研究》1988 年第 3 期。

[5] 参见梁治平："有法与无法"，载《东方早报·上海书评》，2016 年 10 月 9 日。

[6] 魏磊杰："从'法律东方主义'转向'东方法律主义'"，载《中国社会科学报》2016 年 11 月 3 日，第 1 版。

五

德国思想家和诗人歌德（1749—1832）说："凡是值得思考的事情，没有不是被人思考过的；我们必须做的只是试图重新加以思考而已。"[1]本著的研究正是一种"重新思考"——从能动司法的特定视角对传统中国司法特质的再思考、再研究。"旧视角"的同类研究成果已有很多，例如顾元教授的《衡平司法与中国传统法律秩序》[2]、刘军平博士的《中国传统诉讼之"情判"研究》[3]，以及范忠信教授等著的《情理法与中国人》[4]、梁治平教授等著的《法意与人情》[5]，等等。本著可能没有实质性的理论创新。如果说"新视角"除了"可以把不能解决的问题转化为自己有能力解决的问题"[6]之外，还有助于深化对现有材料和既有问题的认识，那么新视角也可以忝列创新。

本著的"重新思考"试图在"还原历史"和"升华意义"两个维度或目标上努力，这大概就是达尔文（1809—1882）说的，"科学就是整理事实，以便从中得出普遍的规律或结论"[7]。"还原历史"，主要是运用"大数据思维"（基于大数据的全样思维、容错思维和相关思维）从能动司法视角对已有历史材料进行"重述"，亦即"整理事实"。尽管从哲学（例如现象学、解释学等）的角度讲，"描述的法律史"只能接近"存在的法律史"，但我们主观上仍以还原"存在的法律史"为目标。"升华意义"，主要是运用普世标准对传统中国能动司法进行"重释"，争取"得出普遍的规律或结论"。美国汉学家孔飞力（Philip A. Kuhn，1933—2016）曾说："一个有着根本性关怀的思想

---

〔1〕［德］歌德：《歌德的格言和感想录》，程代熙、张惠民译，中国社会科学出版社1982年版，第3页。

〔2〕顾元：《衡平司法与中国传统法律秩序——兼与英国衡平法相比较》，中国政法大学出版社2006年版。

〔3〕刘军平：《中国传统诉讼之"情判"研究》，中国政法大学出版社2011年版。

〔4〕范忠信等：《情理法与中国人》，北京大学出版社2011年版。

〔5〕梁治平：《法意与人情》，中国法制出版社2004年版。

〔6〕"创新的新视角，不能解决的问题转化为自己有能力解决的——芝加哥游学笔记之三"，载http://blog.sina.com.cn/s/blog_ 4939dc9b0102zbsr.html，最后访问日期：2018年10月5日。

〔7〕转引自赵旭东：《纠纷与纠纷解决原论》"自序"，北京大学出版社2009年版。

家，其才华之所在，应在于他既能够将自己所属社会群体的经验和抱负上升到一般性的层面，又能够赋予自己特定的世界观以普世性的意义。"〔1〕我们不是思想家，但我们的思想可以朝着"上升到一般性层面""赋予普世性的意义"这些方向去努力。

传统中国的"能动司法"，源远流长，化身千万。本著的研究，大致属于"站在巨人肩膀上"，像冯友兰先生所说的那种"接着说"的性质。为了能使本著"惠及"司法实务界，本著没有刻意省略那些在法律史专家们看来是"常识"，但省略它们则影响实务人士完整理解的内容，以致可能说了一些"正确的废话"。本著的研究应该说既有学术视野，又有现实情怀，其认知结果即使不能被接受，但希望能被读懂。

陈会林　谨识

2019 年 9 月 20 日

---

〔1〕　[美] 孔飞力：《中国现代国家的起源》，陈兼、陈之宏译，生活·读书·新知三联书店 2013 年版，第 31 页。

目　录

导　论

一、"卡迪司法"之争引出的思考

德国社会学家和法学家马克斯·韦伯（Max Weber，1864—1920）认为传统中国的司法模式属于不遵循法律或先例的"卡迪司法"（卡地司法），他说：

> 中国的法官——典型的家产制法官——以彻底家长制的方式来判案，也就是说，只要是在神圣传统所允许的活动范围内，他绝对不会根据形式的律令和"一视同仁"来进行审判。情况恰恰根本相反，他会根据被审者的实际身份以及实际的情况，或者根据实际结果的公正与适当来判决。这种"所罗门式"的卡地司法（Kadi-Justiz，Kadi 系伊斯兰教国家的审判官）也不像伊斯兰教那样有一本神圣的法典为依据。[1]

这里的"卡迪"（Kadi）是穆斯林法官，古代的"卡迪"主要负责审理涉及继承、教会遗产、结婚与离婚等事项的宗教案件，"最初处理案件常依个人意见……（后来）适用所属学派的规则"[2]。卡迪具有相当大的自由裁量权，往往针对纠纷根据"经训"具体权衡，或以变通的方式使用证人证言、神的启示作出判决。这样，往往导致同类案件因法官不同而作出完全不同的判决。德国法学家 R. 施密特（R. Schmidt，1862—1944）首先将这种司法模式称作"卡迪司法"[3]，马克斯·韦伯则将这种司法作为实质非理性司法类型的典型代表，"指称那种就事论事，完全不考虑规则以及依据规则的判决的

---

〔1〕〔德〕马克斯·韦伯：《儒教与道教》，洪天富译，江苏人民出版社 1995 年版，第 174 页。

〔2〕《北京大学法学百科全书：中国法律思想史 中国法制史 外国法律思想史 外国法制史》，北京大学出版社 2000 年版，第 419 页。

〔3〕参见高鸿钧："无话可说与有话可说之间——评张伟仁先生的《中国传统的司法和法学》"，载《政法论坛》2006 年第 5 期。

确定性的司法"[1]。

赞同韦伯认为传统中国司法属于"卡迪司法"这一观点或持类似观点的学者还不少，例如美国的布鲁克曼（K. Brugmann），日本的滋贺秀三、寺田浩明，国内的费孝通、贺卫方，等等。

布鲁克曼（K. Brugmann）认为：

（清代）法官（审理民事性案件）关注的大都是事实问题，极少讨论法律问题。作出判决时通常无须征引律典或先例甚至完全不提及律典。与英美法官不同，（中国）法官的职能不是创造法律而只是确认事实是否符合当地的习惯并相应作出判决。[2]

寺田浩明说：

（清代）地方官受理人民诉讼，并不是按照某种客观的规范来判定当事者双方谁是谁非，而是提示一定的解决方案来平息争执，进而谋求双方的互让以及和平相处。[3]

贺卫方教授指出：

（中国）传统的纠纷处理过程正可以成为"卡迪司法"的一个活生生的例证……司法过程并不注重"同样的事情同样对待"的准则，因而，司法不能通过纠纷解决过程对立法规则加以明确化和精细化，天理与人情的高度不确定性导致决策者可以翻手为云，覆手为雨，人民如何通过这种司法制度而伸张正义？[4]

---

[1] 参见贺卫方："法律人丛书总序"，载孙笑侠等：《法律人之治——法律职业的中国思考》，中国政法大学出版社 2004 年版。

[2] Cohen, R. Randle Edwards, and Fu-mei Chang Chen eds., *Essays on China's Legal Tradition*, Princeton: Princeton University Press, 1980, pp. 100-101. 转引自苏亦工：《天下归仁：儒家文化与法》，人民出版社 2015 年版，第 269 页。

[3] 参见［日］寺田浩明："权利与冤抑——清代听讼和民众的民事法秩序"，载［日］滋贺秀三等：《明清时期的民事审判与民间契约》，王亚新等编译，清华大学出版社 2012 年版，第 210 页。

[4] 贺卫方："法律人丛书总序"，载孙笑侠等：《法律人之治——法律职业的中国思考》，中国政法大学出版社 2004 年版。

也有很多学者持相反观点，例如美籍华人学者黄宗智，中国台湾学者张伟仁、林端等。

黄宗智教授指出：

> 清代县官堂讯办案，一般都是依法断案，是非分明……如果讼案不能透过民间调解得到解决的话，就必须作出明确的裁断。他们（州县官）当中没有一个主张县官扮演调停而非裁判的角色……要求依照法律作出明确判决。
>
> 清代法律制度不是韦伯意义上的形式主义和理性化的，但它显然也不是卡地（卡迪）法。[1]

张伟仁先生指出：

> 中国自秦汉时起，法律已极繁多，在有明文可以适用或有成案可以比照的情形下，司法者都乐于遵循，不会自找麻烦另寻判决的依据。如果没有法律或成案可用，任何法制里的司法者都该先仔细分析案情（"就事论事"），然后探索法的精义（"天理人情"）而作成一个合乎公平正义的判决；中国传统司法者的做法并非例外。[2]

还有一种观点比较另类或"奇葩"，这就是钱穆先生认为传统中国"太讲法"，他说：

> 现代的一般人，都说中国人不讲法，其实中国政治的传统毛病，就在于太讲法，什么事都依法办。[3]

为什么对同一事实或现象，人们会有如此不同的看法？这里的分歧是如

---

〔1〕［美］黄宗智：《清代的法律、社会与文化：民法的表达与实践》，上海书店出版社 2007 年版，第 8 页、第 167 页、第 180 页。

〔2〕张伟仁："中国传统的司法和法学"，载《现代法学》2006 年第 5 期。

〔3〕钱穆：《中国历代政治得失》，生活·读书·新知三联书店 2001 年版，第 126~127 页。

何产生的？多年来很多人都在探讨。[1]这里的原因无疑是复杂的，除了表述的不准确[2]、判断者心智水平的差异等因素之外，我们认为主要的原因可能有以下几个方面：

（1）对概念的理解不同。例如：①什么是依法审理之"法"？如果理解为制定法意义的"国法"，那么传统中国地方官司法属于"卡迪司法"的嫌疑可能就较大了；如果理解为"天理、国法、人情"这种"三合一"组合的大法规范[3]，"情理法同为法源"[4]，那么传统中国地方官的司法就可能是依法断案了。②什么是依法审理之"审"？如果理解为"堂审"（开庭审理）中的裁决，那么传统中国地方官的司法就可能是"卡迪司法"了；如果理解为包括诉讼调解（司法调解）在内的审理，那么传统中国地方官的司法就可能是依法断案了。③什么是依法审理之"依法"？以西方或现代的标准，"依法审理"有严格意义的依法审理（严格司法），有不太严格意义的依法审理（能动司法）。若以前者为标准，传统中国地方官的司法可能就是"卡迪司法"；若以后者为标准，传统中国地方官的司法可能就不是"卡迪司法"。

（2）所依据的材料不同。例如同样是清代州县断案，黄岩诉讼档案中的案例基本上都不是依法审理的（不是驳回就是调解）[5]，而淡新档案中依法审理的案例则较多[6]。

（3）所关注的刑民领域不同。传统中国"细事"案（大致相当于民事性案件）司法和"重情"案（大致相当于刑事性案件）司法的情况有较大差异。"重情"案司法不仅有较多的法条（法律规则）可依，而且法律本身有"官司断罪皆须具引律例"等规定，所以更多的是"严格司法"。而"细事"案司法则有所不同，"细事"案司法不仅大多无"国法"可依，而且律典中

---

〔1〕 例如柳立言"天理在南宋审判中的作用"［载《清华法律评论》（第9卷第1辑），清华大学出版社2017年版］、陈会林"人情：传统司法适用民间法的进路"（载《北方法学》2011年第2期），等等。

〔2〕 例如马克斯·韦伯说："（古代中国地方官）绝对不会根据形式的律令和'一视同仁'来进行审判。"这种极端的表达显然是失当的。

〔3〕 参见范忠信等：《情理法与中国人》，北京大学出版社2011年版，第23~24页。

〔4〕 林端：《韦伯论中国传统法律：韦伯比较社会学的批判》"自序与导论"，中国政法大学出版社2014年版，第19页。

〔5〕 参见田涛等：《黄岩诉讼档案及调查报告》，法律出版社2004年版。

〔6〕 参见吴密察主编：《淡新档案》（共36册），台湾大学图书馆1995~2010年版。

还有"不应为"条（主要针对"细事"案）的法定自由裁量的规定，例如《大清律例》第386条"不应为"条规定，"律无罪名，所犯事有轻重，各量情而坐之"，所以"细事"案司法更多的是"能动司法"。

不过，理性或客观地来说，关于传统中国司法是否"依法"审理的问题，有两点应该成为各方共识：第一，就总体来看，在传统中国，并非所有的断案都是依法审理，也不是所有案件都是不依法审理，换句话说，有些案件是严格依法审理的，有些案件则不是。第二，为了实现最大程度的公正或实质正义，根据具体情况以不同的方式司法，是理论界和实务界公认的能动司法。就是这个"能动司法"，似乎可以对传统中国司法是否是"卡迪司法"的问题予以通解，可以成为上述各种不同观点的最大公约数，可以成为统一各种不同观点的一个径面，从而可能终结传统中国问题中的"卡迪司法"之争。这一点正是本著研究的逻辑始点和初心之一。

二、研究问题的界定

本著以"小事闹大"诉告的司法应对策略为切入点，在中外贯通的语境中论证传统中国存在能动司法，考察、分析中国传统能动司法的表现、特征、机理与价值，通过探清真相、辨识特质、疏理经验，为健全当代中国的能动司法提供传统智慧与本土资源。

中国的历史悠久，能动司法问题的辐射面极广，为了避免过于疏阔，本著的考论将作三点限制：第一，以传统"小事闹大"诉告的司法应对策略为研究的切入点。"小事闹大"诉告策略触及法律秩序的核心，对"小事闹大"诉告的有效应对，需要正确处理情理与法律的关系以及各种解纷途径的关系，既考验司法者的智慧，又检视国家司法的效能，是展示能动司法的重要平台。第二，考察的历史时段主要集中在清朝一代（变法修律以前），其原因除了研究材料相对较多之外，主要是清代集古代中国数千年司法经验与智慧之大成。第三，以"细事"案司法（民事性司法）为主要考察对象。"细事"或"细故"，"重情"或"重案"，都是传统中国对案件类型的固有表达。所谓"细事"案件，主要是应处笞杖刑的案件，包括涉及户婚、田土、钱债的民事性案件，以及涉及斗殴、赌博的轻微刑事性案件。"重情"或"重案"，主要是应处以徒流死刑的案件，包括谋反、叛逆、盗贼、犯奸、人命、贪赃枉法等严重罪行或犯罪案件。本著之所以主要考察"细事"案司法，首先是由"小事闹大"因素决定的。本著的讨论从"小事闹大"问题切入，那么整个内容自然要围绕"小事"展开，这个"小事"就是这里的"细事"或"细故"。其次，传统中国司法中的"细事"案司法最多、能动司法现象更为突出。清代著名师爷、州县官汪辉祖（1730—1807）说："地方命盗重案非所常有，惟词讼源源相继，实民事之最繁最急者。"〔1〕传统中国地方官司法断案，处理更多的是"词讼"案件，亦即"细事"案件。传统中国的"细事"案司法、"重情"案司法都存在能动司法的问题，但相对而言，前者体现得更为充分，更能为现代人所理解。

三、基本概念的定义

本著研究涉及的基本概念中，除了上述"细事""重情"（重案）之外，还有以下三个概念需要专门界定和解释：传统、能动司法、"小事闹大"诉告。

（一）传统

汉语"传统"一词有很多意思，本著中的"传统"是一个时间概念，具体是指近代法制变革以前的历史时段，也可以说是"前近代"时期，其中秦至清时期是"帝制社会"或"帝制时期"（本著不称为"封建社会"或封建时期）〔2〕。在中国用语范式中，"传统法律"之类表达中的"传统"，似乎主要是指时间概念，而"法律传统"之类表达中的"传统"似乎主要是指动态传承中的文化统系。对于中国的前近代时期，本著之所以不用"古代"一词，

---

〔1〕（清）汪辉祖：《佐治药言·省事》。

〔2〕"封建"本义为"封土建国""封爵建藩"。封建制的基本内涵是世袭、分权的领主经济、贵族政治，古来汉字文化圈诸国大体在此义上使用"封建"一名，并展开"封建论"。中国秦至明清社会主流离封建渐远，实行地主经济基础上的君主集权官僚政治。欧洲中世纪制度 feudalism（封土封臣、采邑制）与中国的殷周封建制相近，与日本中世及近世的公–武二重制"酷似"，中国晚清、日本明治间遂以"封建"对译 feudal。清末民初中国采用这一汉外对译间形成的新名。五四时期，陈独秀忽略中日、中欧历史差异，引入西欧及日本近代化进程中的"反封建"命题，形成"封建＝前近代＝落后"的语用范式。20世纪20年代，共产国际文件以"半封建"指称现实中国。随后的中国社会史论战，把以专制集权和地主–自耕农经济为特征的秦汉至明清的两千余年纳入"封建时代"，以与西欧中世纪对应，"封建"概念泛化，既与本义脱钩，也同对译之英文术语 feudal 含义相左，且有悖于马克思、恩格斯的封建原论。

主要是为了强调其与现代性的对应性。[1]此外，如果没有特别说明，本著中的"传统"均指中国的传统。

（二）能动司法

"能动司法"是本著研究内容中最为关键的术语。"能动司法"（judicial activism）是个外来语，国内外对"能动司法"的定义众说纷纭、莫衷一是（后面有专门的讨论）。本著中的"能动司法"，是指司法机关在特殊案件处理过程中，在遵循法治原则前提下积极作为、变通规则、调整程序、扩张功能，最大限度地实现公平正义的司法理念和司法方式。能动司法不是任意司法，其边界是不违反法律的基本原则或基本精神。能动司法的本质是对现有法律"缺陷"的补救机制。法律的"不完善"，在不能通过修订、修改等立法措施解决的前提下，可以在法律适用环节通过法律解释解决，也可以在司法环节通过能动司法补救。

"能动司法"之"法"是国家制定法意义上的实在法，是国家所制定或认可的，以国家强制力保证实施的行为规范总和（包括判例法）。至于适用习惯或情理的司法算不算能动司法，要看具体情况。民事司法通则一般都主张"有法律的依法律，没法律的依习惯，没习惯的依法理"，我国《民法总则》第 10 条规定："处理民事纠纷，应当依照法律；法律没有规定的，可以适用习惯，但是不得违背公序良俗。"这也就意味着，如果是在没有法律规定（传统中国叫"法无正条"）的情况下，依法适用习惯或情理，仍属严格司法的范畴；但如果有法律规定也不依法律，而是依习惯或法理司法，那就可能属于能动司法的情形，本著所讨论的"曲法通情"就是这种情形。

（三）"小事闹大"诉告

以"小事闹大"为诉告策略，是古今中外普遍存在的社会现象。本著所谓"小事闹大"诉告是指纠纷当事人试图把并不严重的纠纷闹大甚至无中生有，以便使得最后的解决有利于自己的诉告策略，其主要表现为将小纠纷闹成大纠纷、将民事案件闹成刑事案件、将个人案件闹成群体案件、将地方纠

---

〔1〕 学界有一种"回归传统"的提法，但这里的"传统能动司法"大都仅指 20 世纪 40 年代战争时期的"马锡五审判方式"。参见胡桥："能动司法：政治愿景与司法挑战"，载《浙江社会科学》2010 年第 10 期。

纷闹成全国性案件，将已了结的纠纷重新挑起，等等。在传统中国，"或因口角而捏为惨杀；或以闻殴而妄控屠抄；田产交关必曰豪侵势霸；坟茔相近动称掘冢抛骸；告人命则以投缳溺水者诬为打死谋杀；赖婚姻则以明媒礼娶者指为奸占□夺，甚至讼棍扛唆借词挟诈，种种恶习难以枚举"，乃至"有老幼男妇拦舆泣诉者，其迫切之状似有冤抑之情，而接阅呈词，尽系户婚细事"。[1]"小事闹大"诉告策略的传统形式，主要有诬告（谎状）、夸大案情、越诉、上控、聚众控告、缠讼、自残自杀、械斗、假冒功名、装神弄鬼、重新挑起纠纷，以及多种形式并用的复合方式等十余种。[2]

与"小事闹大"直接对应的固有表达主要是"大事化小，小事化了"，这类表达在清代的司法文献中时有所见。例如，孔府档案"乾隆年间孔府清厘邹县尼山祭学两田地亩争控案"庞公审语中，有一句是"天下事，大事化为小事，小事化为无事"[3]。乾隆年间著名地方官陈宏谋（1696—1771）说："慎选房长族正，分别劝戒……有大事化小、小事化无之实效。"[4]嘉庆年间浙江省嘉兴府平湖知县王凤生说："果能使谎告者恐驳诘而不敢尽其辞，勒诈者惧鞭笞而无以逞其志，则蜃楼海市自可化有为无。"[5]乾隆年间著名"刑名幕友"万维翰说，"批发词讼……或持论偏枯，立脚不稳，每致上控，小事化为大事，自理皆成宪件矣"[6]，这里也表达了这样一个意思："官批民调"如果做得不好，就可能将"小事化为大事"；如果做得好，就可以"大事化为小事"。

四、研究现状述论

本著研究内容主要涉及两个子话题：一是"小事闹大"诉告策略的司法应对问题，二是传统中国司法运作的能动问题。下面分别叙述其研究情况。

---

〔1〕《雍正十二年驯服都察院下发宁远府冕宁县告示》，《冕宁县清代档案·雍正十二年（1734）》，冕宁县档案局，轴号3，卷号26-21。

〔2〕陈会林："'小事闹大'诉告策略的传统形式"，载汪世荣等：《中国边疆法律治理的历史经验》（下册），法律出版社2014年版。

〔3〕袁兆春："乾隆年间孔府清厘邹县尼山祭学两田地亩争控案摘选"，载韩延龙：《法律史论集》（第4卷），法律出版社2002年版。

〔4〕《皇朝经世文编》卷五十八《礼政》，陈宏谋《寄杨朴园景素书》。

〔5〕（清）徐栋：《牧令书》卷十八《刑名中》"王凤生·放告审呈"。

〔6〕（清）万维翰：《幕学举要·总论》。

（一）关于"小事闹大"诉告及司法应对问题的研究

传统"小事闹大"诉告策略及其司法应对的话题，在国内可能因 2004 年徐忠明教授发表的《小事闹大与大事化小：解读一份清代民事调解的法庭记录》〔1〕一文而成为正式的学术话语。2016 年之前，关于"小事闹大"诉告及司法应对问题的研究，除了本课题研究的阶段性成果〔2〕之外，国内学界罕见专门或系统的研究。

1. 国内的相关研究情况

关于"小事闹大"诉告及司法应对问题，国内相关研究的成果，笔者所知见主要有：徐忠明的《小事闹大与大事化小：解读一份清代民事调解的法庭记录》（载《法制与社会发展》2004 年第 6 期）、《明清诉讼：官方的态度与民间的策略》（载《社会科学论坛》2004 年第 10 期）、《权利与伸冤：传统中国诉讼意识的解释》（载《中山大学学报》2004 年第 6 期），范忠信的《健全的纠纷解决机制决定和谐社会——传统中国社会治理模式对我们的启示》（载《北方法学》2007 年第 2 期），李艳君的《清代民事诉讼中当事人的诉讼策略》（载《大理学院学报》2009 年第 3 期），胡震的《清代京控中当事人的诉讼策略和官方的结案技术——以光绪朝为例的一个分析》（载《法学》2008 年第 1 期），魏淑民的《张力与合力：晚清两司处理州县小民越讼的复杂态度——以樊增祥及其〈樊山政书〉为例》（载《河南社会科学》2013 年第 8 期），段文艳的《死尸的威逼：清代自杀图赖现象中的法与"刁民"》（载《学术研究》2011 年第 5 期），邓建鹏的《清朝〈状式条例〉研究》（载《清史研究》2010 年第 3 期），胡平仁的《诉讼艺术》（载胡旭晟主编：《狱与讼：中国传统诉讼文化研究》第十六章，中国人民大学出版社 2012 年版）等。

上述研究成果涉及"小事闹大"问题的零星讨论中，有三个方面的问题

---

〔1〕　徐忠明："小事闹大与大事化小：解读一份清代民事调解的法庭记录"，载《法制与社会发展》2004 年第 6 期。

〔2〕　主要有陈会林："'小事闹大'诉告策略的传统形式——基于清代司法文书、诉讼档案的考察"，载汪世荣等：《中国边疆法律治理的历史经验》（下册），法律出版社 2014 年版；"论传统诉告中'小事闹大'的司法应对方式——以清代司法文书、诉讼档案为中心的考察"，载《湖北大学学报》2016 年第 5 期。

值得我们注意：一是对"小事闹大"诉告策略之性质的认知表述不同，这些表述主要有："百姓的诉讼策略"（徐忠明）、纠纷解决的"极端化机制"和"不良社会机制"（龙宗智）、"解决纠纷的非常规手段""自力救济"的形式（范忠信）等。二是对"小事闹大"方式的归纳有别，这些归纳主要有：徐忠明认为有谎状、缠讼、自杀、械斗四种方式，范忠信认为有制造舆论挑起道德审判、决斗等形式，胡平仁认为有编造谎状、聚众兴讼、缠讼磨讼、死伤助讼四种形式。三是对司法应对艺术的看法异趣。例如徐忠明认为司法应对"小事闹大"的主旨是"大事化小"，龙宗智认为司法应对"小事闹大"的关键是"建立法治"。

2. 国外的相关研究情况

关于"小事闹大"诉告及司法应对问题，国外相关研究的代表成果，笔者所知见的主要有美国詹姆斯·斯科特的《弱者的武器：农民反抗的日常形式》（译林出版社 2007 年版），日本寺田浩明的《权利与冤抑——清代听讼和民众的民事法秩序》（载寺田浩明：《权利与冤抑——寺田浩明中国法史论集》，王亚新译，清华大学出版社 2012 年版）等。

国外对"小事闹大"的关注别有思路。例如《德国民法典》规定有些"小事闹大"行为合法（第 229 条）；美国詹姆斯·斯科特将一般的"小事闹大"誉之为"弱者的武器"，认为其方式有开小差、偷盗、装傻卖呆、诽谤、纵火、暗中破坏等，应对艺术不仅应从"严防死守"的堵截壅塞变为顺应人心的沟通疏导，更应从制度安排与政策实施上给予和保证弱者原本应该享有的权利。[1]

（二）关于传统中国司法运作的能动问题研究

1. 关于传统中国司法能动的研究情况

2016 年之前，关于传统中国司法中"能动司法"及其相关问题的研究，在本课题的研究成果[2]之外，已有不少研究成果，笔者知见的代表性成果主

---

[1] 参见郭于华："弱者的武器与隐藏的文本——研究农民反抗的底层视角"，载《读书》2002 年第 7 期。

[2] 例如：陈会林："从'官批民调'到法院委托调解：中国的能动司法传统"，载《公民与法（法学版）》2013 年第 11 期；"论中国传统能动司法的模式及其特征——以清代'官批民调'为样例的考察"，载《楚天法学》2016 年第 4 期等。

要有：黄晓平的《从古代公案小说管窥中国古典能动司法——兼论其对中国当代司法的启示》（载《河南省政法管理干部学院学报》2009 年第 6 期），管伟的《古代中国"能动司法"的实践及特征》（载《浙江工商大学学报》2010 年第 4 期），康建胜、卫霞的《传统司法中的"能动"主义及其价值——以情理法为视角》（载《甘肃社会科学》2012 年第 2 期），崔永东的《司法能动论：历史考察与现实评价》（载《法学杂志》2013 年第 8 期）、《从中西比较视角看儒家的法律传统——以法律社会学和司法能动主义为基点》（载《北方法学》2014 年第 2 期），薛梦寒的《中国传统法制中的能动司法》（载《山西省政法管理干部学院学报》2014 年第 1 期），郭国超的《扬弃与转型："无讼"理念的回归与"能动"司法的兴起》（硕士论文，黄健雄指导，厦门大学 2015 年）等。

这些研究成果中，有的内容散疏空泛，例如《从古代公案小说管窥中国古典能动司法》《古代中国"能动司法"的实践及特征》两篇代表性论文的论述都呈大跳跃式，选用材料近似信马由缰，而且后文所用的小说材料，内容多有虚构，神鬼故事掺杂其中。总体上来说，对中国传统能动司法的论述比较零散细碎，甚至空泛随意，给人以"只见树木不见森林"之感。

2. 与传统中国司法能动问题相关的研究情况

与传统中国能动司法问题研究相关度最高的研究主要在以下两个方面：一是传统中国司法运作特征的研究，二是一般能动司法问题的研究。在这两个方面的研究中，传统中国的能动司法问题的研究，可谓呈现出"结构性缺失"。

（1）关于传统中国司法运作特征的研究成果中，与传统能动司法问题关系甚近的有顾元的《衡平司法与中国传统法律秩序》（中国政法大学出版社 2006 年），刘军平的《中国传统诉讼之"情判"研究》（中国政法大学出版社 2011 年，这里的"情"与"情理"同义），柳立言的《"天理"在南宋审判中的作用》（载《清华法律评论》第九卷第一辑，清华大学出版社 2017 年版）等论著，此外，范忠信等人的《情理法与中国人》（北京大学出版社 2011 年版），梁治平的《法意与人情》（中国法制出版社 2004 年版）等著作也与传统中国能动司法有直接关联。这些成果主要是基于传统中国司法运作特征的研究，没有司法能动的专门视角和系统论述。

与传统中国能动司法相关讨论中有两点值得关注：一是民事审判是否

"依法判决"的问题。国内主流观点似乎是"任意"或"擅断"说,例如贺卫方教授认为中国传统解纷过程是"就事论事,完全不考虑规则以及依据规则的判决的确定性";徐忠明教授认为"就民事诉讼而言,情理无疑是判决的主要依据"。国外这方面的观点分歧较大。日本和欧洲的一些学者认为中国传统民事审判不是"依法判决",例如,德国学者马克斯·韦伯在他著名的"理想类型学"研究中把中国传统司法作为西方的"他者",归类于非理性的"卡迪司法";日本学者寺田浩明则认为明清民事审判中难以找到"法律"的痕迹;而黄宗智等美国学者认为是"依法判决",认为传统中国的州县官审理民事性案件是依据律例判决的。二是民事审判是否存在"衡平司法"的问题。肯定者认为传统中国的民事审判("细事"案审理)出现了类似英国法中的衡平观念[1],反对者认为西方衡平法在骨子里还是法,而传统中国的"衡平法"是"人情"。

(2)一般能动司法问题的研究中缺乏对中国传统的关注。能动司法一度成为国内司法的主流话语,研究成果众多,代表性论文有公丕祥的《当代中国能动司法的意义分析》(载《江苏社会科学》2010年第5期),苏力的《关于能动司法》(载《法律适用》2010年第2~3期)、《关于能动司法与大调解》(载《中国法学》2010年第1期),陈金钊的《司法意识形态:能动与克制的反思》(载《现代法学》2010年第5期)、《"能动司法"及法治论者的焦虑》(载《清华法学》2011年第3期),顾培东的《能动司法若干问题研究》(载《中国法学》2010年第4期),龙宗智的《关于"大调解"和"能动司法"的思考》(载《政法论坛》2010年第4期),赵钢的《"能动司法"之正确理解与科学践行——以民事司法为视角的解析》(载《法学评论》2011年第2期),等等;著作有冯华的《能动主义司法模式》(陕西人民教育出版社2010年版),沈德咏的《秋菊故乡新说法:能动主义司法模式理论与实践》(法律出版社2010年版),最高人民法院编写组的《当代中国能动司法》(人民出版社2011年版),等等。但这些研究明显呈现出"厚今薄古、以西注中"的特征,缺乏对本土传统的应有关注。在西方,虽有研究能动司法的学术传统,但也极少关注传统中国的能动司法。

---

〔1〕 参见顾元:《衡平司法与中国传统法律秩序》,中国政法大学出版社2006年版。

五、研究的价值与意义

中国人讲"不知来，视诸往"[1]，西方人讲"一切真历史都是当代史"[2]，更有历史法学派认为现代法制只有契合本土优良传统才具有权威性和正当性，这些都是在强调整理和研究法律传统的必要性和重要性。中国是一个传统特别悠久、厚重的国家。冯友兰先生说："并世列强，虽新而不古；希腊罗马，有古而无今。惟我国家，亘古亘今，亦新亦旧。"[3]中国有着五千年延绵未绝、自成一体且总体上能自我适应的法律文化体系（中华法系）。中国传统法制作为一种体系化的整体自清末修律已被隔断，但其中所蕴含的某些法律的理念、经验与智慧并未随之消逝，而且确有保留和传承的必要。无论是从传统的惯性影响来讲，还是从中国当下法制的改革发展来讲，我们都不能不重视和整理固有法制传统。

本著针对中国能动司法主流话语中传统研究的结构性缺失，以典型切点、实证材料、重要时段来研究传统中国能动司法问题，旨在通过考察其真相、辨识其特质、梳理其经验，为健全当代中国的能动司法机制提供传统智慧与本土资源。这类研究把握社会热点、追踪学术前沿，兼具学术视野与现实情怀，其价值与意义主要表现在：

（一）有助于统一对"能动司法"的理性认识

现在国内各界对"能动司法"问题的认识比较混乱，这些认识大致有以下几类：

（1）"必然选择"论。官方的主流观点认为，能动司法是当代中国司法的"基本取向""必然选择"[4]。这类判断中含有当代中国司法"必须能动"

---

[1] 语出董仲舒《春秋繁露·精华》，意即可以通过了解事物的过去来理解和把握其未来的状况。

[2] ［意］贝奈戴托·克罗齐：《历史学的理论和实际》，傅任敢译，商务印书馆2005年版，第2页。

[3] 1945年抗战胜利后冯友兰先生所撰《国立西南联合大学纪念碑碑文》，见冯友兰：《三松堂全集》第一卷正文前的图页，河南人民出版社2000年版。

[4] 参见贺小荣："能动司法是人民法院服务经济社会发展大局的必然选择"，载《人民法院报》2009年9月1日，第1版；公丕祥："能动司法：当代中国司法的基本取向"（上），载《光明日报》2010年6月24日，第9版；王兵："能动司法：当代中国司法的必然选择"，载《人民司法》2010年第11期。需要指出的是，这类观点中似乎含有当代中国司法"必须能动""必须全面能动"的意思，这种将能动司法无条件绝对化的观点，肯定是有问题的。

"必须全面能动"，将能动司法无条件绝对化的意思。

（2）"西方"论。这种观点认为"能动司法"源自西方。这种观点似是而非，准确的说法应该是"能动司法"一词或类似的固有表达"源自西方"。

（3）传统中国能动司法"虚无"论。这种观点认为中国没有"能动司法"，"外国司法能动主义的讨论在很大程度上与中国的司法实践没有多大关系"[1]；"从我国的文化遗产中是找不到'能动司法'的元素的"，传统中国的司法中根本就没有"能动司法"[2]。

（4）当代中国"创新"论。这种观点认为当代中国社会转型时期的"能动司法"是"创新"，认为能动司法"是人民法院司法理念的一次重大创新"[3]；认为"'能动司法'这一命题的提出，是当代中国法律人的智慧结晶，它是中国的'本土资源'，而不是所谓的'舶来品'"[4]；等等。

（5）"过时"论。这种观点认为现在能动司法"过时了""不吃香了"，应该"不提了"。

（6）"消解法治"论。这种观点将能动司法与"法治"对立起来，认为"能动司法在总的方面松动了规则与程序的严格性，其理论导向是消解法治"；"对于现在较为普遍的关于'法治倒退'的说法，能动司法难辞其咎"。[5]

上述观点，在我们看来，或多或少都是有些问题的。例如，当代中国的能动司法是"创新"的观点就失之浅狭和武断，事实上中国当下的能动司法并非完全是创新，而是既有创新因素，也有移植外国法制和传承本土传统的情形。这些观点的产生，与中国的政治主导有关，更与对"能动司法"的错误理解有关。本著在古今中外贯通的大视野、大语境中考察和讨论能动司法问题，认为能动司法的本质是对法律缺陷的司法补救机制，能动司法可以跨越时空而存在或运行。这类研究想必有利于正本清源地认识能动司法现象，

---

〔1〕 苏力："关于能动司法"，载《法律适用》2010 年第 Z1 期。

〔2〕 "谈我们需要什么样的能动司法"，载 http://www.legaldaily.com.cn/fxy/content/2011 - 07/08/content_ 2787490. htm? node＝21212，最后访问日期：2016 年 5 月 31 日。

〔3〕 2010 年 5 月 26 日最高人民法院党组副书记、常务副院长沈德咏在南通召开的能动司法与促进社会管理创新研讨会的讲话，参见詹菊生："能动司法是司法理念的重大创新"，载《人民法院报》2010 年 5 月 27 日。

〔4〕 公丕祥："能动司法：当代中国司法的基本取向"（上），载《光明日报》2010 年 6 月 24 日，第 9 版。

〔5〕 陈金钊："'能动司法'及法治论者的焦虑"，载《清华法学》2011 年第 3 期。

统一对"能动司法"的理性认识。

（二）为当代中国的能动司法及社会治理提供理论支撑与传统借鉴

中国的现代法制建设能否成功或顺利，不仅取决于政治的力量，也有赖于学术的力量。学术研究如果传统缺位，难免游谈无根。本著的研究在某种意义上就是要激活传统，回应现实。首先，传统中国能动司法的研究可以为中国现实的能动司法机制提供理论支撑与传统借鉴。中国的现实问题只有在特定的中国语境中理解才有意义，中国的能动司法离开了中国传统语境则很难实现可持续发展。中国有数千年的能动司法实践，继承和弘扬其优良经验既是必要的也是可行的。其次，关于"小事闹大"诉告策略及其司法应对的研究，可以为社会的治理机制提供传统经验与智慧。诉告中的"小事闹大"问题，往往起因复杂、结果多样，历来令官方头疼、社会不屑，但很多人乐此不疲、争相效尤，许多恶性纠纷、群体事件大都与此有关，因而从来都是官方剑指的重点对象。本著关于"小事闹大"与能动司法互动的研究，对于社会治理来说无疑是正当其用。

（三）助力文化自信

本著的研究内容主要是证成能动司法在传统中国的存在，并对其进行系统梳理和总结，这种研究可以助力增强我们的文化自信。首先，这种研究从特定视角证成了中华民族不仅有追求社会和谐的特殊传统，而且有实现这种和谐的智慧与手段。其次，这种研究表明中西方法律文化存在着诸多"英雄所见略同"的法律智慧。自 20 世纪 70 年代以来，西方学者在东西方法律文化比较语境中，提出所谓"法律东方主义"和"东方法律主义"的观点[1]，从而在法学界出现了一种特有的话语体系。能动司法是司法规律的反映，传统中国能动司法的存在是东西方法文化相通性的重要表现，是超越"法律东方主义"与"东方法律主义"的重要体现。最后，这种研究可以再证东西方传统法文化是两座可以对峙的高峰，可以证实著名画家吴冠中所说的"东西

---

〔1〕　代表作主要是两位美国学者的著作：萨义德（Edward W. Said）1978 年出版的《东方学》（又译为"东方主义"），王宇根译，三联书店 2007 年出版的中译本；络德睦（Teemu Ruskola）2013 年出版的《法律东方主义：中国、美国与现代化》，魏磊杰译，中国政法大学出版社 2016 年出版的中译本。

方文化的最高峰是相通的，历史的发展只是两者从东西两侧向山顶攀爬的过程"[1]这一著名论断。

邹韬奋先生（1895—1944）说"理论是实践的眼睛"[2]，冯友兰先生（1895—1990）说"阐旧邦以辅新命"[3]，本著研究的全部意义就在于：激活传统、指导实践！

六、研究的材料和方法

（一）研究的材料

本著研究所用的原始材料，以清代司法文书、诉讼档案、判例判牍为主，辅之以正史、民间文书、历史纪实性文学作品、民俗野史笔记等实证性较强的历史文献。

1. 司法文书档案

本著所用司法文书档案主要有清代的黄岩档案、巴县档案、淡新档案、南部县档案、冕宁县档案、宝坻县档案、《刑案汇览》，以及历代判例判牍等，这类文献相对真实地反映了当时的司法样态。下面对用得最多的三种司法档案略加介绍。

（1）巴县档案。本著所用巴县档案包括清代四川省重庆府巴县官府档案、民国时期巴县公署档案以及民国前期四川省东川道积累移存的档案，时间上自乾隆十七年（1752年），下迄民国三十年（1941年），共约11.6万卷。巴县档案是中国保存较为完整的地方政府历史档案[4]，其中相当一部分是司法诉讼档案。现在已经整理成书的有：《清代乾嘉道巴县档案选编》[5]、《清代

---

〔1〕 参见韩小蕙："艺术赤子吴冠中"，载《光明日报》2007年4月4日，第12版。

〔2〕 邹韬奋："理论和实践的统一"，载《生活日报星期增刊》1936年第1卷第2号。

〔3〕 参见冯友兰：《三松堂全集》第一卷正文之前的"三松堂"对联画页，河南人民出版社2000年版。

〔4〕 这批档案早先存于巴县档案库，抗日战争时期巴县政府为避空袭将其运至长江南岸樵坪场一座破庙中暂存。1953年被发现，由西南博物院运回收藏，后交四川省博物馆管理。1955年由四川大学历史系整理使用，1963年3月由四川省档案馆接收。

〔5〕 四川大学历史系、四川省档案馆编：《清代乾嘉道巴县档案选编》，四川大学出版社1989年版。

乾嘉道巴县档案选编》（下册）〔1〕、《清代巴县档案汇编》（乾隆卷)〔2〕。这些书选编了清朝乾隆至道光年间四川巴县县衙的各种契约、告示、批文、诉讼文书、军事咨文等各种文书档案，反映了当地的政治、经济、军事、社会风俗等诸方面的情况。

（2）淡新档案。《淡新档案》原名《台湾文书》，是清乾隆四十一年（1776 年）至光绪二十一年（1895 年）共 119 年间清朝台湾〔3〕淡水厅、台北府、新竹县三个行政单位的行政与司法档案，日据时期由新竹地方法院承接，先转送覆审法院（高等法院），再转赠台北帝国大学文政学部，供学术研究之用。战后移交台湾大学法学院，并由法律系戴炎辉教授命名及主持整理工作。全档共计 1143 案，19 281 件。淡新档案别具规模、保存良好，加上戴炎辉先生整理有方，已成为世界著名的传统中国县级档案。淡新档案现已整理出版，共 36 册，1995～2010 年出版，其中前 4 册由"淡新档案校注出版编辑委员会"主编，台湾大学 1995 年出版；后 32 册由吴密察主编，台湾大学图书馆 2001～2010 年出版。

（3）黄岩诉讼档案。2000 年 7 月，因台风摧毁了浙江省台州市黄岩区的一些老旧房屋，人们意外发现了一批清代后期的诉讼档案，包括诉状的状式、副状、证据和审理的记录等司法文书约 110 余件，时间跨度从同治十三年（1874 年）到光绪十五年（1889 年），涉及的案件绝大多数属"细事"案件（民事性案件）。清代并没有民事审判与刑事审判的严格区别，但起诉一方总是夸大其词，以要求追究对方刑事责任的口气"具呈"，实际上具体案由不过是以户婚、田宅、钱债之事为主，或由此引起的打架斗殴、骂詈污辱及盗窃等轻微治安案件。这些档案保存比较完整，并附带"状式条例"等民事审判程序内容。这批珍贵档案经第一历史档案馆修复后得到 78 份诉状，在法律史文献专家田涛教授主持整理下，已由法律出版社出版《黄岩诉讼档案及调查报告》（上、下卷)〔4〕，上卷收录整理清代浙江省台州府黄岩县诉讼档案

---

〔1〕　四川省档案馆、四川大学历史系编：《清代乾嘉道巴县档案选编》（下册），四川大学出版社 1996 年版。

〔2〕　四川省档案馆编：《清代巴县档案汇编》，档案出版社 1991 年版。

〔3〕　台湾在清代光绪十三年（1887 年）之前隶属福建省，光绪十三年置台湾省，下辖台湾府、台南府、台北府、台东直隶州。光绪二十一年（1895 年）被割让给日本，1945 年被收回。

〔4〕　田涛等：《黄岩诉讼档案及调查报告》（上、下卷），法律出版社 2004 年版。

78 件。

2. 其他实证性较强的文献

本著研究所据史料文献，除了司法文书档案之外，还包括正史、民间文书、历史纪实性文学作品、民俗野史笔记等实证性较强的文献，主要有《刑法志》《岸里大社文书》《醒世恒言》《清稗类钞》等。《岸里大社文书》是清代乾隆年间至民国初年我国台湾地区中部的民间文书，今藏于台湾大学图书馆。"岸里大社"是清代台湾中部平埔族群居住区的代表性名称。《岸里大社文书》共 1131 件，内容可大略分为两类：岸里社与官府间往来之文书（禀文、差票、谕示、控案抄录等文件）、番民间往来之文书（招赘、承垦、典卖、借字、合约等契字）。本著所用文学作品中的材料大都有判词，这些判词有据可查，所反映的案件应该是真实的。本著所用案例有些虽载于野史，但以词证案，也具有一定的真实性和可信性。"这类材料不独在逻辑上是真实的，在历史上也应当是可信的。然而它们当时只入于稗官野史、笔记小说，后来亦不易获得历史家们的重视，终究是一件十分可惜的事情。"[1]

（二）研究方法

正确的方法不仅是"用来发现真理的工具"，而且"可以绰绰有余地补偿个别结论的错误以及叙述的平淡无味"[2]。本著研究所用的方法以法学方法为主，辅之以史学方法、比较方法、大数据方法，同时坚持"经济基础决定上层建筑"的唯物主义原理。

（1）法学方法或法律方法。本著研究所用法学方法的重点并非著名的"三段论"[3]，而是法的运行理论，即立法——执法——司法，有法可依、有法必依、执法必严、违法必究，司法体制与司法行为等内容。

（2）史学方法。德国法学家萨维尼（1779—1861）说："法学家必当具备两种不可或缺的素质，此即历史素养，以确凿把握每一时代与每一法律形

〔1〕 梁治平：《法意与人情》，中国法制出版社 2004 年版，第 188 页。
〔2〕《普列汉诺夫哲学选集》（第 1 卷），生活·读书·新知三联书店 1959 年版，第 185 页。
〔3〕 形式逻辑中的"三段论"推导过程：首先确认作为判断材料的"事实"（即小前提），然后寻找要作为判断依据的法律规范（即大前提），最后将事实涵摄于法律规范之下作出判决或裁断（结论）。关于"法律方法"的系统论述，可参见范忠信、陈会林主编：《法理学》，中国政法大学出版社 2012 年版，第 211~216 页。

式的特性；系统眼光，在与事物整体的紧密联系与合作中……省察每一概念与规则。"[1]列宁说，对于任何一种科学研究来说，"最可靠、最必需、最重要的就是不要忘记基本的历史联系，考察每个问题都要看某种现象在历史上怎样产生，在发展中经过了哪些阶段，并根据它的这种发展去考察这一事物现在是怎样的"。[2]本著的研究在某种意义上主要是历史研究，其史学方法的运用主要体现在两个方面：一是"论从史出"的论证方法，亦即通过对史料的疏理，得出尽可能接近客观事实的结论。二是"大历史"思维范式，亦即将研究对象置于历史时空进行古今贯通的综合考查，而不是生搬硬套、攀附西方。

（3）比较方法。著名比较法学家、德国学者茨威格特（K. Zweigert）和克茨（H. Kotz）说："每个社会的法律实质上都面临着同样的问题，但是各种不同的法律制度以极不相同的方法解决这些问题。"[3]这一比较法经典言论，在某种意义上成为本著比较研究维度的灵魂或指导思想。这里的"各种不同的法律制度"，我们作广义的理解，即既包括不同"法系"的法律制度，也包括同一民族或同一国家不同历史阶段的法律制度。传统中国能动司法所在的中华法系与"能动司法"（judicial activism）语源所在的西方法系（大陆法系、英美法系）之间兼有上述"问题"和"方法"两方面的"不同"。法律及其适用的目的，用西方综合法学派代表人物伯尔曼、博登海默等人的话说，是实现"正义的秩序"，但实现什么样的"正义秩序"？如何实现"正义秩序"？为什么不同法系追求的正义内容及实现正义的方法有所不同？有些原因可以进行逻辑推理，例如古希腊是工商文明、地缘社会，古代中国是农业文明（小农经济）、宗法社会，其社会生态中"长出的"制度必然有所不同，所追求的正义内容也有所不同。有些原因则只能用经验解释，因为它们可能是习惯或传统造成的，所谓"南甜北咸，东酸西辣"之类的情形。上述思考或观点，是本著要重点阐释的内容。本著中的比较既有古今比较，又有中外比较。

---

〔1〕［德］萨维尼：《论立法与法学的当代使命》，许章润译，中国法制出版社2001年版，第37页。

〔2〕《列宁全集》（第4卷），人民出版社1990年版，第43页。

〔3〕［德］K. 茨威格特、H. 克茨：《比较法总论》，潘汉典等译，法律出版社2003年版，第46～47页。

（4）"大数据思维"方法。大数据思维是基于大数据[1]的全样思维、容错思维和相关思维。所谓"全样思维"是针对全部样本（非抽样）进行分析研究的思维模式；"容错思维"是对结果或结论不求完全客观、精确，只求尽可能接近客观事实的思维模式；"相关思维"是对于分析研究对象中各个数据（事实、现象）之间的关系，关注更多的不是因果关系，而是相关关系[2]的一种思维模式。本著的研究在某种意义上充分运用了"大数据思维"，无论是从能动司法视角对已有历史材料进行整理和重述，还是事实与结论之间的逻辑推理与"自由心证"，都贯穿着全样思维、容错思维和相关思维。

（5）"经济基础决定上层建筑"的唯物主义原理。本人的研究在本著中一如既往地坚持两个原则：一是"中国问题"的研究（包括改变国情本身的研究）必须从中国历史国情出发[3]，必须重视本土资源。例如在化解社会矛盾方面，中国有着特殊的经验与智慧，西方的成功经验，我们可以借鉴，但不等于认可它们就是普世经验。二是社会科学研究必须重视"经济基础决定上层建筑"的原理。其于这一原理，对所有传统的东西与现代的东西都不能简单地作"落后"与"先进"的判断。传统中国的种种能动司法形式及其"和谐"理念并不一定是"落后"的，当代中国的能动司法及其刚性"维稳"理念并不一定是"先进"的。[4]

七、研究的思路和文本结构

（一）研究思路

1. 研究旨趣

冯友兰先生在北大寓所燕南园"三松堂"自书"阐旧邦以辅新命，极高

---

[1]　这里所说的"大数据"，是指事物运行过程中产生而被收集的，体量巨大、结构多样、时效性强，须用分布式计算架构和智能算法等新技术处理的，用于相关分析以供发现新信息或预测决策的数据集。大数据主要有三大特征：一是数据资源体量巨大、结构多样、时效性强，二是数据处理需要新型计算机架构和智能算法等高新技术，三是数据分析注重相关分析而不是因果分析。

[2]　例如女孩子裙子的长短与经济热度的关系、摩天大厦与经济危机的关系、职业与使用手机品牌的关系等都是一种相关关系，不是因果关系。

[3]　今天的改革，包括要改革"国情"，但历史上国情是无法改变的。

[4]　参见陈会林：《国家与民间解纷联接机制研究》"前言"，中国政法大学出版社2016年版。

明而道中庸"[1]对联，以志自己学术活动的方向和要达到的精神境界。这副对联所体现的要求，对于吾辈来说自然是"可望而不可及"，但我们仍把它作为尝试和努力的方向。为此，我们的研究特别考虑以下三点：第一，坚持"挖掘新材料、利用新方法、得出新结论"的学术理念和"切入现实，干预社会"的研究风格。第二，以探清传统经验智慧，为现实提供本土资源为研究主旨。用现代法理考量传统司法，争取初步建构一套较为合理的传统能动司法话语体系，为当代中国司法的改革和发展提供传统资源，为实现"东方法律主义"和我们适度的文化自信提供历史佐证。第三，以"小事闹大"诉告策略的司法应对措施为切入点，以司法文书、诉讼档案、判例判牍为主要素材，以清代为主要考察时段。

2. 重点和难点

本著研究的重点主要有三个方面：一是对清代诉讼档案、判例判牍等原始材料的海量识读，二是对传统中国司法应对"小事闹大"诉告策略之方式的梳理，三是对传统中国能动司法内容的考察、归纳与概括。

本著研究的难点也主要有三个方面：一是对传统中国司法机关应对"小事闹大"诉告之司法艺术的探查，二是上述应对机制中能动司法因素的梳理，三是传统中国能动司法特质与普适内容的辨识论证。

（二）全书的体系架构

本著的正文部分除"导论"和"结论"之外，主体内容分为四个单元、十章，内容序列基本上是递进的关系。

第一单元：概念梳理，主要是对"能动司法"和"传统中国能动司法"两个基本概念的梳理，包括三部分或三章：一是对"能动司法"定义的全面阐释（第一章），二是对"传统中国何以有能动司法"的论述（第二章），三是对"传统中国能动司法的背景与场域"的交待和介绍（第三章）。

第二单元：研究的切入点，即司法应对"小事闹大"诉告策略中的"能动司法"，包括两部分或两章：一是传统中国的"小事闹大"诉告及司法应对方式（第四章），二是传统司法应对"小事闹大"诉告中的能动司法（第五

---

[1]　参见冯友兰:《三松堂全集》第一卷正文之前的"三松堂"对联画页，河南人民出版社2000年版。

章）。

第三单元：对上述"切入点"所引出话题的展开，全面论述传统中国的能动司法问题，分为四部分或四章：一是"曲法通情：变通规则的司法能动"（第六章），二是"'代民作主'：积极作为的司法能动"（第七章），三是"'官批民调'：以调整程序为核心的多元能动司法"（第八章），四是"传统中国能动司法的逻辑与机制"（第九章）。前面三章主要论述司法应对"小事闹大"诉告策略引出的三种司法能动方式，后面一章是对上述三种方式的原理解读。这一单元是全书的重心。还有两点需要说明的是：第一，本著所谓传统能动司法方式，因为是基于司法应对"小事闹大"诉告策略展开的，所以讨论的并不是传统中国能动司法的全部内容；第二，本单元内容因为是对司法应对"小事闹大"诉告策略之能动司法的"进一步"展开，所以这里讨论的能动司法并不一定全部是针对司法应对"小事闹大"诉告的，考察的历史时段也不一定是清代的。

第四单元：文化传承，将传统与现代联接起来，论述对传统能动司法的传承与借鉴问题（第十章）。

第一章

能动司法的定义、起源、本质及形式

"能动司法"（judicial activism）的固有表达源自美国。"能动司法"作为一种司法模式或司法理念，历来都是一个有争议的话题，在当代英美国家的司法语境中甚至不时被诟病[1]。但总的来说，是越来越被认同为一种补救法律"缺陷"的司法机制或司法规律。

第一节 何为"能动司法"

一、"能动司法"之术语的出现

"能动司法"的英文是"judicial activism"，中文译成"司法能动性""司法能动主义"等。"能动司法"作为专业术语的表达源自美国。

从现有文献来看，"司法能动主义"最初作为一个术语出现在公众视野之中是在 1947 年。这一年，美国学者亚瑟·施莱辛格（Arthur M. Schlesinger Jr.）在《财富》杂志上发表了一篇题为《最高法院：1947》的文章，在这篇文章中，施莱辛格将当时最高法院的 9 名大法官划分为三大阵营："司法能动主义者"（Judicial Activists）、"自我克制的典范"（Champions of Self-Restraint）、中间派（A Middle Group）。[2]这可能是西方第一次使用"司法能动主义"一词。"能动司法"（judical activism）作为专业术语出现稍晚，约在 1949 年出现在美国。此外，"能动司法"是"司法克制"（judicial restraint）或"严格

---

[1] 参见苏力"关于能动司法与大调解"（载《中国法学》2010 年第 1 期）原注：Sterling Harwood, *Judicial Activism：A Restrained Defense*, Austin & Winfield Publishers, 1996；Christopher Wolfe, *Judicial Activism*, 2nd ed., Rowman Littfield Publishers, 1997；Mark Sutherland, *Judicial Tyranny：The New Kings of America Amerisearch*, 2005.

[2] Arthur M. Schlesinger, *The Supreme Court：1947*, Fortune, 1947, Jan.

司法"〔1〕的对应物。根据世界权威法律词典《布莱克法律词典》〔2〕(第九版) 的解释,"司法克制"或"严格司法"作为专业术语产生于18世纪,比"能动司法"出现的时间可能要早200多年。

二、"能动司法"的通义

"能动司法"(judicial activism) 的表述和做法历来不尽一致。在当代英美国家的司法语境中,"能动司法指的是法院或法官超越自己的依法办事的制度角色,以司法的名义做出一些本该由立法、行政机关做出的带有强烈政治性的司法决定,即使这种能动是出于良好的用心"。〔3〕

《布莱克法律词典》对"能动司法"的解释是:"一种司法审判理念,允许法官作出判决时考虑其个人对于司法政策的观点以及以其他因素作为指导。一般来说,持有这种司法理念的人倾向于通过违宪审查获得权利,以及弱化遵循先例的原则。"〔4〕美国学者、《司法能动主义》的作者克里斯托弗·沃尔夫认为:"司法能动主义的基本宗旨就是,法官应该审判案件,而不是回避案件,并且要广泛地利用他们的权力,尤其是通过扩大平等和个人自由的手段去促进公平——保护人的尊严。能动主义的法官有义务为各种社会不公提供司法救济,运用手中的权力,尤其是运用将抽象概括的宪法保障加以具体化的权力去这么做。"〔5〕

中国人编的权威法律词典《元照英美法词典》对"能动司法"的定义与上述解释大同小异:"一种司法理论,它鼓励法官摆脱对于司法判例的严格遵从,允许法官在制作判决时考虑其个人对于'司法政策'(public policy) 的观点以及以其他因素作为指导,通过判决来保护或扩展与先例或立法意图不符

---

〔1〕 为了中文表达的简明,以及能与"能动司法"更好地对应,本文一律用"严格司法"。

〔2〕 《布莱克法律词典》(*Blacks Law Dictionary*) 1891年在美国问世,至2014年已出第10版,是国际上公认的最权威最全面的法律词典,其最大特点之一是几乎所有术语均标注英文最早使用的时间。

〔3〕 苏力:"关于能动司法与大调解",载《中国法学》2010年第1期。

〔4〕 原文是:"A philosophy of judicial decision-making whereby judges allow their personal views about public policy, among other factors, to guide their decisions, usu. with the suggestion that adherents of this philosophy tend to find constitutional violations and are willing to ignore precedent." 见 Bryan A. Garner, *Black's Law Dictionary*, 9th Ed., West Publishing Co. 2009, p. 922.

〔5〕 [美] 沃尔夫:《司法能动主义——自由的保障还是安全的威胁?》,黄金荣译,中国政法大学出版社2004年版,第3页。

合的个人权利。遵循该理论会造成某些判决侵犯立法权和行政权的结果。"〔1〕

没有"严格司法"就没有"能动司法"。关于"严格司法"的定义,《布莱克法律词典》的解释是,"司法判决的一种观念,即法官努力根据立法原意解释法律和遵循先例,避免任凭自己关于公共利益的信念行事"〔2〕;另一本由美国人编的法律辞书《韦伯斯特新世界法律辞典》的解释是,"案件应当尽可能以最狭窄的依据来裁判,而毋需解决不必要的问题,尤其是政治性或社会性争执的学说"〔3〕。

上述对"能动司法"的定义都有明显的英美法痕迹,特别是有美国烙印(英国人编的《牛津法律大辞典》没有收录这一术语)。美国语境下的"能动司法",大概是指法院可以通过不遵循先例,或通过司法审查的方式发现立法的违宪行为,以司法判决的方式来保障权利、实现社会正义的司法理念或机制。这一定义显然不具有普适性。如果仅以美国的定义为标准,那么很多国家就没有能动司法了。

我国对"能动司法"有自己的理解或定义。例如,最高人民法院副院长江必新对"能动司法"的定义是:"法官在司法过程中应当根据社会的需要,采取灵活的方法,秉承一定的法律价值,遵循一定的法律规则,创造性地适用法律,理性地作出判断,从而不断地推动社会政治、经济、法律、文化等的变革和发展。"〔4〕最高人民法院前院长王胜俊指出能动司法有"三个显著特征":一是紧紧围绕服务经济发展、维护社会稳定、促进社会和谐、保障人民权益的要求,积极运用政策考量、利益平衡、和谐司法等司法方式履行司法审判职责的服务型司法;二是主动开展调查研究,认真分析研判形势,主动回应社会司法需求,切实加强改进工作,主动延伸审判职能,积极参与社会治理,主动沟通协调,努力形成工作合力的主动型司法;三是根据经济社会发展要求,未雨绸缪,超前谋划,提前应对,努力把矛盾纠纷解决在萌芽

---

〔1〕 薛波主编:《元照英美法词典》,北京大学出版社2013年版,第748页。

〔2〕 Bryan A. Garner, *Black's Law Dictionary* 9th Ed., West Publishing Co., 2009, p. 924.

〔3〕 Susan Ellis Wild, *Webster's New World Law Dictionary*, by Legal Editor, Co. 2006. 转引自顾培东:"能动司法若干问题研究",载《中国法学》2010年第4期。

〔4〕 江必新:"能动司法:依据、空间和限度",载《光明日报》2010年2月4日,第9版。

状态的高效型司法。[1]总的来说，在当代中国语境中，能动司法大致是指法官不应仅仅消极被动地坐堂办案、不顾后果地刻板适用法律；在司法制度限制内，法官可以并应充分发挥个人的积极性和智慧，通过审判以及司法主导的各种替代纠纷解决方法，有效解决社会各种复杂的纠纷和案件，努力做到"案结事了"，实现司法的政治效果、社会效果和法律效果的统一[2]，这种"能动司法"可从三个方面理解：一是司法回应，即法院适用法律、解释法律要与时俱进，能够有效回应社会发展的需求；二是司法功能扩张，主要是扩张管辖权，增大受案范围，强化法院处理纠纷的能力，以有效地应对社会的司法需求，促进法治国家的建立；三是司法方式的主动性，包括类似马锡武审判方式，以便民为原则，上门服务，田间地头，积极调处民间纠纷，以及在中国特定的体制与社会条件下法院发挥其非讼功能为"中心工作"服务。[3]

综上所述，结合流播各国的实践和定义，我们可以给"能动司法"下一个较为"普世"的定义：能动司法是司法机关在特殊案件审理过程中，在法治前提下，积极作为、变通规则、调整程序、扩张功能，最大限度实现公平正义的司法理念和司法模式。用传统中国人的话说，能动司法就是"（司法官）知道德有不可为之时，礼义有不可施之时，刑名有不可威之时，由是济之以权也"。[4]举例来说，著名的德国"枪口抬高一厘米"案中的司法就是能动司法。1992年2月，统一后的柏林法庭受理了一个案子，被告是原东德守护柏林墙的卫兵亨里奇。两年前他开枪射杀了企图翻墙逃往西德的一名青年。亨里奇辩称自己是执行命令，根本没有选择的权利，罪不在己。法官指出："东德的法律要你杀人，可是你明明知道这些逃亡的人是无辜的而杀他，就是有罪。作为卫兵，不执行上级命令是有罪的，但是打不准是无罪的。作为一个心智健全的人，此时此刻，你有把枪口抬高一厘米的主权，这是你应

---

〔1〕 王胜俊："坚持能动司法，切实服务大局"，转引自袁祥、王逸："什么是能动司法，为什么要能动司法"，载《光明日报》2010年5月13日，第9版。

〔2〕 参见孙涛："能动司法是司法运行规律的本质所在"，载《人民法院报》2009年9月1日，第3版；沈德咏："人民法院要立足国情能动司法，走专业化与大众化相结合道路"，载《人民法院报》2009年9月11日，第7版。

〔3〕 龙宗智："关于'大调解'和'能动司法'的思考"，载《政法论坛》2010年第4期。

〔4〕《全唐文》卷四〇四。

主动承担的良心义务。"亨里奇被判处 3 年半有期徒刑。[1]此案属于"变通规则"的能动司法，法官的判决依据不是法条，而是体现人性与正义的"良心"。再例如国内的"沈某等 24 人诉谢某服务合同纠纷案"。沈某等人是杭州市"西湖区佳姿美容生活馆"金卡会员，2010 年 9 月 4 日该生活馆突然关门停业，人去楼空。此时沈某等人在该美容院尚有几千元到几万元不等的充值余额未消费。沈某等 24 人将业主谢某诉至法院，要求维护消费权益。法院立案后，没有一判了之，而是设法促成租赁谢某另一家美容院房屋的新美容院接纳原告成为其消费者，双方签订合同，约定原告卡中的余额可以继续在该美容院消费，最后原告撤诉。[2]这里的司法属于"积极作为""扩张功能"的能动司法，这里的能动司法做到了"案结事了"，防止了纠纷扩大或恶化。

能动司法在本质上是对法律"缺陷"的补救机制。上述定义的关键内容主要有五个方面：①追求公平正义（实质正义），诸如伯尔曼（Harold J. Berman，1918—2007）所说的追求"基于经验的正义与秩序的平衡"[3]。这里的正义是"一种更高的法律"，是"人类精神的某种态度、一种公平的意愿以及一种承认他人的要求和考虑的意愿"，它"把我们的注意力集中到了作为规范大厦组成部分的规则、原则和标准的公正性和合理性之上"[4]。西方追求的"正义"主要是权利和人权，传统中国追求的"正义"主要是基于血缘等级分层的人际和睦与社会和谐。②能动司法之"法"是制定或认可意义上的国家法律，既包括成文法，也包括判例法。③司法能动的内容主要是法定自由裁量权的行使或自由心证原则的运用。④司法能动的形式可以是多维的，例如积极作为、变通规则、调整程序、扩张功能等。⑤能动司法的边界是法治（法律原则或法律精神）与公平正义。

---

〔1〕 参见程汉大："宪政文明，路在何方——西方主要国家立宪经验"，载陈景良、郑祝君主编：《中西法律传统》（第 9 卷），北京大学出版社 2014 年版，第 172 页。

〔2〕 参见浙江省高级人民法院编：《案例指导》（2011 年卷），中国法制出版社 2012 年版，第 361~363 页。

〔3〕 ［美］Harold J. Berman，*Faith and Order*，p. 297. 转引自《法律与宗教》"增订版译者前言"第 5 页，梁治平译，中国政法大学出版社 2003 年版。

〔4〕 ［美］E. 博登海默：《法理学——法哲学及其方法》，邓正来译，华夏出版社 1987 年版，第 260 页、第 253 页、第 238 页。

在某种意义上,能动司法的实质是在法律的形式一致性和实质合理性发生冲突时,司法官以其智慧、能力和社会责任感来实现个案中的合法与合理,构建调整利益冲突、平衡各方利害关系的衡平机制,最大限度地满足或兼顾政治效果、社会效果与法律效果的统一。能动司法可以是行为意义上的具体做法(有司法就可能有能动司法,但并非所有司法行为都必然要"能动"),也可以是制度意义上的司法模式(因此往往被人们特别关注并进行理论解读和制度安排)。

第二节　能动司法在西方的起源和发展

一、能动司法在西方的起源

"能动司法"行为或模式的起源,与"能动司法"术语的出现不是一回事。

学界有一种流行的说法:"能动司法"起源于美国或西方。这种观点似是而非。准确的说法应该是,"能动司法"(judicial activism)的专业术语源自美国,对能动司法的特别关注、认知和固有表达始于西方,而能动司法的做法则是中外都有的,能动司法本身的起源要比"能动司法"专业术语的出现早得多。

关于制度性能动司法在西方的起源,当今学界主流大都认为源自19世纪初美国联邦法院的司法审查制度,这显然是基于美国语境或狭义的能动司法而言的。如果把能动司法视作一种对法律缺陷的司法补救机制,那么能动司法的起源就应该是多源的,即使是在西方,能动司法的起源也要比美国的司法审查制度要早得多。能动司法在西方至少有两大典型的源头:一是2—15世纪罗马法中对"衡平"原则的适用,二是18世纪初美国的司法审查制度。

(一)罗马法中衡平法之"衡平"

罗马法中的"衡平"有 Aequitas, Equity 等表达,不同于后来英国法中与普通法相对应的"衡平法"之"衡平"。在罗马法中,衡平(Aequitas)有相对于严格司法的"能动"的意思。《牛津法律大辞典》解释衡平法时说:"罗马法中表示衡平或者公平,有时在特定案件中用于纠正严格法的严厉性的一种原则。它不具有英国法上的衡平法所具有的含义、适用范围或者详细的实体内容，它似乎仅是一条解释原则。"〔1〕《牛津法律大辞典》将 Equity 解释为"公平"或"衡平法"，也有"能动司法"的含义：

> 此术语的基本含义是公平、公正、正义，并可作为自然正义的同义词使用。它的第二个含义是相对于严格的法律规则来说的，指与法律的严谨性或严格性有区别的衡平法。从这个意义上讲，衡平法是自然正义准则和正当准则在特殊情况下的适用，它同法律没有对某些情况作出规定或虽有规定但不合理或不公正，而又要适用法律准则的情况形成对比。就根据合理与正义来决定什么是正确的这一点来说，每个法院或法庭都既是衡平法院又是普通法院。虽然因为法律规定了灵活的准则和授予自由裁量权，衡平法与普通法的对立经常降低到了最低限度，但有时在公平、正义与合法性之间会发生冲突。罗马法就承认了普通法与衡平法之间这种有时是对立的区别，当市民法没有规定救济时，完全准许裁判官授予救济。〔2〕

沈宗灵教授曾就"衡平"的概念作过总结性解释，认为西方法中的"衡平"一词主要有三种相互联系的意义，但核心是基于公平正义的古罗马能动司法。

沈宗灵教授认为西方法中"衡平"的三种意义及其关系是：

> 第一，它的基本含义是公正、公平、公道、正义。第二，指严格遵守法律的一种例外，即在特定情况下，要求机械地遵守某一法律规定反而导致不合理、不公正的结果，因而就必须使用另一种合理的、公正的标准。一般地说，法律中往往规定了某些较广泛的原则、有伸缩性的标准或通过法律解释和授予适用法律的人以某种自由裁量权等手段，来消除个别法律规定和衡平之间的矛盾。古代罗马法中就承认这种矛盾并规定由裁判官对这种矛盾采取补救措施。梅因在其《古代法》一书中曾详细探讨过这一问题。第三，指英国自中世纪中开始兴起的与普通法或普通法法院并列的衡平法或衡平法院……当然，衡平法或衡平法院这两个名称所讲的衡平也导源于以上第一种，特别是第二种意义上的衡平。〔3〕

---

〔1〕　[英] 戴维·M. 沃克：《牛津法律大辞典》，李双元等译，法律出版社 2003 年版，第 33 页。
〔2〕　[英] 戴维·M. 沃克：《牛津法律大辞典》，李双元等译，法律出版社 2003 年版，第 384~385 页。
〔3〕　沈宗灵：《比较法总论》，北京大学出版社 1987 年版，第 172~173 页。

关于古罗马法中"衡平"与能动司法的关系，顾元教授有如下解读：

> 衡平的思想来自古代希腊思想家们运用自然法理论中的"公平"和"正义"等观念，对法律的一般性、原则性所造成的不足和缺陷问题的讨论，即通过寻求扩大司法裁量权来弥补刚性法律的天然不足。
>
> 在法律没有明确规定或者法律的适用会毫无疑问地带来不公平时，司法官可以能动地发挥作用，即遵从法律的精神或是自然理性加以灵活地处断。这种做法在人类法制史上可以说是一种历史的必然选择，从早期古罗马"罗马裁判官法"的实践到中世纪英国"衡平法"的创制，都是这种规律的体现。[1]

(二) 美国的司法能动主义

美国是"能动司法"（judicial activism）这一专业术语的"故乡"。美国语境下的司法能动主义是指一种允许法院在不遵循先例的情况下，通过司法审查的方式发现立法的违宪行为，以司法判决的方式来保障权利、实现社会正义的司法理论和司法方式。赵旭东教授说：

> 追根溯源，（能动司法）这个概念与美国的宪政历史存在着极深的渊源关系。积极司法主义或者司法能动主义曾经是美国宪政发展史上的一个概念，其最初的含义是指司法部门对于联邦法律不是一味消极地执行，而是拥有司法审查的权力。司法部门审查法律的依据是宪法，而对于宪法的最终解释权也是为司法部门所拥有，司法部门有权判定最高行政当局的行为和行政命令是否违宪，有权对行政当局的违宪行为和命令予以制裁或撤销。所以，最高法院不仅拥有了司法审查权，而且在某种意义上拥有了"最终立法权"。[2]

在美国，传统的司法能动主要表现在利用司法审查权，以自己对宪法的

---

〔1〕 顾元：《衡平司法与中国传统法律秩序——兼与英国衡平法相比较》，中国政法大学出版社2006年版，第9页、第10页。

〔2〕 参见赵旭东：《纠纷与纠纷解决原论：从成因到理念的深度分析》，北京大学出版社2009年版，第181页。

理解来否定立法或执法部门的做法，进而影响公共政策，引导国家的发展方向。在这里，司法是能动还是克制，一种比较简单的理解是：如果法院认可一项先例，严格地解释一项立法或宪法条款，宣布有争议的国会立法合宪，就可以视为"严格司法"；如果法院推翻一个先例，扩展或缩限立法的含义，"重写"宪法的一个条款，或者宣布某项国会立法违宪，就可以视为"能动司法"。其中保守派的"能动"往往是向后看，即根据宪法制定的原始意图来解释宪法具体的文本；自由派的"能动"往往是向前看，即根据他们所体验和理解的社会潮流来解释宪法文本，引申出制宪者本身没有想到的"微言大义"。[1]本杰明·N. 卡多佐（Benjamin N. Cardozo，1870—1938）对能动司法的阐述非常精辟，他认为，当宪法与制定法已经为案件指引了明确的适用规则时，法官所应当做的就是明确立法意图并且严格地遵从，但是当宪法和制定法都"沉默"时，司法就必须填补法律的空白，法官就要从普通法中去寻找适合案件的规则。因此，法官在司法过程中就面临一个双重性的问题："首先，他必须从一些先例中抽象出基本的原则，即判决理由（ratio decidendi）；然后，他必须确定该原则将要运行和发展——如果不是衰萎和死亡——的路径或方向"。[2]

能动司法在美国有着非常深远的思想渊源和理论基础，这种思想理论可能以社会法学（Sociological Jurisprudence）为主要代表，实用主义法学、现实主义法学都是美国社会法学的支系。实用主义法学（Pragmatic Jurisprudence）家霍姆斯（Oliver W. Holmes，1841—1935）说，"法律的生命不是逻辑，而是经验。一个时代为人们感受到的需求、主流道德和政治理论、对公共政策的直觉……甚至是法官与其同胞们共有的偏见，在决定赖以治理人们的规则方面的作用都比三段论推理大得多"[3]，"法律只是法院事实上将做什么的预言"[4]。另一位实用主义法学家卡多佐主张司法必须适应社会现实，法官必须经常地对相互冲突的利益加以权衡，并在两个或两个以上可供选择的、逻

---

〔1〕　任东来等：《在宪政舞台上——美国最高法院的历史轨迹》，中国法制出版社 2007 年版，第 454~455 页。

〔2〕　［美］本杰明·N. 卡多佐：《司法过程的性质》，苏力译，商务印书馆 1998 年版，第 14 页。

〔3〕　［美］霍姆斯：《普通法》，冉昊、姚中秋译，中国政法大学出版社 2006 年版，第 1 页。

〔4〕　原文是：The prophecies of what the courts will do in fact…are what I mean by the law. ［美］霍姆斯：《法律的道路》（中英文对照），李俊晔译，中国法制出版社 2018 年版，第 16~18 页。

辑上都是可以接受的判决中作出抉择，"我们追寻的正义，不仅仅是权利与义务已由法律确立、人们视为理所当然的正义；我们追寻的正义，是创造法律时就应当遵循的正义。在此意上，正义是一种比仅仅遵从规则更微妙、更模糊的概念"。[1]现实主义法学（Realism Jurisprudence）学者弗兰克（Frank, J. N., 1889—1957）认为"法官的判决才是现实的，才是真正的法律"[2]，认为法院坚持真正法治是"美国式伪善"[3]。

二、美国司法能动主义的演进

美国的能动司法或司法能动主义，是随着联邦最高法院司法审查制度建立和发展起来的，在这个意义上，美国司法能动主义的演进就是联邦司法审查制度的演变。这方面已有学者作过梳理[4]，这里择要重述如下：

（一）美国以司法审查为代表的传统司法能动主义

美国传统司法能动主义随着司法审查制度的确立、发展而产生和发展。

1. 司法审查制度的确立

美国宪法并没有直接规定联邦最高法院拥有司法审查的权力，但是1803年约翰·马歇尔（John Marshall, 1755—1835）大法官在"马伯里诉麦迪逊"一案[5]的判决书中经过巧妙的论证，确立了联邦最高法院拥有司法审查的权力。他指出："美国的司法权适用于宪法下的所有案件……一部违反宪法的法

---

[1] ［美］卡多佐：《法律的成长·法律科学的悖论》，董炯、彭冰译，中国法制出版社2002年版，第49~50页。

[2] 谷春德主编：《西方法律思想史》，中国人民大学出版社2000年版，第269页。

[3] 见 Jerome Frank, *Courts on Trial: Myth and Reality in American Justice*, Princeton Unitversity Press, 1949. 转引自高道蕴等编：《美国学者论中国法律传统》，清华大学出版社2004年版，第11页。

[4] 参见刘涛："司法能动主义的历史演进与论争"，载《求索》2010年第11期。

[5] 该案起因是美国第二任总统约翰·亚当斯在其任期（1797—1801年）的最后一天（即1801年3月3日）午夜，突击任命了42位治安法官，但因疏忽和忙乱有17份委任令在国务卿约翰·马歇尔（同时兼任首席大法官）卸任之前没能及时发送出去；继任的总统托马斯·杰斐逊让国务卿詹姆斯·麦迪逊将这17份委任状统扣发。威廉·马伯里即是被亚当斯总统提名、参议院批准任命为治安法官，而没有得到委任状的17人之一。马伯里等3人在久等委任状不到、并得知是被麦迪逊扣发之后，向美国联邦最高法院提起诉讼。审理该案的法官约翰·马歇尔，运用高超的法律技巧和智慧，判决该案中所援引的《1789年司法条例》第13款因违宪而被认定为无效，从而解决了此案。从此美国确立了普通法院违宪审制。最高法院确立了有权解释宪法、裁定政府行为和国会立法行为是否违宪的制度，对美国的政治制度产生了重大而深远的影响。

律是无效的，法院包括其他部门都要遵守这一点。"〔1〕马歇尔大法官在这个判决中通过论证得出两个结论：第一，在美国，宪法是效力最高的法律，因而任何违反宪法的法律都是无效的。第二，司法权适用于宪法下的所有案件，所以法院拥有审查一部法律是否违宪的权力。马歇尔大法官用这样的方式确立了美国司法审查权制度，使得汉密尔顿关于司法审查的理论设想变成了现实。汉密尔顿认为司法权和立法权、行政权相比是最弱的权力〔2〕，司法权应有监督立法权的权力，"当一部法律违背宪法的时候，法院的职责就是忠于宪法而忽略违背宪法的法律"。〔3〕能动司法的精义开始在此体现出来。

2. 司法审查的发展

1897～1937 年被称为美国法律史上的"洛克纳时代"〔4〕，这一时期美国联邦最高法院对州和联邦的经济立法进行严格的宪法审查，作出了一系列旨在保护公民宪法经济权利的有争议性的判决，美国司法审查制度因而历久弥坚。美国学者克里斯托弗·沃尔夫指出："至 19 世纪末，要求扩大财产权保护范围的运动在（美国）最高法院已经形成了一股主导性的力量。1890 年至 1937 年间，最高法院经常使用正当程序条款来推翻联邦和州的经济法规。因为目前的正当程序条款比较模糊，这就使法官有机会根据自己的经济哲学来解读宪法，这种形式的司法审查可以确定地被视为一种新的司法审查形式。"〔5〕在这一背景下，1899～1937 年间，美国共有 184 项州法被最高法院基于正当

---

〔1〕　*Marbury v. Madison*，1 Cranch 137.

〔2〕　汉密尔顿说："司法部门既无军权，又无财权，不能支配社会的力量与财富，不能采取任何主动的行动……司法部门既无强制，又无意志，而只有判断；而且为实施其判断亦需借助于行政部门的力量。"（［美］汉密尔顿等：《联邦党人文集》，程逢如等译，商务印书馆 2004 年版，第 391 页。）

〔3〕　［美］汉密尔顿等：《联邦党人文集》，程逢如等译，中国社会科学出版社 1999 年版，第 468 页。

〔4〕　"洛克纳时代"的说法源于联邦最高法院 1905 年在"洛克纳诉纽约州"（*Lochner v. New York*）案中作出的判决。洛克纳是一家烤面包房的经营者，他因为要求自己的工人每天工作超过 10 个小时而被控违反了纽约州的《面包坊法案》，法院要求他要么立刻缴纳 50 美元的罚款，要么就在监狱里待上最多 50 天，直到全额缴纳罚款为止。洛克纳不服法院的轻罪判决，一直上诉到联邦最高法院。联邦最高法院以 5∶4 的投票认定纽约州规定面包坊工人日最高工时的立法违反了宪法第十四修正案的"正当程序"条款而无效，洛克纳终于胜诉。

〔5〕　［美］克里斯托弗·沃尔夫：《司法能动主义———自由的保障还是安全的威胁？》，黄金荣译，中国政法大学出版社 2004 年版，第 29 页。

程序条款和平等保护条款宣判无效。[1]美国学者考克斯指出："在解释正当程序条款时，最高法院的多数大法官用他们关于个人自由与公共规制之间的适当平衡的观念取代了人民的民选代表所表达的观念，在这一意义上，他们是能动主义者。"[2]

(二) 美国现代司法能动主义

美国的现代司法能动主义产生于20世纪上半叶，它是伴随司法审查制度的现代转型而产生和发展起来的，其从产生之日就饱受争议。美国现代司法能动主义强调司法能动时必须自觉保持司法克制，防止司法能动主义滥用所造成的消极后果。美国联邦最高法院在这种司法理念指导下，通过对司法权的灵活运用，保障了公民权利，维护了社会正义，促进了政治的发展与社会的进步。

1938年"美国诉卡罗琳产品公司"（*United States v. Carolene Products Company*）一案中，哈伦·菲斯克·斯通（Harlan Fiske Stone, 1872—1946）大法官在判决的注释中指出："当一部立法表面上违宪的时候，对于违宪假设的运用可能存在更狭窄的范围……法院也需要审查那些涉及特定宗教和少数民族的法律。"[3]从这个案件开始，最高法院司法审查的依据从宪法第十四修正案的正当程序条款转移到了平等保护条款，司法审查保护的对象也从公民的契约自由等经济自由转移到公民的平等权等公民权利。这一案件为司法审查的现代转型奠定了基础，也为现代司法能动主义的兴起作出了有力的铺垫。

1953年，沃伦·厄尔（Warren Earl, 1891—1974）开始担任最高法院首席大法官，直至1969年退休。在这期间沃伦带领最高法院积极行使司法权，实现社会正义，在保护黑人权利、保护刑事被告权利、保护言论自由、保护隐私权等方面都取得了重要的成就。自沃伦法院之后，美国联邦最高法院进入司法能动主义的高潮时期，判决大量国会立法全部或部分无效，其中沃伦法院作出了23个判决，沃伦法院之后的伯格法院作出了32个判决，伯格法

---

〔1〕 [美] 罗伯特·麦克洛斯基：《美国最高法院》，任东来等译，中国政法大学出版社2005年版，第120页。

〔2〕 [美] 阿奇博尔德·考克斯：《法院与宪法》，田雷译，北京大学出版社2006年版，第142页。

〔3〕 *United States v. Carolene Products Co.*, 304 U.S.144（1938）.

院之后的伦奎斯特法院作出了 40 个判决。[1]正是在这一时期美国的司法审查制度完成了现代转型，司法能动主义也进入了一个新阶段。

美国现代司法审查相对于传统司法审查来说更具有"扩张性"，对此美国学者沃尔夫有较详细的论述。首先，"传统的司法审查极力想保持其'民主性特征'，为此他们争辩说，法官所实施的并不是自己的意志，而是包含在宪法中的人民的意志……但是随着新的、更有意识进行立法的司法审查形式的出现，原来的辩护理由便不再成立了"。其次，"现代最高法院已经减少了传统上对接近司法权的条件限制，从而使寻求司法保护变得越来越容易"。再次，"顺从立法的原则已经受到了实质性的修改……这表明法官越来越自信了，他们认为保护公民基本权利已经赋予并且也只能赋予司法机关。最高法院并没有不尊重同级别的其他政府部门，但是最高法院已经变得非常确信，它认为少数人群体只有在法院才能得到一个公正的、受到聆听的机会"。最后，"对最高法院宪法解释权权威性的限制……它们表明对许多人来说，司法审查已渐渐变成'司法至上'"。[2]

（三）美国能动司法的典型案例

作为判例法国家，美国的司法能动主义无一不是通过案例体现出来的，这里仅考察一个典型案例，即 1925 年"卡罗尔诉美国"（*Carroll v. United States*）案[3]，此案主要涉及无证搜查汽车的合宪性问题。[4]

1. 案情

1925 年初，禁酒执法人员在密歇根州的公路上进行例行巡逻时，发现卡罗尔（走私者）可能从事非法酒精贸易，于是跟踪进城，当这些走私者正准备将威士忌酒转交给销售公司的高级职员时，执法人员在未取得搜查证的前提下对其实施了抓捕，并对其车上的物品进行了查扣。之后，被捕的卡罗尔将禁酒执法人员起诉到联邦最高法院，声称执法人员无证搜查汽车并将搜查

〔1〕　Thomas M. Keck, *The Most Activist Supreme Court in History：The Road to Modern Judicial Conservatism*, University of Chicago Press, 2004, pp. 40~41.

〔2〕　［美］克里斯托弗·沃尔夫：《司法能动主义———自由的保障还是安全的威胁?》，黄金荣译，中国政法大学出版社 2004 年版，第 44~50 页。

〔3〕　*Carroll v. United States*, 267 U. S. 132（1925）.

〔4〕　下面对此案的重述内容参见王茂生："美国联邦最高法院的能动司法——关于禁酒执法的两个著名判决"，载《比较法研究》2014 年第 3 期。

所获物品作为违法证据的行为违宪。

2. 涉及的法律规则

此案涉及的法律规则主要有两条：一是 1791 年国会通过的《美国宪法》第四条修正案："人民的人身、住宅、文件和财产不受无理搜查和扣押的权利，不得侵犯。除依照合理根据，以宣誓或代誓宣言保证，并具体说明搜查地点和扣押的人或物，不得发出搜查和扣押状。" 二是 1919 年颁布的《美国宪法》第十八条修正案："自本条批准一年以后，凡在合众国及其管辖土地境内，酒类饮料的制造、售卖或转运，均应禁止。其输出或输入于合众国及其管辖的领地，亦应禁止。"[1] 根据这项宪法修正案的规定，凡是制造、售卖乃至于运输酒精含量超过 0.5% 以上的饮料皆属违法，最高可被罚款 1000 美元并监禁半年。

3. 审理的困难与能动司法

联邦最高法院审理本案的困难在于上述两项规则"打架"，公认的宪法原则似乎并不足以应付汽车的挑战。如果"搜查"必须要有搜查证，那么用汽车偷运酒精就不能被拦截，因为在获得搜查证这段时间里，任何汽车都会消失掉，这里似乎找不到合宪性的方法去搜查汽车。

联邦最高法院法官对此案的审理产生了较大的分歧，最后以 5:4 的表决结果裁决认定：执法人员无搜查证拦下涉嫌非法运输酒精的汽车和逮捕车上涉嫌犯法者并不违宪。塔夫脱（William Howard Taft）法官代表法院发表了判决及其理由：满足一定条件（汽车容易消失）的"无证搜查汽车"合宪。判决理由的要点如下：①非恶意或者有充分理由的"无证搜查"合宪。因为严格执行宪法第四条修正案规定的直接后果是，当执法人员抓捕一些正在违法走私者时，由于不能及时获得搜查证而无法搜查与违法行为相关的大量走私物品。②对极易消失的汽车进行"无证搜查"合宪。搜查证的取得应该因搜查对象的不同而区别对待，对于商店、住宅或其他建筑物的搜查应该在取得搜查证后再进行搜查；而查处违禁物品，以及对船舶、摩托艇、马车或汽车进行搜查时，因为在取得搜查证期间，物品可能被立即转移，车辆会迅速离

---

〔1〕 这个修正案的实施，引起了非法酿造、出卖和走私酒类饮料的新的犯罪行为，禁而不止，而联邦及各州政府又需要以酒税补充其财政收入，1933 年国会颁布宪法第二十一条修正案废止了禁酒令。

开或者脱离管控，所以不能要求在搜查当时就获得搜查证。③逮捕嫌疑人的有效性不影响"无证搜查"的合宪性。搜查的有效性并不依赖于逮捕权，而依靠的仅仅是执法官员有理由相信汽车上有违禁品。嫌疑人是否被起诉并不影响"无证搜查汽车"的有效性。

在卡罗尔案中，联邦最高法院多数派为了让"无证搜查汽车"合宪，自觉地实现了对宪法第四条修正案的解释，构建出了一个"区分取得搜查证必要性"规则，同时多数派的这个解释也顾及到了少数派提出的应该对"无证搜查汽车"作出严格的限制。多数派英雄般地重新诠释宪法第四条修正案的原则，基本上确立了美国现代搜查和扣押的法理框架。此案的司法能动，主要体现在通过变动适用规则，最终实现了保护社会公共利益与保护公民个人权利的平衡。

第三节　能动司法的本质和边界

一、能动司法在本质上是对法律"缺陷"的补救机制

人类对法律有很高的期许，例如西方人讲"法律是善良与公正的艺术"[1]，中国人说"法不仅仅体现一种规范，还蕴含着人们对安身立命的人生追求，对富足、祥和、有序的价值渴望"[2]。但法律在具有普适性、稳定性的同时，也可能带来缺失性、滞后性。西方法谚说，"有一百条法律，却有一百零一个问题"；在传统中国，人们认识到"律归一定，情有万端"[3]，"人之情伪万殊，而国家之科条有限"[4]，律典规定中也有"杂犯轻罪触类弘多，金科玉条包罗难尽"[5]，"有定者，律令；无穷者，情伪"[6]等内容。面对复杂多变的社会关系，任何既定法（包括制定法和判例法）都可能是"落后"的、"过时"的，所有法律因此都是有局限或缺陷的。所以哈耶克说"没有一部法

---

〔1〕［古罗马］《学说汇纂》（第Ⅰ卷），罗智敏译，中国政法大学出版社2008年版，第5页。

〔2〕俞荣根："习惯法与羌族习惯法"，载谢晖、陈金钊主编：《民间法》（第1卷），山东人民出版社2002年版，第220页。

〔3〕（清）全士潮等纂辑：《驳案汇编》，何勤华等点校，法律出版社2009年版，第67页。

〔4〕（清）袁枚撰：《袁枚全集》卷十五《答金震方先生问律例说》。

〔5〕《唐律疏议》第450条"不应得为"。

〔6〕御制《大清律例》序（乾隆五年）。

典是没有漏洞的"〔1〕,韩愈说"凡法始立必有病"〔2〕。正是在这个意义上,柏拉图在《政治家篇》中说:"人们之间和他们行为中的差异以及人事中无限的不规则的运动,都不允许有一种普遍的和单纯的规则。并且,没有任何一种技术能够制定出一种应付于千变万化的准则。"〔3〕于是,通过立法之外的途径克服或弥补法律的这种"先天不足"就成为必要和常态了。

我们可以通过司法或法律适用环节来克服法律的上述"天生"缺陷,这方面西方很多著名思想家、法学家和法官都有精到论述。亚里士多德主张通过衡平的方法来解决"僵硬"法律无法适应新的特殊情况而导致司法不公的问题,他说,"公平就是公正,但并不是法律上的公正,而是对法律的纠正……纠正法律普遍性所带来的缺点,正是公平的本性。这是因为法律不能适应于一切事物,对于有些事情,是不能绳之以法的"〔4〕,衡平就是"当法制太原则而不能解决具体问题时对法律进行的一种补正"〔5〕。1489 年英国大法官加狄纳尔·默顿说:"每一种法都应和上帝之法一致。我清楚地知道,没有按上帝之法做出救济的执行者将在地狱受到审判,对此的补救是按照良心行事,这就是我所理解的法。"〔6〕英国思想家培根(1561—1626)说:"法官应当为作出公正的裁判准备一切必要的条件,犹如上帝为人间所做的那样:削平山冈,填补崎岖,以铺平一条正直的道路。"〔7〕黑格尔(1770—1831)说,在司法中,"法律绝非一成不变的,相反地,正如天空和海面因风浪而起变化一样,法律也因情况和时运而变化"〔8〕。美国著名法学家和大法官卡多佐(1870—1938)说:"法院的职能就是通过对法律原则的不断重述并赋予它们

---

〔1〕 [英]哈耶克:《法律、立法与自由》,邓正来等译,中国大百科全书出版社 2000 年版,第183 页。

〔2〕 (唐)韩愈:《钱重物轻状》,载《韩愈文集》卷三十七。

〔3〕 转引自程汉大主编:《英国法制史》,齐鲁书社 2001 年版,第 150~151 页。

〔4〕 《亚里士多德全集》(第 8 卷),中国人民大学出版社 1992 年版,第 96 页。

〔5〕 转引自 [美] E. 博登海默:《法理学——法哲学及其方法》,邓正来、姬敬武译,华夏出版社 1987 年版,第 11 页。

〔6〕 Plucknett, T. E. T. A, *A Concise History of Common Law*, London, 1940, p.582. 转引自程汉大主编:《英国法制史》,齐鲁书社 2001 年版,第 168~169 页。

〔7〕 [英]培根:《培根人生论》,何新译,湖南文艺出版社 2002 年版,第 77 页

〔8〕 凯文选编:《中外名人名言》,文汇出版社 2014 年版,第 226 页。

不间断的、新的内容来使它们与道德习俗保持同步。"〔1〕英国著名法官、法学家汤普森·丹宁（1899—1999）指出，法律就像是一块编织物，这块编织物会出现皱折，"法官绝不可以改变法律编织物的编织材料。但是他可以，也应该把皱折烫平"〔2〕。能动司法就是这样产生的。

透过现象看本质，能动司法在本质上是一种利用司法主动对法律"纠错"或"补救"的机制，是法律运行的内在规律之一。对此顾元教授指出：

> 在法律没有明确规定或者法律的适用会毫无疑问地带来不公平时，司法官可以能动地发挥作用，即遵从法律的精神或是自然理性加以灵活地处断。这种做法在人类法制史上可以说是一种历史的必然选择，从早期古罗马"罗马裁判官法"的实践到中世纪英国"衡平法"的创制，都是这种规律的体现。〔3〕

能动司法可能导致"法律"与"其实施"（司法）的重大差异。瞿同祖先生曾警示我们在考察和研究传统中国法制时必须注意这一点。他说：

> 研究法律自离不开条文的分析，这是研究的根据。但仅仅研究条文是不够的，我们也应注意法律的实效问题。条文的规定是一回事，法律的实施又是一回事……如果只注重条文，而不注意实施情况，只能说是条文的、形式的、表面的研究，而不是活动的、功能的研究。我们应该知道法律在社会上的实施情况，是否有效，推行的程度如何，对人民的生活有什么影响，等等。〔4〕

能动司法权的行使，实际上承担着一种法律扩张的功能。有了能动司法，现实中的法律在某种意义上便成为规则、原则和政策的总和。〔5〕在能动司法

---

〔1〕 ［美］卡多佐：《司法过程的性质》，苏力译，商务印书馆 2000 年版，第 84 页。

〔2〕 ［英］丹宁勋爵：《法律的训诫》，刘庸安等译，法律出版社 1999 年版，第 12 页。

〔3〕 顾元：《衡平司法与中国传统法律秩序——兼与英国衡平法相比较》，中国政法大学出版社 2006 年版，第 10 页。

〔4〕 参见瞿同祖：《中国法律与中国社会》"导论"，中华书局 2003 年版。

〔5〕 参见［美］德沃金：《认真对待权利》，信春鹰、吴玉章译，中国大百科全书出版社 1996 年版，第 40~41 页。

语境下，"法律不是作为一个规则体，而是作为一个过程和一种事业。在这种过程和事业中，规则只有在制度、程序、价值和思想方式的具体关系中才具有意义"。[1]美国统一法学派的代表人物博登海默讲，"只有那些以某种具体和妥切的方式将刚性与灵活性完美结合在一起的法律制度，才是真正伟大的法律制度"[2]，能动司法正是这样一种制度。

二、能动司法的边界是遵循法治原则和实现实质正义

"能动司法"可以是主动司法，但不可以是盲目司法或任意司法。"能动司法应该是附条件的，具有方法论属性。"[3]

能动司法在形式上是克服"严格司法"的僵化与生硬，能动司法与严格司法在法治的轨道上仅有"量"的差别，而无"质"的不同。这个"质"的主要内容就是遵循法律原则或法律精神，追求或维护正义。正义是一切法律（良法）的灵魂或最高准则，没有正义就没有法律。Justice（正义、司法、法官），Jus（权利、法律、正义），Chief Justice Judge 或 Chief Justice（首席大法官），the International Court of Justice（国际法院）等术语或表达中，都有"正义"的元素。亚里士多德说，"正义恰正是树立社会秩序的基础"，"法律只是人们互不侵害对方权利的（临时）保证而已，法律的实际意义应该是促成全邦人民都能进于正义和善德的（永久）制度"。[4]追求或维护正义是最根本的法治原则或法律精神。

能动司法的边界是不违背法律原则、法律精神，是追求和实现实质正义。能动司法必须在法治和正义的框架之内进行。在法治语境中，能动司法以严格司法为逻辑原点或支点，在司法体系中处于具有方法属性的辅助地位，能动司法不是独立的司法模式、更不是主要的司法模式。

基于上述理论，我们不完全认同具有强烈主观任意色彩的"适度的司法

---

〔1〕 ［美］伯尔曼：《法律与革命——西方法律传统的形成》，贺卫方等译，中国大百科全书出版社1993年版，第13页。

〔2〕 ［美］E. 博登海默：《法理学、法律哲学与法律方法》，邓正来译，中国政法大学出版社2004年版，第44页。

〔3〕 陈金钊："'能动司法'及法治论者的焦虑"，载《清华法学》2011年第3期。

〔4〕 ［古希腊］亚里士多德：《政治学》，吴寿彭译，商务印书馆1997年版，第9页、第138页。

能动主义"〔1〕、"法官是社会工程师而不是单纯适用规则的法官"〔2〕之类的说法，不赞同"能动司法在总的方面松动了规则与程序的严格性，其理论导向是消解法治"〔3〕之类的观点。

第四节　能动司法的能动形式

能动司法具体如何能动，需要经验和智慧。

一、中外法学家有关能动司法如何能动的论述

关于能动司法如何能动，中外法学家有很多论述，下面各举一例。

美国学者沃尔夫在《司法能动主义》一书中将能动司法的能动方式归纳为六个方面：一是解释法律可以不受立法者立法意图的限制；二是更少强调绝对遵循先例或法律；三是"倾向于减少程序上的障碍"，亦即司法程序可以变通；四是"不那么顺从其他政治决策者"；五是"喜欢作出更为广泛的裁定，给出更为广泛的意见"，亦即裁判可以不以当事人的诉求为限；六是"主张一种广泛的司法救济权"。〔4〕这里第一、二两个方面都是指向适用规则的变通，第三个方面包括了调处主体的转移和审理方式的替代，第五个方面包括了裁判表达方式的变化。

国内学者赵钢教授认为能动司法的能动方式主要有三种：一是法院扩张管辖权，积极介入和干预社会生活，将越来越多的纠纷纳入司法管辖范围；二是"法官造法"，即法官在审判过程中，可以突破现有规则的限制，创制新的规则；三是违宪审查，即法官通过行使违宪审查权，发现和纠正社会生活中的各种违宪现象和相关问题，以更加全面地对公民权利予以救济，最终实现社会正义。〔5〕

---

〔1〕　例如有学者提出"倡导适度的司法能动主义"，好像能动司法没有限度，要法官主观掌控似的。参见常偶："司法能动主义与中国司法的未来"，载《司法》2008 年第 00 期。

〔2〕　参见信春鹰："中国是否需要司法能动主义"，载《人民法院报》2002 年 10 月 18 日。

〔3〕　陈金钊："'能动司法'及法治论者的焦虑"，载《清华法学》2011 年第 3 期。

〔4〕　［美］沃尔夫：《司法能动主义——自由的保障还是安全的威胁?》黄金荣译，中国政法大学出版社 2004 年版，第 3~6 页。

〔5〕　参见赵钢："'能动司法'之正确理解与科学践行——以民事司法为视角的解析"，载《法学评论》2011 年第 2 期。

基于上述两位学者的观点，以及前面我们对"能动司法"的"通义"界定，我们这里将能动司法的主要能动方式归纳为四种：积极作为、变通规则、调整程序、扩张功能。这四种方式既是对经验和事实的总结，也有"理想类型"的因素。"理想类型"的概念和思维源自马克斯·韦伯的理想类型学理论。[1]

二、司法能动的四种能动形式

(一) 积极作为

这里的"积极作为"即"积极司法"，是指司法机关或司法官在特殊案件审理中，在不违反法律强制性规定的前提下，突破"不告不理"原则，主动介入有关当事人纠纷处理的能动司法方式。民事司法以及部分刑事司法（遗弃罪、虐待罪、重婚罪、侵占罪等）实行"不告不理"的原则，例如我国现行《民事诉讼法》第13条对当事人的处分权利规定为："当事人有权在法律规定的范围内处分自己的民事权利和诉讼权利。"但对有些可能扩大化或恶化的社会纠纷，诸如重大家事纠纷、土地流转承包费用纠纷、农民工工资报酬群体纠纷等特定矛盾纠纷，司法机关可以提前介入、主动司法，或亲自调解，或指导有关当事人妥善处理。积极作为或积极司法的司法能动方式，在现代中国用得较多，传统中国司法中州县官"代民作主"变更或增加诉求的情形，也有"积极作为"因素。

需要特别说明的是，积极司法不是强制司法，更不是挑起诉讼。还有，法律本身规定应该或可以"主动"作为的，法官依此规定作为，不算能动司法。例如我国现行《民事诉讼法》第81条第1款规定，"在证据可能灭失或者以后难以取得的情况下，当事人可以在诉讼过程中向人民法院申请保全证据，人民法院也可以主动采取保全措施"。如果法院据此主动采取证据保全措施，不是能动司法，而是严格司法。

---

[1] 通过区分或分类来确定事物的类型从而全面认识事物，这是人类的智慧。在马克斯·韦伯那里，"理想类型"是一种表示可能性、理想化分类形式的方法论概念工具。"理想"意味着从可能性中认识事物，即以可能性为中介探讨事物的现实性。理想类型不是对某一既存社会现象的一种描述，社会学家构撰理想类型（的目的）不是把所观察到的具体现象模式化、概括化，而是把理想类型作为以后观察和研究的导线。

（二）　变通规则

这里的"变通规则"是指在法律规定违背或不足以体现更能实现实质正义的"情理"，以及法律规定存在内在冲突[1]等情况下，司法官变通适用规则的能动司法方式，包括不违背法律精神的"法官造法"、不僵化机械地运用"法无明文规定不为罪"原则[2]和"罪刑法定"原则[3]，以及灵活解释法律，等等。这种方式古今中外都有较普遍的使用，美国"司法能动主义"中的司法审查、传统中国的"曲法通情"都是其典型形式。

需要说明的是，在法无明文规定时，依法律规定适用情理，不是能动司法意义上的"变通规则"。"有法律的依法律，没法律的依习惯，没习惯的依法理"，这是民事司法通则。我国《民法总则》第 10 条规定："处理民事纠纷，应当依照法律；法律没有规定的，可以适用习惯，但是不得违背公序良俗。"陈顾远先生说："习惯，只须不违反公序良俗，只须未由法律以明文另为规定其他准则，都有法律的效力。"[4]在没有法律规定（法无正条）的情况下，如果根据这类规定适用习惯或情理，仍属严格司法的范畴。一般来讲，只有在有法律规定也不依法律，而依习惯或法理时，这种做法才有可能是"变通规则"的能动司法情形。传统中国司法中所谓"情法两尽"，主要有三种具体情形：一是"国法无规定时，依情理审断"，二是法律不足以体现具体情理时"情法兼顾"（就像柳立言先生所说的"天理与法律平行而弥补其不足"[5]），三是情法冲突时选择适用情理。依上述标准，这里的第一种情形不算能动司法，第二、三种"曲法通情"情形才是能动司法。[6]

---

　　[1]　此时就像西晋刘颂说的"法多门，令不一，则吏不知所守"（《晋书·刑法志》）那样，于是势必就要能动司法了。

　　[2]　参见熊琦："打破'法无明文规定'僵化思维"，载《光明日报》2012 年 7 月 19 日，第 15 版。

　　[3]　参见吴学斌：《刑法适用方法的基本准则——构成要件符合性判断研究》，中国人民公安大学出版社 2008 年版，第 29~30 页。

　　[4]　范忠信等编校：《中国文化与中国法系：陈顾远法律史论集》，中国政法大学出版社 2005 年版，第 276 页。

　　[5]　柳立言："'天理'在南宋审判中的作用"，载《清华法律评论》（第 9 卷第 1 辑），清华大学出版社 2017 年版。

　　[6]　参见第六章第二节。

(三) 调整程序

这里的"调整程序"是指在特殊案件审理中,通过改变法定司法程序,"减少(法定)程序上的障碍"[1],以便提高司法效率、增强司法效果的能动司法方式。克里斯托弗·沃尔夫指出,严格的司法程序难免成为一种障碍,"程序障碍通常只会使整个审判过程耗时更长,花费更多,不确定性更大","为获得重要而且必要的司法判决,(能动司法)倾向于减少程序上的障碍","不让程序要求挡住了实现实质正义原则的道路"。[2]我国《民事诉讼法》规定一审程序包括起诉、受理、审理、判决或裁定、执行等环节,开庭审理有法庭调查、法庭辩论、法庭宣判等程序,但在司法实践中存在大量简化或调整这些程序的情形,例如《民事诉讼法》规定法院只可在审理环节进行诉中调解,但实践中有法院启动的"诉前调解"[3];《民事诉讼法》规定法院的"诉中调解"须由法院(审判员或合议庭)主持,但实践中有"委托调解"[4]。这里的"诉前调解""委托调解"都属于调整程序的情形。传统中国的"官批民调"是典型的调整程序的能动司法情形。

(四) 扩张功能

这里的"扩张功能"主要是指在特殊案件审理中,司法方式或司法范围超出当事人诉求,以有利于纠纷化解,防止纠纷扩大或恶化,避免缠讼或闹访的司法能动方式。今天的人民法院"司法建议"制度就是重要表现,"司法建议是人民法院坚持能动司法,依法延伸审判职能的重要途径"[5]。此外,

---

〔1〕 参见[美]克里斯托弗·沃尔夫:《司法能动主义——自由的保障还是安全的威胁?》,黄金荣译,中国政法大学出版社2004年版,第4页。

〔2〕 [美]克里斯托弗·沃尔夫:《司法能动主义——自由的保障还是安全的威胁?》,黄金荣译,中国政法大学出版社2004年版,第5页。

〔3〕 法庭立案前对案件进行初步审查,对于符合立案条件但适合民间调解的案件,在征得当事人同意后,暂缓立案,将案件委派他人调解,具体形式既有直接委派人民调解委员会、工会等社会组织调解,也有人民调解委员会驻庭调解。

〔4〕 《最高人民法院关于人民法院民事调解工作若干问题的规定》(法释〔2004〕12号)第3条规定,法院在受理案件之后、作出裁判之前,"经各方当事人同意,法院可以委托与当事人有特定关系或者与案件有一定联系的企业事业单位、社会团体或者其他组织,和具有专门知识、特定社会经验、与当事人有特定关系并有利于促成调解的个人对案件进行调解,达成调解协议后,人民法院应当依法予以确认"。

〔5〕 《最高人民法院关于加强司法建议工作的意见》(法〔2012〕74号)。

经常见诸媒体的法官们于当事人诉状请求之外帮企业讨债、帮农民找牛、帮"五保户"送气、帮下岗工人解决家庭纠纷、劝说囚犯的妻子不要离婚等"管过界"的"送温暖"行为，以及民事判决书结尾部分充满人情味的"判后语"，都是这里"扩张功能"的体现。传统中国司法的"代民作主"是"扩张功能"的典型形式。英美法系中的"法官造法"在某种意义上也是"越位"行使本来专属于立法机关之立法权的"扩张"行为。

第二章

传统中国何以有能动司法

传统中国的司法有很多特质，诸如道德化、行政化（非专门化和非职业化）、人情化与艺术化、个别化和非逻辑化等[1]，这些特质有一个共性，就是"能动性"，也就是很多时候"不严格遵循游戏规则，不按常理出牌"。就像有学者指出的："在古代中国的'礼法传统'下，法官审理案件首先是依法判决是非，其次是援情入法，尤其是对于重大疑难案件，审理者不能单独地、机械地适用法律条文，而是要特别注意天理、国法、人情三者之间的平衡。审判既是一门高超的艺术，也是儒家追求'和谐'，倡导'致中和'精神的实现。"[2]

传统中国司法没有"能动司法"这类固有表达，但从来不缺能动的做法，甚至能动司法成为中国传统"细事"案司法的常态和基本特征之一。"反经而善"[3]、"通变达理"、"反常而合于道"[4]等命题，可以视为传统中国对能动司法的原理、精神和神韵的间接表达。

传统中国何以有能动司法？原因是多方面的，除了能动司法在本质上是对法律"缺陷"的补救机制、有司法就可能有能动司法、成文法体制和单一

---

[1] 参见胡旭晟主编：《狱与讼：中国传统诉讼文化研究》，中国人民大学出版社2012年版，第10页。

[2] 陈景良："礼法传统与中国现代法治"，载《孔学堂》2015年第4期。

[3] 东汉文学家、经学家赵岐（108—201）在《孟子注疏·离娄上》中说：(孟子)曰："嫂溺不援，是豺狼也。男女授受不亲，礼也；嫂溺援之以手者，权也。"赵岐注："权者，反经而善者也……夫权之为道，所以济变事也，有时乎然，有时乎不然，反经而善，是谓权道也。故权云为量，或轻或重，随物而变者也。"赵岐注：《孟子注疏》，山东画报出版社2004年版，第204~205页。

[4] 南朝儒家学者、经学家皇侃（488—545）在《论语义疏》中说：子曰："可与立，未可与权。"皇侃义疏："权者，反常而合于道者也。自非通变达理，则所不能……故王弼曰：'权者道之变，变无常体，神而明之，存乎其人，不可预设，最至难者也。'"皇侃撰：《论语义疏》，中华书局2013年版，第231页。

立法体制使司法能动具有必然性等规律性原因之外，还有一些特殊的、具体的原因，诸如，法律规则本身不完善（例如没有明确规定疑案如何处理），司法官有较大自由裁量权，司法强调社会关系的弥合，认为"法深无善治"，基于经验而非逻辑的法律思维，等等。[1]下面择要加以申论。

第一节　能动司法是可以跨时空的

能动司法作为法律的"纠错"和"补救"机制，作为法律运行的内在规律，是可以跨越时空的，有司法就可能有能动司法。

一、术语的出现不等于实践的开始

前面已说到，认为能动司法源于美国的观点是错误和不负责任的。"能动司法"（judicial activism）作为固有表达的专业术语首次出现在美国，相关的专门理论研究也兴起于美国，但这并不意味着能动司法的实践也肇始于美国，更不能说能动司法是美国的创新。事实上，作为司法模式的"两端"，能动司法和严格司法一直是"并肩而行"的，"从司法权本身的规律看，能动与被动是司法的一体两面，司法的被动性更多的只是对司法的某个阶段的程序要求，而不是对司法的整体价值判断。就整个司法运作过程，整个司法权行使而言，积极能动是主要方面，消极被动是次要方面"[2]。在不同时期，人们对严格司法和能动司法关注的重心及程度可能有所不同，例如传统的法学理论强调严格司法，强调所谓"无起诉无审判，无原告无法官"，不告不理、不诉不判，恪守中立、依法裁判等，但随着社会的发展，法律关系变得越来越复杂，"法律漏洞"越来越多，严格司法越来越不能最大限度地实现公平正义，于是能动司法开始受到特别关注，但能动司法并不随着人们关注与否而有或无。

二、各国各地关注能动司法都有其特殊的背景或原因

世界各国各地关注能动司法都有其特殊的背景或原因。例如美国关注能动司法的主要背景是：19 世纪末因自由放任主义经济哲学的影响，当时的联

---

[1] 参见逯子新、赵晓耕："清代处理疑案的逻辑与智慧"，载《检察日报》2018 年 5 月 15 日，第 3 版。

[2] 江必新："能动司法：依据、空间和限度"，载《光明日报》2010 年 2 月 4 日，第 9 版。

邦最高法院竭力保护经济自由和私有财产权不受立法行为的侵害，司法审查从"温和"向"至上"转变，1953 年沃伦法官执掌联邦最高法院之后，迎来司法能动主义最为活跃的时期。[1]当代中国重视能动司法并认为它是人民司法的基本理念与基本方式，主要背景是 2006 年中共十六届六中全会决定"构建社会主义和谐社会"，要求"深化司法体制改革，加强社会管理创新"。[2]能动司法可以有多种"版本"，可以有美国版本，也可以有中国版本；中国版本有现代版，也有传统版。能动司法的具体内容具有相对性，帝制时代的内容与法治时代的内容肯定是有所不同的。

第二节　能动司法是传统中国司法的重要内容和特征

"司法是社会的产物，社会发展决定中国司法的性质和特点，社会结构、社会环境制约中国司法的功能和作用……因此，应当探寻司法中的中国社会、中国文化特质，通过社会认识司法。"[3]能动司法总是发生在特定的社会生态和法律文化之中。下面我们主要考察和分析传统中国的社会基础、法制传统、法律规定、司法倡导等主客观因素与能动司法之间的因果或相关关系。

一、传统中国司法具有"能动"的社会基础

关于传统中国法制或能动司法的社会[4]基础，已有很多学者作过专门考察和研究。例如，范忠信教授从天道观、自然人文地理、小农经济、宗法社会组织、贱讼逻辑等方面进行了专深研究[5]；刘军平博士从地理环境、经济基础、社会结构、政治制度等方面构成的文化背景，以及"仁""恕""中

---

〔1〕　参见赵钢："'能动司法'之正确理解与科学践行——以民事司法为视角的解析"，载《法学评论》2011 年第 2 期。

〔2〕　法学界一般认为，2009 年 8 月 28 日时任最高人民法院院长王胜俊在江苏省高级人民法院调研座谈会上发表题为《坚持能动司法，切实服务大局》的讲话，是官方正式提出能动司法的标志，是能动司法这一概念正式进入我国司法主流话语的开始。

〔3〕　高其才："乡土社会、伦理传统、法治实践与能动司法"，载《哈尔滨工业大学学报（社会科学版）》2012 年第 3 期。

〔4〕　这里的"社会"是人类存在形态意义上的社会。"社会"还有民间意义上的社会、祭祀意义上的社会。

〔5〕　参见范忠信：《中国法律传统的基本精神》，山东人民出版社 2001 年版。

庸"礼"孝"等方面构成的思想基础等进行过系统梳理[1]。下面我们从社会的自然特性和观念基础两方面考察和分析传统中国司法的社会基础。

（一）传统中国社会具有产生能动司法的自然特性

与外界隔绝的地理环境、大陆型农耕经济形态、宗法伦理的血缘结构、集权专制的帝制政治等，是我们考查传统中国社会的基本因素，而传统中国社会的自然特性主要表现为乡土社会、熟人社会、人情社会[2]，这样的社会特别适于或需要能动司法。

1. 乡土社会

梁启超曾说："欧洲国家，积市而成。中国国家，积乡而成。"[3]在传统中国，不仅"从基层上看去，中国社会是乡土性的"[4]，而且城镇也弥漫着乡土气息、乡土精神。就整体而言，中国传统社会具有乡土性，这是由传统中国的农耕文明所决定的，乡土社会是农业社会的一种形态。传统中国的大多数居民依附土地，自给自足，安身立命，按照"布谷屋檐唤早耕，农夫惊起多叹声"[5]的节奏自发形成田园生产和生活习惯。民国学者窦季良先生说："乡土的自然环境，是没有清晰的边缘的，我们只意识到我们的家乡是在水一方，是在山一丛……至于什么地带以外便不算是家乡，在乡土的自然环境上看来，这意识是颇为模糊的。而乡土的社会关系更在于没有远缘的乡土里，只有庐墓的所在，家人父子聚居的所在，是乡土社会关系的中心点，但寻不出比较清晰的限界。"[6]日本学者野田良之教授说："农耕民族的社会本来就重视相安无事的和平，而把纠纷和斗争看作社会的病理现象。这种农耕民族特有的精神素质规定了自身社会里诉讼以及法的形态。"[7]

〔1〕　刘军平：《中国传统诉讼之"情判"研究》，中国政法大学出版社 2011 年版，第 70~99 页。

〔2〕　对此笔者曾有专门考察和论述，参见陈会林：《地缘社会解纷机制研究》，中国政法大学出版社 2009 年版，第 146~149 页。

〔3〕　梁启超：《先秦政治思想史》，东方出版社 1996 年版，第 224 页。

〔4〕　费孝通：《乡土中国·生育制度》，北京大学出版社 1998 年版，第 6 页。

〔5〕　（清）沈澜：《举田债》，转引自高万湖："清代中叶的湖州诗歌"，载《湖州师专学报》1990 年第 4 期。

〔6〕　窦季良：《同乡组织之研究》，正中书局 1943 年版，第 8 页。

〔7〕　转引自［日］滋贺秀三："清代诉讼制度之民事法源的考察——作为法源的习惯"，载滋贺秀三等：《明清时期的民事审判与民间契约》，王亚新等编译，法律出版社 1998 年版，第 87 页。

2. 宗法社会

宗法者，以宗（血脉）为法，亦即以血缘关系之尊卑长幼等级原则，确定社会成员权利义务的法则。同为帝制时期，如果说西方的社会更多地具有宗教性，那么中国的社会则更多地具有宗法性。在传统中国，家族承担着政治、经济和教育等功能，家是一个"绵续性的事业社群"〔1〕。宗法关系成为传统中国社会结构的基本形态，正如明代《教民榜文》中说的："乡里人民，住居相近，田土相邻，父祖以来，非亲即识。其年老者，有是父祖辈行，有是伯叔辈行，有是兄辈行者，虽不是亲，也是同乡，朝夕相见，与亲一般。"〔2〕

3. 熟人社会

熟人社会是与生人社会相对的社会状态。在传统中国，家族世代定居，安土重迁，人与人之间非亲即故，非友即邻，形成了"熟悉"的社会，乡民之间的"田地相连，房屋相接，出入相见，鸡犬相闻，婚姻相亲，水火盗贼相救"〔3〕，关系至密。传统中国的社会是熟人社会，这也是由其宗法性和乡土性所决定的。用鲁迅的话说，乡土社会是一种彼此"连心肝也似乎有些了然"的社会〔4〕；用费孝通的话讲，"乡土社会是个面对面的社会"〔5〕，"乡土社会是先靠亲密和长期的共同生活来配合各个人的相互行为，社会的联系是长成的，是熟习的，到某种程度使人感觉到是自动的"〔6〕。

传统中国社会的上述三种属性，彼此交叠、互为因果，清人将这种社会称为"乡党"社会：

> 从古以来就有个乡党，怎么叫做"乡党"？就如各村各堡儿街坊邻舍家便是。古来的圣人常常教人和睦乡党，但是这一村一堡儿里头的人，一日一日渐渐地多了，挨门逐户，开眼便相见，不是拉拉扯扯的亲戚，

〔1〕 费孝通：《乡土中国·生育制度》，北京大学出版社1998年版，第41页。

〔2〕 刘海年、杨一凡主编：《中国珍稀法律典籍集成》乙编（第1册），科学出版社1994年版，第642~643页。

〔3〕 周振鹤撰集，顾美华点校：《圣谕广训集解与研究》，上海书店出版社2006年版，第210页。

〔4〕 《鲁迅全集》（第2卷），人民文学出版社2005年版，第303页。

〔5〕 费孝通：《乡土中国·生育制度》北京大学出版社1998年版，第18页。

〔6〕 费孝通：《乡土中国·生育制度》北京大学出版社1998年版，第44页。

就是时常在一块儿的朋友，有喜庆的事便大家都来庆贺，有死丧的事大家便都来祭吊，没事的时候，你看那一个不亲热呢？因为朝暮相见，唇齿相连，便从好里头生出不好来了。或者因为娃子们搬嘴斗气，或者因为鸡儿狗儿有什么骚扰的去处，或者因为茶前酒后言差语错，或者因为借贷不遂衔怨成仇，或者因为要债不还合气打架，或者因为盖房买田不曾尽让通知，以致结成嫌疑，种种的事体也难细说。[1]

从维持日常运作的规范来看，"乡党"社会是一种人情社会、礼俗社会、伦理社会，而非法理社会。紧密而又长期"拉拉扯扯"的交往形成了"唇齿相连"的亲热关系，一旦发生纠纷，彼此不愿意或不好意思撕破脸皮，而希望继续维持"情面宜留，族间相济"[2]的关系，情面、礼俗成为控制这种社会的主要手段。传统中国司法根植于这种社会关系之中，相应地表现出伦理性的传统[3]、"无讼"是求的特征[4]。

（二）传统中国社会具有产生能动司法的观念基础

传统中国社会有着很多与今天不一样的思想观念，以致有学者指出："（中国）自近代以来整个法律体系以西方法为导向的全面转型，导致我们今天在理解传统中国的法观念方面存在很大的困难。"[5]传统中国社会有很多观念成为能动司法的思想基础，这些观念主要有：司法规则方面"以刑为法"的法观念、司法主体方面的"青天"意识和"父母官"意识、司法目的方面的"息讼"理念、司法哲学方面的实用主义观念，等等。

1. 司法规则方面"以刑为法"的法观念

传统中国的"法"不是以权利义务为其经纬的法律。传统中国社会是一个男耕女织、自给自足、基本上不依赖商业的小农社会，这种生产生活方式决定了传统中国不但难以生长出以调整商品生产和商品交换关系为主要目标

---

〔1〕　周振鹤撰集，顾美华点校：《圣谕广训集解与研究》，上海书店出版社 2006 年版，第 209 页。

〔2〕　周振鹤撰集，顾美华点校：《圣谕广训集解与研究》，上海书店出版社 2006 年版，第 225 页。

〔3〕　这种"伦理司法传统"也包括黄仁宇先生反复提及的"以个人道德之长来补救组织和技术之短"的状态。参见黄仁宇：《万历十五年》，中华书局 1982 年版，第 135 页。

〔4〕　罗昶：《伦理司法——中国古代司法的观念与制度》，法律出版社 2009 年版，第 11 页。

〔5〕　李贵连、李启成：《中国法律思想史》，北京大学出版社 2010 年版，第 1 页。

的发达的"私法",而且也难以生长出与民事契约相关的发达的权利义务观念。[1]

传统中国没有今天或西方的"法"概念。古代汉语中作为规范的"灋",是一个象形文字,由三部分组成:①"氵",意思是把犯罪者置于水上,随流漂去(驱逐),表示惩罚;②"廌",是可以判断是非曲直、断决疑案的独角神兽;③"去",是驱逐之动作,表示凡被该神兽独角顶触的当事人均应败诉。这里既没有权利义务的内容,也没有公平正义的理念。汉代许慎《说文解字》说:"灋,刑也。平之如水,从水;廌,所以(用来)触不直(不老实,不说实话)者去之,从去。"传统的解释认为"氵"代表"水",象征法的公平,这样右半部分就表示驱除邪恶、维护正义。但根据当代法学家蔡枢衡先生考证,"平之如水"四字,乃"后世浅人(许慎之类)所妄增"。"氵"(水)象征公平、正义,显然是人们的抽象思维水平达到相当高的程度的结果,这在上古造字时期的先民那里显然不可能。[2]梁治平教授说,即使把"氵"理解为"平之如水"这一意义,也仍然没有超出一般程序上的意义,并不使早期的法的定义具有了政治正义论的性质。[3]

汉语"灋(法)"字,勉强可与西方文化的"法律"(Jus、Lex、Law)一词对译,但双方之间存在巨大的、实质性的差异。例如 jus(法)既指 law(规定权利和义务的法),又指 right(权利)。[4]古罗马法学家塞尔苏斯说,"Jus est ars boni et aequi"(法乃善与正义之科学,又译为法律是善良公正的艺术);罗马法谚说,"Jus ex injuria non oritur"(错误不能产生权利)。从内涵来说,灋与 jus 几乎没有相通之处。严复翻译介绍孟德斯鸠的《法意》(*De l Espritdes Lois*)时说:"盖在中文,物有是非谓之理,国有禁令谓之法,而西文则通谓之法……西文'法'字,于中文有理、礼、法、制四者之异译,学

---

[1] 参见胡旭晟主编:《狱与讼:中国传统诉讼文化研究》,中国人民大学出版社 2012 年版,第 37 页。

[2] 参见蔡枢衡:《中国刑法史》,广西人民出版社 1983 年版,第 170 页;范忠信等:《情理法与中国人》,北京大学出版社 2011 年版,第 4~5 页。

[3] 参见梁治平:"法辨",载《中国社会科学》1986 年第 4 期。

[4] Bryan A. Garner, *Black's Law Dictionary* (8th ed. 2004), Thomson West Press, p. 2509.

者审之；若以秋官〔1〕所有律例当之，不相俟矣。"〔2〕

中国固有文化中有"法律"一词，但意义与近现代意义上的"法律"大相径庭。"法律之士广治，礼教之士敬容，仁义之士贵际"〔3〕；"今法律既成，始班（颁）天下，刑宽禁简，足以克当先旨"〔4〕，这里的"法律"是指刑法、禁令，但古代汉语中"法律"的意义除此之外，还可以指创作诗文所依据的格式和规律〔5〕、道行戒律〔6〕等。

在传统中国，强制规范意义的"法"或"法律"主要是刑法和禁令，对此中外学者有许多精到的论述，例如费正清在《东亚：伟大的传统》中说，"中国很少甚至没有发展出民法保护公民，法律大部分是行政性的和刑事的，是民众避之犹恐不及的东西"〔7〕；梁治平教授说，"我们的法律并不是西方人惯常理解的那种，毋宁说'它们不是法律，而是压制法律的东西'（黑格尔语）。它是执行道德的工具，是附加了刑罚的礼"〔8〕；范忠信教授说，"说到'法'，西人马上联想到的可能是'权利''正义'，犹如骑士得到盔甲，为之兴奋，得到安全感；中国人的条件反射常常是'如见乳虎'，如从悬挂着的利斧下走过"〔9〕。

在没有"民法"的情况下，特别是在不强调当事人"权利"的法观念主导下，司法官更容易进行"曲法通情"之类的能动司法。

2. 司法主体方面的"青天"意识和"父母官"意识

（1）"青天"意识。在传统中国，无"民主"有"明主"，无"上帝"

---

〔1〕《周礼》中的篇目。《周礼》分设天、地、春、夏、秋、冬六官，秋官以大司寇为长官，掌刑狱，所属有士师、司刺、司厉、大行人、小行人等官。

〔2〕《法意》按语。《严复集》（第4册），中华书局1986年版，第935~936页。

〔3〕《庄子·徐无鬼》。这句的意思是说：讲求法律的人希望推广法治，讲求礼乐的人注重仪表，施用仁义的人注重交际。

〔4〕《晋书·贾充传》。

〔5〕例如："近体之攻，务先法律；绝句之构，独主风神。"参见（明）胡应麟：《诗薮·古体上》。"其文章颇有法律，诗则纵横排宕，不尚纤巧织组之习。"参见（清）况周颐：《蕙风词话》卷三。

〔6〕例如："岂不知张真人法律精严，早仗剑都驱在五雷坛内，一个个供下状吐出真情。"参见（元）吴昌龄：《张天师》第四折。

〔7〕John King Fairbanks, *East Asia：The Great Tradition*, Boston：Houghton Mifflin, 1960, p. 84.

〔8〕梁治平："死亡与再生"，载《法辨》，贵州人民出版社1992年版，第275页。

〔9〕范忠信：《中国法文化的暗合与差异》，中国政法大学出版社2001年版，第27页。

有"青天"，包拯称"包青天"，海瑞称"海青天"。"青天"意识是专制社会一种普遍存在的社会意识，官吏以做"青天"为荣和自豪，民众以有"青天"而满意和放心。"青天"意识是清官行为的一种思想指导和价值取向，对于司法官而言，"青天"乃意味着恪守法律的公平公正，司法适中尚宽、勿求酷烈。一如古人所言："为官长当清、当慎、当勤，修此三者，何患不治乎?"[1]"清""慎""勤"乃"青天"意识的集中表现。[2]

(2)"父母官"意识。传统中国社会是宗法色彩极浓的社会，国与家关系紧密，《大学》中说"欲治其国者，先齐其家"，齐家的模式就是治国的经验，亲情伦理渗透于社会的各种关系之中，其中父子关系演绎成君臣、臣民关系。这在官吏身份属性方面的集中体现就是"父母官"意识。[3]此外，传统中国认为"徒法不能以自行"[4]、"有治人无治法"[5]，这种强调贤人绝对价值比法律高的"人治"思想，也促成了全社会的"父母官"意识。

在传统中国，优良官吏刻求"父母官"，广大百姓企盼"父母官"，最高统治者提倡"父母官"。国家将官吏定位为"为民父母"，从"天子为民父母，以为天下王"[6]，"陛下上为皇天子，下为黎庶父母"[7]，到州县官"为民父母，上之宣朝廷德化，以移风易俗；下之奉朝廷法令，以劝善惩恶"[8]。官吏自己（特别是直接统领百姓的州县长官）以"民之父母"自居。例如潮阳县令蓝鼎元对诉告者说："汝士民以本县为父母，本县视汝士民为子，衙役奔走仆隶，孰与父子之亲?"[9]百姓也习惯于以"父母官"称呼地方官吏。在这种情境下，随着地方长官在政治、经济、文化和司法上自觉或不自觉地为民做主、为民申冤、为民求利等举措的制定与实施，社会的"父母官"意识

---

〔1〕《世说新语·德行第一》。

〔2〕 详细考察和论述参见胡旭晟主编：《狱与讼：中国传统诉讼文化研究》，中国人民大学出版社 2012 年版，第 203~204 页。

〔3〕 参见范忠信主编：《官与民：中国传统行政法制文化研究》，中国人民大学出版社 2011 年版，第 54~56 页。

〔4〕《孟子·离娄上》。

〔5〕《荀子·君道》。

〔6〕《尚书·洪范》。

〔7〕《汉书·鲍宣传》。

〔8〕《钦颁州县事宜》。

〔9〕（清）蓝鼎元：《鹿洲公案·山门城》。

也随之而强化，这在帝制社会的后期更加突出。

清人凌如焕说："一旦民之父母（官吏）代谋其生计，代恤其身家，（启教其思想）未有不翻然悔憬然觉者。"〔1〕能动司法中的"代民作主"正是以此为基础。在家国观念影响下，官吏处理纠纷与案件，以安定与和谐为目的，重教化调停，充分体现司法官们普遍浓厚的"父母官意识"。日本学者滋贺秀三指出：

> 探索中国诉讼的原型，也许可以从父母申斥子女的不良行为，调停兄弟姐妹间的争执这种家庭的行为中来寻求。为政者如父母，人民是赤子，这样的譬喻从古以来，就存在于中国的传统中。事实上，知州、知县就被呼为"父母官""亲民官"，意味着他是照顾一个地方秩序和福利的"家主人"。知州、知县担负的司法业务就是作为这种照顾的一个部分的一个方面而对人民施予的，想给个名称的话可称之为"父母官诉讼"。〔2〕

滋贺秀三继而将欧美和传统中国的诉讼类型分别称之为"竞技性诉讼"和"父母官诉讼"，认为"这两种诉讼类型由根本理念的不同而形成如此的区别。两者各自都有其长处和弱点，不能说哪一方是蒙昧和落后的。这正是文化的差异。只是从父母官型诉讼中产生不出 Jus、Recht 系列的概念来，这对中国来说确实是一种宿命"。〔3〕

上述"青天"意识、"父母官"意识，都导致审理案件的权威主要在司法者而不在规则。范忠信教授指出：

> 中国古代官员们还常在审理案件过程中主动超越一般法律规定的要求，履行父家长的某些职责。如主动超出当事人诉请为其确定收养、抚养、赡养之事，为其确定立嗣兼祧之事，为其决定分家析产之事等，甚

---

〔1〕《皇朝经世文编》卷二十三"吏政九·敬陈风化之要疏"。

〔2〕［日］滋贺秀三："中国法文化的考察——以诉讼的形态为素材"，载《比较法研究》1988年第3期。

〔3〕［日］滋贺秀三："中国法文化的考察——以诉讼的形态为素材"，载《比较法研究》1988年第3期。

至在公堂之上为当事人订婚或主持结婚，官员们的命令，此时成为最权威的"父母之命"。[1]

3. 司法目的方面的"息讼"理念

从总体上看，传统中国诉讼文化的价值取向以"和谐"精神与"无讼"理想为总原则。[2]在传统中国，"家"基于自然（主要是血缘）关系而组成，维系自然的基本价值正是"和"与"安"。"息事宁人""和为贵"乃是最基本的人生哲学。[3]"息讼"而"无讼"，是传统中国的为政理想目标之一，"无讼"或"息讼"理念导致司法官千方百计地能动司法。

在传统中国人的价值观里，"和睦为善，诉讼是恶"，和谐与安宁是正道，矛盾与冲突属变道[4]。例如在位于百经之首的《易经》中，"讼"卦的卦辞是："有孚（俘），窒（刑具）。惕，中吉，终凶。利见大人，不利涉大川。"[5]意思是，诉讼意味着有羁押、有刑具，因此要特别警惕。即使中期平安，但终有凶险，遇到公正的司法官可能会有利，否则就像"涉大川"一样凶险无比。总之，筮遇此卦，中吉终凶。"讼"卦基本上是一个凶卦。公元前6世纪，在鲁国做司寇（首席大法官）的孔子宣布其从政暨司法信条之一是"听讼吾犹人也，必也使无讼乎"[6]。意思是说：我虽像别的人一样听理各种案件，但我追求的是人世间根本没有纠纷的境界。从此"无讼"几乎成为所有中国人的共同理想。汉代陆贾说："君子以为治也，块然若无事，寂然若无声；官府若无吏，亭落若无民；闾里（百姓）不讼于巷，老幼不愁于庭。"[7]这里的"官府无吏"是说以"断讼"为主要业务的官吏要失业了（"无讼"，则官吏多余），"亭落无民"是说再也没有百姓为告状或应诉来去匆匆地经过路

---

[1] 范忠信主编：《官与民：中国传统行政法制文化研究》，中国人民大学出版社2011年版，第56页。

[2] 参见胡旭晟主编：《狱与讼：中国传统诉讼文化研究》，中国人民大学出版社2012年版，第27页。

[3] 胡旭晟主编：《狱与讼：中国传统诉讼文化研究》，中国人民大学出版社2012年版，第897页。

[4] 有关系统论述参见陈会林：《传统中国的纠纷预防机制》，中国社会科学出版社2014年版，第18~25页。

[5] 《易经·讼卦》。

[6] 《论语·颜渊》。

[7] 《新语·至德》。

中亭落，也没有人在类似后来明朝"申明亭"的地方找乡里长老告状评理了；"不讼于巷"是说村落街巷里再也没有人争吵打官司了。明代王士晋说："太平百姓，完赋役，无争讼，便是天堂世界。"[1]清代刘礼松说："夫听讼而使民咸惕然内讼（自省）以致于无讼，此守土者之责也。"[2]

　　官方极力倡导"息讼"。明清时期皇帝（或以皇帝名义）向全国发布的"圣谕"中，和睦、息讼、无讼是其主要内容和精神。明太祖在《圣谕六言》中说："孝顺父母，尊敬长上，和睦乡里，教训子孙，各安生理，毋作非为。"[3]清代康熙九年（1670年），17岁的爱新觉罗·玄烨发布"圣谕十六条"："敦孝悌以重人伦，笃宗族以昭雍睦，和乡党以息争讼，重农桑以足衣食，尚节俭以惜财用，隆学校以端士习，黜异端以崇正学，讲法律以儆愚顽，明礼让以厚风俗，务本业以定民志，训子弟以禁非为，息诬告以全良善，诚匿匪以免株连，完钱粮以省催科，联保甲以弭盗贼，解雠忿以重身命。"雍正二年（1724年），国家以皇帝的名义对"圣谕十六条"逐条演绎和阐释，作成《圣谕广训》万余言，抒为训诰，传示天下。清朝皇帝给地方官规定的治世目标是"讼庭无鼠牙雀角之争，草野有让畔让路之美，和气致祥"[4]，也就是要求地方官们把辖地治理得像舜治理的历山、雷泽以及周文王治理的周邦一样，成为"无讼"之地。

　　关于传统中国的"息讼""无讼"观念，有几点需要说明：

　　第一，古代中国人认为不经堂审的官司都不算官司，即使有起诉也算"无讼"，为此，先人们设计或安排了一些独具特色的"息诉"制度，例如：①直接规定"细事"案告官之前必须先由乡里调处，明代《教民榜文》规定："民间户婚、田土、斗打、相争一切小事，不许辄赴告官，务要经由本官里甲老人理断。若不经由者，不问虚实，先将告人杖断六十，仍由里甲老人理断。"[5]②对诉讼案件可以"官批民调"，即将官司批回民间调处。清代地方官袁守定（1705—1782）说："悟得一法似属可行。如到一县，遍谘所治士

---

〔1〕　（明）王士晋：《得一录》卷一《宗祠条规》。

〔2〕　（清）李钧：《判语录存》，刘礼松序。

〔3〕　《明太祖实录》卷二二五。

〔4〕　《钦颁州县事宜·听断》，顺治朝。

〔5〕　刘海年、杨一凡主编：《中国珍稀法律典籍集成》乙编（第1册），科学出版社1994年版，第635页。

耆之方正者，以折记之，注明某人居某里，以其折囊系于绅，每行乡村有所得即补记。遇民来诉，批所知相近之士耆处释，即令来诉者持批词给之，立言剀切，足以感人，必有极力排解，以副官指者。此或息讼之一端也。"〔1〕③为了体现"无讼"，有些司法官甚至即使审理了案件也不立案，例如《隋书》记载：

> （辛公义）受领新讼，皆不立文案，遣当直佐僚一人，侧坐讯问。事若不尽，应须禁者，公义即宿厅事，终不还閤……罪人闻之，咸自款服。后有欲争讼者，其乡间父老遽相晓曰："此盖小事，何忍勤劳使君。"讼者多两让而止。〔2〕

辛公义是隋朝牟州刺史，这里载述他对一审案件不立案，如果需要，他就在官署留宿，不审完不回家。

第二，中国古代也有人清醒地认识到"无讼"只能是理想或愿望，从整体来说，"无讼"的社会是不存在的，完全否定"争讼"是不理性的。〔3〕例如明代刑科给事中赵银说："民生有欲，不能无争，则物我相刑而讼兴焉。"〔4〕清代考据家崔述说："自有生民以来莫不有讼也。讼也者，事势之所必趋也，人情之所断不能免也。传曰饮食必有讼。"这些见解较为客观和理性。赵银和崔述在这里所作的仅是一个事实判断，而不是价值判断，这类判断是比较客观、公允的。

第三，"息讼"不等于不审理案件，审理案件本身也可以是"息讼"的手段或方式。例如赵银说："听讼者因辞以求其情，原情以定其罪，情罪既明，人心自服，讼斯止矣。故《易》曰'辨讼'，孔子曰'听讼'，《书》曰'两造具备，师听五辞'。"〔5〕崔述说："两争者，必至之势也，圣人者其然。

---

〔1〕（清）徐栋辑：《牧令书》卷十七《刑名上》"袁守定·听讼"。

〔2〕《隋书·辛公义传》。

〔3〕参见陈会林：《传统社会的纠纷预防机制》"自序"，中国社会科学出版社2014年版，第1页。

〔4〕刘海年、杨一凡主编：《中国珍稀法律典籍集成》乙编（第5册），科学出版社1994年版，第517页。

〔5〕刘海年、杨一凡主编：《中国珍稀法律典籍集成》乙编（第5册），科学出版社1994年版，第517页。

故不责人之争，而但论其曲直。"〔1〕赵银和崔述认为，对讼争行为本身不应评论其是非优劣，只应该就争讼的事实内容作是非曲直判断，如果听讼恰当（例如有效能动司法），听讼本身就可以"息讼"。

第四，倡导调解息讼不只是存在于古代中国，在古代东方其他国家也是如此。例如古印度强调"国王本人及其臣仆都不应该教人起诉"〔2〕；"他们不喜欢打官司，因此，他们无论抵押还是寄存都不发生诉讼"〔3〕。古代俄国〔4〕在基层地方设置"乡村的调解法官"，专司社会纠纷的诉讼调解。〔5〕《古兰经》也规定"如果两伙信士相斗，你们应当居间调停……应当秉公调停，主持公道"〔6〕。但是，从调停诉讼的历史渊源、时空背景来看，可以说，其他东方国家不能与中国比肩而立，以"礼"息讼、止讼是中国古代司法官应具备的一项基本素质和重要任务。〔7〕

传统中国为什么追求"无讼"或"息讼"？学界已有很多论述〔8〕，这里仅强调三点：

第一，追求"无讼"是宗法社会的宿命。顾元教授说："'无讼'是中国传统宗法社会强调宗族、村落等组织系统自我调节功能的必然结果。"〔9〕余英时先生说：

　　　　在（传统中国）乡村中，人与人之间、家与家之间都是互相联系的，

---

〔1〕（清）崔述：《无闻集》卷二《争论》《讼论》。

〔2〕蒋忠新：《摩奴法论》，中国社会科学出版社1986年版，第140页

〔3〕崔连仲等选译：《古印度帝国时代史料选辑》，商务印书馆1989年版，第16页。

〔4〕俄罗斯横跨欧亚，政治文化中心在欧洲，但大部分国土在亚洲，历来有"是东方国家还是西方国家"之争。

〔5〕［俄］米·尼·波克罗夫斯基：《俄国历史概要》（上册），商务印书馆1994年版，第147页。

〔6〕《古兰经》第四九章"寝室（侯主拉特）"。

〔7〕参见胡旭晟主编：《狱与讼：中国传统诉讼文化研究》，中国人民大学出版社2012年版，第201页。

〔8〕参见张中秋：《中西法律文化比较研究》，南京大学出版社1999年版，第321~325页；顾元：《衡平司法与中国传统法律秩序——兼与英国衡平法相比较》，中国政法大学出版社2006年版，第136~152页；范忠信等：《情理法与中国人》第十二章"'贱讼'：因噎废食的评价"，北京大学出版社2010年版；陈会林：《地缘社会解纷机制研究——以中国明清两代为中心》，中国政法大学出版社2009年版，第415~429页。

〔9〕顾元：《衡平司法与中国传统法律秩序——兼与英国衡平法相比较》，中国政法大学出版社2006年版，第141页

地缘和血缘把一乡之人都织成了一个大网。几百年、甚至千年聚居在一村的人群，如果不是同族，也都是亲戚，这种关系超越了所谓阶级的意识……乡间的秩序基本上是自治的，很少与政府发生关系。每一族都有族长、长老，他们负责维持本族的族规，偶尔有子弟犯了族规，如赌博、偷窃之类，族长和长老们便在宗祠中聚会，商议惩罚的办法，最严重的犯规可以打板子……中国传统社会大体上是靠儒家的规范维系着的，道德的力量远在法律之上。道理（或天理）和人情是两个最重要的标准。[1]

第二，追求"无讼"是由中国传统法的特质所决定的。传统中国法最主要的特质是追求"和谐"（有关论述见下面一目），这种特质抑制了民众诉讼意识的成长。

第三，一些客观的条件限制了诉讼观念的生长，促进了无讼意识的滋长。顾元教授说："地方官府治域的广阔、司法人员编制的稀少、交通的闭塞等，使得诉讼变得非常不便利，诉讼成本增加；国家从制度上规定了诸多限制民众诉权的措施，使得卑幼者、卑贱者、近亲属、妇女、囚犯、老幼废疾、误农时者以及越诉者等的诉讼权利大受限制。"[2]"息讼"，有州县官忙不过来的功利考量，传统中国州县衙门既是司法机关又是行政机关，州县官公务之繁忙超乎今人想象，息讼便成为他们的应对之策之一。

4. 司法哲学方面的实用主义观念

传统中国强调法律或司法讲求实际功效的实用主义观念。李泽厚先生曾说：

> 血缘宗法是中国传统文化心理结构的现实历史基础，而"实用理性"则是这一文化心理结构的主要特征。所谓"实用理性"就是它关注于现实社会生活，不作纯粹抽象的思辨，也不让非理性的情欲横行，事事强调"实用""实际"和"实行"，满足于解决问题的经验论的思维水平，主张以理节情的行为模式，对人生世事采取一种既乐观进取又清醒冷静的生活态度。[3]

---

[1] 余英时："我走过的路"，载陈致访谈：《余英时访谈录》，中华书局 2012 年版，第 3~4 页。

[2] 顾元：《衡平司法与中国传统法律秩序——兼与英国衡平法相比较》，中国政法大学出版社 2006 年版，第 147 页。

[3] 李泽厚：《中国现代思想史论》，东方出版社 1987 年版，第 230 页。

在这种实用主义观念支配下，传统中国的司法官充分发挥主观能动性，灵活地处理案件，以其智慧、能力和社会责任感来实现个案的合情合理，实现"社会效果和法律效果的统一"，最终实现人际和睦和社会和谐。正如柏桦教授所说的：

> 中国古代官员在处理司法案件时，常常使用"揆情准理""情理之平""于法难容"等词，说明古代官员在裁断案件时是"情、理、法"兼用，在有相当大的自主裁量权的当时，三者的巧妙结合就成为古代官员是否"清明"的重要标准。这种标准并不在于如何严格遵守法律，而在于平息事端，要求上不招致君主或上官的指责，下不逼迫百姓铤而走险，中不引起同僚非议。[1]

二、传统中国的法制特征特别容易导致司法能动

传统中国的法制，有许多特征特别容易导致司法能动。近代法学家陈顾远先生（1896—1981）曾撰文《中国固有法系之简要造像》，将中华法系的特色概括为六个方面："神采为人文主义，并具有自然法像之意念"；"资质为义务本位，并且有社会本位之色彩"；"容貌为礼教中心，并具有仁道恕道之光芒"；"筋脉为家族观念，并具有尊卑歧视之情景"；"胸襟为弭讼至上，并且有扶弱抑强之设想"；"心愿为审断负责，并且有灵活运用之倾向"。这里"灵活运用"之"心愿"，直接说的是"能动司法"问题，所谓"（司法官）适应时代环境之需要，自不必拘守一格，极尽其灵活之运用……一方面尊重法律之安定性，一方面抬高法律之适应性，并非一成不变者可知"。而"仁道恕道"之"容貌""扶弱抑强"之"胸襟"，都是中华法系追求的实质正义的特有内容，也与"能动司法"相关。[2]下面就传统中国法制特别容易导致司法能动的四个方面的特征予以申论。

（一）传统中国的"法"追求亲情与和谐

中国传统能动司法之"法"，是为"国法"，这种"法"有很多特点，诸

---

〔1〕　柏桦、刘立松："清代的借贷与规制：'违禁取利'研究"，载《南开经济研究》2009 年第 2 期。

〔2〕　本段所有引文参见范忠信等编校：《中国文化与中国法系：陈顾远法律史论集》，中国政法大学出版社 2006 年版，第 38~48 页。

如以刑法为核心内容、贯彻伦理精神（所谓"一准乎礼"）、体现法律工具主义（所谓"刑罚不可弛于国，笞捶不得废于家""德礼为政教之本，刑罚为政教之用"）等，其中最主要的特征可能是首先强调维护秩序的和谐，而不是以权利义务为其经纬。传统中国法，"惟中国古代法讲求礼义，旨在消灭争心于事先……要至于'无讼'"，"在这种与现代法律的观念、结构全不相同的面貌后面，却隐含着中国古代法自身的统一"。[1]对此梁治平教授有一段综论，重述如下：传统中国法的特质是什么？第一，"由哲学的立场看，古人造法是要效法自然，以法律的应用去求自然秩序中的和谐"；第二，"由社会的方面说，中国古代法律以伦常为纲，根本上是一种'伦理法律'……家族组织在社会生活中的重要性，孝悌原则在政治生活中的重要性……（表明其）以伦常为其归依，其意不独在于社会关系之协调，而且是以祛除为己的主张来实现这种社会的和谐"；第三，"从文化的角度讲……（古人）尽可能将法律的应用降低至最低限度"。[2]

（二）传统中国的"法"具有更多不确定性，相对更不完善

在传统中国，立法的专制性、规范的局限性、单一制集权国家的政治法律传统等决定了传统"国法"很难保障所有案件依其审判，实现实体公正或实质正义，所以，"中国传统诉讼审判中恰当地引入了情的因素，以弥补这些缺陷。情的引入是中国传统诉讼审判追求实质正义的体现"[3]。司法中引入"情"，就是能动司法的表现。从形式和内容来看，传统中国的"法"具有更多不确定性，而且相对更不完善，这也是传统中国"细事"司法有更多能动司法的重要原因。

1. "国法"内部不统一，具有更多不确定性

传统中国的"国法"，有律、令、格、式、典、科、比、敕、例等形式，其中"律"是主干，"律"外法调整的社会关系领域极为广泛，但其效力高下往往因时而异，而且它们与"律"重复杂沓，每每两歧。《宋史·刑法志》载曰：

---

〔1〕 此段引文均见梁治平：《法意与人情》，中国法制出版社2004年版，第11页。

〔2〕 此段引文均见梁治平：《法意与人情》，中国法制出版社2004年版，第9~12页。

〔3〕 参见刘军平：《中国传统诉讼之"情判"研究》，中国政法大学出版社2011年版，第169~173页。

> 律令者，有司之所守也。太祖以来，其所自断，则轻重取舍，有法外之意焉。然其末流之弊，专用己私以乱祖宗之成宪者多矣。[1]

这是说官吏断案要遵守法令，但太祖即位以来，他亲自审断的狱案，用刑或轻或重，用法或取或舍，时有法外之意。到宋朝末世，断案往往只凭私情，随意变乱祖宗成法的情形越来越严重。

明太祖在基本法典《大明律》制颁以后，"令子孙守之，群臣有稍议更改，即坐以变乱祖制之罪"[2]，但他本人同时又另搞一套与《大明律》不一致的《大诰》。

清代情况又如何？《清史稿·刑法志》曰：

> 盖清代定例，一如宋时之编敕：有例不用律，律既多成虚文，而例遂愈滋繁碎。其间前后抵触，或律外加重，或因例破律，或一事设一例，或一省一地方专一例，甚且因此例而生彼例。不惟与他部则例参差，即一例分载各门者，亦不无歧异。辗转纠纷，易滋高下。

传统中国法律体系中的上述问题，体现了帝制"以法治国"模式中"君生法"与"君臣贵贱上下皆从法"的固有矛盾[3]，同时也导致能动司法的必要性，所谓"法多门，令不一，则吏不知所守"[4]。

2. 内容不完善，民法不发达

日本学者滋贺秀三说："在欧洲，主要是以私法作为法的基底和根干；在中国，虽然拥有从古代就相当发达的文明的漫长历史，却始终没有从自己的传统中生长出私法的体系来。"[5]这话是没有错的。无论是与同一历史阶段的西方中世纪法律相比，还是与近现代的法律相比，传统中国法都呈现出民事规范相对较少、刑事规范相对发达的样态。

---

〔1〕《宋史·刑法志二》。

〔2〕《明史·刑法志》。

〔3〕参见《管子·任法》。

〔4〕《晋书·刑法志》。

〔5〕参见［日］滋贺秀三："中国法文化的考察——以诉讼的形态为素材"，载《比较法研究》1988年第3期。

传统中国的民法不发达，直接表现在没有文本意义上的民法典，不存在部门法意义上的民法，而且这少量的民法"长得"也与现在不一样，并非今天民法意义上的民事法律规范。传统中国的法律体系没有公法与私法的明确分别，律典中不仅涉及民事的内容甚少，而且涉及民事行为的条款，也都附有刑罚。传统中国法的这些情形或特征，下面第三章第四节将有专门论述。

传统中国的民法不发达，这导致"细事"案司法往往无"法"可依，于是要求助于"情理"或能动司法。"华夏文明史上的许多创造，是整个人类文明史的奇迹，在一个人口居世界首位的国度里，仅以相对简约的律条规范着千百年间丰富复杂的社会生活。"[1]传统中国能动司法的价值主要体现在这里。

(三) 传统中国法制重结果轻形式、重实体轻程序

传统中国法制重结果轻形式、重实体轻程序的情形或特征，也是导致传统中国司法容易能动的重要原因。

关于传统中国的思维方式特征，胡旭晟教授说：

> 中国传统社会始终以自给自足的小农经济为根基，在这种自然经济条件下生长起来的中国古人，其观察和把握世界的方式相比较而言通常较为直观和具象，由此形成的中国传统思维方式也主要是"经验-实用"型的，而非"抽象-超越"型的；这种民族性思维方式的特点是重判断而轻分析、重结果而轻过程、重实体而轻程序。[2]

这种思维模式，表现在法制方面，首先是重结果轻形式。正如马克斯·韦伯所说："（中国人）所寻求的总是实际的公道，而不是形式法律。"[3]其次是重实体轻程序。现在所见历代律典都有"斗讼"篇、"断狱"篇，历代典章从《元典章》开始也有独立的"诉讼"篇，但这些篇的内容主要是规定违法诉讼应该承担的刑事责任，虽然也涉及程序性内容（例如有关书状、两

---

〔1〕 范忠信等：《情理法与中国人》，北京大学出版社 2011 年版，第 1 页。

〔2〕 参见胡旭晟主编：《狱与讼：中国传统诉讼文化研究》，中国人民大学出版社 2012 年版，第 17 页。

〔3〕 ［德］马克斯·韦伯：《儒教与道教》，洪天富译，江苏人民出版社 2008 年版，第 109 页。

造、讯问、众证、刑讯等具体规定，以及越诉、审转等宏观规定），但主要内容不是诉讼程序规定。类似今天《民事诉讼法》规定的起诉、受理、审理、判决或裁定、执行等诉讼程序，以及法庭调查、法庭辩论、法庭宣判等审理程序，传统中国律典都不见有专门或系统的规定。此外，传统中国法制重实体轻程序，还间接表现在基层司法审判形式主要是长官坐堂审理的独审制（相对于合议制而言），"州县官不亲听囚，而使吏鞫者，徒二年"[1]。行政兼理司法、独审制，这些都是"青天"意识、"父母官"意识的制度基础，都是能动司法更易发生的外部条件。

（四）传统中国的司法机关非专门化、司法官非职业化

古代的西方从古希腊到中世纪，都有司法独立的观念和制度安排。古罗马出现独立的法律家职业阶层，中世纪实现了司法的职业化和专门化。[2]中国则不然，中国直至近代才真正实现诉讼的职业化与专门化。贺卫方教授说："如将司法功能作为政府功能的有机组成部分，可以发现，我们传统的政府形态以及在其中占有重要地位的司法制度在世界范围内是独一无二的。"[3]

1. 基层司法与行政的一体化

在传统中国的国家权力结构体系中，行政权与司法权并没有被严格区分，"全能政府"的情形越往基层（州县）越明显、越严重，州县衙门既是行政机关又是司法机关，地方长官既是行政长官又是司法长官（这个问题下面第三章将有专门的考察和论述）。

司法与行政合一、行政兼理司法、司法权附属于行政权，这一方面导致行政权主动性与司法权被动性之间的紧张关系消失，行政权的行使与司法权的行使可以相互保障，另一方面导致司法官的权力边界不清，这些都是能动司法的"潜在诱因"。事实上，行政与司法互动、司法与行政联动的能动司法，在传统中国的地方基层司法中乃是浑然天成的。在这里，"裁判附属于行政。历代皆以统一的行政管理来保证法律组织上的统一，以靠着价值上的共

---

　　[1]《文献通考》卷一六七《刑六》。

　　[2] 参见胡旭晟主编：《狱与讼：中国传统诉讼文化研究》，中国人民大学出版社2012年版，第12页。

　　[3] 贺卫方："司法独立在近代中国的展开"，载何勤华主编：《法的移植与法的本土化》，商务印书馆2014年版，第61页。

同自觉维系的文官集团来确保法律上价值的一致"〔1〕。

2. 司法官的非职业化

整体上说，传统中国的官员（包括司法官）几乎全是文人出身。从府州县长官的教育背景和职业能力来看，他们所接受的教育和训练几乎都是儒家经典和道德礼义，他们通常并不将法律作为一种专门的学问来学习、钻研和训练，甚至还视其为等而下之的东西。唐宋试士虽有"明法"一科，但不为时人所重，明清以制义取士，更无人重视读律。国家对官吏的选任同样体现出这种倾向，三国时魏国人卫觊说："刑法者，国家之所贵重，而私议之所轻贱；狱吏者，百姓之所悬命，而选用之所卑下。王政之弊，未必不由此也。"〔2〕法律对于国家极为重要，但社会评价又非常低贱（指"德主刑辅"之类）；法官事关百姓性命，却又是选拔人才者鄙视的对象。

司法与法律一样，传统中国的各级司法官员通常并不将"司法"视为其职业和本行，无论是作为司法官员，还是担任其他官职，对于他们都基本上不存在角色差异，职位的变化也不存在专业或职业上的障碍和感觉。他们审理案件只是履行行政职能、治理所辖百姓的一种手段；在他们看来，诉讼运作也几乎不需要具备任何专门的法律职业技能。〔3〕他们虽然不曾接受专门的法律训练，但饱读诗书，精通文学艺术，行事风格常常带着文人雅士的挥洒、浪漫，由此不仅衍化出种种独具匠心的决讼方式，而且妙笔生花，成就了无数传诵古今的艺术化判词（判决书）。〔4〕司法官的这种非职业化更易使司法能动起来，对此梁治平教授指出：

> 长时间以来，帝国各级官吏由具有一定资格的读书人充任，这些读书人虽然不是技术专家，但却饱读诗书，熟知古来圣贤教诲，他们靠着自己的修养和对事物的理解去补足法律应用中的不足，并且依靠道德上

---

〔1〕 梁治平：《法意与人情》，中国法制出版社 2004 年版，第 157 页。

〔2〕 《三国志·魏书·王觊传》。

〔3〕 参见胡旭晟主编：《狱与讼：中国传统诉讼文化研究》，中国人民大学出版社 2012 年版，第 13 页。

〔4〕 参见胡旭晟主编：《狱与讼：中国传统诉讼文化研究》，中国人民大学出版社 2012 年版，第 17 页。

共同的自觉意识最终去实现中国古代法律的统一。[1]

(五) 传统中国的审判司法具有 "结论主导" 型特征

与司法机关非专门化、司法官非职业化相关，传统中国的司法审判呈现出 "结论主导" 型特征。蔡枢衡先生（1904—1983）说，传统中国的司法，"从历史上看实际是先有裁判，然后才有裁判规定标准的刑法，最后才有为正确适用刑法服务的司法制度"[2]。蔡先生的这段话是在刑法研究论文中说的，这里的 "刑法" 完全可以替换为一般的 "法律"。这种说法与美国现实主义法学家弗兰克（J. N. Frank，1889—1959）、卢埃林（K. N. Lewillyn，1893—1962）等人所主张的审判一般都是先有结论，然后再去落实证据和法律依据的 "结论主导" 型审判模式[3]理论颇为接近。

"结论主导" 型审判模式，显然容易促成能动司法，这正如有研究者指出的那样，"（传统中国）对于一个案件的审判，实际上是由 '经验到先验' 的过程，在这个过程中，先验判断的知识不仅来源于司法官员对法律本身的理解，还来源于其对案件本身所涉及的其他因素的关注，尤其是该案件本身在结果的处理上对社会民众心理以及舆论的影响"[4]。

上面我们考察和分析了传统中国法制诸多特征与能动司法的关系。需要指出的是，这些特征并非完全是 "落后" 的象征，而是特定社会生态的产物。正如王亚新教授指出的："上述特点与西欧法与审判的传统恰成对照，但这绝不意味着中国传统的落后性。传统中国的法与审判可以说是人们从另一个方向上设想和构筑秩序并将其发展到极为成熟精致高度的产物，是另一种同样具有自身内在价值的人类文明的体现。"[5]

---

[1] 梁治平：《法意与人情》，中国法制出版社 2004 年版，第 12 页。

[2] 参见蔡枢衡："历史上定罪和处刑的分工"，载《法学研究》1980 年第 4 期。

[3] 参见范忠信、陈会林主编：《法理学》，中国政法大学出版社 2012 年版，第 215 页。

[4] 参见薛梦寒："中国传统法制中的能动司法"，载《山西省政法管理干部学院学报》2014 年第 1 期。

[5] 参见王亚新："关于滋贺秀三教授论文的解说"，载 [日] 滋贺秀三等：《明清时期的民事审判与民间契约》，王亚新等编译，法律出版社 1998 年版，第 98~99 页。

三、法律规定中的能动司法空间和官民对能动司法的倡导

(一) 严格司法规定中的能动司法空间

中国历代法律都要求司法官"依状以鞫情，如法以决罚，据供以定案"[1]；"州县官不亲听囚，而使吏鞫者，徒二年"[2]。秦律已针对法官不严格审案的行为，规定了"不直"（故意重罪轻判或轻罪重判）、"纵囚"（故意有罪不判或减轻罪责）、"失刑"（过失造成量刑不当）等罪名。汉律规定法官"出罪为故纵，入罪为故不直"[3]。从《唐律》（今天我们可以看到的传统中国最早的完整法典）开始，历代法典都有"官司出入人罪""决罚不如法""断罪引律令""有司决囚等第""赦前断罪不当""依告状鞫狱"等法条要求司法官据法断案，而且判案不得超出诉状所控范围。例如《唐律疏议》第 484 条"断罪不具引律令格式"规定："诸断罪皆须具引律、令、格、式正文，违者笞三十。"《大清律例》第 415 条"断罪引律令"规定："凡断罪，皆须具引律例，违者，笞三十；……若辄引致罪有出入者，以故失论。"第 406 条"依告状鞫狱"规定："凡鞫狱，须依所告本状推问。若于状外别求他事，搪拾人罪者，以故入人罪论。"甚至有人提出了"罪刑法定"的主张，例如西晋法学家刘颂（？—300）说："律法断罪，皆当以律令正文；若无正文，依附名例断之；其正文名例所不及，皆勿论。"[4]这就是说，审判案件首先要依据律令正文的明文规定；如果法条无明文规定，则可以参照"名例律"中关于定罪量刑的一般原则处理；如果律令正文无规定，且名例律中也无相应原则，则即使是罪恶之事也不要论处。何勤华教授认为"刘颂在中国历史上第一次明确提出了封建的'罪刑法定'原则"。

上述规定和主张，可谓传统中国版的"法条主义"或"严格司法"。今天我们应该如何看待这种"严格司法"的要求呢？依笔者的理解，以下几点值得我们注意：

第一，这种"严格司法"针对的主要是"断狱""鞫狱"，亦即"重情"

---

〔1〕 那思陆：《清代州县衙门审判制度》，中国政法大学出版社 2006 年版，第 6 页。

〔2〕 《文献通考》卷一六七《刑六》。

〔3〕 程树德：《九朝律考》，中华书局 2006 年版，第 98 页。

〔4〕 《晋书·刑法志》。

"重案"司法，相当于今天的刑事性司法。

第二，这种"严格司法"是以"法有正条"为前提的，亦即以法律有明确规定为前提，而事实上在传统中国"法无正条"的情形较为普遍，特别是针对"细事"案的法律规定，所谓"杂犯轻罪触类弘多，金科玉条包罗难尽"。"法无正条"时怎么办？传统中国的法律同时又规定，"法无正条"时，断案适用规则可以类推或比附援引，所谓"金科虽无节制（无明确规定），亦须比附论刑。岂为在律无条，遂使独为侥幸"[1]。例如《唐律疏议》第50条"断罪无正条"规定："诸断罪而无正条，其应出罪者，则举重以明轻。其应入罪者，则举轻以明重。"《大清律例》第44条"断罪无正条"规定："凡律令该载不尽事理，若断罪无正条者，援引他律比附。"

第三，"法无正条"而又不能类推和比附援引适用规则时，怎么办？传统中国法律又规定，此时司法官可以根据"情理"自由裁量为"不应为"罪。例如《唐律疏议》第450条"不应得为"规定："诸不应得为而为之者，笞四十。事理重者，杖八十。"《大清律例》第386条"不应为"也有相同规定。

所有这些规定，加上当时事实上不可能做到现代意义上的"罪刑法定"，都为能动司法特别是"细事"案的能动司法留下了空间。

（二）国家和社会对能动司法的倡导

传统中国，既有"严格司法"的要求，也有对能动司法的倡导。

传统中国制度性的能动司法历史至少可以追溯至汉代的"春秋决狱"。从汉代至隋唐盛行近800年的"春秋决狱"实际上就是一种能动司法模式，这就是司法官断案在遇到法无明文规定或依成文法律判处有悖常理的案件时，直接依据儒家经典（以《春秋》为代表）中的原则和案例来判决。"春秋决狱"既有使儒家思想法律化的政治目的，也有弥补法律缺陷（不完备或不恰当）以实现公平正义的技术考量。"春秋决狱"主要属于规则变通的能动司法方式。

传统中国基本法典认为有些司法有能动的必要，例如《唐律疏议》中说

---

[1]《唐律疏议》第260条"亲属为人杀私和·答问"。

"杂犯轻罪触类弘多,金科玉条包罗难尽"[1],《大清律例》中说"有定者,律令;无穷者,情伪也"[2]。这些话都流露出"因为法条有定,而情变百出,司法断案有时必须准情酌理"的意思。在传统中国主张严格依法断案、反对曲法伸情者有之,但是主张执法原情、能动司法似乎是主流。[3]历代皇帝、专家(思想家和法学家)、一线司法官(地方官)都有对能动司法的倡导。

1. 皇帝的倡导

《贞观政要》是时人吴兢载述唐太宗在位期间君臣讨论政事的文献,其中说:"贞观之初,志存公道,人有所犯,一一于法。纵临时处断或有轻重,但见臣下执论,无不忻然受纳……背公平之道,乖泣辜之意,欲其人和讼息,不可得也。"[4]这里说的大概就是"心存公道"的唐太宗断案时,特别注意能动司法,如果严格依法有违"公道"而臣下有所议论时,唐太宗便欣然采纳臣下意见,因为违背公平之道,想平息狱讼、息事宁人是不可能做到的。《贞观政要》中有专门的"公正"篇,而且篇幅很长(在全部40篇中仅次于"求谏"篇),可见唐朝皇帝对"公正"问题的重视。

在宋朝,徽宗曾下诏:"(有司)自今宜遵旧法取旨,使情、法轻重各适其中,否则以违制论。"[5]

在明朝,太祖发布《圣谕六言》:"孝顺父母,尊敬长上,和睦乡里,教训子孙,各安生理,毋作非为。"[6]这可以视之为包括能动司法在内的所有官民行动指南。武宗提倡"俾得效用庶于公论协孚,情法允当"[7]的审判原则。

在清朝,康熙九年(1670年),玄烨仿效朱元璋发布的"圣谕六言"而

---

[1] 《唐律疏议》第450条"不应得为"。

[2] 御制《大清律例》序(乾隆五年)。

[3] 参见顾元:《衡平司法与中国传统法律秩序——兼与英国衡平法相比较》,中国政法大学出版社2006年版,第117页。

[4] (唐)吴兢:《贞观政要》卷五"公平第十六"。

[5] 《宋史·刑法志三》。

[6] 《明太祖实录》卷二二五。

[7] 《明实录》卷一百三十九"明武宗毅皇帝实录"。

发布"圣谕十六条"〔1〕，雍正二年（1724年），国家以皇帝的名义对此圣谕进行演绎和阐释，作成《圣谕广训》，其中对"讲法律以儆愚顽"条的解释中说："法有深意，律本人情，明其意、达其情，则囹圄可空，讼狱可息……见法知惧，观律怀刑……盖法律千条万绪，不过准情度理，天理、人情，心所同惧，心存于情理之中，身必不陷于法律之内。"〔2〕乾隆皇帝多次重申"情法允当"〔3〕，嘉庆皇帝在收到御史奏请"将刑部办理秋审'章程'通行各省"的奏折时，断然驳斥："秋审时某项应入情实，某项应入缓决，以及可矜、留养种种区别之处，全在法司衡情准法，随案详求……焉有拘定'章程'，毫无变通之理?"〔4〕嘉庆皇帝的批驳实质上就是一种司法个别化、能动性的主张，是以"司法个别化"来反对和否定法制的形式化和司法的"严格"化，这在传统中国独特的文化背景里又确有其正当性与合理性。〔5〕

2. 专家（思想家和法学家）的倡导

战国时期的荀子（公元前313—前238）认为，贤人可以凭借自己的德行和智慧来弥补法律的缺陷，他说："有君子，则法虽省，足以徧（遍）矣；无君子，则法虽具，失先后之施，不能应事之变，足以乱矣。不知法之义而正法之数者，虽博每临事必乱。故明主急得其人。"〔6〕又说："有法者以法行，无法者以类举，以其本知其末，以其左知其右。凡百事异理而相守也。庆赏刑罚，通类而后应。"〔7〕"类"是类比、类推、比附、变通的意思。这里荀子是在说，法律因其固有的机械性而有缺陷，在司法中需要司法官用智慧去弥补；法律不能把万事万物都无一遗漏地规定进去，君子应该根据法律的原理

---

〔1〕　这十六条是：1. 敦孝悌以重人伦；2. 笃宗族以昭雍睦；3. 和乡党以息争讼；4. 种农桑以足衣食；5. 尚节俭以惜财用；6. 隆学校以端士习；7. 黜异端以崇正学；8. 讲法律以儆愚顽；9. 明礼让以厚风俗；10. 务本业以定民志；11. 训子弟以禁非为；12. 息诬告以全善良；13. 诫匿逃以免诛连；14. 完钱粮以省催科；15. 联保甲以弭盗贼；16. 解仇忿以重身命。

〔2〕　周振鹤撰集，顾美华点校：《圣谕广训集解与研究》，上海书店出版社2006年版，第315~316页。

〔3〕　《清实录》"大清高宗纯皇帝实录"（乾隆朝）之九百四。

〔4〕　《大清会典事例》卷八四九，"刑部·断狱·有司决囚"历年事例。

〔5〕　参见胡旭晟主编：《狱与讼：中国传统诉讼文化研究》，中国人民大学出版社2012年版，第20页。

〔6〕　《荀子·君道》。

〔7〕　《荀子·大略》。

类推适用，弥补漏洞，这叫"无法者以类举"，"通类而后应"。

在汉代，晁错（公元前200—前154）认为司法要从"人情"出发才能真正实现司法公正，他说："为法令也，合于人情而后行之……取人以己，内恕及人。情之所恶，不以强人；情之所欲，不以禁民。是以天下乐其政，归其德，望之若父母，从之若流水；百姓和亲，国家安宁。"[1]董仲舒（公元前179—前104）说："《春秋》之听狱也，必本其事而原其志，志邪者不待成，首恶者罪特重，本直者其论轻。"[2]桓宽编撰的《盐铁论·刑德篇》也表达了同样的意思："《春秋》之断狱也，论心定罪。志善而违于法者免，志恶而合于法者诛。故其治狱，时有出于律之外者。"东汉王充（27—97）认为："刑故无小，宥过无大。圣君原心省意，故诛故赏误。故贼加增，过误减损，一狱吏所能定也，贤者见之不疑矣。"[3]

唐朝孔颖达（574—648）说："（由于）法之设文有限，民之犯罪无穷，为法立文，不能网罗诸罪，民之所犯不必正与法同，自然有危疑之理。"[4]

宋代是传统中国人文精神大发展的时代，所谓士大夫"文学法理，咸精其能"[5]。北宋律学博士傅霖为了便于人们阅读和记忆当时的国家基本法典《宋刑统》，将《宋刑统》全部律文的要旨，用韵文体裁撰为律学读本《刑统赋》[6]，《刑统赋》倡导"情法变通"的能动司法。例如：①《刑统赋》中说"条不必正也，举（毕）类而可明"。元人无名氏《别本刑统赋解》将其解释为："人之情无穷，而法之意有限，以有限之法御无穷之情，则法之所以不及人情也。"[7]元人沈仲纬在所撰《刑统赋疏·沈氏刑统疏序》中重述这句话："刑定律有限，情博受无穷，世欲以有限之律律天下无穷之情，亦不难哉？"[8]②《刑统赋》最后的结语说："吏之于法也，知非艰而用维艰，宜尽心于议刑之际。"元人沈仲纬《刑统赋疏》将这句话"直解"为，"法司知法

─────────────

〔1〕　《汉书·晁错传》。

〔2〕　《春秋繁露·精华》；《汉书·董仲舒传》。

〔3〕　《论衡·答佞篇》。

〔4〕　《春秋左传·昭公六年·孔颖达疏叔向之言》。

〔5〕　《宋史》卷三一九《曾巩传》。

〔6〕　全文见徐世虹主编：《沈家本全集》（第8卷），中国政法大学出版社2010年版，第563~640页。

〔7〕　徐世虹主编：《沈家本全集》（第8卷），中国政法大学出版社2010年版，第545页。

〔8〕　徐世虹主编：《沈家本全集》（第8卷），中国政法大学出版社2010年版，第565页。

故不为难，而用法则为难也。议刑之际，当尽心焉"；疏解为，"盖情有万殊，事有万变，法岂能尽人情之事哉？执法之吏，知之虽不为难，而得之尤为难也。议刑之际，若能用古之法，续时之宜，量事之大小，推情之轻重，尽心而宜之，然后法无废而无失矣，事无失则刑不滥矣"。[1]在南宋，朱熹（1130—1200）认为："法至于尽公不私，便不是好法。要可私而公，方始好。"[2]也就是说，真正的良法应该能给司法官自由裁量、能动司法的空间。朱熹的"天理""明刑弼教"理论，直接为明清时期的"天理—国法—人情"立法和司法模式奠定了理论基础。

即便是西晋法学家刘颂提出的、被认为是传统中国版的"罪刑法定"原则中，也要求"若无正文，依附名例断之"[3]，这里实际上仍有能动司法的因素。这句的意思是说，如果法条无明文规定，则可以参照"名例律"中关于定罪量刑的一般原则处理，而一般原则就包括"以刑止刑""刑期无刑""明刑弼教"等追求传统实质正义的内容。

3. 一线司法官（地方官）的倡导

南宋著名地方官、中国现存最早狱讼案例集《折狱龟鉴》的作者郑克说："所谓严明者，谨持法理，深察人情也。"[4]南宋另一著名地方官胡石壁（胡颖）说："法意、人情，实同一体。徇人情而违法意，不可也；守法意而拂人情，亦不可也。权衡于二者之间，使上不违于法意，下不拂于人情，则通行而无弊矣。"[5]清代地方官倡导能动司法的更多，撮撮数则如下：

（1）袁守定（1705—1782）说：

> 《尚书大传》曰：听讼之法，大略有三：治必宽，宽之术归于察，察之术归于义。夫察则推求详细，物无遁情；义则处置攸宜，克中人隐；而又宽以治之，不为已甚，俾小人之意消，而后此之殃熄。三者诚听讼

---

[1] 徐世虹主编：《沈家本全集》（第8卷），中国政法大学出版社2010年版，第634页。

[2] （清）李光地等：《渊鉴斋御纂朱子全书》卷六十四《治道二》。

[3] 《晋书·刑法志》。

[4] （宋）郑克：《折狱龟鉴》卷八。

[5] 中国社会科学院历史研究所宋辽金元史研究室点校：《名公书判清明集》，中华书局1987年版，第311页。

之要，道不可偏废也。[1]

凡审词讼，必胸中打扫洁净，空空洞洞，不豫立一见，不豫著一物，只细问详求，其情自得。若先有依傍之道，豫存是非之心，先入为主，率尔劈断，自矜其明，转致误也……盖惟虚故公，公则生明，自然当于事理而讼判矣。[2]

上面第一段中，所谓"宽"，实际上就是"容情"，但并非毫无原则的"容情"，而是要受"义"的约束。换句话说，这里的"义"乃是介乎"宽"与"察"之间的平衡原则，"攸宜"即是此意。[3]上面第二段是说司法官断案，必须心无偏私、追求公正，严格司法也好，能动司法也好，都要以实现实质正义为目标。

（2）汪辉祖（1730—1807）论述也颇多，例如说：

法所不容姑脱者，原不宜曲法以长奸情，尚可以从宽者，总不妨原情而略法。[4]

勤于听讼，善已。然有不必过分皂白，可归和睦者，则莫如亲友之调处。盖听断以法，而调处以情，法则泾渭不可不分，情则是非不妨稍借。理直者既通亲友之情，义曲者可免公庭之法。调人之所以设于周官也。或自矜明察，不准息销，似非安人之道。[5]

一切口角、争斗类皆户婚细故，两造非亲则故，非族则邻，情深累世，衅起一时，本无不解之第摘。其词中要害，酌理准情，剀切谕导，使弱者意平，强者气沮。[6]

上面第二段中所谓"皂白"，就是指案件中的是非曲直。这里司法官竟公然主张不要过分弄清是非曲直，亦即不要特别明确法律上的权益，此即"是

---

〔1〕（清）徐栋：《牧令书》卷十七《刑名上》"听讼"。
〔2〕（清）徐栋：《牧令书》卷十七《刑名上》"听讼"。
〔3〕徐忠明："清代中国的爱民情感与司法理念——以袁守定《图民录》为中心的考察"，载《现代哲学》2012 年第 1 期。
〔4〕（清）汪辉祖：《学治续说·能反身则恕》。
〔5〕（清）汪辉祖：《学治说赘·断案不如息案》。
〔6〕（清）汪辉祖：《续佐治药言·批驳勿率易》。

非稍措"。

(3) 谢金銮（1757—1814）说：

> 公式之刑名有章可守，按法考律，不爽而已，此幕友可代者也；儒者之刑名，则准情酌理，辨别疑难，通乎法外之意。[1]

谢金銮把判案分成两类，一种是"公式之刑名"，规规矩矩按照律例来，他认为这个不是很高级，是幕友干的事儿；另一类是"儒者之刑名"，讲求"准情酌理""辨别疑难"，能把握法律之外的精神。谢金銮总的意思是说，一个好的地方官或司法官，不能仅满足于知道律例那点事儿，他还得知道综合情理因素，知道凌驾于律例以上的原则，所谓"通乎法外之意"。

此外，今天仍能见到的，清代州县衙门内牌匾所宣示的"天理、国法、人情"司法规则，也可以视为一线司法官对能动司法的倡导，而且是倡导能动司法的最现实、最直接的表达。今天在河南的内乡县衙、山西的平遥县衙等清代州县县衙中，我们可以看到大堂通向"二堂"的仪门背后（面北）、"二堂"对面的仪门上方有一匾额，上书"天理 国法 人情"六个大字。州县衙门内的"二堂"主要是审理"细事"案或民事性案件的地方，这六个大字宣示着传统中国断案适用的规则包括"天理""国法""人情"，而不是单一的"国法"。事实上，历代司法都以"上承天理，下顺人情"，"善体法意，顺遂人情"相标榜，"合乎天理、国法、人情，做到情理法统一"成为司法公正的同义语。

地方官的司法认知中还有一点值得我们注意，这就是他们基于见闻而深有感触地认为，刻板地"严格司法"，如果严重损害当事人利益乃至闹出人命，会遭到上天的惩罚或报应。乾隆三十一二年至三十二年（1766—1767年）间，江苏省某童生在县试中作弊，依法该童生应戴枷示众，但该童生新婚刚过一天，众亲友跪请办案官吏张某开恩，请求新婚满一个月后再补罚，张某不允，结果导致新媳妇上吊自杀，该童生亦投水身亡的悲惨结局。汪辉祖在痛斥张某不通"情理"、不知"律设大法、礼顺人情"之后说："后张调令南汇，坐浮收漕粮，拟绞勾决。盖即其治怀挟一事，而其他惨刻可知。天

---

[1]　（清）徐栋：《牧令书》卷四《用人》"谢金銮·居官至用"。

道好还，捷如枹鼓（槌和鼓）。"〔1〕这是说：张某后来调到江苏省松江府南汇县当县令，犯了乱收漕粮的罪，被依法处以绞刑；我们从处理考试作弊一事，大概就可以知道他的冷酷无情；上天喜欢回报他人，快得像击鼓一样。万维翰借用因果报应理论，认为能动司法是在积善积德，他说："上官清而刻，百姓生路绝矣。古今清吏，子孙或多不振，正坐刻耳。此言可为矫枉过中之鉴。总之，凡事留一分余地，便是阴德于子孙也。"〔2〕对此，陈景良教授指出："当案情特殊复杂，没有法可依；或者仅以法条去判断就会于情于理于社会上的认知不合、当事人不服、社会效果判决效果极差时，法官就须'酌以人情，参以法意'，据天、依法、酌情而断。否则就会成为一个拘泥于法条的陋吏，或者成为一个酷吏，落得个千夫所指的骂名。"〔3〕

历代一线司法官大都是善于能动的司法官群体，其中清代乾隆年间的进士、清代中期著名地方官、师爷汪辉祖可能就是一个典型代表，台湾学者张伟仁教授对汪辉祖有很高的评价：

> 他是一个博洽的人，既懂得法理，又熟悉实务，对于传统文化也有深切的体会，因此他对清代社会的价值和导向都有清晰的认识。他并且决心以其才能去提升并匡正这些价值和导向，所以他以追寻公平正义为职志，以为民谋福为目标……所以整体而言，作为一个"法律人"，他给我们的印象，绝不是一个只会搬弄条文的法匠，而是一个博洽通达，忠恕公正，而又和蔼热忱，与人为善的谦谦君子。〔4〕

四、《名公书判清明集》：传统中国存在能动司法的典型例证

传统中国存在能动司法，有很多实例可证。《名公书判清明集》就南宋时期法官审判断案的记录，共记载500多个真实的案例、470余件书判，其中绝大多数是有关婚姻、田宅、财产继承、立嗣的"细事"案件。有学者对《名

---

〔1〕（清）汪辉祖：《学治续说·法贵准情》。

〔2〕（清）万维翰：《幕学举要·官方》。

〔3〕参见陈景良："礼法传统与中国现代法治"，载《孔学堂》2015年第4期。

〔4〕张伟仁："清代的法学教育"，载贺卫方编：《中国法律教育之路》，中国政法大学出版社1997年版，第246页。

公书判清明集》所收书判的判决依据情况进行了统计，这里我们将其结论归纳、重述如下：第一，绝大多数判决并未引述"国法"条文，直接引述法条的书判仅115件，不到四分之一。这115件书判引述的法条有149条，包括25条律文（《宋刑统》）、19条敕、17条令、1条格、7条指挥、其他形式不明者80条。第二，极少数判决引用国家认可（不是制定）的规范作为判决依据，这类规则大概有8条，其中乡例6条、成案2条。第三，有些判决即使明确引述法条或国家认可的规范，但仍以其他理由进行"权断"，这类书判至少有33例，其中以息讼为主要理由的20例，"诛心而论"的4例，以"公平"为由的5例，以身份为由的2例，以"官不争利"为由的2例。第四，未引法条或法意未详、书面上明显以其他理由作为主要判决依据的，至少有67例。这些理由中，伦常22例，息讼22例，以"公平"为由的8例，以经史、故事（含有关伦常内容的除外）为书判主要依据的6例，以舆论为由的3例，以诛心为由的3例，以官不争利为由的1例。[1]从这里的研究结果来看，南宋民事性司法审判中普遍存在着"曲法通情"的能动司法情形。南宋民事性司法状况所表现出来的能动司法特性，只是传统中国司法的一个缩影。

本章的讨论极为重要，它是全书论述的逻辑前提和理论基础。综合上面的讨论，我们可知在伦理至上、法律相对更不完善、司法官权力边界不清，特别是追求"和"的秩序、坚持"审之以道德，辨之以真伪，断之以是非"之司法模式[2]的传统中国，作为对法律天生缺陷之补救措施或纠错机制的能动司法，在传统中国是广泛存在的。在这样的社会，如果没有能动司法，倒是不正常了。

对于传统中国，司法断案依据重视情理、讲求息事宁人等种种能动情形，有些西方人也看得很明白，例如法国法学家、汉学家爱斯嘉拉（Jean Escarra，1885—1955）以西方的情况作为对比，指出：

> 在西方，法律总是被尊崇为多少是某种神圣不可侵犯的东西，是神和人的女王，它好像是无上律令加之于每个人的身上，以一种抽象的方

---

〔1〕 参见王志强："《名公书判清明集》法律思想初探"，载叶孝信、郭建主编：《中国法律史研究》，学林出版社2003年版，第486~487页。这里的统计数据与作者先前发表的论文"《名公书判清明集》法律思想初探"（载《法学研究》1997年第5期）中的统计结果不完全一致，原因待考。

〔2〕 梁治平：《法意与人情》，中国法制出版社2004年版，第121页。

式在规定着和调节着各种社会活动形式的效能和条件。西方曾有过这样的法庭，其作用不仅是运用法律，而且常常就各种相互矛盾的利益所提出的和所辩护的各种争论来解释法律。若干世纪以来，在西方，法学家们已经建立了一种分析和综合的结构，一种不断要使成文法各种体系的技术要素完善化和纯洁化的"学说"大全。但是，当我们转到东方时，这种景象消失了。在亚洲的另一端，中国在它已经建立起来的精神价值和道德价值的强大有力的体系之中……就只能给予法律和法理学以一个卑下的地位。虽然并不是没有司法机构，但它只是愿意承认自然秩序，并且只是推崇道德的准则。[1]

美国学者、"头号中国通"费正清（1907—1991）对传统中国司法评论道：

> 一般说来，法律在国内既不是首要的，也不是遍及一切的，而且人们觉得，如果像莎士比亚剧本中的夏洛克那样援引法律条文，那就是不顾真正的道德，或者承认自己的讼案有亏德行。要做到公允，执法必须衡情度理。[2]

传统中国不仅有能动司法，而且能动司法是传统中国司法（特别是"细事"案司法）的重要的乃至基本的特征。对此胡旭晟教授说：

> "经""权"之道实为所有受规则支配的人类都必然面临的问题和必须掌握的技巧，各民族间的差别仅在于程度之不同。然而，在司法实践中，将"权"之一道运用得如此普遍而出神入化，那实在是中华民族独有的人生智慧；也正是依靠这种人生智慧，中国的司法先辈们才能够创造出那许许多多各尽其妙、皆大欢喜的人情化、艺术化判决。[3]

---

〔1〕 J. Escarra, *Le Droit Oiinois*, Vetch, Peiping, 1936, p. 3. 转引自〔英〕李约瑟：《中国科学技术史》卷二《科学思想史》，何兆武等译，科学出版社、上海古籍出版社1990年版，第554~555页。

〔2〕 〔美〕费正清：《美国与中国》，张理京译，世界知识出版社2002年版，第112页。

〔3〕 胡旭晟主编：《狱与讼：中国传统诉讼文化研究》，中国人民大学出版社2012年版，第23页。

第三章
传统中国能动司法的背景与场域

关于传统中国能动司法的背景与场域，主要涉及当时的诉讼案件分类，以及地方司法的主体、运行与适用规则。

第一节 "细事"与"重情"：传统中国对诉讼案件的固有分类

一、"细事"和"重情"（重案）司法的表达

传统中国的诉讼很早就有"狱"和"讼"的大致区分，《周礼》有"以两剂禁民狱""以两造听民讼"的内容，汉代郑玄注云，"狱谓相告以罪名者""讼谓以财货相告者"[1]。这里的"狱"相当于后来的"重情"案司法、现代的刑事诉讼，"讼"相当于后来的"细事"案司法、现代的民事诉讼。

到明清时期，诉讼除了"词讼"与"狱讼"的事实分别外，诉讼案件还有体现价值判断因素的不同表达，"词讼"案件称"小者""细事""细故"等，"狱讼"案件称"要者""重情""重案"等。例如明代条例《在外问刑衙门官员务要亲理词讼不许辄委里老人》中说："凡户婚、田土、军政、钱债、斗殴与夫官吏赃私等情，俱有文册中间照（登）〔证〕，不许辄行保勘。其有人命、劫夺等项谋逆重情，暧昧难明不得不勘者，责令分巡官亲临到彼勘实提问。"[2]清代地方官的此类表述更多，例如康熙时期的黄六鸿说，"夫狱讼之中，其要者又莫过于人命、盗贼、逃奸诸事，至于户婚、田土之属，

---

〔1〕《周礼·秋官·司寇》及郑玄注。
〔2〕 刘海年、杨一凡主编：《中国珍稀法律典籍集成》乙编（第5册），科学出版社1994年版，第518页。

犹其小者也"[1];"报升之后（州县官升迁离任时），其人命、盗逃重案，自应照常准理。其余雀角细事，以及户婚田土，或可片言剖决者即与剖决；或有牵连即批令乡地亲友从公处释"[2]。乾嘉时期的汪辉祖（1730—1807）说："夫人命、奸盗及棍徒肆横，原非常有之事。一切口角、争斗类皆户婚细故，两造非亲则故，非族则邻，情深累世，衅起一时，本无不解之第摘。"[3]晚清时期的方大湜（1821—1887）说，"户婚、田土、钱债及一切口角细故，乃民间常有之事"[4];"户婚、田土、钱债、偷窃等案，自衙门内视之，皆细故也；自百姓视之，则利害切己，故并不细"[5]。这里的"细事"官司亦即"词讼"，所谓"自理民词，枷杖以下一切户婚、田土、钱债、斗殴细故，名为词讼"[6]。

"细事"和"重情""重案"在明清时期都是法律术语。"细事"二字在《大清律例》（乾隆五年版）之"条例"中出现七次，从字面上看有两种意思：一是不重要的事情或案件。例如条例中规定，"细事止许行牌催提……其督抚于平常细事差役害民者，亦交部议处"[7];"若挟私搜求细事，及纠言不实者，抵罪"[8]。二是州县自理案件。例如条例中规定，"户婚、田土、钱债、斗殴、赌博等细事，即于事犯地方告理，不得于原告所在住之州、县呈告"[9];"每年自四月初一日至七月三十日，时正农忙……其一应户婚、田土等细事，一概不准受理；若农忙期内，受理细事者，该督抚指名题参"[10];"凡各省理事厅员……其一切田土、户婚、债负细事，赴本州、县呈控审理"[11]。"重情"或"重案"两词（下面统称"重情"）在《大清律例》（乾隆五年

---

[1]（清）黄六鸿：《福惠全书》卷十《刑名部一》"总论"。
[2]（清）黄六鸿：《福惠全书》卷三十二《升迁部》"简词讼"。
[3]（清）汪辉祖：《续佐治药言·批驳勿率易》。
[4]（清）方大湜：《平平言·为百姓省钱》。
[5]（清）方大湜：《平平言·勿忽细故》。
[6]（清）包世臣：《安吴四种》卷三二。
[7]《大清律例》第51条"信牌"附条例。
[8]《大清律例》第171条"上书陈言"。
[9]《大清律例》第332条"越诉"。
[10]《大清律例》第334条"告状不受理"。
[11]《大清律例》第341条"军民约会词讼"。

版）中分别出现五次〔1〕和七次〔2〕，主要指谋反、叛逆、盗贼、犯奸、人命、贪赃枉法等应处以徒流死刑的严重罪行或犯罪案件。

传统中国的"细事"，不是今天所言的民事，但大致相当于今日所言民事及民事案件，对此黄宗智先生说："清代对民法的整体看法被概括在它的'细事'范畴中。这是一个接近西方现代法律'民事'范畴的概念。"〔3〕

总的来看，传统中国的"细事"案，主要是民间社会纠纷案，在司法上是指州县可以自理的、只处笞杖刑的案件，主要包括两类：一是涉及户婚、田土、钱债的民事性案件，其中有关"婚姻""侵占田产坟山""债负""家产"之类的案件在清代又被称为"杂犯"〔4〕；二是涉及斗殴、赌博的治安案件或轻微刑事性案件。前者主要是自诉案件，后者主要是他告或官举的治安案件。这两类"细事"案在清代州县一般又可分别归入"钱谷"案件和"刑名"案件，在州县官审理之前，先分别由衙门中的"户房"和"刑房"处理。在晚清台湾新竹县，"凡借贷、田土、婚姻等案即移送钱谷幕友；窃盗、殴打、赌博等即移送刑名幕友审阅"〔5〕。18世纪乾隆中叶刑名专家王又槐试图对"钱谷"与"刑名"作概念和制度上的判别，他说："刑钱交涉事件，每多分晰不清，以致争竞。夫刑钱之分，须视其告者来意，为着何事。如意在争田房、索钱债、交易税契等类，内有一二语牵涉斗殴无伤、赌博无据，以及别项不法之事，并干连坟山争地者，皆归钱谷。若告斗殴、奸伪、坟山、争继、婚姻，及有关纲常名教一切重事，词内有钱债应追、田产不清等类，应归刑名。"〔6〕王又槐这里似乎并没有说清楚"钱谷"与"刑名"的区别，这几句话的大致意思只是说案件涉及多种纠纷的，依最主要的纠纷归类，财产纠纷属"钱谷"，涉及人身伤害或纲常名教的"重事"属"刑名"。

---

〔1〕　这五次分别见之于《大清律例》第108条"尊卑为婚"、第268条"白昼抢夺"、第278条"盗贼窝主"、第334条"告状不受理"、第420条"妇人犯罪"中的条例规定。

〔2〕　《大清律例》第1条"五刑"、第266条"强盗"、第341条"军民约会词讼"、第387条"应捕人追捕罪人"、第407条"原告人事不放回"、第411条"有司决囚等第"、第412条"检验尸伤不以实"。

〔3〕　[美]黄宗智："集权的简约治理——中国以准官员和纠纷解决为主的半正式基层行政"，载《开放时代》2008年第2期。

〔4〕　（清）黄六鸿：《福惠全书》卷二十《刑名部十》"杂犯"。

〔5〕　诸家编著：《新竹县志》，台湾大通书局1957年版，第307页。

〔6〕　（清）王又槐：《办案要略》，群众出版社1987年版，第70页。

二、"细事"与"重情"在司法中的不同

在司法运作中，"细事"案（细故）与"重情"案（重案）的处理是有所区别的。例如：

（一）在管辖上，"细事"案由州县自理，"重情"案则有审转要求

州县官审理"细事"案，可自行定谳。例如《大清律例》规定"州县自行审理一切户婚、田土等项"[1]，"户婚、田土及笞杖轻罪由州县官完结，例称自理"[2]。而对于"重情"案，《大清律例》第411条"有司决囚等第"规定："凡（有司于）狱囚（始而）鞫问明白，（继而）追勘完备；军流徒罪，各从府、州、县决配；至死罪者，在内法司定议，在外听督抚审录无冤，依律议拟，法司复勘定议，奏闻回报，委官处决。""审转"是传统中国的申报复审制度，下级审判机关对重案审判后无权最后定判执行，须转报上级审判机关予以复审。有学者指出："从清代中央对'重情'案件的集权和自理词讼的放权这一司法权架构特点中，（可）发现清代司法权的目的并非仅止于对案件事实的查明和是非的判定，而是通过司法权的行使，进而实现社会治理的终极目标。我们可以从这两种截然不同的态度中，品味到清代司法制度设计的独特韵味。"[3]

（二）在适用规则上，审理"细事"案比较灵活，审理"重情"案相对严格

针对"重情"案司法，中国历代法律都要求司法官"依状以鞫情，如法以决罚，据供以定案"[4]，否则要追究司法官的法律责任。例如秦律针对法官不严格审案的行为，规定了"不直"（故意重罪轻判或轻罪重判）、"纵囚"（故意有罪不判或减轻罪责）、"失刑"（过失造成量刑不当）等罪名；汉律规定法官"出罪为故纵，入罪为故不直"[5]。自《唐律》开始，历代法典都有"官司出入人罪""决罚不如法""断罪引律令""有司决囚等第""赦前断罪

---

〔1〕《大清律例》第334条"告状不受理"附例。

〔2〕（清）赵尔巽：《清史稿·刑法志》，中华书局2003年版，第3357页。

〔3〕参见逯子新、赵晓耕："清代处理疑案的逻辑与智慧"，载《检察日报》2018年5月15日，第3版。

〔4〕那思陆：《清代州县衙门审判制度》，中国政法大学出版社2006年版，第6页。

〔5〕程树德：《九朝律考》，中华书局2006年版，第98页。

不当""依告状鞫狱"等法条要求司法官据法断案,而且判案不得超出诉状所控范围。例如《大清律例》第 415 条"断罪引律令"规定:"凡断罪,皆须具引律例,违者,笞三十;⋯⋯若辄引致罪有出入者,以故失论。"第 406 条"依告状鞫狱"规定:"凡鞫狱,须依所告本状推问。若于状外别求他事,摭拾人罪者,以故入人罪论。"

(三)在司法程序上,"细事"案的审理相对简单,"重情"案的审理相对复杂

"重情"案审理不仅有审转,而且有会审。例如清代律典的秋审条款规定秋审涉疑的案件,需要经过会审后,最终奏请皇帝裁夺。古代律典对涉疑的"细事"案的处理方式并没有具体的规定,实践中州县官处理此类案件有着较大的自由裁量权。

三、对"细事"案和"重情"案司法的现代考量

对于上述"细事"与"重情"的分别,在今天看来,还应作以下进一步的理解和分析。

(一)官民对于"细事"有着不同的价值判断

传统中国官方对"细事"的价值判断,黄宗智先生有以下不易之论:

> 清代(官方)的认识是,有关土地、债务、继承和婚姻(以及老人赡养)的纠纷都是"细"微的、相对不重要的事情。这首先因为,在国家眼里这些事件的罪过远不如刑事案件来得严重,于是国家很少或者根本不加以惩罚。其次,比较不那么明显的一点是,国家认为这些事情最好由社会(社区、亲族)以妥协为主的纠纷调解机制而不是国家以依法断案为主的法庭来处理。[1]

"县案不过民间鸡虫得失"[2],所谓"细事"只是官方的看法,这种

---

〔1〕 [美]黄宗智:"集权的简约治理——中国以准官员和纠纷解决为主的半正式基层行政",载《开放时代》2008 年第 2 期。

〔2〕 中国社会科学院历史研究所宋辽金元史研究室点校:《名公书判清明集》,中华书局 1987 年版,第 632 页。

"细事"在当事人老百姓看来并不"细",这是下面我们要专门讨论的,小民们常用的"小事闹大"诉讼策略便知其要。咸丰年间湖北省襄阳府襄阳县知县方大湜说:"户婚、田土、钱债、偷窃等案,自衙门内视之,皆细故也。自百姓视之,则利害切己,故并不细。即是细故,而一州一县之中重案少、细故多,必待命盗重案而始经心,一年能有几起命盗耶?"[1]在官方看来,"细事"案件无非是一些箪食豆羹、鼠牙雀角之类的琐事,一般不会威胁人的生命安全,更不会引起社会动荡和国家危亡。美籍华人学者黄宗智指出:"按照清律成文法的解释,'细事'主要是社会本身而非国家所关心的事。与那些必须立刻处理、及时详细上报以便审核的重情大案不同,民事纠纷如果闯进了官方体系,它们只能在指定的日、月收受,并规定是由州县自己来处理。对清代这样一个主要关心行政和刑事事务的制度来说,民事诉讼被认定和解释为琐细的干扰,最理想的状态是这类诉讼根本不存在……只要有可能,他们(官府)确实乐于按照官方统治思想的要求采用庭外的社区和宗族调解。"[2]

(二)传统中国的"细事"与"重情"并无质的不同

在传统中国,"细事"与"重情"只有违法轻重不同的量的差异,并无质的不同,其行为都可能是"罪",惩罚都可以是"刑"。从根源上说,传统中国的法(国法)主要是用来制裁那些破坏人际和睦、社会和谐,尤其是"不遵圣贤教导和皇帝榜样"[3]的人的工具,不是近现代意义上规定权利义务的法律。古代的"法"不同于今天的"法",古代的"罪""刑"也不同于今天的"罪""刑"。传统中国没有部门法的概念,对于违法行为,只有危害大小、处罚轻重之别的思维,犯轻罪的打板子,犯重罪的"大刑伺候",所有

---

〔1〕(清)方大湜:《平平言·勿忽细故》。

〔2〕[美]黄宗智:《清代的法律、社会与文化:民法的表达与实践》,上海书店出版社2007年版,第9页。

〔3〕[美]费正清:《美国与中国》,张理京译,世界知识出版社2002年版,第109页。

的违法行为都是"罪"，不存在"罪与非罪"的区别问题，[1]在违法处罚上都可以是刑罚，"传统的'五刑'（所谓笞、杖、徒、流、死）辅之以各种特别处罚，构成一张刑罚等级网以与道德上的轻重判断相配合"[2]。明代海瑞《兴革条例》中的"刑属"，既有"人命""服毒"等重案，也有"均徭""保甲""词讼""翻案""止讼""疑狱""听讼"等非重案。[3]传统中国"以刑统罪"，只处轻刑（笞杖刑）的案件是"细事"案，应处重刑（徒流死刑）的是"重情"案。"细事"案和"重情"案同是对社会秩序的触犯，两者皆应受刑罚，差别只在受罚程度不同而已。中国台湾学者戴炎辉先生（1909—1992）说：

> 周礼（秋官"大司寇"）郑注："讼谓以财货相告者，狱谓相告以罪名者。"据此以观，讼是民案，狱乃刑案。后代亦有田土、户婚、钱货案与命盗案之分。惟不能截然分为民事诉讼与刑事诉讼，刑事的诉讼与民事的争讼，非诉讼标的本质上之差异，只不过其所具有之犯罪的色彩有浓淡之差而已。在诉讼程序上，民事与刑事并无"质的差异"，即其所依据的原则并无二致。[4]

正是因为这样，清末修律制订过渡性法典《大清现行刑律》，首先从《大清律例》中分出继承、分产、婚姻、田宅、钱债等民事内容的条款，不再科刑，初步实现民刑分离。总之，传统中国的"讼"与"狱"、"细事"与"重情"之别，与今天的民事案件、民事诉讼与刑事案件、刑事诉讼，可以类比但不能等同。

---

〔1〕　在古代，东西方对违法与犯罪之间均无明确的界限，二者只是对行为违法程度的划分，违法是轻微的犯罪，犯罪是严重的违法。近现代（西方近代罪刑法定主义确立以后）中西方对"犯罪"的理解和界定则有所不同。例如1810年的《法国刑法典》第1条规定："法律以违警刑所处罚之犯罪，称为违警罪；法律以惩治刑所处罚之犯罪，称为轻罪；法律以身体刑所处罚之犯罪，称为重罪。"而中国并没有这种"违警罪""轻罪"和"重罪"的分类规定。这里的"违警罪"相当于我们的违反治安管理的行为。清末修律引进西方法律概念和术语之后，中国摒弃细事与重案之别，代之以民事与刑事之分。

〔2〕　梁治平：《法意与人情》，中国法制出版社2004年版，第156~157页。

〔3〕　《海瑞集》卷二《条例》"兴革条例·刑属"。

〔4〕　戴炎辉：《中国法制史》，台湾三民书局1979年版，第137页。

（三）"细事"司法和"重情"司法都存在能动的情形

"律归一定，情有万端"[1]，"人之情伪万殊，而国家之科条有限"[2]，"人情之诡诈，伏匿而难于穷诘者，莫过于狱讼"[3]，这是传统中国人对法律（国法）和司法之功能的基本认识。基于此种情形，传统中国虽然不是凡司法皆能动，但能动司法是普遍存在的。传统中国司法没有、也不可能有严格意义上的"罪刑法定"，与今天（现代）的能动司法主要限于非刑事司法不同，传统中国的"细事"案司法和"重情"案司法，都存在能动司法的情形。现在很多与传统中国"能动司法"相关的研究成果，例如顾元教授的《衡平司法与中国传统法律秩序》（中国政法大学出版社 2006 年版）、刘军平博士的《中国传统诉讼之"情判"研究》（中国政法大学出版社 2011 年版）等，都是就传统中国民事性司法、刑事性司法中的"衡平""情判"等能动司法情形进行一体考察或研究的。当然，"细事"案和"重情"案审理中的能动司法是有区别的，例如就司法总体而言，"细事"案司法以能动司法为主、以"严格司法"为辅，"重情"案司法以"严格司法"为主、以能动司法为辅。就研究而言，"重情"司法的能动问题，可能问题意识更强，更有研究价值。

第二节　既行政又司法的州县衙门

本著重点考察清代"细事"案司法中的能动司法，这类司法主要发生在地方基层，所以这里主要介绍清代的地方司法机关，特别是清代州县司法机关。[4]

一、地方政务机构的设置

传统中国在不同的历史时期，地方政务机构的设置情况有所不同，帝制时期的地方衙署，秦朝至汉代中期主要实行郡、县二级体制，东汉末至南北

---

[1]　（清）全士潮、张道源等纂辑：《驳案汇编》，何勤华等点校，法律出版社2009年版，第67页。

[2]　（清）袁枚撰：《袁枚全集》卷十五《答金震方先生问律例说》。

[3]　（清）黄六鸿：《福惠全书》卷十《刑名部一》"总论"。

[4]　详见陈会林：《祥刑致和：长江流域的公堂与断案》，长江出版社2014年版，第11~12页、第20~34页。

朝主要实行州、郡、县三级体制，隋唐时期主要实行州（郡）、县二级体制，唐后期至宋代主要实行道（路）、州、县三级体制，元代主要实行省、路、州、县四级体制，明清时期主要实行省、府、县三级体制。[1]

清朝的地方政务机构分为三级：省、府（直隶州、直隶厅）、县（属州）[2]。省的长官为总督、巡抚[3]（清代的省督抚重置，总督、巡抚均为省的最高长官），合称督抚。总督和巡抚职责大致相同，而且总督和巡抚可以互兼。督抚之间没有上下级关系，都直接对皇帝负责。二者的区别仅在于：巡抚的权力范围是一省或限定省内某些地方，且不兼管军事；总督所辖地往往超过一省，兼管军事。府（直隶州、直隶厅）的长官为知府、（直隶州）知州、（直隶厅）同知等。县（属厅、属州）的长官为知县、知州（属州）。

二、行政与司法合一的州县衙门

清代中国的州县衙门号称"一人政府"或"全能衙门"[4]。帝制下的专制集权政体没有也不可能有"三权分立"之类的分权体制。在传统中国的国家权力结构体系中，中央的行政权与司法权并没有被严格区分。地方更是行政与司法不分，行政机关与司法机关合体，"全能衙门"的情形越往基层（州县）越明显、越严重。州县衙门既是行政机关又是司法机关，是集行政与司法于一体的政务机构；州县长官既是行政长官又是司法长官，"兵刑钱谷"全部掌管。

从机构设置来看，传统中国只有中央司法和地方最高一级（路或省）司法中，有中央"三法司"或地方省级"提刑按察司"之类相对专门的司法机关，将"重情"（狱）和"细事"（讼）案件分开审理。例如在中央，西周时

〔1〕 具体情况参见范忠信主编：《官与民：中国传统行政法制文化研究》，中国人民大学出版社2011年版，第170~176页。

〔2〕 清代在省、府（直隶州）之间设"道"，衙署称道台衙门，明确划定其分管数个府或直隶州，但这种"道"是省的派出机构，一般不视为一级政务机构。

〔3〕 明代行省的政务由布政司、按察司、都指挥司三司"分权"行使，但地方上的重大事件单独一个机构处理不了，而且"三司"各自为政，中央也不放心，所以皇上从永乐年间开始派出亲信以巡抚、总督等名义"巡行天下，安抚军民"，总督和巡抚合称"督抚"。督抚在明朝后期成为实际上的地方军政长官，在清朝成为正式的地方最高长官。

〔4〕 所谓"一人政府"的提法，参见瞿同祖：《清代地方政府》，法律出版社2003年版，第28页。所谓"全能衙门"的提法，参见贺卫方：《司法的理念与制度》，中国政法大学出版社1998年版，第244页。

期"狱"由司寇系统负责，"讼"主要由司徒系统（大司徒、小司徒、乡师、调人等）负责；隋唐以后，"重案"主要由"三法司"负责，"细事"（主要是上诉案件）主要由户部受理。在地方省一级政务机构中，明代提刑按察司（使）审理"重情"案，布政司（使）审理"细事"案（上诉案）。不过，清代的督抚总理全省民刑司法。

历代基层地方府州县衙门的职责则是集"兵刑钱谷"于一人之身。清代州县衙门一般只有知县（知州）、县丞（副县令）、主簿（分管财政）、典史（分官治安）四个有编制的朝廷"命官"，其中"知县掌一县管理，决讼断辟，劝农赈贫，讨猾除奸，兴养立教。凡贡士、读法、养老、祀神，靡所不综"[1]；"州县之官，无论地方繁简，均有刑名、钱谷、户婚、田土等事，待其分理"[2]。州县衙门兼有行政与司法功能，更准确地说，是司法被看作政务或大行政的一个环节，司法审判只是地方长官（政权）的诸多治理或政务职责之一，因此州县衙门没有专门的法官和单独的审判组织体系。在今天看来，这种司法与行政合一、审判与检察合一、公检法一体化的体制有些不可思议，但这在农耕文明、宗法帝制的当时是具有一定必然性与合理性的。

行政兼理司法，从本质上说就是行政权与司法权的合一，此时行政权天然的主动性与司法权天然的被动性重合，司法审判者均是掌握行政权之人，其审判难免会以行政方式进行，甚至整个诉讼程序都带有较强的行政化色彩。[3]但司法权和行政权这两种性质不同的权力需要协调运用的问题仍然存在，这种简约化治理模式，如果州县官在一定程度上能满足儒家的"圣贤"要求或类似柏拉图"哲学王"要求的前提条件，那么就可能产生很高的司法效率，否则就可能走向反面。对此晚清京畿道监察御史吴钫（1868—1928）有清醒的认识，他说：

> 臣观自古治乱之故有二，一则由于民财之穷尽，一则由于讼狱之不平……泰西各国百年以来，皆病行政官之专横，而改设法堂公判之制，由是民气渐靖，治化日隆。中国审判向由州县兼司，簿书填委，积弊丛

---

[1] 《清史稿·职官志三》。

[2] （清）田文镜：《钦颁州县事宜·听断》。

[3] 参见薛梦寒："中国传统法制中的能动司法"，载《山西省政法管理干部学院学报》2014年第1期。

生，非延搁多时，即喜怒任意，丁役视为利薮，乡保借为护符。往往一案未终而家产荡尽，一差甫出而全村骚然，遂致驱民入教，干涉横生，民教相仇，变起不测，匪徒乘机煽惑，酿为厉阶，是国家欲藉州县官以宣德达情，而州县官以滥用法权，反致民离众衅。推原其故，则以州县事繁，既须抚字催科，而又劳形诉讼，跋前踬后，两所无居，贤者竭蹶不遑，不肖者恣睢自逞。且审判一事须平日熟谙法律，而案情万变，悉待推求，行政官以日不暇给之躬，用之于非素习之事，必致授权幕友，假手书差，枉法滥刑，何所不至。又以层层节制，顾忌良多，未免曲徇人情，无独立不挠之志。[1]

如果说上述情形是传统"行政兼理司法"治理模式难以避免的、可能产生的副作用，那么到了近代，随着经济的日益工商化、社会宗法根基的松动以及对外开放的扩大，消除这些"副作用"就有了必要和可能，而且消除的办法要从源头上或根本上着手。对此，晚清政权已将根本解决办法纳入宪政方案，主要措施就是在"司法独立"思想指导下建立地方各级独立于行政机关的审判厅，吴钫说，"若使司法分立，则行政官得专意爱民之实政，而审判官惟以法律为范围，两事即分，百弊杜绝"[2]。至于司法如何从传统模式循序渐进地向现代模式过渡，当时也有人提出了颇有说服力的方案，例如两江总督张人骏（1846—1927）说：

司法独立为宪政要端，自不能不依限实行，但行法首重宜民，若于民情习惯不能相洽，必致滋生事端，求安反扰。中国郡县之制行已一二千年，乡民心目中只知州县衙门为其本管官衙，应行服从。若于州县之外别设法庭，乡民少见多怪，必致别生疑虑……惟有顺其习惯，使之不觉，自然默化于无形。窃谓各直省府厅州县地方审判厅，皆宜以原有州县衙门改设，而别给州县官以屋舍，乡民涉讼仍在州县衙门，必无不服。而州县官既已不理词讼，所居之屋亦不必定须官衙堂宇形式，既可以省

〔1〕《御史吴钫奏厘定外省官制请将行政司法严定区别折》，载故宫博物院明清档案部编：《清末筹备立宪档案史料》（下册），中华书局1979年版，第823页。

〔2〕《御史吴钫奏厘定外省官制请将行政司法严定区别折》，载故宫博物院明清档案部编：《清末筹备立宪档案史料》（下册），中华书局1979年版，第823页。

建筑之费，又足以服乡民之心，实为一举两得之法。[1]

这些改革思路或方案，应该说都是可行的，但其改革实践随着大清帝国的覆亡半途而废，到民国时期才逐步完成。

司法与行政合一、行政兼理司法、司法权附属于行政权，行政权的行使与司法权的行使可以相互保障，这一方面导致行政权主动性与司法权被动性之间的紧张关系消失，另一方面导致司法官的权力边界不清，这些都是能动司法的"潜在诱因"。

三、司法的级别管辖

传统中国没有部门法的概念，只是根据"以刑统罪"、处罚轻重的原则对案件进行分类[2]，隋唐以后司法的级别管辖主要根据五级"刑罚"分类作为权限划分的依据，对此梁治平教授说：

> 传统的"五刑"（所谓笞、杖、徒、流、死）辅之以各种特别处罚，构成一张刑罚等级网以与道德上的轻重判断相配合……与此相应，古代的裁判机构依刑罚的轻重（"五刑"）来划分它们对案件的管辖权限，并无所谓"事件的管辖"（即不依特定事件如民事、刑事、商事等为管辖）。[3]

在传统审判制度最为成熟的清代，《大清律例》对司法的级别管辖有所规定，例如第411条"有司决囚等第"规定，"军流徒罪，各从府、州、县决配；至死罪者，在内法司定议，在外听督抚审录无冤，依律议拟，法司复勘定议，奏闻回报，委官处决"；第334条"告状不受理"附"条例"规定，"州、县自行审理一切户婚、田土等项"。清代全国司法审理的级别分为六级：州（属州）县—州（直隶州）府—省按察司—都督—中央（刑部、大理寺、都察院）—皇上，其中地方五级管辖的情况大致如下：①州县有权审决笞杖

---

〔1〕《两江总督张人骏奏厘定外省官制宜以旧制为本量加损益折》，载故宫博物院明清档案部编：《清末筹备立宪档案史料》（上册），中华书局1979年版，第594页。

〔2〕诸如笞刑案件、杖刑案件、徒刑案件、流刑案件、死刑案件，前两者又被统称为"细事"案，后三者又被统称为"重情"案。

〔3〕梁治平：《法意与人情》，中国法制出版社2004年版，第156页。

刑案件，也就是能全权审理辖区内的田土、户婚、斗殴等民事纠纷和轻微刑案，认为可能判处徒流死刑的案件只可预审或初审后将案卷和案犯一起转呈解赴上级衙门审理。②府衙对县衙上报的徒流死刑案件进行复审，将判决意见上报省按察司（提刑按察使司），徒刑人犯留在本地，流死刑案人犯解赴省府。③省按察司对徒刑案件进行复核，对流死刑案件进行复审，若无异议便签署意见上报督抚，否则驳回重审。④督抚对徒刑案件可以审决，亦即批复省按察司复核无异议的徒刑案件并决定执行；对流刑案件要咨报刑部听候批复，亦即复核按察司上报的充军、流刑案件，如果没有异议，则上报刑部，听候批复，否则亲审或发回重审；对死刑案件则要亲自复审，将判决意见上报刑部。此外，还要亲审当事人不服县、府判决而上诉的重大疑难案件。⑤刑部核拟后送都察院审议，都察院签署意见转大理寺复核，大理寺副署意见后退回刑部办理题奏，奏报皇帝，并将题本副本咨送大理寺、都察院——死刑案件就这样在中央的"三法司"之间转一圈之后，最后"复奏"皇帝裁决。〔1〕

上述司法的级别管辖实际上又可分为两类：一是"细事"案（笞杖刑案件）由州县"自理"（审决），二是"重情"案（徒流死刑案件）的审理实行审转制度。本著主要考察前者，所谓"低级的司法（同时也是行政的）机构，依法可以自行处断依道德判断不算严重的罪行（如财产纠纷、打架斗殴等），对是否使用笞、杖等较轻刑罚有决定权"〔2〕。

第三节　州县衙门的司法断案

清代州县司法管辖的主要是"自理"（审结）"细事"（笞杖刑）案件，以及"重情"或"重案"（徒流死刑案件）审转中的第一审（初审）。"地方命盗重案非所常有，惟词讼源源相继，实民事之最繁最急者。"〔3〕这里主要介

---

〔1〕　详见郑秦："清代地方司法管辖制度考析"，载《西北政法学院学报》1987 年第 1 期；陈会林：《祥刑致和：长江流域的公堂与断案》，长江出版社 2014 年版，第 11～12 页。

〔2〕　此段引文均见梁治平：《法意与人情》，中国法制出版社 2004 年版，第 9～12 页。

〔3〕　（清）汪辉祖：《佐治药言·省事》。

绍前者的断案情况[1]。

一、主审官和审案场所

(一) 主审官

清代州县衙门一般有知县（知州）、县丞（副县令）、主簿（分管财政）、典史（分官治安）四个朝廷"命官"，知县或知州是所谓的"正印官"。清代法律规定州县衙门堂审的权力由正印官行使，禁止将案件交给佐杂官吏审理。《大清会典》中说："凡官非正印者，不得受民词；户婚田土之案，皆令正印官理焉；罪至徒者，则达于上司以听核；若命案、若盗案得报即通详。"[2]清代则例规定，"佐杂人员不许准理词讼，遇有控诉到案，即呈送印官"，"如印官将地方词讼批发佐杂办理者降三级调用"[3]。但事实上正印官如果因故不在岗，也可以委托典吏审理案件。

州县长官（正印官）主持堂审，对"细事"案件（民事性案件或轻微刑案）可以在审理后直接宣布裁决结果。[4]对于阅读案卷、准备案情摘要、起草官批文件或上呈报告，以及对州县官提供法律建议等工作，一般都由州县长官的私人秘书班子幕友或师爷负责完成。清代著名地方官谢金銮（1757—1814）说："州县首重刑名钱谷，然其实有不同者。有公式之刑名钱谷，有儒者之刑名钱谷。公式之刑名有章程可守，按法考律，不爽而已，此幕友可代者也；儒者之刑名，则准情酌理，辨别疑难，通乎法外之意，此不可责于幕友者也。"[5]刑名师爷分管诉讼、法律，钱谷师爷分管会计、钱粮，也有以师爷一人监管刑、钱事务的情形。

(二) 衙门三堂

明清时期州县衙门中的办公或司法场所主要是"三堂"和"六房"。"三

---

[1] 详见陈会林：《祥刑致和：长江流域的公堂与断案》，长江出版社2014年版，第11~12页、第20~34页。

[2] 《清会典》卷五十五，中华书局1991年版，第509页。

[3] 《钦定六部处分则例》卷四十七。

[4] 对于"重情"或重案（主要是命案），可以主持勘验（验尸、勘查），决定缉捕和审讯罪犯及嫌疑人、拟定刑罚等，但这只是初审，审理结果必须上报。

[5] （清）徐栋：《牧令书》卷四《用人》"谢金銮·居官至用"。

堂"即大堂、二堂、三堂，是真正意义上的"公堂"。"三堂"大都各有专名和功能，例如"大堂"有"亲民堂""牧爱堂"等名称，是知县审理大案、处理重大公务之所；"二堂"有"琴治堂""退思堂"等名称，是知县审理"细事"案（民事性案件）、预审"重情"案（刑案）和日常办公的场所；"三堂"又称"后堂""便堂"等，前檐大多置匾"清慎勤"（河南内乡县衙所见）、"勤慎堂"（山西平遥县衙所见）等，是知县接待上级官员、商议政事和办公起居之所，有些事涉机密的案件和不便公审的花案，亦在此审理。"六房"即吏房、户房、礼房、兵房、刑房、工房，依中央六部而设，是州县的职能部门，位于"大堂"的两侧或一侧。[1]在州县官审理"细事"案之前，有关户婚、田土、钱债的单纯民事纠纷案件，一般先由"户房"处理；有关斗殴、赌博等轻微的刑事性案件一般先由"刑房"处理。

州县官正式开庭审案（堂审）的地点主要在衙门的大堂、二堂，其中二堂最多。坐大堂的仪式太隆重，甚不方便。"听讼者往往乐居内衙，而不乐升大堂。盖内衙简略，可以起止自如，大堂则终日危坐，非正衣冠、尊瞻视不可，且不可以中局而止，形劳势苦，诸多未便。"[2]当时有些人主张所有听讼都应在大堂进行，例如汪辉祖说："不知内衙听讼，止能平两造之争，无以耸旁观之听；大堂则堂以下伫立而观者不下数百人，止判一事，而事之相类者，为是为非，皆可引申而旁达焉。未讼者可戒，已讼者可息。"[3]王凤生也认为："官之亲民凡于听讼必坐大堂……每于体察入微之际，两造真情毕露，俯首无词，堂下欢腾如出一口，真有上下情联官民一体之乐，欲得民心未有捷于此者。"[4]但断案是在大堂还是在二堂，往往由州县官根据案件的性质、内容以及个人喜好而定。一般来讲，坐大堂问案主要是审理极其严重的案件，但这种情况往往是比较少见的。

州县官审案的地点也不限于大堂和二堂，例如二堂东侧或西侧的花厅也常用来审案。一般来讲，大堂、二堂审案通常是公开进行的，而花厅断案则

---

〔1〕 有关清代州县衙门建制的详细情况，可参见陈会林：《祥刑致和：长江流域的公堂与断案》，长江出版社2014年版，第12~17页。

〔2〕 （清）汪辉祖：《学治臆说·亲民在听讼》。

〔3〕 （清）汪辉祖：《学治臆说·亲民在听讼》。

〔4〕 （清）王凤生：《亲民在勤》，载官箴书集成编纂委员会编：《官箴书集成》（第7册），黄山书社1997年版，第403页。

是不公开的，常常只有两种案子在花厅讯问，一是牵涉本县绅士或在乡官员案件，二是需秘密讯问的奸情案之类案件。[1]

二、案件处理的程序和方式

传统中国司法重实体轻程序，但基本的程序还是有的，特别是到帝制时代后期，司法活动的程序化程度有很大提高，例如清代许多钦案处理已经程序化，州县"起诉——受理——堂审——甘结——结案"的诉讼程式相对固定。关于清代州县官对案件的处理程序（民事审判、刑事审判程序基本一致），中国台湾学者那思陆教授说：

> 呈控通常须向州县衙门呈递状纸，州县官根据一定条款批词，决定准理或不准理。如予准理，案情轻微的，得签发传票，由差役传唤被告；案情重大的，得签发拘票，由差役拘提被告……州县官通常于大堂或二堂审理刑事案件。轻微刑案，多予调处和息。命盗等重大刑案，则必须审讯。审讯完毕，应予判决。笞杖罪案件，州县自理，州县官堂断之后，即可结案……执行时，以大竹板行刑，折责完毕，即可释放人犯。[2]

关于清代州县衙门处理"细事"案的总体过程，美籍华人学者黄宗智先生说，"先是官方的初步反应，接着是官方与民间的互动，最后是官方判决。中间阶段可长或短，短的只有数天，长的可达数月，乃至数年"[3]，黄先生这里说的案件审结时间与清代法律规定"州县自理户婚田土等项案件，定限二十日完结"[4]的要求很不一致，但很多实际情形可能就是如此。

从清代法律规定和诉讼档案载述（重点是"状式条例"）的情况来看，清代州县官处理"细事"案的方式和阶段，大致可以图示如下：

---

〔1〕 参见陈会林：《祥刑致和：长江流域的公堂与断案》，长江出版社 2014 年版，第 21~22 页。

〔2〕 那思陆：《清代州县衙门审判制度》，中国政法大学出版社 2006 年版，第 6~8 页。

〔3〕 〔美〕黄宗智：《清代的法律、社会与文化：民法的表达与实践》，上海书店出版社 2007 年版，第 92 页。

〔4〕 （清）文孚纂修：《钦定六部处分则例》，文海出版社 1999 年版，第 971 页。

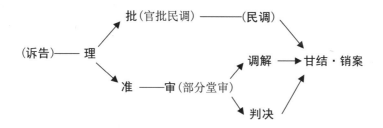

这些方式和阶段大致有四种，分述如下：

（一）"理"或"受理"，即接收状纸并"批发呈词"

《大清律例》第334条"告状不受理"规定，"斗殴、婚姻、田宅等事，（州县官）不受理者，各减犯人罪二等，并罪止杖八十"；又第333条"投匿名文书告人罪"规定，"凡投隐匿姓名文书告言人罪者，绞……官司受而为理者，杖一百"；第332条"越诉"规定，"凡军民词讼，皆须自下而上陈告，若越本管官司，辄赴上司称诉者，即实亦笞五十。须本管官司不受理，或受理而亏枉者，方赴上司陈告"。这里的"理"或"受理"是接收、理睬的意思，这里的"受理"不同于现在司法中的"受理"，现代司法中的"受理"是指人民法院经过对起诉的审查，认为符合法定条件的案件，予以立案并进行审理的诉讼行为。这里的"受理"主要是指接收状纸（受）并给出初步处理意见（理），即使是驳回（"不准"）或批示（包括"官批民调"）也都算"受理"，并不是说"受理"就必须审理或堂审。

州县衙门接收状纸（受）并给出初步处理意见（理）的程序，在清代称为"批发呈词"或"批发词讼"。"呈词"或"词讼"是指诉状，"批发"是指官府对诉状批示意见（批词）并挂发在衙门外的"批示牌"上，既是告知当事人，也是公示。"批词"中一般都写明"准告"（受理）或"不准告"（不受理）。这个程序具体来说，就是官府收到诉状后，首先对原告的诉状进行审查，例如审查是否合乎状式要求、证据是否充分，以及此案是否该自己管辖（亦即原告是否告错了地方）等，然后作出初步反应：准理还是不准理。作出的决定都要以"批词"的形式在诉状上表明并写明原因，若是不合状式要求，会写明不符合什么格式；若是证据不足，会写明"控情支离，又无账据，不准"之类；若是自己无权管辖，会写明"呈告衙门错误，请到专司呈告"之类。"批词"可短可长。官府在对诉状批示意见之后，会将结论性意见在衙门外的批示牌上予以公示。

"批发呈词"或"批发词讼"是司法官处理案件的第一步，也是极为重要的一步。乾隆年间做过30年刑名幕友的万维翰说："批发词讼，虽属自理，其实是第一件得民心事。不能洞见肺腑，无以折服其心。或持论偏枯，立脚不稳，每致上控，小事化为大事，自理皆成宪件矣。"[1]如果处理不当，就可能"小事化为大事"，导致纠纷扩大或恶化。汪辉祖（1730—1807）说："一词到官，不惟具状人盛气望准，凡讼师、差房无不乐于有事。一经批驳，群起而谋，抵其隙。批语稍未中肯，非增原告之冤，即壮被告之胆，图省事而转让事矣……一切口角、争斗类皆户婚细故，两造非亲则故，非族则邻，情深累世，衅起一时，本无不解之仇。第摘其词中要害，酌理准情，剀切谕导，使弱者意平，强者气沮……与其息于准理之后，费入差房，何如晓于具状之初，谊全姻睦。"[2]晚清曾是著名知县的樊增祥说："每一批出，能抉摘纰漏，动中窾要（要害），使无情者不得肆其诪张（欺诳诈惑），而冤结者先有伸理之望。未经讯鞫，而人心震动矣……父母之于子，情亲而无文，县令亲民如子，义当如是。"[3]

关于州县官接收诉状之后，如何批示初步处理意见，乾隆年间王又槐在《办案要略》中写有"批发呈词"专篇，值得一读，现将前面一部分迻录如下：

> 讼之起也，未必尽皆不法之事。乡愚器量褊浅，一草一木动辄争竞，彼此角胜，负气构怨。始而投知族邻、地保，尚冀排解。若辈果能善于调处，委曲劝导，则心平气和，可无讼矣。乃有调处不当，激而成讼者；亦有地保人等希图分肥，幸灾乐祸，唆使成讼者；又有两造不愿兴词，因旁人扛帮，误听谗言而讼者；更有平素刁健，专以斗讼为能，遇事生风者；或有捕风捉影，平空讦讼者；或有讹诈不遂，故寻衅端者；或因夙积嫌怨，借端泄忿者；或因孤弱可欺，以讼陷害者。此等情事，若不详细察核，一被蒙蔽，则纸上之黑烟一污，而床头之黄金半销，荒农废业，合室惊恐。生灵攸关，可不慎欤！

---

〔1〕（清）万维翰：《幕学举要·总论》。

〔2〕（清）汪辉祖：《续佐治药言·批驳勿率易》。

〔3〕（清）樊增祥：《樊山批判·自序》，载杨一凡、徐立志主编：《历史判例判牍》（第11册），中国社会科学出版社2005年版。

批发呈词，要能揣度人情物理，觉察奸刁诈伪，明大义、谙律例。笔简而该，文明而顺。方能语语中肯，事事适当，奸顽可以折服其心，讼师不敢尝试其伎。若滥准滥驳，左翻右复，非冤伸无路，即波累无辜，呈词日积而日多矣。

善听者，只能剖辨是非于讼成之后；善批者，可以解释诬妄于讼起之初。果其事势不得已，必须审断而始结，虽驱小民跋涉，亦难惜也。如其事真伪显然，不过纸上片言可以折断，而亦差传候讯，即情虚者受其责罚，而被告之资财已遭浪费矣。

事无情理无确据，或系不干己事，或仅口角负气等情，一批而不准，再渎而亦不准者，必须将不准缘由批驳透彻，指摘恰当，庶民心畏服，如梦方醒，可免上控。此等批词，不妨放开手笔，畅所欲言，但须字字有所著落，不可堆砌浮词也。果能批驳透彻，即有刁徒上控，上司一览批词，胸中了然，虽妆饰呼冤，亦不准矣。〔1〕

（二）"准"或"准理"，即受理，相当于现在司法中的受理

樊增祥说："大率讼牒之来，不外准驳两途。"〔2〕"准"即受理，有时表述为"候差提查讯"之类；"驳"即驳回，不受理，也表述为"不准""碍难准理"等。说明不受理的理由叫"批驳"。清代康雍时期的陈庆门似乎主张从严"准理"，他说："户婚田土，当视其情词虚实，不宜滥准。不准者，必指批其不准之故，毋使再来翻渎。不可粗心浮气，略观大意，亦不得混渎一语，批出了事。"〔3〕陈庆门是雍正元年（1723 年）进士，历任安徽庐江知县、亳州知府，四川达州知府，史载他"勤于听断，日决数十事"〔4〕，从常识来看，这里堂审的案件是不多的。

清代州县官对词讼"不准"的情况大致有两种：一是完全不理；二是理

〔1〕（清）王又槐：《办案要略》，群众出版社 1987 年版，第 69~70 页。这里所引文字，除第一段外，又见于乾隆年间为安徽抚署幕宾白如珍《论批呈词》，见（清）徐栋：《牧令书》卷十八《刑名中》"白如珍·论批呈词"。

〔2〕（清）樊增祥：《樊山批判·自序》，载《历史判例判牍》（第 11 册），中国社会科学出版社 2005 年版。

〔3〕（清）徐栋：《牧令书》卷十八《刑名中》"陈庆门·仕学一贯录"。

〔4〕《清史稿·循吏二·陈庆门传》。

而不审，即批回民间调处（官批民调）而不堂审。如果州县官认为案情轻微，或者涉及伦理等不需官方审判，就会批示民间予以调处。在"官批民调"的情形下，如果当事人均接受民间调处，那么官府会以"甘结"形式结案；如果当事人不服民间调处，那么官府就会用"批词"表明自己的态度：要么要求民间继续调处，要么改为官府审判裁决。如果不是或不能"官批民调"，那么诉讼就进入第三个阶段。

著名地方官袁守定（1705—1782）说："凡呈状（有）无不准、（有）无滥准。事有不可已者，屡控不准，势必忿然不平，归而寻衅转滋事矣。事有可已者，来控即准，迨后传齐质审，无大是非，徒滋扰矣。"[1]州县官处理案件是"准"的多，还是"不准"的多，似乎因人因地而异，例如黄岩诉讼档案所载78件案件有77件是驳回，而台湾地区"淡新档案"所载案件中很少"不准"（也有可能有些"不准"案件没有收录）。一旦"准理"，就要进入审理程序。

（三）"审"，即审理

如果准理，衙门就会与诉讼当事人以及可能的调处人接触，也可能会传唤当事人到衙门讲述案情、提供证据，然后进入审理阶段。

审理可能是堂审（例如在衙门"二堂"审理），也可能不是。堂审是正式的审理，知县会在查清案件事实的基础上，以"国法"为主，兼及"天理"和"人情"，对案件作出调解或判决。无论什么形式，州县官一般会以"判词"形式表明结果。清代的"细事"案件，官方堂审的比例有多大？雍正年间进士袁守定作了一个估计，他说："来讼者固有不得已之情，而亦有不能忍。苟能容忍，则十省七八矣。哀民者，果谆谆切切劝民，忍忿兴让，必有气平而已讼者。"[2]袁氏虽然没有明确言定，但我们很容易推知州县衙门要审理十之二三的告状。黄宗智对清代628件"细事"诉讼档案的研究表明，在庭外由民间调处成功的有258件，正式审判解决的只有210件，其他的档案纪录不完整。[3]黄宗智又根据清代巴县、宝坻、淡新的"细事"诉讼档

---

〔1〕 （清）徐栋：《牧令书》卷十七《刑名上》"袁守定·听讼"。

〔2〕 （清）徐栋：《牧令书》卷十七《刑名上》"袁守定·听讼"。

〔3〕 ［美］黄宗智：《清代的法律、社会与文化：民法的表达与实践》，上海书店出版社2007年版，第92页。

案，对三县诉讼情况统计的结论是：绝大多数诉讼都在正式开庭之前即中止，原因要么是当事人声称他们已自行解决（占 20%），要么是不了了之（占 42%），当事人坚持到最后法庭判决的案子只占 35%。[1]"细事"案经官方审理的只在三分之一左右，大部分都是不理或"官批民调"，这种情形被日本学者称为"在这个纠纷无处不在的社会里，司法的阳光不能充分照射到每个角落"[2]。

（四）"决"和"结"，即判决并审结、结案

清代州县的"细事"案司法，不管是"官批民调"还是州县官亲自审理，只要最后能决结，都要办理销案或结案手续，"官批民调"的办理销案手续，审理的办理结案手续。史载陈庆门"勤于听断，日决数十事"[3]（似乎有些夸张）。著名师爷和地方官汪辉祖主张"审案贵结"，他说：

> 两造讼牒，官为结断，脱然归去，可以各治其生。夸大之吏，好以示审之勤，饰为观美，往往审而不结，或系或保，宕延时日。讼者多费用之费，家人增悬望之忧，是虐民也。中有富家牵涉好事者，从而妄为揣度，谓官可赂营，则又重自玷矣。故不审不如不示期，不结不如不传审。[4]

在州县官批准销案或结案之前，当事人都要写立保证书，即"甘结状""遵依状"之类，表示悔过、和解、服从调判。[5]"甘结"也有一些其他名称，诸如结状、遵状、遵依、遵允、允服、遵结，等等。对于审理来说，这里的"甘结"即当事人按照堂判内容出具表示甘愿接受知县裁判的书面保证。与案件相关的当事人都须出具遵结。清律规定"词内干证，令与两造同具甘结"。[6]"甘结"环节是今天的司法诉讼所没有的。

---

〔1〕　参见［美］黄宗智：《清代的法律、社会与文化：民法的表达与实践》，上海书店出版社 2007 年版，第 155 页。

〔2〕　［日］小岛武司、伊藤真：《诉讼外纠纷的解决法》，丁婕译，中国政法大学出版社 2005 年版，第 152 页。

〔3〕　《清史稿·循吏二·陈庆门传》。

〔4〕　（清）汪辉祖：《学治臆说·审案贵结》。

〔5〕　有关这一阶段的具体情况，参见陈会林：《祥刑致和：长江流域的公堂与断案》，长江出版社 2014 年版，第 31~34 页。

〔6〕　《大清律例》第 336 条"诬告"。

三、审理中的调解和判决

清代州县衙门审理案件的程序并没有统一规定，"堂审"大致有点名、审问、结案等环节[1]，审理形式与今天一样，也主要有调解和判决两种形式。汪辉祖有"听断以法，调处以情；法则泾渭不可不分，情则是非不妨稍借"[2]的格言，意思是说，审理案件，既可以"听断"，也可以"调处"。"听断"即审判，"调处"即调解处理，调解包括"官批民调"和州县官调解。如果是"听断"，就要在弄清案件事实、辨明是非曲直的基础上依法判决；如果是"调处"，则可以相对灵活，依"情"处理。

（一）州县官调解

有学者认为传统中国地方官不调解纠纷案件，对于受理的案件要么批回民间调处，要么堂审判决。例如康熙年间著名地方官员黄六鸿在《福惠全书》中说："雀角细事，以及户婚田土，或可片言剖决者，即与剖决；或有牵连，即批令乡地亲友从公处释。"[3]美籍华人学者黄宗智说："如果讼案不能透过民间调解得到解决的话，（州县官）就必须作出明确的裁断。他们当中没有一个主张县官扮演调停而非裁判的角色……要求依照法律作出明确判决。"[4]日本学者高见泽磨说，传统中国"除了由州县等地方官衙进行审判外，官员受理诉讼（应该是接到诉状——引者注）之后，对当事人作出批示，让地缘、血缘、同业等组织来解决"[5]。

但事实上并不是这样。往远处说，史载南宋陆九渊在荆湖北路江陵府荆门军（相当于荆门县）任知军时："民有诉者，无早暮，皆得造于庭，复令其自持状以追，为立期，皆如约而至，即为酌情决之，而多所劝释。其有涉人伦者，使自毁其状，以厚风俗。唯不可训者，始置之法。"[6]在清代，袁守

---

[1] 具体情况可参见陈会林：《祥刑致和：长江流域的公堂与断案》，长江出版社 2014 年版，第 27~29 页。

[2] 张希清、王秀梅主编：《官典》（第 3 册），吉林人民出版社 1998 年版，第 889 页。

[3] （清）黄六鸿：《福惠全书》卷三十二《升迁部》"简词讼"。

[4] ［美］黄宗智：《清代的法律、社会和文化：民法的表达与实践》，上海书店出版社 2007 年版，第 167 页。

[5] ［日］高见泽磨：《现代中国的纠纷与法》，何勤华等译，法律出版社 2003 年版，第 14~15 页。

[6]《宋史·陆九渊传》。

定说："审词讼原有可以劝释之处。凡事关亲族，遽绳以法，则其情愈暌；事关绅士，遽直其事，则其色不解，而寻衅构难将未已矣。官为劝释，亦杜衅止讼之一道也。"[1]清代司法档案和判例判牍中有大量地方官调解"细事"案的实例，今人也有很多论著对清代"官府调解"进行专门考察和论述，例如范忠信等著的《情理法与中国人》[2]、胡旭晟主编的《狱与讼：中国传统诉讼文化研究》[3]等。下面举一个清代官府调解"细事"案的案例[4]：

清代乾隆年间，山东省曹州府单县乡绅张某与两个侄子"构讼六年"。起因是乡绅早年无子，先后收养次侄、三侄"为子"，无奈一个迂拙一个不肖，最后均让其归宗。两个侄子不愿回到原来的家，于是将乡绅告到官府，理由是法律规定："若养同宗之人为子，所养父母无子而舍去者，杖一百，发付所养父母收管。"（《大清律例》第78条）也就是说，养父母如果无子，是不能让养子归宗的。可就在打官司期间，乡绅的小妾生了两个儿子，而法律同时又规定，"若（养父母）有亲生子，及本生父母无子欲还者，听。"（《大清律例》第78条）也就是说，乡绅自己如果有了亲生儿子，是可以让养子归宗的。但两个侄子仍不甘心，又说这两个孩子"是他人儿"，再次"扛控于上"。两个侄子缠讼闹访不止，弄得满县风雨，影响极大。县衙处理不了，当事人上诉到府衙，知府潘相查明：张家是当地的名门望族，而且"绅与弟素友爱"，两家并无夙仇，"今乃如是，是可化也"。于是决定通过调解来"清理一切"。调解的地点不是选在衙门大堂而是当地的书院。调解的程序是先训斥双方不知礼律，告谕乡绅久为官吏"乃（仍）与侄讼，诸多违碍"，申斥侄辈"讼其伯，自讨死"；继而宣讲情理法，令其"听训法言巽语几千言"；再让双方各自反省，互相道歉，"侄痛哭认罪，呼伯求救；绅亦长跪，认教子侄不谨，且亦有不善处事过"，最后"三侄百叩伯前，具结悔过"，"哭声满

---

〔1〕（清）徐栋：《牧令书》卷十七《刑名上》"袁守定·听讼"。

〔2〕参见范忠信等：《情理法与中国人》，北京大学出版社2011年版，第228~230页。

〔3〕参见胡旭晟主编：《狱与讼：中国传统诉讼文化研究》，中国人民大学出版社2012年版，第554~555页、第886页。

〔4〕本案例重述参见陈会林："'三调联动'矛盾纠纷化解机制的传统渊源"，载《湖北警官学院学报》2017年第6期。

屋,观者如堵墙,皆感服"。[1]此案的处理虽有审理形式,但实际上是调解。[2]

州县官调处纠纷,有时是亲为调处,有时也派差役代为调处。一旦调处成功,当事人可以直接出具和息甘结状。这种调解是在官方强制下进行的,所以和息状只是形式而已。这种调解类似于现代的诉讼调解,但又与其不同,其最大的不同在于现代的诉讼调解是双方当事人基于自愿、平等协商而达成协议,而传统诉讼中的调解有时并非出于当事人的自愿,而是被迫、被强制的。虽然"和息"含有和解与息讼(撤回诉讼)之意,但不能对抗诉权,当事人如果不接受调解,可以就此再次提出诉讼,当然,是否受理全由作为司法官的州县官决定。

今天的中国司法要求"调解优先",其实传统中国的司法正是这样的。调解是传统中国纠纷解决方式的首选。"户婚田土案件每每经调处而和息。州县官得批令亲族、绅耆调处,或亲为调处。"[3]传统中国的调解主要有三种:民间自行调解、"官批民调"、官府(州县官)调解,后两者与司法有关。司法调解在中国源远流长,西周即有专门从事调解的官吏"调人",其后司法调解得到极大发展,以至于形成"调解优先"的司法传统。

(二)判决

判决是正式审理案件的处理方式。《明会典》中有关于堂审程式的记载:

> 先审原告,词因明白,然后放起原告,拘唤被告审问;如被告不服,则审干证人,如干证人供与原告同词,却问被告,如各执一词,则唤原被告干证人一同对问,观看颜色,察听情词,其词语抗厉颜色不动者,事即必真;若轻语支吾,则必理亏,略见真伪,然后用笞决勘;如不服,用杖决勘,仔细磨问,求其真情。[4]

从这里可知传统中国地方官在堂审时,通常首先让受审者充分陈述,然

---

[1] 陈重业主编:《折狱龟鉴补译注》,北京大学出版社2006年版,第98页。

[2] 参见刘军平:《中国传统诉讼之"情判"研究》,中国政法大学出版社2011年版,第276~277页。

[3] 那思陆:《清代州县衙门审判制度》,中国政法大学出版社2006年版,第216页。

[4] 《大明会典》卷一七七"问拟刑名"。

后由司法官对受审者诘问，必要时让受审双方对质，司法官从中仔细推究判断案情真相。如果受审者反复欺骗、拒不服罪的，可以依法进行拷打，刑讯逼供。[1]

州县长官（正印官）主持堂审，对"细事"案件，可以在审理后直接宣布裁决结果。清人记载："每案审断既毕，毋论事之大小，即于堂上将面谕之断语，朱书于点名单年月之内……然后令原差带两造人内堂照朱判各具遵结，照例粘连成卷钤印存案。"[2]

裁决结案主要有以下程序：拟写判决书、告知当事人、当事人认可（写出甘结书）、知县准许结案。[3]例如乾隆四十八年（1783 年）四川省宁远府冕宁县邓其绪控告陆镐私吞陆典钱文，经过审讯，知县裁决陆镐并没有私吞陆典钱文。之后三人各具甘结，表示对知县的判决悦服。原告邓其绪的甘结词是："邓其绪今于太老爷台前为甘结事。实结得蚁具控陆镐私吞陆典钱文一案，蒙恩审讯。陆典并未与伊合伙并未私帮钱文，蚁心悦服，日后再不敢诬捏滋事。中间不虚，甘结是实。"被告陆镐的甘结词是："陆镐今于太老爷台前为甘结事。实结得邓其绪具控蚁私吞陆典钱文一案，蒙恩审讯。陆典并未与蚁合伙亦未帮蚁钱文，中间不虚，甘结是实。"第三人陆典的甘结词是："陆典今于太老爷台前为甘结事。实结得邓其绪具控陆镐私吞钱文一案，蒙恩审讯。蚁并未与陆镐合伙，亦并未私帮钱文。中间不虚，甘结是实。"以上三份甘结，知县批词都是"结存"。[4]

第四节　"细事"司法适用之"法"

一、传统中国关于司法适用规则的认知

传统中国关于国家和社会治理所依据的规范，有很多表述，例如早期有

---

〔1〕　参见胡旭晟主编：《狱与讼：中国传统诉讼文化研究》，中国人民大学出版社 2012 年版，第 373 页。

〔2〕　（清）刘衡：《理讼十条》，载《官箴书集成》（第 7 册），黄山书社 1997 年版，第 389~390 页。

〔3〕　具体内容参见陈会林：《祥刑致和：长江流域的公堂与断案》，长江出版社 2014 年版，第 29~32 页。

〔4〕　《冕宁县清代档案》（乾隆四十八年）。

"礼以导其志，乐以和其声，政以一其行，刑以防其奸，礼乐刑政，其极一也"[1]；"明礼义以化之，起法正（政）以治之，重刑罚以禁之，使天下皆出于治，合于善也"[2]；"礼乐刑政，天下之大法也"[3]；"礼者禁于将然之前，而法者禁于已然之后"[4]等。这里"礼乐刑政"的松散组合大致相当于今天的"法律"或明清时期的"国法"。

传统中国将法视为"国家制定或认可的强制性规范"，大约始于春秋时期，当时的"法"主要是"礼""刑"和"政（令）"，随后不仅产生了"法""律"的概念和文本，法律与道德开始较为明确地分离，而且有李悝"改刑为法"、商鞅"改法为律"的"变法"实践。到明清时期，断案规则出现了"天理、国法、人情"的固有表达范式，虽然强调"三位一体"，但"国法"与其他规范被更加突出和清晰地区分开来。

清代河南省南阳府内乡县衙二堂前面仪门背后的匾额

---

〔1〕《礼记·乐记》。
〔2〕《荀子·性恶》。
〔3〕（宋）李觏：《直讲李先生文集·礼论一》。
〔4〕《大戴礼记·礼察》。

清代山西省太原府平遥县衙二堂前面仪门（宅门）背后的匾额

匾额为中华文化所特有的现象。在传统中国，从皇城国苑到徽州祠堂，甚至江湖郎中的坐堂之上，都高悬着玄而又玄的匾额。紫禁城内太和殿正中是乾隆御笔的"建极绥猷"匾额，各地府衙县衙大堂上无处不挂"明镜高悬"匾额，而在州县衙门大堂通向二堂的仪门背后上方，面北悬挂着一块匾额，上书"天理国法人情"六个大字，以昭示州县官们司法所适用的规则。"天理国法人情"六个字是先贤经验与智慧的精彩表达。

这里的"天理"，抽象来说，就是不证自明的公理，就是人类的普世价值，但在实际运用中具有多重意蕴，例如可以是正义法、自然法和社会法，可以是人性固有的纲常伦理，也可以是司法中的某些理念、原则以及值得同情的案情，等等。这里的"国法"主要是指国家制定或认可的、以成文法形式表现出来的强制性规范。这里的"人情"，外延甚广，可以是情感维度的人之常情、情面，可以是规则维度的事理、习俗、民情，也可以是事实维度的案情、情节，等等。[1]

"天理、国法、人情"的固有表述有非常深远的思想渊源。汉代董仲舒说："是故王者上谨于承天意，以顺命也；下务明教化民，以成性也；正法度

---

〔1〕关于"国法"的问题，下面专论。关于"天理""人情"及其与"国法"的关系，第六章有专论。

之宜，别上下之序，以防欲也；修此三者，而大本举矣。"〔1〕这里的"天意""明教化民""法度"就是后来的"天理""人情""国法"。宋明理学是"天理、国法、人情"表达模式的理论基础，著名理学研究学者徐公喜教授指出：宋明理学强调"人情"与"国法"的一致性，提出了情法两平、曲法用情而又非殉人情的基本原则，在天理、国法、人情的位阶排列上，虽然形式上是"天理—国法—人情"，但在逻辑或本质效力上是"天理—人情—国法"的模式。〔2〕"天理—国法—人情"的规范结构成为宋代以后传统中国立法和司法的基本框架和原则。

二、作为司法之"法"的"国法"

本书讨论的司法之"法"，或能动司法之"法"，主要是、也只能是"国法"。从一般意义上讲，这里的"国法"是国家制定或认可的强制性规范，不同于今天将宪法和行政法统称为"国家法"的那个"国家法"。在传统中国，"国法"主要有两种含义〔3〕：一是就中华法制文明的传统是成文法而言，"国法"是国家制定的、向全社会公布的成文法典，也就是"法学家所说的制定或成文法"〔4〕；二是法理意义上规范人们社会生活行为，具有客观性、公正性，须全体遵守施行的准则，所谓"轻重之不可踰者，国法也"〔5〕。本书讨论的能动司法之"法"主要是第一种意义上的"国法"，它是"严格司法"需要适用的法律规则，例如《唐律疏议》和《大清律例》都规定"断罪"皆须具引法典正文，"违者笞三十"〔6〕；这种"国法"同时也是能动司法的逻辑起点。

（一）"国法"的形式

在传统中国，"国法"的形式因朝代不同而有差异，总体上有律、礼、

---

〔1〕　《汉书·董仲舒传》。

〔2〕　徐公喜："宋明理学法顺人情论"，载《船山学刊》2014年第3期。

〔3〕　参见陈景良："礼法传统与中国现代法治"，载《孔学堂》2015年第4期。

〔4〕　范忠信等编：《中国文化与中国法系：陈顾远法律史论集》，中国政法大学出版社2005年版，第277页。

〔5〕　中国社会科学院历史研究所宋辽金元史研究室点校：《名公判清明集》，中华书局1987年版，第6~7页。

〔6〕　参见《唐律疏议》第484条"断罪不具引律令格式"，《大清律例》第415条"断罪引律令"。

例、令、格、式、典等，既有成文法也有判例法。梁治平教授说，传统中国的国法，"（应该）由'法典'扩大到'法制'乃至'法律秩序'。这样，我们要考虑的就不单是'律'，而且包括令、敕、比、例以及基层官司所作的判决等各类形式的法律"[1]。

1. 律典

"律典"即各朝代的基本法典，其中《法经》是已知的首部比较系统完整的封建成文法典[2]，《唐律疏议》是现在所能看到的第一部完整的基本法典，《大清律例》是中国封建社会最后一部基本法典。自战国的《法经》到清代的《大清现行刑律》，有一个清晰的传承统系，这个传承统系可以图示如下：

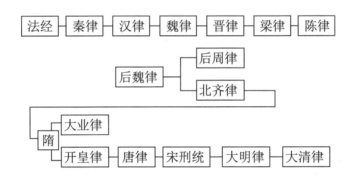

国法（基本法典）的传承关系（程树德、劳政武原制[3]，陈会林改制）

2. "国法"的其他形式

传统中国的"国法"除了律典之外，还有"礼""令""例""典""诰"等形式。例如"礼"有《周礼》《大唐开元礼》《朱子家礼》《大明集礼》《大清通礼》等；"令"如唐朝的《贞观令》《户令》《田令》《衣服令》，宋朝的《天圣令》，明朝的《大明令》；"例"如宋朝的《庆历断例》，明朝的《问刑条例》，清朝的《大清律例》中之"例"等；"典"如《唐六典》《元典章》《大明会典》《大清会典》等。明清时期还有大诰（如《明大诰》）、榜文

---

〔1〕　梁治平：《法意与人情》，中国法制出版社 2004 年版，第 154 页。

〔2〕　一说《法经》可能具有法学著作和法典两重性质。

〔3〕　见襟霞阁主编：《清代名吏判牍七种汇编》，老古文化事业股份有限公司 2000 年版，第 565 页。

（如《教民榜文》）、"通行"等特别形式。清代"通行"是"补律例之所未尽"的法律形式，即尚未被编入条例或则例、由各部院通令在全国范围内遵行的皇帝谕旨或议准臣工条奏的统称[1]，时有《刑部通行章程》等。关于"通行"与律例的关系，沈家本说：

> 律者，一成不易者也。例者，因时制宜者也。于律、例之外而有通行，又以补律、例之所未尽也。或紬绎例意，或申明定章，或因比附不能画一而折其衷，或因援引尚涉狐疑而申其议，或系酌量办理而有成式可循，或系暂时变通而非永著为例。更有经言官奏请，大吏条陈，因而酌改旧文，创立新例，尚未纂入条例者。[2]

这里要特别说明一下"礼"在传统中国能动司法中的角色或作用。学界有一种观点，认为传统中国司法中的"弃法（刑）从礼"是一种能动司法形式[3]，我们认为这种说法失之笼统，是不准确的。传统中国规范意义上的"礼"主要有两种存在形态：一是"国法"的组成部分，主要表现为基本法典的原则和其中的部分规则，以及基本法典之外的其他国法形式。"礼"作为基本法典的原则和规则，此即所谓"一准乎礼""礼刑合一"；"礼"作为国法的形式，汉魏以前主要是国法中与"刑"对应的礼（所谓"出礼入刑""明礼义以化之"），汉魏以后主要是国家以单行法规颁行的礼制，如《大唐开元礼》《大金集礼》《大明集礼》《大清通礼》等。二是部分民间习俗或民间法的表现形式，属于"情理"的一部分。在"一准乎礼"的唐律颁行以后，礼的要害内容几乎全部写入基本法典，但仍有大量礼制以单行法和民俗的形式存在。礼制化为民俗即为民俗形式的礼，这种礼在家法族规（家礼）[4]、

---

〔1〕 参见胡震："清代'通行'考论"，载《比较法研究》2010 年第 5 期。

〔2〕 （清）沈家本：《通行章程》，载《沈家本全集》（第 4 卷），中国政法大学出版社 2007 年版，第 742 页。

〔3〕 参见康建胜、卫霞："传统司法中的'能动'主义及其价值——以情理法为视角"，载《甘肃社会科学》2012 年第 2 期。

〔4〕 参见陈建华、王鹤鸣主编：《中国家谱资料选编·家规族约卷》（第 8、9 册），上海古籍出版社 2013 年版。

日用类书[1]，以及近现代的《中华全国风俗志》[2]、《民事习惯调查报告录》[3]等文献中有大量载述。在"礼"的上述两种表现方式中，司法中"弃法（刑）从礼"，适用第一种"礼"，不能算是能动司法，因为这种情况只是在"国法"内部各形式中舍此用彼。只有在国法有规定时而仍依第二种民间"礼"断案，才能算是能动司法，才属于"曲法通情"的能动司法情形。

（二）"律典"与国法其他形式的关系

"律典"作为历朝历代的基本法典或根本法典，与国法其他形式的关系，主要体现在三个方面：第一，从地位上来说，律典是国法的主干与核心，其他形式的国法是其辅助或补充。例如时人说，"令者所以教民也，法者所以督奸"[4]；"违（政令）者论罪如律"[5]；"以律不足以周事情，凡律所不载者一断以（编）敕，乃更其目（新修法律总目）曰敕、令、格、式，而律恒存乎敕（令格式）外"[6]；"凡断狱须本于律，律所不载，以敕令格式定之"[7]。第二，从内容上来说，"律典"主要规定罪名以及如何制裁、处罚，其他形式的国法则更多地规定行为模式，例如时人说，"律者，所以定分止争也；令者，所以令人知事也"。[8]"律以正刑定罪，令以设范立制，格以禁违止邪，式以轨物程事。"[9]第三，从立法方式来说，相对而言，律典是不可更改的[10]，而

---

[1]　参见中国社会科学院历史研究所文化室编：《明代通俗日用类书集刊》（第16册），西南师范大学出版社2011年版。

[2]　参见胡朴安编：《中华全国风俗志》，中州古籍出版社1990年版。

[3]　参见前南京国民政府司法行政部编：《民事习惯调查报告录》（上、下册），胡旭晟等点校，中国政法大学出版社2000年版。

[4]　《盐铁论·刑德》。

[5]　《明史·礼志九》；《大明会典》卷七十一"婚礼五·庶人纳妇"。

[6]　《宋史·刑法志一》。

[7]　《宋史·职官志三》。

[8]　《管子·七臣七主》。

[9]　《唐六典》六。

[10]　也不是绝对的，在"生法者，君也"的君主专制制度之下，君王是可以修改律典的。例如《唐律疏议》第263条"以毒药药人"原处流刑，显庆年间右屯卫将军杨思训被右卫大将军慕容宝节之妾以毒酒药死，唐高宗"制遣使就斩之，仍改《贼盗律》以毒药杀人之科更从重法"，即改处死刑，律疏也随之修改，今传《唐律疏议》此条疏文作"凡以毒药药人，谓以鸩毒、冶葛、乌头、附子之类堪以杀人者，将用药人及卖者知情，并合科绞"。详见王永兴："关于《唐律疏议》中三条律疏的修改"，载《文史》（第8辑），中华书局1980年版。

其他国法不仅可以修改，而且可以"与时俱进"，所谓"律为定法，义简而赅；例则与时变通，文繁赜而斟酌尽善"。[1]早年有法家主张"有敢削定法令、损益一字以上，罪死不赦"[2]，后来有《大明律》颁行以后，朱元璋"令子孙守之，群臣有稍议更改，即坐以变乱祖制之罪"[3]；而《大清律例》中的律文在乾隆五年（1740年）以后再未增删，但附例不断"续纂"，起初"三年一次编辑"，后为"五年一小修，十年一大修"。

三、"国法"中的民事性规范

学界有一种观点，认为传统中国没有民法，这种认识是不准确的。文明帝国不可能没有民法，传统中国是有"民法"的，只是相对于同期的西方或不同期的今天来说，传统中国的民法不发达，不存在部门法意义上的民法，而且"长得"与现在也不一样。

（一）传统中国的"民法"在哪里？

传统中国的"民法"在哪里呢？传统中国没有文本意义上的民法典，民事性规范较为分散，主要分布在两处：首先，有一部分在"国法"中，包括律典，例如清代《大清律例》以及《清会典》《户部则例》《钦定大清通礼》[4]等中的相关条款，其中《大清律例》中的民事性条款都是需要科刑的；其次，大部分在"情理"中，包括民间之"礼"、契约、习俗、惯例、伦理道德等形式的"非正式法"[5]。下面我们以清代为例，考察清代民事性规范的分布情况。

清代的"民法"主要分布在：①《大清律例》中需要科刑的民事条款；

---

[1]（清）周守赤：《新辑刑案汇编》"顾森书序"。

[2]《商君书·定分》。

[3]《明史·刑法志》。

[4] 乾隆二十一年（1755年）钦定，内容主要是"五礼"：吉礼，主要是各种祭祀之礼；嘉礼，涉及朝贺、登基、册封、婚嫁、乡饮酒等；军礼，涉及阅兵、亲征、献俘、日食救护等；宾礼，涉及朝贺、表谢、宾友相见等；凶礼，涉及大丧、品官丧、庶人丧等。这里的"通礼"不同于《大清律例》中违礼科刑的"礼律"，在今天看来主要是行政性的、民事性的法律内容。这种"礼典"历代均有，例如唐朝的《大唐开元礼》，宋朝的《政和五礼新仪》《朱子家礼》，金国的《大金集礼》，明朝的《大明集礼》。

[5]"社会生成法"是民间共同体制定或认可的民间法或习惯法，社会生成法首先是一种"既存规范"事实，一种不同于国家制定法但为公众普遍认同和遵从的行为准则和价值标准。

②《清会典》中的民事性规范内容，其户口、田赋、税则、兵饷、通例等目下存有大量民事法律规范；③《则例》中的民事性相关条款，这些《则例》有《户部则例》《礼部则例》《八旗则例》《蒙古则例》等；④政令、地方规章；⑤礼制、契约、乡俗习惯中的民事性规范。这里我们主要考察律典《大清律例》中的民事性条款[1]。

《大清律例》中的民事性规范主要有三种情况：

1. 律典"正条"中的民事性规范

《大清律例》中的民事性规范主要在《户律》中，主要有以下几条：第78条"立嫡子违法"中关于立嫡即确认首席继承人的顺序规定、关于收养同宗之人为嗣子的规定、关于拾养弃儿的规定；第95条"典卖田宅"中关于典卖田宅业主无力回赎而致超过期限时承典人可以适当取得超期利息或适当提高回赎价格的规定；第101条"男女婚姻"中关于男女订婚不得互相隐瞒残疾、年龄、庶出或过继、收养等个人情况，应据实通报，自愿立约的规定；第149条"违禁取利"中关于私人放债及开办典当业的最高利息率限额的规定；第151条"得遗失物"中关于拾得遗失物送官给赏及归还失主的规定、关于掘得埋藏无主之物即取得所有权的规定。

2. 律典"条例"中的民事性规范

《大清律例》之"例"中的民事性规范主要有两种情况：第一，民事性规范律条后面附带民事性"例"。例如第78条"立嫡子违法"后附六条例文几乎全部是民事性的，其中第一条例文是："无子者，许令同宗昭穆相当之侄承继，先尽同父周亲，次及大功、小功、缌麻。如俱无，方许择立远房及同姓为嗣。若立嗣之后却生子，其家产与原立子均分。"这条例文是关于择立养嗣子顺序及家产分割或继承的民事法。第101条"男女婚姻"后附四条例文全部是民事性的，均为关于主婚权、招赘女婿及禁止指腹为婚的民事性规定。第95条"典卖田宅"后附有多条纯民事性例文，其中第一条"条例"是："告争家财田产，但系五年之上，并虽未及五年，验有亲族写立分书，立定出卖文约是实者，断令照旧管业，不许重分再赎，告词立案不行。"第二，即使没有民事性规定文字的条文之后，有些条文也附有民事性例文。例如清律的

---

[1]　这里之所以表述为"民事性"条款，是因为这些律条规定本身并不是纯粹的民事法律规范，对此下面有专论。

第116条"出妻"条后附的两条例文，都是关于离婚和婚约的民事性规定；第88条"卑幼私擅用财"条后附有两条纯粹民事性的例文，规定了在诸子分家时家财的分割原则及户绝时出嫁女可继承遗产，等等。[1]

3. 律典"正条"中"刑事附带民事赔偿"的民事性责任内容

在传统中国，在今天看来，不同性质的社会规范往往混而不分，民事法与刑事法尚未完全分化，法律规定的法律责任形式主要是"刑"，但其中也有刑事手段之外的其他法律制裁手段存在，类似"刑事附带民事赔偿"形式的民事性责任便是其中之一[2]。例如在《大清律例》中有：①规定直接将犯人财产"断付"给受害人。例如《大清律例》第287条"杀一家三人"规定，"凡杀一家非死罪三人，及支解人者，凌迟处死，财产断付死者之家"；第302条"斗殴"规定，"瞎人两目，折人两肢，损人二事以上，及因旧患令至笃疾，若断人舌，及毁败人阴阳者，并杖一百、流三千里。仍将犯人财产一半，断付被伤笃疾之人养赡"。②规定赔偿受害人或受害人损失。例如《大清律例》第233条"宰杀马牛"规定："若故杀他人马、牛者，杖七十、徒一年半；驼、骡、驴，杖一百。若计赃重于本罪者，准盗论（追价给主）……若伤而不死，不堪乘用，及杀猪、羊等畜者，计减价，亦准盗论，各追赔所减价钱……若官私畜产毁食官、私之物，因而杀伤者，各减故杀伤三等，追赔所减价……畜主赔偿所毁食之物。"这里的"追价给主""追赔""赔偿"都是民事责任形式。第234条"畜产咬踢人"规定："若故放犬令杀伤他人畜产者，各笞四十，追赔所减价钱（给主）。"这里的"追赔"属民事责任形式。第296条"车马杀伤人"规定："凡无故于街市镇店驰骤车马，因而伤人者，减凡斗伤一等；致死者，杖一百、流三千里……并追埋葬银一十两。"[3]这里"并追"的"埋葬银"（元朝称"烧埋银"）是赔付受害人及死者家属的赔偿金。上述这些处罚都相当于今天的侵权损害赔偿。不过，这些赔偿都是加害

---

〔1〕 参见范忠信、陈景良主编：《中国法制史》，北京大学出版社2010年版，第361~366页。

〔2〕 今天的民法是调整平等主体之间人身关系和财产关系的法律规范，民事主体承担责任的形式主要有停止侵害、排除妨碍、消除危险、返还财产、恢复原状、赔偿损失、支付违约金、消除影响、恢复名誉、赔礼道歉等非刑罚方式。传统中国的律典中也有类似的责任或处罚形式。

〔3〕 此条在《唐律疏议》中为第392条"城内街巷走车马"，规定马因惊骇，不可禁止（力不能制），而于城内街巷"杀伤人者，减过失（杀伤人罪）二等，听赎。其（赎）铜各入被杀伤之家"。这里"各入被杀伤之家"的赎铜，也就是赔付受害人及死者家属的赔偿金。

人在承担相应"刑罚"外的附带责任，相当于"重情"案中的"刑事附带民事赔偿"。

顺便说一下，在传统中国律典中的非刑罚责任形式中，还有类似"附加刑"的行政责任形式存在。今天的行政法是调整行政主体在行使国家行政权力过程中所发生的各种社会关系的法律规范，其对行政人员的行政处分有警告、记过、记大过、降级、撤职和开除等。传统中国律典中也规定有"罚俸""降级""革职""免官""除名"等处罚，例如《大清律例》第8条"文武官犯私罪"规定："凡内外大小文武官犯私罪，该笞者，一十，罚俸两个月；二十，罚俸三个月；三十、四十、五十，各递加三月。该杖者，六十，降一级；七十，降二级；八十，降三级；九十，降四级，俱调用；一百，革职离任。"第344条"官吏受财"规定："凡官吏受财者，计赃科断……官追夺除名，吏罢役，俱不叙用。"这里的"罚俸""降级""革职""除名"都相当于行政性处罚，但它们都只是"刑"罚的附加处罚或减免优待之外的配套处罚。

(二) 传统中国律典不存在"民法"与"刑法"合体的问题

关于传统中国律典的规范构成或内容结构，过去通说认为"诸法合体，民刑不分"或"诸法合体，民刑有分"，严格来说，这里说"诸法合体"是一个误判。

传统中国根本就没有部门法意义上的"诸法"，因而不存在"诸法合体"的问题。费正清在《东亚：伟大的传统》中说："中国很少、甚至没有发展出民法保护公民；法律大部分是行政性的和刑事的，是民众避之犹恐不及的东西。"[1]在当时的立法者看来，制定法典就是制定囊括国家一切事务、一切生活的综合大法，没有什么部门法之说。国家的其他特别法规，都不过是对律典的补充。律典和其他法律形式或特别法规之间的关系，不能等同于今天的宪法与各部门法的关系。

关于传统中国律典不存在"民法"与"刑法"合体的问题，梁治平先生曾有《诸法合体》的专论[2]，这里列述其中的三点精要内容如下：

---

〔1〕 John King Fairbanks, *East Asia：The Great Tradition*, Boston：Houghton Mifflin, 1960, p. 84.
〔2〕 参见梁治平：《法意与人情》，中国法制出版社2004年版，第151~158页。

第一，历代律典原本不存在"分"与"合"的问题。

古人立法全不顾现代的分类标准，管他刑事、民事，程序、实体，宗教、世俗，都在同一部法典里予以规定……唐以后历代的法典，无一不是兼采民、刑，且于实体法和程序法不加区别的……19世纪初，当欧西诸国分门别类地制定其宪法、民法、刑法、商法和诉讼法的时候，我国法制仍袭古制，称律、令、格、式、敕、比、例等，不但没有相应的分类理论和实践，而且全无推陈出新的内在要求。[1]

第二，律典中的所谓民事性条款，只是涉及民事关系，且这些调整负"刑"事责任。

所谓"民"指的究竟是依现代观念得归入"民事"的那些社会关系，抑或是按现今分类标准可以算作"民事法律规范"的法律本身？这两者，一个是客观的社会实在，一个是主观的符号体系，不可不分别清楚……由汉至唐，户婚乃至钱债田土等涉及民事的内容渐次摭取入律，这种格局延至明清而无大变……（而且）民事中的违例几乎都生刑法上的效果，即如婚姻和收养违制，买卖中货物的"行滥短狭"以及负债不偿等，都要负刑事的责任。[2]

第三，历代律典的上述情况与真正属于"诸法合体，民刑不分"的罗马《十二铜表法》（公元前5世纪）和古代巴比伦《汉谟拉比法典》（公元前18世纪）不同[3]。

欧西法制以罗马法为其渊源，罗马法中尤以"私法"（现今所谓民法即其主体）为发达。至我国则不然。户律固然始于西汉，但是将户婚、

---

〔1〕 梁治平：《法意与人情》，中国法制出版社2004年版，第151~152页。

〔2〕 梁治平：《法意与人情》，中国法制出版社2004年版，第153~154页。

〔3〕 在这些法典里面，不但保存大量我们名之为民事法律关系的内容，如婚姻、继承、收养、遗嘱、所有、占有以及买卖、借贷、租赁、合伙、委任、代理等各类契约，而且相应的规定可以被视为真正的民事法律条款。换句话说，在这方面的违法行为，未被视同犯罪，不致招来社会的惩罚，它带来当事人双方权利义务关系的变化，却不生刑法上的效果。参见梁治平：《法意与人情》，中国法制出版社2004年版，第153页。

田土、钱债等事项摭取入律，却是唐贞观以后的事情……即便以明清法律与罗马私法相比较，二者有关民事的法律规定在内容的完备程度和法理的研究深度诸方面，也完全不可同日而语。[1]

（三）传统中国律典中"民法"的特征

传统中国的民事性规范有自己的特点，例如，其数量和形态表现出相对不发达，其调整财产关系和人身关系但没有平等理念或原则（主体之间不是完全平等的关系），等等。总之，不仅量少不系统，而且还不是真正的"民法"。

1. 从"量"的方面来说，律典中涉及民事的内容甚少，构不成体系

范忠信教授说："华夏文明史上的许多创造，是整个人类文明史的奇迹。在一个人口居世界首位的国度里，仅以相对简约的律条规范着千百年间丰富复杂的社会生活。"[2]这其中的一个重要表现便是没有文本意义上的民法典，而且律典中的民事性规范很少。传统中国的民事性规范量少而分散，不成体系，不成部门。在明清时期，律典中的民事性规范，主要出自《户律》"立嫡子违法""典卖田宅""男女婚姻""违禁取利""得遗失物"等数条。用近代民法的眼光来看，这些仅仅属于婚姻家庭法、继承法、收养法、债法、物权法中的个别条款，不仅只是民事性法律规范中的极小一部分，而且是零散的，互相之间没有什么关联，根本不构成民事法律规范体系。与近代民法庞大的规范体系比起来，这几条的确是九牛一毫。对此范忠信教授又指出：

在明清律典中，几乎看不到民事主体法（特别是关于民事权利能力和行为能力的法律），几乎看不到民事行为法（特别是关于法律行为的有效要件及代理的法律），几乎看不到民事程序法（特别是关于物权的取得及权利受到侵犯时的救济的程序和时效法）。即使就已经涉及的婚姻家庭法、继承法、收养法、债法、物权法而言，也仅仅是"涉及"而已，即每一种法中仅仅有一个或两个具体规范条文，于这些法律中应有的广阔的内容却均付阙如。以婚姻家庭法为例，明清律仅仅规定了……关于订

---

[1] 梁治平：《法意与人情》，中国法制出版社 2004 年版，第 152 页。

[2] 范忠信等：《情理法与中国人》，北京大学出版社 2011 年版，第 1 页。

立婚约时的据实通报、自愿立约的义务的规定；对于其他许多重要的问题，如婚姻成立要件、结婚程序、离婚要件和程序、夫妻财产权、夫妻相互权利和义务、亲子关系等都没有任何正式规定……再以继承法为例，明清律典中仅有……两条关于立嫡即确立法律上的"长子"的规定；对于其他许多重要的问题如继承人资格范围、继承权的丧失、继承顺序、代位继承、遗嘱继承等，都没有任何正式规定。[1]

2. 从"质"的方面来说，传统中国律典中的"民法"并不完全是今天的民法

传统中国律典中的民事性规范，并非今天的民事法律规范。这主要表现在以下几个方面：①传统律典中"田宅""婚姻""钱债"等"门"中的律条规定，一般来说只是法律允许"民"如何（民事行为）的事实，并非民事规范本身，更不是今天民法意义上的规范。[2]②传统律典中的民事性规范调整的主体关系不是平等的，而且都科以刑罚。今天的民法是调整平等主体之间人身关系和财产关系的法律规范，民事主体承担责任的形式主要是停止侵害、排除妨碍、消除危险、返还财产、恢复原状、赔偿损失、支付违约金、消除影响、恢复名誉、赔礼道歉等非刑罚方式，而传统中国律典中没有公法与私法的分别，所有违法行为都是"罪"，其笞杖等责任形式在今天看来都是刑罚。③传统律典中有民事性规范但并非独立的条文。从位置或形态上看，它们都是附在刑法条文之中，在整个条文中仅仅起必要的正面说明或补充作用。

上述特质印证了日本学者滋贺秀三的观点："在欧洲，主要是以私法作为法的基底和根干；在中国，虽然拥有从古代就相当发达的文明的漫长历史，却始终没有从自己的传统中生长出私法的体系来。"[3]

（四）传统中国民法的形态是历史决定的

传统中国"国法"中刑法相对发达、民法更加纤弱的特点是由历史条件

---

[1] 参见范忠信、陈景良主编：《中国法制史》，北京大学出版社 2010 年版，第 361~366 页。

[2] 参见梁治平："'事律'与'民法'之间——中国'民法史'研究再思考"，载《政法论坛》2017 年第 6 期。

[3] 参见［日］滋贺秀三："中国法文化的考察——以诉讼的形态为素材"，载《比较法研究》1988 年第 3 期。

决定的，具有某种必然性，并非"落后"的表现。

中国传统社会是一个相对封闭的农耕、宗法社会。男耕女织、自给自足，基本上不依赖商业的生产生活方式决定了传统中国难以生长出以调整商品生产和商品交换关系为主要目标的发达的"私法"[1]；在宗法组织形态下，维护社会安定的首要任务是严惩"不肖子孙"，严惩"乱臣贼子"，严惩"犯上作乱"之徒，严惩一切敢于向宗法的尊卑贵贱秩序挑战的言论和行为，于是刑事法特别发达。[2]

正是在上述意义上，清末修律中大理院正卿张仁黼1907年6月奏请制订民法："中国法律，惟刑法一种，而户婚、田土事项，亦列入刑法之中，是法律既不完备，而刑法与民法不分，尤为外人所指摘……民法为刑措之原，小民争端多起于轻微细故，于此而得其平，则争端可息，不致酿为刑事。"[3]传统中国民事法律结构性阙如的情况在清末修律时才开始发生变化。[4]

关于传统中国法制，梁治平先生有一段精妙的综合评述，我们掠美迻录如下，作为本章的总结：

> （中国）古代法既然以礼为最后的依据，自然不乏评判事物的统一标准，由此标准出发，按照道德上的重要性评定行为，设立罪名，使与分为五等的刑罚等级（即答、杖、徒、流、死）相配合，这样便造就了一张疏密有致、条理井然的道德法网（所谓"出于礼则入于刑"）。为使这理想的法律能够奏效，统治者又依刑罚的轻重来确定司法上管辖权限的等级，具体地说，低级的司法（同时也是行政的）机构，依法可以自

---

〔1〕　参见胡旭晟主编：《狱与讼：中国传统诉讼文化研究》，中国人民大学出版社2012年版，第37页。

〔2〕　范忠信等：《情理法与中国人》，北京大学出版社2011年版，第8页。

〔3〕　故宫博物院明清档案部编：《清末筹备立宪档案史料》（下册），中华书局1979年版，第835~836页。

〔4〕　1910年5月颁行的、代替《大清律例》的过渡性法典《大清现行刑律》中，分出旧律中的继承、分产、婚姻、田宅、钱债等纯属民事内容的条款，民事内容条款不再科刑，初步实行了民、刑法的分离。1906年12月颁行的《大理院审判编制法》规定：大理院及所属法院分设刑庭、民庭，分别审判刑事、民事案件。1909年颁行的《各级审判厅试办章程》（原拟定名称《暂行诉讼法》）规定：凡审判案件分别刑事民事二项，凡因诉讼而审定罪之有无者属刑事性案件，凡因诉讼而审定理之曲直者属民事性案件，正式对民刑案件作法律上界定与区分，结束以往中央审判衙门以审判重大刑事性案件为主，地方审判衙门刑、民审判不分的历史，表明中国司法制度开始走向近代化。

行处断依道德判断不算严重的罪行（如财产纠纷、打架斗殴等），对是否使用答、杖等较轻刑罚有决定权。重刑以及与重刑相应的较为严重的罪行（亦即道德上认为重要者），归高级的司法机构掌管，死刑的审核要直接上达皇帝。与此相应，轻罪的处断，程序简单，比较地具有随意性，重刑的运用手续繁冗，引据律文也较严格。[1]

---

〔1〕 梁治平：《法意与人情》，中国法制出版社 2004 年版，第 11~12 页。

第四章

传统中国的"小事闹大"诉告及司法应对

以"小事闹大"为诉告策略,是古今中外普遍存在的社会现象。"牵连人众,增轻作重,指十为百。惟欲耸动听信,不顾论诬坐罪"[1];"或因口角而捏为惨杀;或以闻殴而妄控屠抄;田产交关必曰豪侵势霸;坟茔相近动称掘冢抛骸;告人命则以投缳溺水者诬为打死谋杀;赖婚姻则以明媒礼娶者指为奸占强夺,甚至讼棍扛唆借词挟诈种种恶习难以枚举",乃至"有老幼男妇拦舆泣诉者,其迫切之状似有冤抑之情,而接阅呈词,尽系户婚细事"[2],这些都是传统中国"小事闹大"诉告的百态万象。这里所谓"小事闹大"诉告,是指纠纷当事人试图通过把纠纷闹大以便最后的解决有利于自己的一种诉告策略,主要表现为将小纠纷弄成大纠纷、将民事性案件酿成刑事性案件、将个人案件弄成群体案件、将地方性纠纷弄成全国性案件,将已了结的纠纷重新挑起等。传统"小事闹大"诉告策略及其司法应对的话题,在中国可能因 2004 年徐忠明教授发表的《小事闹大与大事化小:解读一份清代民事调解的法庭记录》[3]一文而成为正式的学术话语。

当事人的"小事闹大"诉告策略触及社会秩序的核心,司法如何有效应对,既是对司法者个人智慧的考验,也是对国家化解纠纷能力的检视。能动司法是应对"小事闹大"诉告策略的基本的、主要的司法策略,这种应对几

[1]《在外问刑衙门官员务要亲理词讼不许辄委里老人等保勘例》,《皇明条法事类纂》卷三八,载刘海年、杨一凡主编:《中国珍稀法律典籍集成》乙编(第 5 册),科学出版社 1994 年版,第 519 页。

[2]《雍正十二年驯服都察院下发宁远府冕宁县告示》,载《冕宁县清代档案·雍正十二年(1734)》,冕宁县档案局,轴号 3,卷号 26-21。

[3] 徐忠明:"小事闹大与大事化小:解读一份清代民事调解的法庭记录",载《法制与社会发展》2004 年第 6 期。

乎要用上所有可能的能动方式。司法应对"小事闹大"诉告策略，是考察或研究传统中国能动司法的一个很好的切入点。本章首先考察传统中国"小事闹大"的诉告策略，然后梳理司法应对方式并引出传统中国的能动司法。

第一节 传统中国"小事闹大"的诉告策略

传统中国"小事闹大"诉告策略的具体形式，学界多有涉猎，例如徐忠明教授认为主要有谎状、缠讼、自杀、械斗等[1]，范忠信教授认为有自力报复、制造舆论挑起道德审判、决斗等[2]，李艳君博士认为有夸大案情、缠讼、抗不赴讯等[3]。这些研究洞幽察微，开山辟径，都有见地，但囿于不是专门而系统的考察，难免支离而不全面，乃至有些论述略显空泛。我们通过对清代司法文书和诉讼档案的系统梳理，总结出传统中国"小事闹大"诉告形式至少有十种：诬告（谎状）、夸大案情、越诉、上控、聚众控告、缠讼、自残自杀、械斗、假冒功名、装神弄鬼，以及多种形式并用的复合方式等[4]。

一、诬告

诬告即虚构案件事实，无事生非，凭空而讼。诬告属于广义"小事闹大"的内容，是"谎状"（告状不实）的一种。在传统中国，诬告的情形常以"捏控""妄告""造情诬制""砌词枉指""捏词肇讼"等字眼出现在诉讼档案中。诬告是诉告策略中最为常见的"小事闹大"方式，正所谓"无谎不成状""无赖不成词"。例如，四川省宁远府冕宁县原告的姐姐因病身故，在为其姐办理丧事时，因争棺木与被告发生口角，为了能在诉讼中重惩对方，原告干脆以"替嫌害命"控告到县，说其姐是由被告害死的。[5]清末江苏省松江府上海县的"杨月楼案"，是世人熟悉的"小事闹大"诬告案之一。同治十一年（1872年），23岁的京剧名角杨月楼在上海金桂园演出，倾倒沪上男女，17岁的女子韦阿宝对杨月楼心生爱意，自行修书"细述思慕意，欲订嫁

---

〔1〕 徐忠明："明清诉讼：官方的态度与民间的策略"，载《社会科学论坛》2004年第10期。

〔2〕 范忠信："健全的纠纷解决机制决定和谐社会"，载《北方法学》2007年第2期。

〔3〕 李艳君："清代民事诉讼中当事人的诉讼策略"，载《大理学院学报》2009年第3期。

〔4〕 参见陈会林："'小事闹大'诉告策略的传统形式"，载汪世荣等编：《中国边疆法律治理的历史经验》（下册），法律出版社2014年版。

〔5〕 《冕宁县清代档案》，轴号16，卷号201-143。

婚约"并托人转交杨月楼。韦母顺遂女意，"令延媒妁以求婚"，杨月楼见阿宝痴情，韦家人大义，便应允"倩媒妁，具婚书"。这桩姻缘本属女从母命，明媒正娶。但韦父长期在外做生意，经年不归，其在上海的胞弟韦天亮（即韦阿宝叔叔），以"良贱不婚"之礼法坚予阻拦，杨月楼与韦家准备采用上海民间"抢婚"旧俗完成婚事。韦天亮见阻婚不成，于是决定将"小事闹大"，以"拐盗"（私拐良家妇女、诱骗钱财）罪将杨月楼告到县衙，以致杨、韦在婚礼现场被县衙差役抓走。上海知县叶廷眷将杨月楼屈打成招，拟定"拐盗"罪名成立。所幸的是在等待刑部批文期间，光绪元年（1875年）光绪皇帝登位，实行大赦，杨月楼被确定为"虽罪有应得，但可得援免之例"，被杖八十之后而释放。

二、夸大案情

夸大案情即夸大案件的情节及危害程度，以达到耸动官府，引起重视的目的，亦属谎状的一种。在传统中国，夸大案情常被州县官在"批词"中指斥为"装点情节""张大其词""饰词耸听"等。当事人夸大案情的方式主要有：

（一）改变事实，加重案情

例如冕宁县陆鼎升和鲁接武"同街开铺，均为裁缝生理"，"鲁接武借陆鼎升熨斗不还，以致互为口角"，陆鼎升却以"恃凶掩窃""偷窃且凶殴"起诉鲁接武。[1]又例如光绪二十九年（1903年），冕宁县秦怀远砍伐王敬辅祖遗茔山之树，王敬辅却以"为挖坟葬坟抛骨埋骨恃衿霸伐"状告秦怀远，盗砍坟山荫木的事实在诉状中变成"蓄谋吉穴，黉夜率众毁冢，挖王廷祯（原告之父）之坟，葬伊母之坟；抛廷祯之骨，埋伊母之骨"。[2]

（二）改变诉由，指称殴伤

例如某原告与宋相因灌溉田地发生争水纠纷，但原告诉状却说"具诉状为宋相恃众行凶，反行□恣事"，阅完诉状才知纠纷真相是水道之争。[3]又例

---

〔1〕《冕宁县清代档案》，轴号10，卷号133-8。

〔2〕《冕宁县消代档案》，轴号32，卷号394-86。

〔3〕《冕宁县清代档案》，轴号29，卷号260-80。

如乾隆五十八年（1793 年），四川省重庆府巴县的李长荣与李正和等人发生田业典当纠纷，李长荣在诉状中写道："（李正和等）胆凶朋殴，蚁迈母（自己的老母）张氏护救，被（李）正和掌推跌地。垫伤腰脊。恶威不已，犹持石块打毁蚁等神龛家具，幸（中人李）正刚等力斥始散。今蚁母卧床呻吟，吉凶莫卜。"[1]措辞表达都是刑事伤害案。

（三）将"细事"说成"重案"

例如四川省保宁府南部县吴光佑与吴立纪因典当产生纠纷，吴光佑状告吴立纪。吴光佑的父亲"实系病故"，但吴光佑在诉状中"任意牵累"，将其父死因说成是被吴立纪"掀跌致毙"。[2]

三、越诉

"越诉"是指没有按照国家律例所规定审级逐级起诉，亦即"越级"向更高审级机关起诉。清朝的审级规定大致是：县（属州）、府（直隶州）、道、省按察使司、督抚、刑部、皇上。其中"细故"在府县审决，州县为初审，不得直接向府起诉。法律禁止无故"越诉"，《大清律例》第 332 条规定："凡军民词讼皆须自下而上陈告，若越本管官司辄赴上司称诉者，（即实亦）答五十（须本管官司不受理或受理而亏枉者，方赴上司陈告）。"这就是说，只有在两种特殊情况下才可以上诉，一是"本管官司不受理"，二是本管官司"受理而亏枉者"。有些纠纷当事人为了"小事闹大"，为了给被告或"本管官司"施加压力，往往是先直接"越诉"再说。例如乾隆十年（1745 年），四川省宁远府冕宁县张连相与张连云发生牲畜归属纠纷，张连相率领妻媳越过县衙直接到府状告张连云诬告及"往年奸情"，知府批为"刁顽无耻可恶，不准"。[3]又如光绪十七年（1891 年），宁远府西昌县民杨启明"越诉"直接到宁远府状告"达百户佃民拦抢"，知府"批赴县投审"。[4]

四、上控

传统中国的上控类似于今天的上诉。传统中国没有现代诉讼法上判决确

---

[1] 四川大学历史系、四川省档案馆编：《清代乾嘉道巴县档案选编》（上），四川大学出版社1989 年版，第 216 页。

[2] 《南部县正堂清全宗档案》，目录号 18，案卷号 370，四川省南充市档案馆。

[3] 《冕宁县清代档案》，轴号 5，卷号 55-23。

[4] 《冕宁县清代档案》，轴号 3，卷号 29-9。

定的概念，当事人或其亲属可以逐级申诉或上控，直至"告御状"。这里所谓"上控"是广义的，包括在地方上控和京控。在地方上控是指当事人或其亲属向地方的府、道、司（提刑按察司）、抚、督等衙门逐级呈控。京控指当事人或其亲属到京师向各部院衙门乃至皇上呈控。"小民有冤欲白，始至兴讼；有冤难白，始至上控。乃讼之于有司而冤不得伸，控之于上台而冤仍不得伸，始至激为京控"[1]；"（词讼）业经在该管衙门控理，复行上控，先将原告穷诘，果情理近实，始行准理"。尽管法律严格限制上控，但上控仍成为纠纷当事人"小事闹大"的惯用手段。

关于地方"上控""小事闹大"的实例。案例一：光绪年间，湖北某地赵氏与葛春生从小订立娃娃亲，婚后一月葛春生便诉请离婚，诬称赵氏是石女，自己有绝嗣之忧。其实真正的原因是他嫌赵氏不漂亮，自己在外面另有新欢。县令判决离婚。赵父上控府衙，知府维持原判。赵氏上控到督辕（总督），总督端方将此案翻过来，判决不准离婚，"葛春生如敢虐待，着葛赵氏邀同两造亲族，析产分居。谁敢抗违禀究，着即具结完案"[2]。案例二：光绪年间官员樊增祥在一则批词中写道："尔以紫阳县民，不远千里来省上控，而所控者，无非买卖田地钱财胶葛之事，辄敢指控被证九人之多。其健讼拖累，已可概见。"[3]此案中陕西省兴安府紫阳县的马家骏为田地买卖纠纷，一直上控到省。

"京控"既有地域意义也有程序意义。在清代，受理京控的衙门主要有刑部、都察院、步军统领衙门及通政使司（登闻鼓厅）。广义的京控包括进京向院控诉和直接向皇帝申诉，后者称为"叩阍"。"其投厅（登闻鼓厅）击鼓，或遇乘舆出郊，迎驾申诉者，名曰叩阍。"[4]叩阍是京控的特殊形式，其具体形式有迎车驾（在皇帝出行时，在路旁喊冤申诉）、击登闻鼓（击鼓鸣冤，有司闻声录状上奏）等。叩阍案件只是偶有发生，但一般均能得到皇帝的重视。例如，康熙年间直隶省旗人庄头[5]张六十与薛庄庄头赵明秋发生田产钱粮纠

---

〔1〕　"论京控"，载《申报》光绪二年（1876年）八月二十五日。原文不著作者，疑似现在的"本报社论"。

〔2〕　晓明、拓夫：《绝妙判牍》，海南出版社1993年版，第174页。

〔3〕　（清）樊增祥：《樊山政书》，中华书局2007年版，第4页。

〔4〕　高潮、马建石：《中国历代刑法志注译》，群众出版社1984年版，第1049页。

〔5〕　庄头：所设田庄的管理人；乡村小吏，约相当于村长。

纷，张六十不服"本官衙门"判决，决定"京控"。正好康熙四十六年
（1707年）皇上出巡直隶，经过本地薛家窝地方，于是张六十"冒死叩阍"。
康熙皇帝当即请随行的直隶巡抚赵弘燮处理。赵弘燮后来在奏折中说："本年
（康熙四十六年）五月十六日，臣恭随圣驾至薛家窝地方，有叩阍人跳河，奉
旨拿人收状。臣遵即将叩阍旗人张六十等民人……拿获并收阍状。"[1]又例
如，康熙五十一年（1712年），广东省曲江县发生杨津叩阍案，因为牵涉人
数众多，案情复杂，康熙帝特旨派遣侍郎萨尔泰、通政使汤右鲁至当地审
理。[2]

五、聚众控告

聚众控告，指的是在纠纷发生后，当事人纠集或怂恿多人一起告状。聚
众控告者一般有两种心理：一是借此制造更大祸端，激化矛盾，升级纠纷，
引起官府注意并介入；二是认为"法不责众"，即使诉讼失败，州县官也不会
重罚。例如乾隆三十一年（1766年），山东省兖州府邹县刘天允、张开朋等
人状告尼山学录孔传钫霸占其在尼山的祭学两田不予归还，原告达65人之
多。[3]又例如咸丰年间，台北府淡水厅（县）竹北堡庄佃农徐阿千与地主吴
士芬发生租谷纠纷，咸丰二年（1852年），徐阿千联合姜阿寿、姜阿清等80
余户佃农状告吴士芬使用不合标准的斗斛多收地租，同时举报"吴顺记"隐
瞒田亩数量，向官府少纳税粮。原告数量众多，加上吴姓有对官府隐瞒田亩
数的嫌疑，此案被官府高度重视，因为案情复杂，该案直到光绪四年（1878
年）才审结。[4]

六、缠讼

缠讼，即当事人反复呈控，无休止地打官司。在传统中国，通过缠讼将
"小事闹大"，即诉讼档案中常说的"为区区小事哓哓呈渎"。缠讼基本上是

---

〔1〕 中国第一历史档案馆编：《康熙朝汉文朱批奏折汇编》（第1册），档案出版社1984年版，
第645~647页。

〔2〕 中国第一历史档案馆编：《康熙朝汉文朱批奏折汇编》（第4册），档案出版社1984年版，
第288~291页。

〔3〕 袁兆春："乾隆年间孔府清厘邹县尼山祭学两田地亩争控案摘选"，载韩延龙主编：《法律
史论集》（第4卷），法律出版社2002年版，第488~508页。

〔4〕 吴密察主编：《淡新档案》（十七），台湾大学图书馆2006年版，第237~379页。

贫弱阶层的诉讼心态和行动策略。[1]例如，光绪十一年（1885年），浙江省台州府黄岩县南乡三十三都一图周克礼与管翰敖发生田产买卖纠纷，周克礼至少四次在县衙状告管翰敖。第一次呈告，欧阳知县批示"着即邀同原中妥理清楚，毋庸肇诉"。周克礼找到一些证据后第二次呈状，知县批示"听候核示"。周克礼见知县有意拖延，第三次呈状，知县批示"着先将所呈契遽呈候核查"。周克礼不想等待，第四次呈状，知县批示"着从实呈覆核查"。此后周克礼"在外大言，控府控省，不肯息事"。[2]再例如，光绪年间陕西省按察使樊增祥有一则批词说："尔忝贤书，以细故阋墙兄弟构讼，县案已结，辄复省控，控而不准，盘踞省城，连控十一次。今已腊月二十四日，犹复拦舆喊禀，誓不回家过年。腰腊之际不修，讦告之心愈急，此等举人理应斥革。"[3]原告陈石铭为了"细故阋墙兄弟"之争，从县衙告到省城，在省城也已连告11次，而且另外"拦舆喊禀"，春节也不回家，大有拼命告状，不告赢不罢休的"雄心壮志"。

七、自残自杀

自残自杀是"小事闹大"的极端方式，大多发生在诉讼之前。"人命关天"，这类偏激行为，既会造成民众恐慌，也能给州县官带来压力。这类案件一旦起诉到官府，州县官必须立即受理，法律规定"告杀人及强盗不受理者，杖八十"[4]。当然，这种成本极高的诉告策略，也并非总能达到目的。例如，道光四年（1824年），重庆府巴县村民何正东与袁万贵因堰水灌溉发生纠纷。袁父袁世斌跑到何正东家以割喉自杀相要挟，最终自抹受伤。袁家将何正东告到县衙。知县判决：何正东未经袁家许可，妄自截人堰水属实，予以杖惩；袁万贵"任其父自抹咽喉"，殊属不合，亦予杖责。[5]又例如，嘉庆年间四川省重庆府巴县李明仁与石正棠发生租佃纠纷，这天李妻李易氏在田间挖土，石正棠走上前去，催她退佃。李易氏不依，向石正棠碰头拼命，并突然从袖

---

〔1〕　徐忠明："明清诉讼：官方的态度与民间的策略"，载《社会科学论坛》2004年第10期。

〔2〕　田涛等：《黄岩诉讼档案及调查报告》（上卷），法律出版社2004年版，第327~328页。

〔3〕　（清）樊增祥：《樊山政书》，中华书局2007年版，第181页。

〔4〕　《大清律例》第334条"告状不受理"。

〔5〕　参见四川大学历史系、四川省档案馆编：《清代乾嘉道巴县档案选编》，四川大学出版社1989年版，第4页。

内取出一把剃头刀,自己割伤咽喉,倒地身亡。李易氏的目的似乎并未达到,因为最后官方的判决是:"易氏霸种石正堂田业,被斥气忿,辄即自割身死,实属逞忿轻生,应毋庸议。"[1]

八、械斗

在传统中国,械斗乃是宗族、乡村、土客(土著居民和外来移民),间有土匪参与的、规模大小不等的武斗或者私斗。械斗分为两种情形:一是两造根本没有求助官府的意思,只是通过"私斗"来解决冲突;二是有意制造更大的争端,迫使官府介入,达到告状的目的。[2]后者属于"小事闹大"的诉告策略。徐栋说:"民间命案及械斗巨案,其起衅之由,往往基于细故,如些小钱债寻常口角之类,其事微矣。"[3]

康熙年间徽州府休宁县汪杨两家公用一块山地,汪姓认为杨家坟茔影响汪家祖坟的风水龙脉,双方发生争执。两姓同时"越讼"互控到徽州府,知府批转休宁县审理,休宁知县廖腾煃转至县丞处理。汪家见官方不重视,决定以特定方式将小事闹大:县丞到现场勘验山界,杨家主事多人跟随前往,而汪家各锁门户,仅老少妇女"丛集在山",所有男子埋伏在四周。等到汪姓族人妇女一阵号叫,汪姓男人一拥而出,对杨家大打出手。杨姓族人吃了大亏,但汪家最后也没有达到独占山头的目的。[4]又光绪年间,新竹县知县某地四庄的耕牛踏坏刘姓的茶树,两方发生争执,四庄联合罗姓,纠集"数百之众",持械与刘姓殴斗,一起简单的地界纠纷最后演变成三个宗族之间的群体械斗。该案经过四次堂审才结案。[5]

也有在初审完毕,当事人不服判决结果而械斗的。黄六鸿曾说:"夫词讼,当官审出,两造邀集亲友中之恶少,以及种田佃户、街市游手,各藏短棍铁尺、金刚圈等类,即于衙门前互相凶殴,每有打伤负重,另补人命新词者。"[6]

〔1〕 四川大学历史系、四川省档案馆编:《清代乾嘉道巴县档案选编》,四川大学出版社 1989 年版,第 148 页。

〔2〕 徐忠明:《案例、故事与明清时期的法律文化》,法律出版社 2006 年版,第 270~271 页。

〔3〕 (清)徐栋:《牧令书》卷十七《刑名上》"刘衡·理讼十条"。

〔4〕 (清)廖腾煃:《海阳纪略》卷下之《汪杨命案审语》,清康熙刻本。

〔5〕 吴密察主编:《淡新档案》(二十二),台湾大学图书馆 2006 年版,第 1~140 页。

〔6〕 (清)黄六鸿:《福惠全书》卷十一《刑名部一》"禁打架"。

九、假冒功名、装神弄鬼等其他方式

清代司法文书和诉讼档案反映的"小事闹大"诉告策略，还有假冒功名、装神弄鬼等很多方式。

明清时期的生员即秀才，是在科举考试中通过最低一级考试（府州院试）后获得的"功名"，国家不给生员任何专门待遇，但比起一般百姓，生员仍享有一些特权，例如"一得为此（指生员）则免于编氓之役，不受侵于里胥，齿于衣冠，得以礼见官长，而无笞捶之辱"〔1〕。生员犯法不与民同罚，可以从轻处罚或法外用刑，而且地方官只能上报，不得自行处治。"生员犯杖笞轻罪褫革者，只详（上报）学院（指省府里的学政）与本府本州。徒罪以上，方用通详。"〔2〕于是有人"假冒功名"，借以将"小事闹大"。例如光绪年间，陕西省同州府蒲城县张炳耀与王福江发生债务纠纷，张炳耀"假冒生员，捏情上控"，"进省二次诬告"，时任陕西省提刑按察使的樊增祥了解真相之后，断以重罚，"假冒生员，诬告越诉之张炳耀，仰咸（宁）、长（安）两县严拿到案，押发该县，重笞一百板，枷号五十天，以儆刁妄"〔3〕。

还有纠纷当事人通过"装神弄鬼"将小事闹大的。光绪十一年（1885年），黄岩县东乡四十三都一图的应履廷用重金为逝父购得一块坟地准备"造葬"，村民童子兰、童宫元等人认为此地是"脉山"，落葬此地"有碍风水"，于是到县衙状告应履廷。原告为了"小事闹大"，"假托降神，捏造诡词"，谎称被告应履廷先故母亲"阁下老封君"幽魂潜入病中的童宫元儿媳童余氏身内，托书"造坟有害，寄嘱改葬"，并将此信作为证据随状提交。此信较长，现摘录一段："暗有神明遣我到地，烦你各家写书一封，交我儿子垣（应履廷）手，说……与其葬山，宁葬别地……倘我儿果然不从，不但贵处有害，并吾家不幸，即吾在九泉下更不安矣。"此举果然奏效，不仅被告应履廷"接阅汗流浃背"，而且欧阳知县也慎重其事，"批饬另呈示办"〔4〕。

十、复合方式

在传统中国实际的"小事闹大"事态中，纠纷当事人采取的诉告策略不

---

〔1〕（清）顾炎武：《亭林文集》卷一，第17~18页。
〔2〕（清）王又槐：《办案要略》，群众出版社1987年版，第121页。
〔3〕（清）樊增祥：《樊山政书》，中华书局2007年版，第126页。
〔4〕田涛等：《黄岩诉讼档案及调查报告》（上册），法律出版社2004年版，第315~317页。

仅花样繁多，而且有时多管齐下，将多种方式同时用上，此种方式姑且称之为"复合方式"。下面略举数例。

（一）"越诉+缠讼"的复合方式

光绪四年（1878年）十一月十三日，台北府淡新县竹南二保猫里街童生刘福受"越诉"直接到台北府状告叶阿义"灭界毁坟"，知府陈星聚受理并批示"姑候饬差查勘，吊据验讯就断"。由于原告、被告和证人没有按时到案，刘福受第二次呈状，此次堂审"讯断，遵依完案"，但叶阿义拒不执行判决，于是刘福受第三次呈状，状告叶阿义不遵堂断，知府批示"不予受理"。刘福受并不甘心，第四次呈状台北府，请求饬差拘究叶阿义，知府仍不受理。刘福受见台北府告状无望，于是改呈新竹县。光绪五年（1879年）闰三月初八日，刘福受第一次呈状新竹县知县，状告叶阿义不遵知府堂谕，踞占坟穴，知县刘元升受理。但由于原告、被告和证人没能到案，堂审未能进行。六月初八日，刘福受第二次呈状新竹县，此经堂审，双方具切结状。在判决执行中，新任知县李郁阶批示"饬差详细勘查"。此后围绕"绘具图说"，刘福受又四次状告叶阿义"收买禀覆人颠倒事实，行私罔上"等情。光绪六年（1880年）九月十五日，新竹县知县施锡卫堂审，谕令被告叶阿义出一千钱给原告刘福受自行修理祖坟。原告、被告甘结遵依结状。此案终告完结[1]。此案本是"细故"，但原告四次控府、三次控县，从光绪四年（1878年）十一月一直到光绪六年（1880年）九月，历时近两年。从台北府到新竹县，历经一位知府、三任知县的审理，最终以被告给原告一千钱而结案。清代越诉、缠讼的"小事闹大"的诉告策略之象跃然纸上。

（二）"诬告+缠讼"的复合方式

四川省宁远府冕宁县档案载有"邓其绪告陆镐藐劲骗"一案，知县的判词如下："审得邓其绪告陆镐藐官劲骗一案。缘其绪赶骡二头行至城门洞内，遇陆镐家牯牛斗伤一骡，控经前任，张、裴二主俱未断赔。今十余年后，（邓）其绪复架词叠控，当堂询明，两畜相斗，前任均不断赔，自是允协，理

---

〔1〕 吴密察主编：《淡新档案》（二十一），台湾大学图书馆2007年版，第115~150页。此案中还有案中案，即叶阿纯在新竹县三次状告姚继生变名刘福受，"混控图谋占据坟地"，只是知县批示"不能照准"。

合照依前卷，不断赔给。至其绪捏称陆镐私吞陆典钱八千，指陆典为证。询之陆典，称并未与陆镐合伙，亦未私帮陆镐钱文，况前卷内并无陆典一字，俱属无端诈骗，除当堂责罚外，取其诬捏甘结存案。"[1]这里的"藐官劲骗"是指目中无人、故意诈骗的意思。案情起因仅仅是陆镐家的牿牛在途中偶遇并斗伤邓其绪家的一头骡子，邓其绪两次状告陆镐，要求赔偿自家损失，张、裘两位知县都未断赔。邓其绪心存不服，十多年后又告陆镐，而且节外生枝，"架词捏称"陆镐"私吞"陆典的银钱八千文。现任知县判决牲畜受伤，不必再理，诬告一事，当堂责罚。

（三）"诬告+缠讼+上控"的复合方式

光绪十四年（1888年），四川省宁远府冕宁县吴华和谢昌达两家孩童因嬉戏发生口角以致揪打，结果双方大人也卷入纠纷之中。瞽民吴华状告谢昌达"不惟毁门入室，反以抢劫诬民"，知县不理，而且批示："街邻口角竟以毁门抄家控告，抑知轻事重报之咎乎？"不依不饶的吴华接下来以各种理由先后五次控告到县，知县批示"鼠牙雀角耳，数语可了，何必如此刺刺不休"[2]。仍不甘心的吴华又开始上控到府，至少三次以上。

综上所述，"小事闹大"的诉告策略情形较为复杂，不能一概以"刁民健讼"而蔽之。事实上，学者们对这一诉告策略的评价性表述很不一样，例如，徐忠明教授表述为"百姓的诉讼策略"[3]，龙宗智教授表述为纠纷解决的"极端化机制"和"不良社会机制"[4]，范忠信教授的表述是"解决纠纷的非常规手段""自力救济"的形式[5]等。而西方对"小事闹大"的关注则别有思路，例如《德国民法典》规定有些"小事闹大"行为合法（第229条）；美国斯科特将一般的"小事闹大"誉之为"弱者的武器"，主张从制度安排与政策实施上给予和保证弱者原本应该享有的权利。[6]笔者认为，撇开"息讼"的主导观念，客观地讲，古代中国"小事闹大"诉告行为大致可以分为

---

[1]《冕宁县清代档案》，轴号12，卷号149-18。

[2]《冕宁县清代档案》，轴号31，卷号389-69。

[3] 徐忠明："明清诉讼：官方的态度与民间的策略"，载《社会科学论坛》2004年第10期。

[4] 龙宗智："关于'大调解'和'能动司法'的思考"，载《政法论坛》2010年第4期。

[5] 范忠信："健全的纠纷解决机制决定和谐社会"，载《北方法学》2007年第2期。

[6] 郭于华："弱者的武器与隐藏的文本——研究农民反抗的底层视角"，载《读书》2002年第7期。

"恶可为戒""善可为法"两类。前者一般是当事人将"小事闹大"作为一种图赖的手段，后者一般是当事人认为官府裁决不公，不得已将"小事闹大"作为伸张正义的"武器"。两者都反映了当时人们重视通过诉讼救济个人利益的思想观念。

第二节　传统诉告中"小事闹大"的司法应对方式

据笔者的大致考察，清代司法应对"小事闹大"诉告的策略形式主要有四类十种。[1]

一、洞察"闹"情，"不准"

先说一个宋代洞察"闹"情而"不准"的例子。南宋陆九渊在荆湖北路江陵府荆门军（相当于荆门县）任知军时，"有诉人杀其子者，九渊曰：'不至是。'及追究，其子果无恙"[2]。原告告谎状，说他的儿子被被告杀死，司法官陆九渊查明原告"小事闹大"的企图，不准。这里的"准"是司法术语，即官府受理案件。清代官吏刘衡说："状不轻准，准则必审。"[3]"准则必审"说明"准"是纠纷进入诉讼程序的前提。清律规定，州县官遇到词讼，原则上是不得拒绝的，《大清律例》第334条"告状不受理"条规定："斗殴、婚姻、田宅等事不受理者，各减犯人罪二等，并罪止杖八十。"但事实上州县官不可能做到"有告则理"，实际情形往往是批驳者多、受理者少。至于对那些"小事闹大"诉告，司法官在洞悉其情之后，更有可能批示"不准""碍难准理"等。"不准"成为清代司法官应对"小事闹大"诉告最常用的策略。

清代地方官对诉告的"不准"分为直批"不准"、调查讯问后决定"不准"两种情形。所谓"收词准否，惟当视其词之虚实……凡雇人代告、包告及刁伪显然者，原可当下斥责或即释逐。若呈内情节原委一时不能即明，不

---

〔1〕　参见陈会林："论传统诉告中'小事闹大'的司法应对方式——以清代司法文书、诉讼档案为中心的考察"，载《湖北大学学报》2016年第5期。

〔2〕　《宋史·陆九渊传》。

〔3〕　（清）刘衡：《州县须知》，载官箴书集成编纂委员会：《官箴书集成》（第6册），黄山书社1997年版，第11页。

妨俟退堂后查明方批（不准）"〔1〕。著名知县王凤生说："所收呈词逐张查问，如系旧案，只阅粘单所载前批与现呈有无增添情节，报窃、追租等案略观大意，不必深求。惟新呈必须穷源竟委，讯其大概情形……倘事不干己，藉端讹诈，即予责处，取具遵结，所控决不准行。或事关重大而情有可疑，必待严加盘诘者，则以其词权置一边，令其人起立阶下，俟本卯呈词收毕，再行提讯。"〔2〕很多"小事闹大"诉告就是在这两种情形下被"不准"的。下面对这两种"不准"情形稍加申论。

（一）书面审查，直批"不准"

书面审查，直批"不准"，这是说仅从诉状即可看出"小事闹大"情形，可以直接批示"不准"。此等情形即上面所谓"刁伪显然者""事不干己，藉端讹诈者""无词证无凭据者"之类。同样是"不准"，有的司法官批词简洁，例如樊增祥对一起越讼案的批词仅四字"胡说，不准"〔3〕，有的则有一番"批驳"。兹就后者择要例述如下：

重新挑起远年旧案，不准。咸丰十一年（1861年），台北府淡水厅吴宽厚在十年前与林阿均发生债务纠纷，现在状告林阿均"负嵎欠抗，任讨不还"，请求官府"核案催差，添拘集讯"。同知周式濂的"批词"是："钱债细故，本不应日久缠讼。此案兜停催十年，事已寝息。尔系案□□，何得混控呈渎，殊属刁健，应照例注销，以清案牍。"〔4〕

谎状不准。同治十二年（1873年），四川省保宁府南部县何均朝、何均弼二人具控寡妇李氏被人嫁卖。知县批："查夫亡再醮例所不禁。且尔等系李氏前夫何人？是否同宗？未据叙明。所呈显系搕索不遂，捏词控告。不准。"〔5〕

恃妇挽渎〔6〕，不准。四川省宁远府冕宁县民妇陈廖氏出头具告被告无端

〔1〕（清）徐栋：《牧令书》卷十八《刑名中》"朱□·少准勤审"。

〔2〕（清）徐栋：《牧令书》卷十八《刑名中》"王凤生·放告审呈"。

〔3〕（清）樊增祥：《樊山政书》，那思陆、孙家红点校，中华书局2007年版，第3页。

〔4〕吴密察主编：《淡新档案》（二十五），台湾大学图书馆2008年版，第120~121页。

〔5〕《南部县正堂清全宗·清代同治十二年（1873年）》，四川省南充市档案馆，6-397号。

〔6〕老幼废疾及妇女历来是弱者的象征，他们加入诉讼容易引起同情、得到关照，故而成为"小事闹大"诉告的常用手段。参见阿风："明清时代诉讼过程中的'恃妇'现象"，载《中国社会科学报》2011年7月5日。

侵占其田，知县批示，"着即饬令尔夫到案，以凭讯断，毋得恃妇挽渎，自取罪咎"；"即着尔夫赴案候质，毋得恃妇出头代为呈诉"。[1]又直隶省顺天府宝坻县知县有批词云："该氏既有夫男，因何不亲来县具控，辄令年轻妇女出头呈告，其中难保□全不实不当，不准。"[2]

缠讼不准。光绪四年（1878年），浙江省台州府黄岩县蒋德赠一个月内三次控告吴显德等偷窃自己黄牛并"诱禁殴抢"等情，知县全批"不准"。三次批词分别是，"情词扭捏支离，显有不实不尽。着即自向理还，毋庸率请捉返"；"前呈业已批理，毋再架词耸渎"；"披览词讼，遇有呈词支离，衡情批驳。乃尔竟再三架耸，晓渎不休，明系讼棍伎俩。实堪痛恨。特斥，仍不准"。[3]又例如光绪十一年（1885年），黄岩县监生石联渠与胞兄石安标发生屋间道路通行纠纷，石联渠两次起诉，中间石映霞两次反诉，欧阳知县均"不准"。其中对石联渠两次控告的批词为："石安标系该监生之胞兄，东边古路即使应归该监生承管，被安标恃强移设，该监生亦应邀公正族戚妥为调理。乃率请提究，实属荒谬。此斥。""同胞兄弟同室操戈，本县叠次批斥。为区区小事犹敢率请究惩，实属荒谬。此后如再晓渎，定将具呈者先行惩治以儆□□切切。"[4]

民案以刑案起诉者，不准。在清代，奸情是犯罪行为，属于刑案[5]，以奸情诉告涉及奸情的财产纠纷是"小事闹大"诉告策略之一。光绪十一年（1885年），黄岩县"林扳洋等呈为因奸荡产求饬禁推事"一案中，原告控告已故堂兄之妻"周氏不守妇道，私与贴邻朱国法苟合成奸，甚至荡化遗产"，请求对其堂兄林谷祥之产业"查明细号，注册禁推，以全遗产"。本案本以奸情起诉，却提出财产保全的请求，遂引起知县警觉，认为原告有"藉词图霸伊夫遗产"的意图，故批词为："今呈请禁推，难保非藉词图霸伊夫遗产起见。不准。"[6]

一告多诉（一张诉状牵连多件纠纷），不准。光绪十一年（1885年），黄

---

〔1〕 李艳君："从'状式条例'看清代对书状的要求"，载《保定学院学报》2008年第3期。
〔2〕 李艳君："从'状式条例'看清代对书状的要求"，载《保定学院学报》2008年第3期。
〔3〕 田涛等：《黄岩诉讼档案及调查报告》（上卷），法律出版社2004年版，第261~262页。
〔4〕 田涛等：《黄岩诉讼档案及调查报告》（上卷），法律出版社2004年版，第295页。
〔5〕 "奸情"在《大清律例》中列于《刑律·犯奸门》。
〔6〕 田涛等：《黄岩诉讼档案及调查报告》（上卷），法律出版社2004年版，第306页。

岩县蒋绍奇与蒋金合发生债务纠纷，原告蒋绍奇状告蒋金合"吞公肆凶"的同时，又告蒋金合"与贼往来"。欧阳知县对此批词为："钱既不还，纵敢恃强肆凶，无此情理。蒋金合若果与贼来往，其不安分可知，尔何肯再借钱又为数千之钱。不必张大其词，希图耸听。不准。"〔1〕又同年黄岩县王庭淦本来是因邻居王黄氏"借去卷丝木棍三只，漏匿一只不还"而发生纠纷，但王庭淦又呈告王黄氏"诬良作贼"，"恃泼串诈""学习堕胎，贻害生灵""纽结巡差"诈己钱财。知县不胜其烦，批词为："因何事与人涉讼，则当将起衅情由实叙，不得拉扯别事，装点砌饰，意图耸听。所呈不准。"〔2〕

（二）讯问调查之后"不准"

有些告状"呈内情节原委一时不能即明""事关重大而情有可疑"，州县官收到呈状后，须经过讯问或调查之后方知是否属于"小事闹大"诉告，从而最后决定是否准理。例如：

"谎状"查证后，不准。乾隆三十六年（1771 年），重庆府巴县李坤章到县衙状告曾荣光不让其回赎所典田产，知县在讯问中得知，曾荣光之所以不让李回赎，是因为李在典让之后又向其借钱七吊未还，而其所说曾荣光将他"凶殴致伤"，"验系妄捏"，所以"不准"，批回"乡约"调解〔3〕。嘉庆年间浙江省嘉兴府平湖知县王凤生说："余宰平湖，卯期收呈，有以殴死人命具控者，核其词涉支遁，因与反复辨论，原告理屈辞穷，遂命代书将词列见证之随来者，于堂下识认，唤之使前，立发其伏前一人乃吁求发还，呈□□具切结而去。由此推之，果能使谎告者恐驳诘而不敢尽其辞，勒诈者惧鞭笞而无以逞其志，则蜃楼海市自可化有为无。"〔4〕

缠讼和将民案以刑案起诉，查实后，不准。光绪四年（1878 年），淡水厅邱阿连三次到台北府呈告古阿俊"抗纳借银""欺死鲸吞"，"乞准拘讯追究"。前两次知府林达泉都以"无凭""控词不近情"而"不准"，但原告"一再渎呈"，知府慎重其事，"票仰"差役蔡元立迅往当地查明邱阿连所控"果否属实"，经查证，最后的结论是："此案邱阿连并无执有古阿俊借据，仅

---

〔1〕　田涛等：《黄岩诉讼档案及调查报告》（上卷），法律出版社 2004 年版，第 293 页。
〔2〕　田涛等：《黄岩诉讼档案及调查报告》（上卷），法律出版社 2004 年版，第 308 页。
〔3〕　《巴县档案全宗·清代乾隆三十六年（1771 年）》，四川省档案馆，95-728 号。
〔4〕　（清）徐栋：《牧令书》卷十八《刑名中》"王凤生·放告审呈"。

凭自写账簿，安知是实？古阿俊坚供实无借过邱阿连银元情事，似此既无经手人证，又无借单实据，凭何断还？应作罢论可也。"实际上是"不准"。[1]

二、警示化导，让诉告者知难而退、识趣而止

这是清代司法应对"小事闹大"诉告的第二大策略。寓训诫、化导于纠纷解决，息讼止争，变被动为主动，达到孔子所说的"有耻且格"而非"免而无耻"的效果，这是中国传统司法最古老最擅长的方式。清代很多"小事闹大"诉告，司法官都是通过风险警告和劝谕教化应对的，风险警告使诉告者知难而退，劝谕教化说服当事人识趣而止，二者一武一文、一硬一软。下面分别申论：

(一) 风险警告

诉讼自古有风险，今天仍有《人民法院民事诉讼风险提示书》[2]。对于"小事闹大"诉告，清代的司法官也会及时进行风险提示或警告，有时还伴有严厉申斥。具体情形例述如下：

州县官对缠讼的风险警告。光绪四年（1878年），台北府曾国兴与郑如汉等发生田土管业纠纷，审结后曾国兴再次提起诉讼，知府林达泉在批词中明示"缠讼"风险："查该业户之控案屡见迭出，其为刁猾健讼可知。倘能自知其非，遵断息，缘从宽不予深究；如必逞其讼技，再作无理，定即饬承查检各案，治以积案健讼之罪，并查其新垦有租无粮之田埔，照例详办入官，以为贪诈者戒。"[3]光绪十一年（1885年），黄岩县杨周氏与鲍娄氏发生"彩礼"纠纷，杨周氏状告鲍娄氏"贩卖妇女"，鲍娄氏反诉杨周氏"图诈捏控"，双方各自多次呈告。知县在"批词"中警示双方，"若再彼此控讼不休，定即立提讯究，无谓言之不先示"[4]；"本县令出维行，慎勿尝试"[5]。

对"谎状"的风险提示。乾隆年间山东省兖州府邹县孔府与尼山乡民的土地纠纷案的审理中，司法官庞公在偏袒孔府的同时，也不时亦庄亦谐地向乡民提示各种诉讼风险，例如对原告说，"（告谎状）是谁的主意？恁从实说

〔1〕 吴密察主编：《淡新档案》（二十五），台湾大学图书馆2008年版，第157页。
〔2〕 2003年12月23日最高人民法院审判委员会第1302次会议通过、颁布、实施。
〔3〕 吴密察主编：《淡新档案》（十九），台湾大学图书馆2006年版，第280~281页。
〔4〕 田涛等：《黄岩诉讼档案及调查报告》（上卷），法律出版社2004年版，第285页。
〔5〕 田涛等：《黄岩诉讼档案及调查报告》（上卷），法律出版社2004年版，第311页。

出来，认个乡愚无知。恁是吾的赤子，吾好救恁"；若有"轰堂"，"立刻拿了送监，问恁死罪"；"恁告虚""罢个反坐弄到身上来"〔1〕。光绪十年（1884年），黄岩县罗氏丈夫因欠债被郑祖焕打伤，半个月后身亡，郑祖焕允诺出银洋四百元私了，但实际上仅付十四元，罗氏请求官府做主，为其讨回所欠的债。欧阳知县认定是谎状，做了很长的批词，最后说："如果氏夫被殴受伤，当时何不赴案请验？后实因伤身死，何以不即呈报，听办拘传验讯？乃辄自贿和，迄今旬余，尸已棺殓埋葬。以勒休负噬等情呈告，明系听人唆使，藉端讹诈，借事妄控，显而易见。查私和人命，例载治罪明文；诬告，有反坐之条。"〔2〕这就是说，罗氏所呈若实，则犯了"私和人命罪"〔3〕；若虚，则为诬告，按律诬告也当反坐。至此当事人只有撤诉一途。

（二）劝谕教化

同样是"不准"，但由于当事人身份或案情不同，有些司法官要对"小事闹大"诉告者讲理说情，进行正面的劝谕教化，例如：

对上控者的劝谕教化。陕西省汉中府定远厅田其元的叔叔远离祖居而无嗣，又一直无法与其宗亲取得联系，只得"使姚元广承继得业"。田其元得知叔叔身故之后，状告姚元广"异姓渎宗，鹊巢鸠占"，霸继田家产业，自厅而府，屡告"不准"，最后上控至省。布政使樊增祥有一段很长的批词，其中说："定远厅沈丞长于听讼，民不能欺。尔如实系含冤，岂有屡控屡驳之理？……以本司揣之，必系尔叔生前早已立继，尔与尔叔一秦一楚，渺不相关，不但踪迹阔疏，而且音书断绝。今尔叔身故，突欲收其遗业，遂以霸继为词，无怪该厅不准也。本司深知客民上控十呈九虚，从无批提之事。尔赶早回家，不必妄想此饬。"〔4〕西安府临潼县举人陈石铭为了"细故"而"兄弟阋墙"，从县衙告到省城，在省城不仅连告十一次，而且还另外"拦舆喊禀"，春节也不回家。省布政使樊增祥在批词中说："尔忝贤书，以细故阋墙兄弟构讼，县案

---

〔1〕 袁兆春："乾隆年间孔府清厘邹县尼山祭学两田地亩争控案摘选"，载韩延龙主编：《法律史论集》（第4卷），法律出版社2002年版。

〔2〕 田涛等：《黄岩诉讼档案及调查报告》（上卷），法律出版社2004年版，第278页。

〔3〕《大清律例》第300条"尊长为人杀私和"规定："凡祖父母、父母、及夫若家长为人所杀，而子孙、妻妾、奴婢、雇工人私和者，杖一百、徒三年。"

〔4〕（清）樊增祥：《樊山政书》，那思陆、孙家红点校，中华书局2007年版，第123页。

已结辄复省控，控而不准，盘踞省城，连控十一次。今已腊月二十四日，犹复拦舆喊禀，誓不回家过年。腰腊之际不修，讦告之心愈急，此等举人理应斥革。唯值封印期内，一切公事停办。尔如知机，早早回家度岁为妙。"[1]

对缠讼者的劝谕教化。光绪元年（1875 年），黄岩县张汝龙状告其妻李氏与人通奸且"席卷衣物与奸夫私逃"，先是诉请与李氏"断离"，后是诉请官府帮忙将李氏"领回"。张汝龙五次呈告、张父两次投词[2]，每次郑知县都有批词，说了很多理由劝其止诉，这些理由归纳起来主要有四点：第一，家丑不可外扬。"何必讦讼公庭，播扬家丑也？"第二，没有法定证据[3]，难以追究。"奸情暧昧之事，律（规定）应奸所捕获方能准理，若以奸情指控，其事无凭，断难追究"，"所称被卷衣物，毫无证据，凭何追究"？第三，感情之事，"不能由官递行断离。即使予以责惩，亦未必能改前过"。第四，诉求前后矛盾。"尔乃先请断离，今又欲领回，实属无耻已极！"[4]光绪十七年（1891 年），台北府新竹县吴氏家族发生田业"清丈分管"纠纷，吴宽炎等多次控告吴士梅"恃老霸收，恃横强抢"，"恳准并提讯断"。知县沈继曾动之以情，晓之以理，请其撤诉自理，其中最后一次批词为："公业有所纠葛，莫善于邀集族房长公同理论，一经对簿公庭，则彼此饰是隐非，各逞祷幻，其中委曲真情，诚非官所能深悉也。所谓清官难断家里事者，此耳。尔等与吴士梅究竟作何轇轕，应如何阄分，族众自有公议，可邀请正直望重之房长，秉公理处，不虑其不从。"[5]

三、还原"真相"，严格司法

还原"真相"，严格司法，这是清代司法应对"小事闹大"诉告的又一大策略，主要内容是：排除"闹大"造成的干扰，驱散迷雾或假象，揭示真相、严格司法，尽可能做到所谓"揆之天理而安，推之人情而准，比之国家

---

[1] （清）樊增祥：《樊山政书》，那思陆、孙家红点校，中华书局 2007 年版，第 181 页。

[2] "投词"是在正式诉状之外，另外以非正式状纸继续向官府投状，以补充说明案情。

[3] 《大清律例》第 366 条"犯奸"条规定："其非奸所捕获及指奸者，勿论。""奸所捕获"即"捉奸要捉双"；"指奸"即以手指性侵犯对方的肛门或阴道，这一行为即使在今天也不构成强奸罪（所涉罪名为"强制猥亵罪"）。

[4] 田涛等：《黄岩诉讼档案及调查报告》（上卷），法律出版社 2004 年版，第 239~240 页。

[5] 吴密察主编：《淡新档案》（十八），台湾大学图书馆 2006 年版，第 266 页。

律法而无毫厘之出入"[1]。这在今天应该是司法应对"小事闹大"诉告的常态，似非清代司法常态，但也是应对"小事闹大"诉告的重要方式。对于司法意义上的"断案"，清人汪辉祖有"听断以法，调处以情；法则泾渭不可不分，情则是非不妨稍借"[2]的箴言。清代司法应对"小事闹大"诉告也有"听断"（审理）和"调处"（诉讼内调解）两种方式。此外，还有管辖意义上的移审和发审。下面对这四种具体形式加以申论：

（一）慎重审理

"小事闹大"诉告如果涉及自残自杀、买卖田宅过割、遗漏钱粮[3]等情节，司法官大都会慎重行事。嘉庆年间，陕西省蔚茂春诬告李镇彦盗卖地基，李妻樵氏因丈夫"被诬受累"，到蔚家自尽，以图赖蔚茂春威逼至死。州县认真审理并作出判决意见，蔚茂春"照诬告人致死有服亲属绞候律，量减拟流"，此判决被依法逐级转报至督抚复审，督抚写成题本转报刑部。不过刑部认为：《大清律例》第336条"诬告"规定："诬告人因而致死随行有服亲属一人者，绞监候"，此案中有服亲属樵氏属于"随行"（即诬告的直接受害人），所以蔚茂春应"拟绞"，将判决意见驳回重审[4]。又例如，道光四年（1824年），重庆府巴县何正东、刘大元、袁世斌三家发生水利灌溉纠纷，袁世斌得知自家堰塘被挖，非常气愤，为了把"小事闹大"，跑到何正东家以割喉自杀相要挟，最后自抹受伤。袁家将何正东、刘大元告到县衙，知县对这起差点闹出人命的民事纠纷，不得不慎重开堂认真审理，判决：何正东和刘大元未经袁家许可，妄自截人堰水属实，均予杖惩，饬令已开堤口填塞，照旧上流下接，互无干碍；袁世斌之子袁万贵兄弟在何正东、刘大元截开堰沟之时，没有出身阻拦，而且"任其父自抹咽喉"，殊属不合，亦予杖责。最后

〔1〕（清）李祖年：《徐雨峰中丞勘语·序》，载国家图书馆出版社影印室：《明清法制史料辑刊》第一编第11册，国家图书馆出版社2008年版，第13页。

〔2〕张希清、王秀梅主编：《官典》（第3册），吉林人民出版社1998年版，第889页。

〔3〕买卖田宅不过割，就意味着该交易没有上税，同时有可能造成国家钱粮的遗漏。《大清律例》第95条"典买田宅"对此有着明确的规定："凡典买田宅不税契者，笞五十，仍追契内田宅价钱一半入官，不过割者，一亩至五亩，笞四十，每五亩加一等，罪止杖一百。其不过割之田入官。"

〔4〕（清）祝庆祺等：《刑案汇览全编》，尤韶华等点校，法律出版社2007年版，第2048页。

三方写下保证书，承诺"再不截挖滋事"[1]。

(二) 依法调解

对于涉及户婚、田土、钱债等的"小事闹大"纠纷，地方官受理之后，一般都会本着调处和息的原则来解决，这种公堂调解是诉讼内的官方调解[2]，形式上与民间调解并无根本区别，但其效力等同于判决。

乾隆年间，山东省曹州府单县乡绅张某与两个侄子"构讼六年"。起因是乡绅早年无子，先后收养次侄、三侄"为子"，无奈两个侄子一个迂拙、一个不肖，最后只好均让其归宗。两个侄子将乡绅告到县衙，依据是大清律例规定无子的养父母是不能将养子归宗的[3]。就在打官司期间，乡绅的妾接连生了两个儿子，这下原告傻眼了，因为依大清律例，乡绅自己如果有了亲生儿子，是可以让养子归宗的[4]。但原告并不死心，诬称两个孩子"是他人儿"，不仅"买两媒婆诡闹于街"，而且"故纵健役带悍妇多人闹绅，贴匿名帖于城"，最后再次"扛控于上"。原告缠讼闹访不止，弄得满县风雨。县衙处理不了，知府潘相接手处理。潘相查明，张家名门望族，乡绅与其弟并无夙仇，"今乃如是，是可化也"，于是决定作调解处理[5]。调解的地点选在书院而不是府衙大堂，调解的程序是先训斥双方，继而宣讲情理，再让双方各自反省，最后"哭声满屋，观者如堵墙，皆感服"这种处理的方式和结果，"请于上司，上司亦服之"[6]。

---

〔1〕 四川省档案馆、四川大学历史系编：《清代乾嘉道巴县档案选编》(上)，四川大学出版社1989年版，第4页。

〔2〕 这里的调解是在官方强制下进行的诉讼内调解，与其现代诉讼调解最大的不同在于现代的调解是双方当事人基于自愿、平等协商而达成协议，而古代诉讼的调解有时并非出于当事人的自愿，而是被迫、被强制的。

〔3〕《大清律例》第78条"立嫡子违法"规定："若养同宗之人为子，所养父母无子而舍去者，杖一百，发付所养父母收管。"

〔4〕《大清律例》第78条"立嫡子违法"又规定："若 (养父母) 有亲生子，及本生父母无子欲还者，听。"

〔5〕 此案的处理虽有审理形式，但从地点选择、处理方式、适用规则等实质内容来看，仍属于诉讼内调解而非判决。认为此案处理方式属于"调处 (调解处理)"的还有学者刘军平。参见刘军平：《中国传统诉讼之"情判"研究》，中国政法大学出版社2011年版，第276~277页。

〔6〕 陈重业主编：《折狱龟鉴补译注》，北京大学出版社2006年版，第98页。

乾隆年间"孔府清厘邹县尼山祭学两田地亩争控案"[1]，是集缠讼、上控、聚众诉告于一体的"小事闹大"案件，该案也是通过调解结案的[2]。该案中山东省兖州府邹县尼山周边村民与孔府发生土地纠纷，村民在"四次控县，两次控府"之后，于乾隆三十一年（1766 年）上控省府。庞公经过三天堂审，审得原告 65 人中大部分人"实不知情、毫不相干"，其姓名是被"状头"偷写在状纸上的，而且原告承认只是为了发泄以前受孔府欺负的怨气和摆脱以后孔府收回佃田"另招人耕种"的担心才"舍着告告"。庞公最后抱着"大事化为小事，小事化为无事"的原则调解结案，原告算是败诉，但不予责罚。[3]

（三）移审和发审

基于严格司法的思维，对于试图以改换控告衙门或以"上控"将"小事闹大"的案件，司法官一般会批示移审或发审。移审即批至有管辖权的其他机关审理，发审即发回原审机关审理。

陈宏谋说："赴上控告者，查系原未在县控告，即系越控，或予责处，或批赴县具告。已告而未审者，上司察核月报册内，如（发现）捏造已结，立即指名行提县承究处。"[4]这就是说，凡是没有在县提出诉讼而直接到上司衙门告状，都算是越诉，对控告者治以越诉之罪，并发回所在州县控告。在原州县"已告而未审"而又到上司控告，也算越诉，要发回所属州县追究越诉者责任。

将案件批移至有诉讼管辖权的机关审理。光绪八年（1882 年），黄岩县媚妇管连氏控告管庆模父子霸噬其灶田案，是一起悖女混渎和缠讼的"小事闹大"案件。灶田即盐田，当时盐业纠纷由盐场管辖。原告第一次到县衙呈告，知县批词说："灶田之事，赴盐呈请核办。"但原告再告还是到县衙呈控，这次知县的批词就较前次严厉："着尊前批赴场，呈请核办，不得悖女混渎。

---

[1] 袁兆春："乾隆年间孔府清厘邹县尼山祭学两田地亩争控案摘选"，载韩延龙主编：《法律史论集》（第 4 卷），法律出版社 2002 年版。

[2] 蒲坚：《中国古代法制丛钞》（第 4 卷），光明日报出版社 2001 年版，第 474 页。

[3] 袁兆春："乾隆年间孔府清厘邹县尼山祭学两田地亩争控案摘选"，载韩延龙主编：《法律史论集》（第 4 卷），法律出版社 2002 年版。

[4] （清）徐栋：《牧令书》卷十八《刑名中》"陈宏谋·越告"。

特饬。"〔1〕

对越诉或上控案件，上司衙门发回原州县审理。光绪五年（1879年），台北府新竹县陈朝升与何良发生争界纠纷，陈朝升两次控县，知县"不肯照断"，于是上控至府，知府陈星聚批："既控县中亲勘……仰新任新竹县克日照断，秉公定界返租，以杜经缠讼，而免滋累。"〔2〕又新竹县孀妇周许氏多次到县衙状告夫弟周玉树等"抗不分析（析分家产）"、图谋吞霸家产。周许氏认为几任知县都是"屈断"，所以上控台北府。第一次控府，知府陈星聚批示"案经由县讯断，辄复来辕饰词图翻，实属恃妇逞刁，不准"；第二次控府，知府批示"仰现任新竹县立即吊验阄书，传集覆讯究断，毋任缠讼"〔3〕。但原告不愿重回县衙，又继续上控至福建分巡台澎兵备道（台北府的上级），道员刘璈仍批示由原审机关审理："所呈是否属实，仰新竹县查案集讯，秉公剖断，详候核夺。"〔4〕陕西省同州府蒲城县杨春苪与人发生债务纠纷，先控县再控府而省，布政使樊增祥的批词是："既经控县有案，自应由县断结，以省拖累。新任蒲县李令，廉明果毅，绝无瞻徇，仰即回县催案。"〔5〕为什么要发审？樊增祥并不认同"居上官者，往往以不参属员为和平，以不提控案为省事"〔6〕的说法，而是认为州县官一般都能履行职责，秉公剖断，如果原告确有冤情，他们不会一概糊涂偏袒对方而不为原告申雪冤屈。

四、情法变通，能动司法

能动司法（judical activism）是外来术语或现代术语，指司法机关在审理案件的过程中，通过灵活解释或适用法律、主动调整司法程序，乃至悖离司法被动性原则而积极作为、扩张功能，最大限度地实现公平正义的司法理念和模式。传统中国没有"能动司法"的固有表达，但有能动司法的实践。根据我们对清代司法文书、诉讼档案等相关材料的系统考察，能动司法是清代司法官应对"小事闹大"诉告的重要策略，其能动方式主要表现在"曲法通

〔1〕 田涛等：《黄岩诉讼档案及调查报告》（上卷），法律出版社2004年版，第270页。

〔2〕 吴密察主编：《淡新档案》（二十一），台湾大学图书馆2007年版，第72页。

〔3〕 吴密察主编：《淡新档案》（二十三），台湾大学图书馆2007年版，第137~138页。

〔4〕 吴密察主编：《淡新档案》（二十三），台湾大学图书馆2007年版，第147页。

〔5〕 （清）樊增祥：《樊山政书》，那思陆、孙家红点校，中华书局2007年版，第79页。

〔6〕 （清）伍承乔：《清代吏治丛谈》，文海出版社1973年版，第525页。

情""代民作主""官批民调"三个方面。这个问题将在下面充分展开讨论，兹不赘述。

综上所述，关于传统诉告中"小事闹大"的司法应对方式，我们有以下结论：

（一）中国传统司法应对"小事闹大"诉告的策略模式并非都是"大事化小"

对于司法应对"小事闹大"的策略，过去人们似乎"英雄所见略同"地一致认为是"大事化小"，但从我们上面考察的情况来看，实情并非如此。

一直以来，以徐忠明教授为代表的国内主流学界认为"大事化小"是古代中国司法应对"小事闹大"诉告的主旨[1]，根据我们上面考察的结果，传统中国司法应对"小事闹大"诉告的策略并不都是"大事化小"，我们甚至还看到清代有原告想将"大事化小"而司法官却要当事人将"小事闹大"的案例[2]。

上述四类十种"小事闹大"诉告的司法应对方式，又可分为置之不理和着手解决两种情形。如何解决？在农耕文明和帝制的"无讼""息讼""和为贵"思想主导下，"大事化小，小事化了"自然是首选，但是"小事闹大"诉告千情万状，不能一概以顽民刁讼而蔽之，有些是原告"健讼""刁讼"，无理取闹，但有些是原告确有冤情，或者是官府不作为而导致原告维权无门，属于"有理取闹"。这后一种情形则不是"大事化小，小事化了"可以解决的。事实上，清代还有大量严格司法和非"大事化小"的能动司法情形存在。美国学者詹姆斯·斯科特认为有些"小事闹大"是"弱者的武器"，应对艺

---

〔1〕 徐忠明："小事闹大与大事化小：解读一份清代民事调解的法庭记录"，载《法制与社会发展》2004 年第 6 期。

〔2〕 光绪年间，浙江省台州府黄岩县潘济清与子女不和，长子潘文褒和弟媳洪氏詈骂、椅殴潘济清（几被殴毙）。《大清律例》第 329 条"骂祖父母、父母"条规定："凡骂祖父母、父母，及妻妾骂夫之祖父母、父母者，并绞。须亲告乃坐。"潘济清若以刑案呈控洪氏，肯定一告一个准，但潘济清认为"父子翁媳匍匐公庭，大为人伦之变"，所以只是诉请"饬差惩诫"，也就是官府派人教训一下算了。接状的王知县不赞成这样做，他有如下批词："潘文褒有意违犯，唆令弟媳洪氏出头殴骂等情，如果属实，亟宜治以家法，否则尽可呈请提究，非传谕申斥所能了事。"知县对惩治加害人的建议是：要么曲法通情"治以家法"，要么小事闹大"呈请提究"。"家法"的处罚可能比"国法"要重，而所谓"提究"则是要实施逮捕、羁押并审讯。参见田涛等：《黄岩诉讼档案及调查报告》（上卷），法律出版社 2004 年版，第 254 页。

术"应从'严防死守'的堵截壅塞变为顺应人心的沟通疏导，更应从制度安排与政策实施上给予和保证农民原本应该享有的权利"[1]。

(二) 司法能动是司法应对"小事闹大"诉告的基本策略和重要方式

在传统中国，"小事闹大"诉告及其司法应对的存在，可能是当时社会矛盾交错的综合反映和国家法制缺陷的集中暴露。首先反映了当事人权利诉求与官方"无讼""息讼"愿景之间的矛盾，"小事闹大"诉告与司法应对这两者的博弈是官民共同有效处理"情理"与"法律"关系、共同寻求有效处理多元纠纷解决途径的关键；其次反映了国家法制存在着某种结构性缺陷（比方说清代基本法典《大清律例》中没有系统的诉讼规则），这导致的后果正如有些学者所说，既使"小事闹大"诉告"因法律本身的缺陷而存在，同时又更加破坏了正常的司法秩序，恶化了（诉告者）自己的生存环境"[2]。上述两个方面都决定了司法能动应该是（事实上也是）司法应对"小事闹大"诉告的基本策略和重要方式，能动司法是诉讼当事人和国家司法的共同需要，其成效如何，既是对司法者个人智慧的考验，也是对国家化解纠纷能力的检视。这种在官民之间"推来挤去"[3]的能动司法应对如果能使部分纠纷得到有效解决，能使当事人的正当权益得到维护（清代的很多情形正是这样），那么，其价值的积极一面就有促进社会秩序稳定（通过"维权"实现"维稳"）、促进国家法律完善与司法发展的作用。

---

[1] 郭于华："弱者的武器与隐藏的文本——研究农民反抗的底层视角"，载《读书》2002 年第 7 期。

[2] 徐忠明："权利与伸冤：传统中国诉讼意识的解释"，载《中山大学学报（社会科学版）》2004 年第 6 期。

[3] 徐忠明：《案例、故事与明清时期的司法文化》，法律出版社 2006 年版，第 271 页。这种"推来挤去"的表述，另在 [日] 寺田浩明的"权利与冤抑——清代听讼和民众的民事法秩序"一文中有十几处，此文载于 [日] 滋贺秀三等：《明清时期的民事审判与民间契约》，王亚新等编译，法律出版社 1998 年版。

第五章

传统司法应对"小事闹大"诉告中的能动司法

能动司法是司法官应对"小事闹大"诉告的重要策略之一，从清代的情况来看，这种能动司法的方式主要有三大类：曲法通情、代民作主、"官批民调"。

第一节 曲法通情

诉告中"小事闹大"，大多事出有因，司法官审理此类案件，往往须灵活适用法律（国法），所谓"法意、人情，实同一体，徇人情而违法意，不可也；守法意而拂人情，亦不可也。权衡于二者之间，使上不违于法意，下不拂于人情，则通行（变通而行）而无弊"[1]，但实际结果大都是"通情而曲法""移法而就情"。这里的"曲法通情"主要是指审理具体案件时，如果法律与情理不一致，则舍弃法律而适用情理，或者尽可能兼顾法律与情理的能动司法方式。清代这样的案例很多，兹举数例如下。

一、李阿梓与李阿梅田价纠纷服毒自杀案

康熙年间，广东省潮州府普宁县李阿梓向李阿梅索找田价不成，遂服毒自杀，将"小事闹大"。在族人调解下，李阿梅殡殓死者，同时给死者家属十二两银子、免除死者一家十五两欠款，另给死者家属两间房屋并赡养一年，死者家属不再追究李阿梅的法律责任，案子私和息讼。但在数月之后，李阿梅所给房屋变成危房，死者家属以"威逼人至死罪"[2]将李阿梅告到县衙。

---

〔1〕 中国社会科学院历史研究所宋辽金元史研究室点校：《名公书判清明集》，中华书局1987年版，第488页。

〔2〕 《大清律例》第299条"威逼人至死罪"规定："凡因事（户婚、田土、钱债之类）威逼人致（自尽）死者，犯人杖一百，并追埋葬银一十两（给付死者之家）。"

知县蓝鼎元受理此案。审理中，李阿梅认为死者是"一时短见，服毒图赖"，不承认是自己威逼至死，但愿意继续履行私和协议。

从案情来看，此案涉及的法律规定主要有《大清律例》中的"威逼人至死罪""杀子孙及奴婢图赖人""尊长为人杀私和"三条。第299条"威逼人至死罪"规定，"凡因事（户婚、田土、钱债之类）威逼人致（自尽）死者，犯人杖一百，并追埋葬银一十两（给付死者之家）"；第294条"杀子孙及奴婢图赖人"规定，"若因（图赖）而诈取财物者，计赃，准窃盗论。抢去财物者，准白昼抢夺论，免刺，各从重科断"；第300条"尊长为人杀私和"规定，"凡祖父母、父母及夫若家长为人所杀，而子孙、妻妾、奴婢、雇工人私和者，杖一百、徒三年"。

鉴于被告已经承担了较多民责，蓝鼎元既没有依法追究私和人命者的刑责，也没有依法认定死者到底是死于"威逼"还是意在"图赖"，而是作出如下判决："李阿梅应加刑责，以儆无良、惩欺诳。姑念片言一折，辄自服辜，据实输情，如约补过……从宽令其修屋给米，免行笞杖，以全亲亲之谊。"[1]蓝鼎元本着大事化小的原则，曲法通情，处理结果使双方"皆大悦"。

二、王书贵重新挑起纠纷的婚姻纠纷案

道光年间，山东省东昌府博平县章氏之女许配给李二为妻，章氏之女尚未过门，李二即暴得风疾而疯癫，李家同意退婚。但李二的舅舅老秀才王书贵重新挑起纠纷，将章家告到官府，诉称"既许李二，则生为李家妇，死为李家鬼"，退婚"有亏伦理"。王书贵反对退婚是有法律依据的，《大清律例》第101条"男女婚姻"规定，"若许嫁女已报婚书，及有私约，而辄悔者，笞五十"，现在两家"已报婚书"，依律章氏不得退婚。可是怪就怪在李二"疯癫"发生在订婚之后、成亲之前。如果僵硬地依法判决维持婚约之效力，对于章氏女来说过于残酷；如果判令解除婚约，又与法律相违。知县胡学醇（字秋潮）考虑到李二病情可能康复无望，于是回避上述矛盾，自作主张作出如下皆大欢喜的妙判："章女之于李二，请待以三年。三年内疯病愈，则为李妻；不愈，则仍为章氏女。或守贞，或改配……全听之可耳。"果然不到一

---

〔1〕（清）蓝鼎元：《鹿洲公案》，群众出版社1985年版，第62页。

年，李二病故，章氏女改字他姓〔1〕。此判决"情""理""法"皆在其中，堪称"通情达理"之典范。

三、林扳洋在家产纠纷中起诉周氏"因奸荡产"案

光绪十一年（1885 年），浙江省台州府黄岩县北乡林扳洋与已故堂兄之妻周氏发生家产纠纷，林扳洋堂兄已故去三年，而"周氏已受八月之孕"，林扳洋以刑案起诉周氏"因奸荡产"。按说，周氏与人通奸已是"铁证如山"，而且《大清律例》第 366 条"犯奸"条明确规定"若奸妇有孕，罪坐本妇"。但知县的批词却是："林周氏如果不守妇道，尔等何不防范于前？事涉暧昧，并无证据……不准。"〔2〕知县完全是环顾左右而言他，且称证据不足，不以犯奸治罪。司法官的判决依据显然不是律条规定，而是寡母孤儿的无依无靠、艰难竭蹶的案情及扶弱济困的情理。

四、知县汪辉祖"曲法通情""批处理"缠讼者

汪辉祖（1730—1807）是清代乾嘉时期的著名良吏和师爷，他在湖南省永州府宁远县任知县时，发现有些人喜欢打官司，并且恶意通过"屡讼"或缠讼将小事闹大，于是特别利用"曲法通情"应对方法严惩这些人。他说：

> 余侦得数名（缠讼者），时时留意。两月后，有更名具辞者，当堂锁系，一面检其讼案，分别示审；一面系之堂柱，令观理事。隔一日审其所讼一事，则薄予杖惩，系柱如故。不过半月，惫不可支，所犯未审之案，亦多求息……后无更犯者，讼牍遂日减矣。〔3〕

汪辉祖通过明察暗访，发现他们中的有些人告状之后，时隔两个月又去诉讼，因恐被县太爷发觉是"屡讼者"，乃更改姓名投状告诉。不幸仍被这位细心的知县发觉。汪知县怎么惩治这些"健讼"者呢？他公开审理这些案件，将这些人铐起来锁在大堂的柱子上观审，隔一天审一次，该责打的打过之后，仍照样锁铐在柱子上。不过半个月，这些人愈不可支，所犯未审之案，亦多

---

〔1〕　（清）胡秋潮：《问心一隅》。
〔2〕　田涛等：《黄岩诉讼档案及调查报告》（上卷），法律出版社 2004 年版，第 306 页。
〔3〕　（清）汪辉祖：《学治臆说》卷下，"治地棍讼师之法"条。

请求撤诉平息。这里虽有审理，而实际上重点不在于查明案件是非如何、法律依据何在，而是把"屡讼"本身当成犯罪加以惩治。这种"锁系""杖惩"，都非清律所载用以惩"屡讼"之刑罚，律中也无"屡讼"之罪，其司法依据不是律条规定，而主要是"好讼即恶"之情理。[1]

第二节　代民作主

以"父母官"自居的州县官，在面对"小事闹大"诉告时，往往"代民作主"，能动司法。这里所谓"代民作主"，主要是指司法官擅自变更当事人的诉请内容，越俎代庖，间接代为主张新诉求的能动司法方式。这在现在，是与民事审判的被动司法原则相悖的，但在传统中国非法治语境下却能大行其道。这里列述清代若干案例如下。

一、于成龙妙审冯婉姑"挥颈血以溅凶徒"抗婚案

这是一起差一点将简单的婚姻纠纷"闹"成命案的"小事闹大"案件。顺治年间，广西省柳州府罗城县有一市侩冯汝棠，聘请年轻秀才钱万青为塾师，教授女儿冯婉姑读书识字。天长日久，师生之间萌生恋情，私订终身，并暗中同居。后来二人又通过媒人，并经冯汝棠认可，正式定亲。但城中有一富家恶少吕豹变，垂涎婉姑的美貌，屡屡以重金贿赂冯家的丫环，让其诋毁钱万青，夸赞吕家豪富。冯汝棠听信这些谗言，贪慕吕家名利，遂与钱家悔婚，转将婉姑许配吕家。迎亲那天，婉姑不从，被吕家强行抬去。拜堂之时，婉姑乘人不备，抽出自带剪刀，直刺吕豹变咽喉，一时血溅华堂。然后婉姑乘乱逃到县衙，请求县官为她作主。钱万青闻讯亦到县衙起诉冯汝棠悔婚，请求公断。吕豹变经人救治保住性命，亦到县衙投诉，要求惩办凶手。[2]知县于成龙（1617—1684）将冯吕两家近邻传来，一一细问，终于求得实情，提笔判道：

　　关雎咏好逑之什，周礼重嫁娶之仪。男欢女悦，原属恒情；夫唱妇随，斯称良偶。钱万青誉擅雕龙，才雄倚马；冯婉姑吟工柳絮，凤号针

---

〔1〕　参见范忠信等：《情理法与中国人》，北京大学出版社 2011 年版，第 233 页。

〔2〕　参见范忠信："于成龙断冯婉姑抗婚案"，载《中国审判》2006 年第 9 期。

神。初则情传素简，频来问字之书；继则梦隐巫山，竟作偷香之客。以西席之嘉宾，作东床之快婿。方谓情天不老，琴瑟欢谐；谁知孽海无边，风波忽起。彼吕豹变者，本习顽无耻，好色登徒。恃财势之通神，乃因缘而作合。婢女无知，中其狡计；冯父昏聩，竟听谗言。遽以彩凤而随鸦，乃使张冠而李戴。婉姑守贞不二，至死靡他。挥颈血以溅凶徒，志岂可夺；排众难而诉令长，智有难能。仍宜复尔前盟，偿尔素愿。月明三五，堪谐凤世之欢；花烛一双，永缔百年之好。冯汝棠贪富嫌贫，弃良即丑。利欲熏其良知，女儿竟为奇货。须知令甲无私，本宜惩究，姑念缇萦泣请，暂免杖笞。吕豹变习滑纨绔，市井淫徒。破人骨肉，败人伉俪，其情可诛，其罪难赦。应予杖责，儆彼冥顽。此判。[1]

这份判词，先说礼义、情理，再说案件事实，最后作出判决。于成龙超出当事人要求追究"无夫奸"罪责和惩办凶手的诉请范围，"为人父母"代行主婚权，成人之美，当堂安排"明年三五，堪谐凤世之欢。花烛一双，永缔百年之好"，成全钱万青和冯婉姑两人婚姻。此"妙判"成为历史美谈。

二、兄弟争产累讼案

康熙年间，江苏省太仓州（直隶州）嘉定县知县陆陇其（1630—1692，字稼书）审理了多起"兄弟争产"累讼的"小事闹大"诉讼案，其传世的判牍中有两则"兄弟争产之妙判"[2]，其审理都有"代民作主"的能动司法情形。

（一）黄仁、黄义争执祖宗遗产案

嘉定县城所在的嘤城有黄仁、黄义两兄弟，两人过去为争夺祖宗遗产"累讼不息"，新县令陆陇其上任后，两人又诉至县衙，陆陇其"以极严厉手段，为之判决"，其判词为：

判得黄仁、黄义，争执祖业遗产，久讼未决。夫鹡鸰呼雏，慈乌反哺，仁也。蜂见花而聚众，鹿见草而呼群，义也。鸣雁聚而成行，雎鸠

---

[1]　金人叹、吴果迟编：《大清拍案惊奇》（上册），海峡文艺出版社2003年版，第4~5页。
[2]　襟霞阁主编：《陆稼书判牍》，上海东亚书局1925年版，第1页、第14页。

挚而有别，礼也。蝼蚁闭塞而壅水，蜘蛛结网而罗食，智也。鸡非晨不鸣，燕非时不至，信也。彼夫毛虫蠢物，尚有五常，人为万物之灵，岂无一得？尔兄弟名仁而不克成仁，名义而不知为义，以祖宗之微产，伤手足之天良。兄藏万卷，全无教弟之心，弟掌六科，竟有伤兄之义。古云：同田为富，分贝为贫。应羞析荆之田氏，宜学合被之姜公。过勿惮改，思之自明，如再不悛，按律治罪不迨。[1]

从上述判词可知，司法官根本不理会当事人的诉求，而是另用一套说词息讼。该判词从自然界禽兽的特定行为，分别对黄氏兄弟进行了仁、义、礼、智、信的五常教化，动之与情，晓之以理，恩威并济。判词章法严谨，妙语连珠，一气呵成，醒人警世，堪称判词之典范！陆知县的做法符合传统中国重视人身关系、轻视财产关系的情理，应合了经义的要求，保护了"兄友弟悌"的人身伦常关系。

(二) 余氏兄弟争产案

嘉定县"余氏兄弟争产，讼于官，越五年而不决，已去其产三分之一，而犹不醒悟，健讼如故。适遇稼书案下，乃不言其产之如何分配，及谁曲谁直，但令兄弟互呼，未及五十声，已各泪下沾襟，自愿息讼"。其判词云：

判得余氏兄弟争产事。夫同气同声，其如兄弟，而乃竟以身外之财产，伤骨肉之至情，其愚真不可及也。观于姜家大被，张氏同党，能无愧煞。讼五年而去其产三分之一，再讼十年，其产已尽。产尽则虽欲讼而不可得矣。犹宰早遇本司，为之排解，犹得稍留仰事俯蓄之资；否则其殆矣。乃在法庭之上，此呼弟弟，彼唤哥哥，而天良不灭，念同父母之手足，竟至泪下。早知今日，何必当初，真不可解者。念尔兄弟，均已悔悟，免予重惩，所有家产，统归长兄管理，弟则助其不及，扶其不足，须至原有产业时，方许分量。从此旧怨已消，新基共创，勉之！勉之！此判。[2]

---

〔1〕 襟霞阁主编：《陆稼书判牍》，上海东亚书局 1925 年版，第 1 页。

〔2〕 襟霞阁主编：《陆稼书判牍》，上海东亚书局 1925 年版，第 14 页。

此案中，余氏两兄弟为争家产打了五年官司，耗去家产三分之一，但仍"健讼如故"，可谓"小事闹大"诉告中的缠讼。现在陆陇其审理此案，陆知县不理会当事人的诉求，而是自作主张，"令兄弟互呼，未及五十声"而息讼。陆知县这样做，其实就是要兄弟二人在互相呼唤对方的称谓（"名"）的过程中，各自省察明白"兄弟之名"背后的"分"（道德义务）、"实"，让他们想起兄应"友"于弟、弟应"悌"于兄的道德伦理。这对兄弟互相呼唤了四十多声后，大概明白了司法官的用意，"自愿息讼"。

三、司法官自掏腰包、代当事人出钱化解纠纷案

清代司法官"代民作主"审理"小事闹大"诉讼案，还有一些非常有趣的由司法官自掏腰包、代当事人出钱化解纠纷的案例。兹举两例：

案例一：孀妇董氏与张忠是邻居，有一天，董氏家中存粮不多，向张家借粮，张家不给，董氏深感羞愤，"旋归而自缢"。死者的两个儿子"不思移尸展赖，律有明条"[1]，"以母死为可居奇"，将母尸抬至张家图赖，意在官断葬埋，为收殓计耳。张家将死者儿子告到县衙，不料知县判决："本县念其贫，给银五两，着三奇（董氏之子）等自行埋葬，其移尸之罪，姑以母死免究。"[2]

案例二：同治年间，江苏省苏州府长洲县知县蒯德模（1816—1877）审理"讯曹和观控婶母杨氏殴伤伊妻曹唐氏"一案，其案情和判决如下：

> 据供，杨氏因邀会未允，纠人行殴等情。余晓之曰："验得伤甚细微，似尔贫苦，尔婶尚来邀会，则其贫苦殆有甚焉。一经提讯，不独尔婶受累，即尔亦须在城守候。书差要钱，是现在之急，田地荒芜是将来之苦。何必因此一口气，绝两家之生乎？"赏钱二千文，令其回归，其人感泣而去。[3]

此案中，曹和观状告婶母杨氏因借贷未成而打伤他的妻子曹唐氏，知县

---

〔1〕《大清律例》第294条"杀子孙及奴婢图赖人"规定："若子孙将已死祖父母、父母，奴婢、雇工人将家长身尸（未葬）图赖人者，杖一百、徒三年。"

〔2〕（清）黄六鸿：《福惠全书》卷十二《刑名部二》"问拟·释看语"。

〔3〕（清）汪辉祖、蒯德模撰：《病榻梦痕录 双节堂庸训 吴中判牍》，江西人民出版社2012年版，第220页。

蒯德模验得曹唐氏伤甚轻微，乃采能动司法的策略，婉言劝道：像你这样的贫苦人家，你婶子还来借贷，说明她比你更穷。一经提讯，不仅你婶子要受累，你也要在县城守候。至于衙门胥吏差役要钱，这还只是现在之急，将来还有田地荒芜之苦，你又何必为了争一口气而绝了两家的生计呢？说罢赏了原告两千文钱，让他回家。原告感泣而去。[1]

第三节　官批民调

"官批民调"是清代州县官应对"小事闹大"诉告的重要策略。所谓"官批民调"，是指州县衙门或州县官接到诉状后，认为案件不必堂审或不能堂审时，将案件批回民间调处的司法模式，其基本程序是：起诉——受理——批付民调——民调——禀复和息——销案。多数"官批民调"，州县官都要在"批词"中提出指导性处理意见。清代地方官以"官批民调"应对"小事闹大"诉告的案例俯拾即是，例如黄岩司法档案记载的 68 件诉讼案（共有 78 件案子）中，有 25 件是通过"官批民调"解决的，半数涉及"小事闹大"诉告。[2]这里仅列述清代黄岩、巴县、淡新三地诉讼档案的典型案例，分别各述一例如下：

一、郑丙松控告葛普怀寻衅滋事"迭理迭翻"案

所谓"迭理迭翻"，属于"小事闹大"诉告中缠讼的情形之一。光绪元年（1875 年），浙江省台州府黄岩县久旱不雨，西乡的乡约组织设坛祈雨成功，约正副一干人集体研究决定集资演戏，"以报神庥"，但村民葛普怀拒不出资，约正金妙三便将其姓名公布在戏台上，此举触怒葛普怀，双方大打出手。村民郑丙松在劝架中被打伤，将葛普怀告到县衙。县官没有审理，而是批示"着投局绅（乡约组织）理息"。乡约组织的调处一直没有达成协议，于是原告郑丙松将小事闹大，随后至少四次到县衙控告，将一起普通的治安纠纷案件"闹"成"迭理迭翻"案。对此县官一如既往采取"官批民调"的能动司法策略，多次批示乡约进行调处，同时批复各方当事人的呈词，例

---

〔1〕 参见范忠信等：《情理法与中国人》，北京大学出版社 2011 年版，第 229 页。

〔2〕 参见田涛等：《黄岩诉讼档案及调查报告》（上卷），法律出版社 2004 年版。

如对郑丙松的呈文批,"竟不知有国服耶,可恶已极。着投局(即乡约局)理明,毋庸滋讼";对葛普怀的呈文批,"尔与郑丙松如果无纠葛,何以屡被诈借,悉肯曲从,殊不可解。着仍自投局绅理处,不必诉渎";对郑丙松的再次呈文批,"仍邀原理之林兰友等,妥为调停息事,不必诡词砌耸,希图诈累"。[1]

前面论及的光绪元年(1875年)张汝龙五次呈告其妻李氏与人通奸案中,知县在要求当事人"投知亲族妥议""邀族从长计议"的同时,还提出了指导性处理意见,说"李氏深恶万分,披阅情词,断难相安"(也就是难以一起生活),加上"李氏淫奔,已犯'七出'之条……既逃回母舅家中,亦可谓有所归",已经达到了离婚的法定要件,所以建议张汝龙还是休掉李氏,让李氏与其相好"有情人终成眷属",这样于己于她都是好事。[2]在这里州县官对于认为可以由民间解决的案件,变通诉讼程序,发回民间自己解决。

二、李坤章与曾荣光田产纠纷"谎状"案

清代巴县档案中有一则乾隆年间的"息状":

> 情蚁等甲内曾荣光,本年九月初九以佃被殴伤事,与李坤章讦报在案,蒙准均差唤。蚁等仰体仁恩有宁民息讼之德,岂忍坐视,将伊两边邀集理剖,二家各吐其情。时李坤章将田当与曾荣光,受钱二百千,荣光耕种两载,是年天旱,坤章欲行如当,荣光不与(许),彼此口角抓闹,致有讦报。蚁等不忍主客参商,从公理处,剖令曾荣光除原当钱二百千外,加钱七十千文,揭(撕)毁原约,另立二百七十千文当约一纸,交与曾荣光收执,仍敦主客之谊,永相和好。两造俱已悦复,情愿和息销案,不愿拖累参商,各具不得滋事甘结。是以吁恩请息。[3]

此案中重庆府巴县的李坤章和曾荣光是主佃关系,李坤章以二百吊铜钱的价格将自家田地典当给曾荣光,曾荣光耕种了两年之后,遭遇旱灾,田价

〔1〕 田涛等:《黄岩诉讼档案及调查报告》(上卷),法律出版社2004年版,第243页。
〔2〕 田涛等:《黄岩诉讼档案及调查报告》(上卷),法律出版社2004年版,第239~240页。
〔3〕 四川省档案馆、四川大学历史系编:《清代乾嘉道巴县档案选编》(上),四川大学出版社1989年版,第211页。

大涨，于是李坤章想赎回。在典买年限未满的情况下，李坤章提出回赎要求是没有法律依据的。《大清律例》第95条"典买田宅"规定："其所典田宅、园林、碾磨等物，年限已满，业主备价取赎。若典主托故不肯放赎者，笞四十。"于法于情，曾荣光都不让李坤章回赎所典田产，两者发生纠纷并有肢体冲突。李坤章将曾荣光告到县衙。知县在讯问中得知，曾荣光之所以不让李坤章回赎，除了年限未满外，还另有原因，这就是李坤章在典当之后又向曾荣光借钱七十吊未还。至于李坤章在呈词中说曾荣光及其侄子将他"凶殴致伤"，"验系妄捏"。总之李坤章告的是"谎状"。知县的应对措施是批示"不准"（不审理），批回"乡约"调解[1]。民间调解的结果是：李坤章仍将田地典当给曾荣光，但原约作废，另立新约，典当价增为二百七十吊铜钱，"仍敦主客之谊，永相和好，两造俱已悦复，情愿和息销案"。乾隆三十六年（1771年）农历九月二十六日，约正杨国仁代表当事人双方和调解人，向县衙递交上述"息状"。

三、彭先和与庄水生等人租佃纠纷缠讼和夸大案情案

光绪二十年（1894年）八月至十月，台湾省[2]台北府新竹县竹北一保大坡庄庄民彭先和（又名彭阿福）三次状告庄水生等"抗租""伏掳"，有缠讼、夸大案情等"小事闹大"诉告情形。彭先和诉称：

> 福（指彭阿福，大名彭先和）于去年（光绪十九年）冬，凭中傅秋波、张洪福明买过庆瑞号即周李氏水田、埔园、山场一所，址在大隘新藤坪，价银玖佰捌拾元……其业因周李氏膜（租佃）有佃人耕作，年限未满，故就其二十余佃当场过交，向福承膜，每年认纳计共租银叁拾余元，内有虎佃（凶恶的佃户）庄水生、陈阿禄、温永来、林万发等串谋匪类……敢将该佃等应纳本年租银十余元，恃强坚抗，任讨不理，甚至倡首，阻挠各佃，显然肆行无忌。福因此遂欲起耕换佃，岂料该恶等不特不从，竟敢挟恨纠匪，伏途将福欲掳入内山，幸附近庄众向前急救，

---

[1] 《巴县档案全宗·清代乾隆三十六年（1771年）》，四川省档案馆，95-728号。

[2] 光绪十三年（1887年）台湾置省，在此之前台湾隶属福建省。顺治十八年（1661年）郑成功收复台湾，康熙二十二年（1683年）划属福建省。光绪二十一年（1895年）台湾省被割让给日本，1945年被收回。

免遭毒害。似此凶悍横恶，无异绿林、生番，非蒙迅严拘究起耕，诚恐效尤成风，势必贻祸匪（不）轻……恳准严拘讯追究办。[1]

原告彭先和称，他于光绪十九年（1893 年）冬天凭中人傅秋波、张洪福购买了周李氏包括水田、埔园、山场的一处田地，价银九百八十元，"契经投税，粮既完清，亦有丈单、粮串炳据"（应该是签订了"红契"[2]）。但此前周李氏已将这些田地佃出，租佃年限未满。根据"买卖不破租赁"的习惯法，双方就其中 20 余佃户当场进行粮税过割，原佃户每年向彭先和认纳租银共三十余元，但这些佃户中的庄水生、陈阿禄、温永来、林万发等人拒交本年租银十余元。彭先和想"起耕换佃"，即终止与这些人的租佃契约，另觅租户。这遭到庄水生等人的恐吓报复，"挟恨纠匪，伏途将福（彭先和）欲掳入内山"。所谓"伏途将福欲掳入内山"，亦即埋伏在彭先和经过的路途中，乘其不备，蒙头装袋，将其投入荒无人烟、猛兽出没的深山老林中，使其生命处在高度危险之中。彭先和现在控告庄水生等人，提出两个诉求：一是强制庄水生等人向自己缴纳十余元租银，二是依法严惩庄水生等人"纠匪伏掳"的犯罪行为。

彭先和的诉求不是没有法律依据的。对于前者，《大清律例》第 312 条"威力制缚人"条规定："有奸顽佃户，拖欠租课，欺慢田主者，杖八十，所欠之租，照数追给田主。"对于后者，《大清律例》没有直接对应的规定，但似乎可以比附援引刑律第 302 条"斗殴"中"同谋共殴伤人者，各以下手伤重者为重罪，原谋减一等"的规定。"重罪"是应处徒刑以上处罚的犯罪行为。

知县范克承受理彭先和控告之后，先派差役"迅往大坽庄协保立查彭先和所控（是否属实）"，差役查实之后的禀状称：

彭阿福称与同前呈。查庄水生等称，此业界系当日刘裕源即集成号，向得庆瑞号即周李氏承膜耕作，后刘集成退耕，交与曾元秀，生（庄水

[1]　本案所有引文见吴密察主编：《淡新档案》（十八），台湾大学图书馆 2006 年版，第 270～275 页。

[2]　土地买卖中的红契，是指买卖双方不仅具有土地买卖的书面契约，而且该契约还送交官府、缴纳税银后，由官府粘贴交税凭证——契尾，加盖官印。这种以纳税为标志，以官府为买卖效力的维护者，以契尾为证明的土地买卖契约，在清代约定俗成为"红契"，又称为"官契"。

153

生）等向与曾元秀分耕。役（指差役本人）复查曾元秀称，此业界与化
番夏矮底二比交葛，所将园租不能均纳，役细查邻佑所称，人番两界，
佃首曾元秀总瞨耕作。二比各执，实难理处了事。

从所见司法档案材料来看，差役的禀状和知县的批词，对原告所说的
"伏掳"一事只字未提，其原因也许是"幸附近庄众向前急救，免遭毒害"，
没有造成严重后果，或者是原告证据不足甚至这事根本就没有发生，总之是
原告夸大案情、危言耸听之辞。差役禀状内容主要是对彭阿福、庄水生、曾
元秀等当事人所述田地产权问题的调查情况。从调查结果看，诉争田地产权
非常复杂，周李氏的这块田园，早期由刘裕成（刘集成）佃耕，后来刘裕成
退耕，由曾元秀承佃，曾元秀又转租给庄水生等耕种。此时周李氏是田主，
曾元秀是"总瞨耕作"的"佃首"（一级佃户），庄水生等人是实承佃耕人
（二级佃户）。更为复杂的情况是，汉人周李氏的这些田园，与原住民（化番
土目）夏矮底的田产存在"难以分界"的问题，此前夏矮底就曾状告彭先和
"霸占勒案佃人、强收山租"。这里涉及两个重要背景：一是"一田多主"的
租佃习俗，二是清政府在台湾的"开山抚番"[1]措施。

鉴于田地产权情况复杂，而诉讼标的金额些小（十余元），知县范克承认
为不需审理，而是采取"官批民调"的能动司法，批回民间调处。范知县最
后的"批词"是：

> 此案前据该差禀复，二比各执，难以理处。惟该民承买周李氏之业，
> 原佃庄水生等向尔承瞨认租，当时应立瞨字付执为凭。未据检缴，已难
> 查核，况查初呈，庄水生等四人仅欠本年租银十余元，为数甚微，着邀
> 公亲理处可也。

---

[1] "开山抚番"是清末开发台湾东部山区时招抚"生番"（汉化程度低的原住民）、鼓励汉人
移垦的政策措施。

第六章

曲法通情：变通规则的司法能动

从本章开始，接下来的三章将对上述"切入点"所引出的三种能动司法方式展开论述，这三章是全书内容的重心。这里有两点需要先说明：第一，因为是基于司法应对"小事闹大"诉告策略的展开，所以这里讨论的三种能动司法方式并不是传统中国能动司法的全部内容；第二，因为是进一步展开，所以这里讨论的内容并不一定全部是针对司法应对"小事闹大"诉告的，而且考察的历史时段也不一定是清代的。

本章是对上一章"曲法通情"之能动司法形式的展开论述。

在笔者知见的文献中，"曲法通情"的固有表达最早似源自清代著名师爷和地方官汪辉祖（1730—1807）在《学治续说·法贵准情》中所说的"满月补枷，通情而不曲法，何不可者？"这句话。汪辉祖说：

> 余昔佐幕，遇犯人有婚丧事，案非重大，必属主人，曲为矜恤……乾隆三十一二年间，江苏有干吏张某，治尚严厉。县试一童子，怀挟旧文，依法枷示。童之姻友环跽乞恩，称某童婚甫一日，请满月后补枷。张不允，新妇闻信自经，急脱枷，童子亦投水死。夫怀挟宜枷，法也，执法非过，独不闻"律设大法、礼顺人情"乎？满月补枷，通情而不曲法，何不可者？而必以此立威，忍矣！……故法有一定，而情别千端。准情用法，庶不干造物之和[1]。

县试是当时科举考试中由知县主持的预考，是科考资格考试的最初一级。

---

[1] "不干造物之和"，意即不会触犯造物主的仁慈和原则。

通过县试者，再参加知府主持的"府试"，府试通过者称"童生"。[1]此案中，有一童生被举报在县试中作弊并查证属实，依法该童生应戴枷示众，但此案案情有特殊之"情"，即该童生被控之日，新婚刚过一天，众亲友皆跪拜具体办理此案的"干吏"[2]张某，乞求开恩，请求待该童生新婚满一个月后再补上戴枷示众之罚。但张某就是不允，结果导致新媳妇上吊自杀、该童生亦投水身亡的悲惨结局。汪辉祖痛斥这位"干吏"不通"情理"、不知"律设大法、礼顺人情"，质问"满月补枷，通情而不曲法，何不可者"，认为"以此立威，忍（残忍、狠心）矣"。这里汪辉祖提出了在"案非重大"而法情冲突时"曲法通情"的司法主张。与此相关，汪辉祖还有"原情而略法"的主张，他说："法所不容姑脱者，原不宜曲法以长奸情，尚可以从宽者，总不妨原情而略法。"[3]

类似"曲法通情"的固有表达还有"移法就情""屈法伸情""原情略法"等，例如《明史·刑法志》中说"明刑所以弼教，凡与五伦相涉者，宜皆屈法以伸情"。

这里的"曲法通情"主要是指审理具体案件时，如果法律与情理不一致，则舍弃法律而适用情理，或者尽可能兼顾法律与情理的能动司法方式。"曲法通情"是规则适用方面的能动司法，在特定案件的审理中，如果完全依国法处理可能违背或不足以体现更能实现实质正义的"情理"，因此司法官在查明案件事实的基础上，应考察当事人双方的具体情况，引入"情理"来审理案件。这里的"情理"是指司法中可适用的、"国法"以外的规范或案情，包括"天理""人情"以及"情""理"等内容。台湾学者林端教授说："韦伯惯用二元对立的二值逻辑（非此即彼）来思考中国传统法律文化，以为中国法官一旦诉诸'情理'，便会弃'王法'于不顾。殊不知'王法'与'情理'并行，正是中国传统法律文化多值逻辑（既此且彼）特色具体呈现的一个面向。"[4]林端教授这里说的"'王法'与'情理'并行"就是"曲法通情"。

---

〔1〕 童生参加省学政主持的"院试"，通过者称秀才或生员，此时才算完成科举考试的资格考试。秀才或生员才有资格参加正式的科举考试（分乡试、会试、殿试三级）。

〔2〕 "干吏"即地位低下的官吏，这里可能是当地知县。

〔3〕 （清）汪辉祖：《学治续说·能反身则恕》。

〔4〕 林端："中国传统法律文化：'卡迪司法'或'第三领域'"，载范忠信、陈景良主编：《中西法律传统》（第6卷），北京大学出版社2008年版。

根据"情理"审判的"情判"是传统中国司法中极具特色而又颇为重要的一种特殊审判方式。从积极意义方面讲，"由于情判的灵活与变通，它能够纠正既有法律条文的死板与僵硬，从而能在某种程度上实现公平与正义，并由此达致和谐与无讼的理想目标"。[1]"曲法通情"是传统中国司法中一道靓丽的风景。

传统中国判词中多有"情法两尽"的用语，"情法两尽"即力求"合法又合情"。这种"情法两尽"主要有三种具体情形：一是"国法无规定时，依情理审断"，二是法律不足以体现具体情理时"情法兼顾"（就像柳立言先生所说的"天理与法律平行而弥补其不足"[2]），三是情法冲突时选择适用情理。依民事司法的通则[3]，第一种情形不算能动司法，第二、三种"曲法通情"的情形才是能动司法。

刘军平博士的《中国传统诉讼之"情判"研究》（这里的"情"与"情理"同义）[4]、范忠信教授的《情理法与中国人》[5]、梁治平教授的《法意与人情》[6]等著作，都是与"曲法通情"能动司法有关的研究成果。本章将分四节论述，首先梳理"曲法通情"之"情"，然后考察"曲法通情"司法在传统中国的有关言论和案例，再专论"曲法通情"中对"招夫养子"习俗的适用情形，最后论述传统中国能动司法中适用"民间法"的进路。

第一节 "曲法通情"之"情"

在传统中国，"情"是一个外延异常宽泛的概念。李交发教授说："'情'在中国古代确乎是一个不定的变数，可谓'风情万种'，当它一与'法'结合时，诉讼便显千姿百态。"[7]胡平仁教授说："'情'字在汉语中至少有四

---

[1] 参见刘军平：《中国传统诉讼之"情判"研究》，中国政法大学出版社 2011 年版，第 28 页。

[2] 柳立言："'天理'在南宋审判中的作用"，载《清华法律评论》（第 9 卷第 1 辑），清华大学出版社 2017 年版。

[3] 主要是"有法律的依法律，没法律的依习惯，没习惯的依法理"，"习惯"和"法理"都属于这里"情理"的范畴。

[4] 刘军平：《中国传统诉讼之"情判"研究》，中国政法大学出版社 2011 年版。

[5] 范忠信等：《情理法与中国人》，北京大学出版社 2011 年版。

[6] 梁治平：《法意与人情》，中国法制出版社 2004 年版。

[7] 李交发：《中国诉讼法史》，中国检察出版社 2002 年版，第 267 页。

层意思：一是指情感，它是与逻辑相对的概念；二是指道德意义上的'情理'，滋贺秀三将它作'常识性的正义衡平感觉'解；三是指情面，即俗话说的面子、脸面等；四是指与法律相对应的'事实'，接近于'情节'一词，古代法律文书中则称之为'情实'。"[1]本书所谓"曲法通情"之"情"，宜作广义的理解，即传统中国司法适用的规则中除"国法"之外的所有规范，既包括比较正式的"天理"和"人情"，也包括通俗的或一般意义上的风俗、习惯、案情、情感、道理等。刘军平博士的著作《中国传统诉讼之"情判"研究》[2]中的"情判"之"情"，即是这种广义的"情"。宋人郑克说："凡推事有两：一察情，一据证。"[3]这里的"情"是指具体案情。古人说"原情定罪"，这里的"情"既包括主观的动机，也包括客观的案情。为了避免过于空疏，本节主要基于传统中国对司法适用规则体系的"天理、国法、人情"之固有表达，对"天理""人情""情理"三个概念及其与法（国法）的关系进行梳理。

一、司法中的"情"：天理、人情和情理

（一）多重意蕴的"天理"

对"天理"的解释，因理解视角的不同、所用外延广狭的不同而不同。例如《北京大学法学百科全书》（中国法律思想史 中国法制史 外国法律思想史 外国法制史）仅从"理学"视角将"天理"解释为与"人欲"相对立的自然法则或人的本然之性，即传统中国的纲常伦理[4]，而《辞海》则从综合视角对"天理"作自然法则、天然道理、人之本性、纲常伦理等多种解释。[5]也有学者指出，广义的"天理"一般是指人们所理解的至高、至大、至广的亘古不变的道理，体现极致之公平、公正和公义；而狭义的"天理"，

---

[1] 胡旭晟主编：《狱与讼：中国传统诉讼文化研究》，中国人民大学出版社2012年版，第555~556页。

[2] 刘军平：《中国传统诉讼之"情判"研究》，中国政法大学出版社2011年版。

[3] （宋）郑克：《折狱龟鉴》卷六"论断狱法"。

[4] 参见《北京大学法学百科全书：中国法律思想史 中国法制史 外国法律思想史 外国法制史》，北京大学出版社2000年版，第796页。

[5] 辞海编委会：《辞海》（第六版彩图版），上海辞书出版社2009年版，第2244页。

如果落实到司法官身上，则主要是某些具体的司法理念或原则。[1]

抽象而言，"天理"是不证自明的公理，亦即所谓的人类普世价值；具体而言，"天理"与法律或司法关联度较高的内涵主要有以下几种：

1. "天理"是正义法、自然法、社会法

陈顾远（1896—1981）先生释"天理"：

> （西方）法学家所说的正义法、自然法、社会法就是（古代）中国人所说的天理。根据正义法说，法律必须合于正义的目的，而为道德律所支配，乃为正则，乃非恶法……根据自然法说，从天命于人的良知上所体会出的规律，如人不应随个人意愿杀伤他人之类即是，从而刑法就有杀人罪伤害罪的规定……根据社会法说，法律是适应社会公众的要求而制定，不应与社会律背道而驰……（这个天理）是普遍地永恒地蕴藏在亘古迄今全人类的人性之中，从个人良知或公众意志上宣示出来，不受个人或少数人下意识的私情或偏见的影响，而为无人可以改变可以歪曲的准则。[2]

2. "天理"是世界本体意义（人性固有）的纲常伦理

理学家朱熹说"天理"的核心内容就是"三纲五常"，这可能是"天理"的各种解释中最主要、最权威的说法。他说：

> 宇宙之间，一理而已，天得之而为天，地得之而为地，而凡生于天地之间者，又各得之以为性。其张之为三纲，其纪之为五常，盖皆此理之流行，无所适而不在。[3]
>
> 所谓天理，复是何物？仁义礼智，岂不是天理？君臣、父子、夫妇、朋友，岂不是天理？[4]
>
> 天理只是仁义礼智之总名。仁义礼智便是天理之件数。[5]

---

[1]　参见陈景良："礼法传统与中国现代法治"，载《孔学堂》2015年第4期。

[2]　范忠信等编：《中国文化与中国法系：陈顾远法律史论集》，中国政法大学出版社2005年版，第275~276页。

[3]　（宋）朱熹：《晦庵先生朱文公文集》卷七十《杂著》"读大纪"。

[4]　（宋）朱熹：《晦庵先生朱文公文集》卷五十九《书》（知旧门人问答）"答吴斗南"。

[5]　（宋）朱熹：《晦庵先生朱文公文集》卷四十《书》（知旧门人问答）"答何叔京"。

天下道理，千枝万叶，千条万绪，都是这四者做出来。[1]

"三纲"即"君为臣纲，父为子纲，夫为妻纲"[2]，即君为臣的主宰，臣绝对服从君；父为子的主宰，子绝对服从父；夫为妻的主宰，妻绝对服从夫。"五常"即"仁义礼智信"或"忠孝悌节义"，主要是君臣、父子、兄弟、夫妇、朋友五种人伦关系的准则。

在程朱理学中，"天理"论主要是借用佛教"月印万川"原理，通过"理一分殊"理论建构起来的哲学理论体系。在这里，"天理"是一种非常特别的存在，"天理"不仅获得世界本体的意义，而且与"人理"的关系已经超越董仲舒"天人相分"前提下的"天人合一"和"天人感应"。所谓"天人本无二，不必言合"[3]；"天之生物不容有二命，只是此一理耳"[4]。"天理"与"人理"不作分别，社会伦常之理与自然法则之理同一。[5]显然"天理"或"三纲五常"并不是法律二元论（自然法和实在法）意义上的"自然法"，但我们仍可以将其理解为以自然法思维形式表述的、国家意识形态层面的一套特殊社会规范。以伦常法则为法内法外的最高准则，这与西方孟德斯鸠"人性就是法纪之源"[6]的说法是相通的。

在司法案例中，"天理"大多是伦常意义上的。根据王志强教授的研究，《名公书判清明集》中"天理"一词出现23例，其中主要指家族关系之正常秩序的有21例，这21例中又以亲子关系为多，占11例，兄弟关系次之，为6例。[7]台湾学者柳立言先生在对南宋判例细致研究后得出结论："天理的内

---

〔1〕《朱子语类》卷二十《论语二·学而篇上》"有子曰其为人也孝弟章"。

〔2〕"纲"的本意是"提网的总绳"或"法度"，在这里既有"领导""统治"的意思，也有"表率""以身作则"的意思。

〔3〕《二程遗书》卷六"二先生语六"。

〔4〕《晦庵先生朱文公文集》卷五十七《书》（知旧门人问卷）"答李尧卿"。

〔5〕朱熹将自然规律与社会法则混淆不分，在西方持这种观点的有乌尔比安、孟德斯鸠、奥斯丁等人，例如乌尔比安认为"自然法"也适用于所有动物，孟德斯鸠认为法是由事物的性质产生出来的必然关系，奥斯丁把规律称为"比喻性法律"。"天理"与柏拉图的"理念"和黑格尔的"绝对精神"有所不同。

〔6〕转引自王天林："法律与伦理的契合与冲突——以拒证特权制度为视角"，载《政法论坛》2010年第3期。

〔7〕参见王志强："《名公书判清明集》法律思想初探"，载叶孝信、郭建主编：《中国法律史研究》，学林出版社2003年版，第494页。

容具有一定程度的确定性与一致性，大多指天性、天伦、人伦纲常，故多适用于亲属相争，而不适用于凡人相争。"[1]

"天理"的核心内容是伦常，但伦常并不直接等于"天理"，"天理"更多的是一种自然法性的原则或精神。朱熹说："礼字、法字，实理字，日月寒暑往来屈伸之常理，事物当然之理。"[2]许章润教授说：

> 现实的伦常法律并不一定就作为是非本身的"天道天理"的直接具体体现，相反，其合法性本身有赖于在天理天道的烛照下的大众实践的辨别与选择。而是非之心人皆有之，天理天道的神秘性乃是向所有人敞开的，人可以通过自己的道德实践提升自己的生命本质，求得自身固有的理性的自我觉醒而体悟到天理天道的神圣意义，从而便也就无人得以垄断是非。或者说，使任何垄断是非的意图彻底失去其合法性的基础。[3]

3. "天理"在司法中体现为某些理念、原则以及值得同情的案情

"天理"在司法中体现为恤刑慎狱的理念、是非不易的原则以及值得同情的案情，落实到司法官身上，则主要是某些具体的司法理念或原则。陈景良教授说：

> 天理，落实到司法官员身上，就南宋《名公书判清明集》中所指的著名法官而言，则是：①法官廉洁的品行；②恤刑慎狱的理念；③是非不可颠倒的原则。南宋著名法官真德秀（字西山）说："殊不思是非之不易者，天理也。"[4]……天理落实到现实中，反映为民心、民情、民愿；反映到案件中，则是指值得理解、同情的具体事项与情节。就此而言，天理即民心，民心即案情，案情即值得同情的具体事项。[5]

---

[1] 柳立言："'天理'在南宋审判中的作用"，载《清华法律评论》（第9卷第1辑），清华大学出版社2017年版。

[2] （宋）朱熹：《晦庵先生朱文公文集》卷六十九《杂著》"学校贡举私议"。

[3] 许章润："梁漱溟论中国人的人生态度与法律生活"，载《中外法学》1998年第6期。

[4] 中国社会科学院历史研究所宋辽金元史研究室点校：《名公书判清明集》，中华书局1987年版，第5页。

[5] 参见陈景良："礼法传统与中国现代法治"，载《孔学堂》2015年第4期。

上述三说各自展示了"天理"的一些面相，都是"天理"的内涵与外延中的应有之义。

(二) 三种维度的"人情"

"人情"一词是个非常模糊的概念，外延可能比"天理"更广，其定义自古至今，众所纷纭，莫衷一是。[1]据《辞源》《辞海》《汉语大词典》等工具书的归纳结集性解释，其流行的意义至少有八种[2]：人的感情[3]、人之常情、人心、馈赠或礼物[4]、情面情谊、交情、应酬或交际往来[5]、民情或民间风俗。

从传统中国的司法文献来看，司法中的"人情"主要有以下三个维度的意思。

1. 情感维度的人之常情、情面等

"人情"作为情感维度的东西，首先是指人之常情，亦即世间约定俗成的事理标准，例如古人说"慕富贵者，人之常情"[6]；"妇人家勤俭惜财，固是美事，也要通乎人情"[7]。其次是指情面、面子、情谊、交情，所谓"人情留一线，日后好相见"[8]。

2. 规则维度的事理、乡俗习惯

"人情"也可指规则维度的事理、常情、习惯、风俗民情等。陈顾远先生说：

> 人情是什么？好像是很偏私而与法治精神抵触的，其实不然。法学

---

[1] 当今国内外学者对传统中国之"人情"的理解和表述，可参见刘军平：《中国传统诉讼之"情判"研究》，中国政法大学出版社 2011 年版，第 115～124 页。

[2] 《辞源》（第 1 册），商务印书馆 1979 年版，第 159 页；《辞海》，上海辞书出版社 1999 年版，第 866 页；《汉语大词典》，上海辞书出版社 2012 年版，第 190 页。

[3] 例如《礼记·礼运》中说："何谓人情？喜、怒、哀、惧、爱、恶、欲，七者弗学而能。"这里的"人情"是指人的七种本能情感。

[4] 例如《元典章新集·刑部·禁骚扰》中说："内外诸衙门与上司官员庆贺，一切人情或私相追往，公然于所辖官吏俸钞科取。"

[5] 清代沈复《浮生六记·坎坷记愁》："处家人情，非钱不行。"

[6] （明）赵弼：《效颦集·赵氏伯仲友义传》。

[7] （明）冯梦龙纂辑：《古今小说·汪信之一死救全家》。

[8] （清）李渔：《笠翁传奇十种》之《奈何天·计左》。

家所说的习惯法以及经验法则上的事理，就是中国人所说的人情。习惯，只须不违反公序良俗，只须未由法律以明文另为规定其他准则，都有法律的效力。习惯不是某个人的成品，而是多人的惯行，纵有创举在先，要必合乎人情，乃能蔚为风尚，倘得人情之正，更自风行而无阻。事理为事物当然之理，离开了人，便没有事物，离开了人也就没有经验。事物之理和经验法则还不都是从人情中酝酿而成，孕育而出吗？……所以圣人依人性而制礼，缘人情而作仪，在道德律上如此，在法律上更应如此。[1]

人情可以是事理、常情，例如"礼尚往来""杀人偿命，欠债还钱""租不拦当，当不拦卖"之类。"人情"有时指习惯、风俗民情，例如古人说："平时做惯贸易，走过江湖，把山川、形势、人情、土俗都看在眼里。"[2]中华国土广袤，所谓"百里不同风，千里不同俗"正体现了风俗民情因地而异的特点。

传统中国的司法官谈论司法须考虑人情的话语中，有时没有出现"人情"二字，但实际上说的就是风俗民情意义上的"人情"，例如清代著名地方官黄六鸿说：州县官初次上任，"身将受事地方，则地方之政事利弊、土俗民情，皆宜咨访……俱可详询。酌其情事应如何料理……可以预为（审案）准备"。[3]袁守定说的下面一段话也是在说"人情"：

> 南方健讼，虽山僻州邑，必有讼师。每运斧斤于空中，而投诉者之多，如大川腾沸，无有止息。办讼案者不能使清，犹把川流者不能使竭也。若北方则不然，讼牍既简。来讼者皆据事直书，数行可了，即稍有遮饰，旋即吐露。此南北民风之不同，欲为循良之吏者，惟在北方为较易。若南方，则全以精神为运量，精神不足，虽明治理，弗能及也。[4]

---

[1] 范忠信等编校：《中国文化与中国法系：陈顾远法律史论集》，中国政法大学出版社 2005 年版，第 276 页。

[2] （清）李渔：《笠翁传奇十种》之《巧团圆·试艰》。

[3] （清）黄六鸿：《福惠全书》卷一《筮仕部》"访风俗"。

[4] （清）徐栋：《牧令书》卷十七《刑名上》"袁守定·听讼"。

3. 事实维度的事实、案情、情节

"人情"还可指事实维度的事实、案情、情节，古人称"情实"。此类具体案情诸如"户有军民、匠灶、丁口籍册可查；男女婚姻先后，见有媒证可据；田土辨其至界；寄借凭其文约；斗殴有中见，脏私有过付"，以及"户口籍册无存，婚姻媒证亡故，田土至界混淆，斗殴强弱不辨"[1]等。陈景良教授说：

> "人情"，亦称情理，一般是指案情，或案情中原被告双方值得同情、理解的事项与情节，决非是指法官的"一己之情"，即私情，更不是说，要法官在审理案件时徇私枉法。申言之，就南宋时期留下来的五百多个真实案例而言，法官所说的"酌以人情，参以法意"之"人情"，主要是指民事性案件审理中的具体案情。如诉讼双方是否亲戚、邻居、故友；当事人是否老幼、妇女、残疾人士；是否具有特殊情节，譬如老幼一家典卖房屋未曾离业；等等。[2]

传统中国"细事"案件的情节复杂多变，司法官对具体情节的把握肯定会影响着案件判决自不待言。

上面列述了三种"人情"，但传统中国司法中的"人情"，到底是哪种维度或意义上的"人情"呢？这个难有定论，有的案件中可能是其有一种或两种，有的案件可能三者兼而有之，所以古人在说司法官断案"曲法通情"时要"酌以人情，参以法意"[3]。不过就能动司法所适用之"情"，或者说"曲法通情"之"情"来说，最主要的可能是规则维度的"人情"。

（三）内涵丰富的"情理"

"情理"也是中国古今固有的表达，例如古人说，"闻义能徙，诚君道所尚，然情理之枢"[4]；"事理至轻，遂殴本人致死，并是斗杀，于情理皆无可

---

[1] 刘海年、杨一凡主编：《中国珍稀法律典籍集成》乙编（第5册），科学出版社1994年版，第518页。

[2] 参见陈景良："礼法传统与中国现代法治"，载《孔学堂》2015年第4期。

[3] 中国社会科学院历史研究所宋辽金元史研究室点校：《名公书判清明集》，中华书局1987年版，第137页。

[4] 《后汉书》卷六十一《张堪廉范传论》。这句意思是说：听到正确的话能够改正错误，这正是为君之道，然而也是情理之关键。

悯"[1]。现在也有"不近情理""情理法""判牍中的'情理'"等说法。

从一般意义上讲，"情理"的外延和内涵包括了上述天理、人情，"情理"有时与"天理""人情"互相代称，古人甚至认为"天理、人情，元无二致"[2]，但"情理"似乎并不等于"天理""人情"两者的简单相加。总体来看，"情理"的内涵更为丰富，包括情感意义上的性情、感情、情绪、思虑乃至判断，规范意义上的常情（重点是伦理）、事理、道理、乡俗习惯（风俗民情、习惯或惯例），事实意义上的案情、实情，等等。日本学者滋贺秀三认为中国的"情理"是"一种社会生活中健全的价值判断，特别是一种衡平的感觉"，相当于日语中的"条理"。[3]作为规范的情理，在传统中国几乎包括"国法"之外的所有规范。

"情理"二字，既可以分开来作"情""理"理解，也可以合起来作一个词理解。分开的"情"与"理"，在西方是两个相对的范畴，一般是在二元对立的情况下运用，但在传统中国，两者往往是意气贯通、密不可分的。清人所谓"理之所突，情以通之"[4]，"天地有好生之德，人得之为不忍人之心"[5]，此之谓也。多数情况下，"情"和"理"经常一同出现、相互依存，如"揆诸情理""衡情酌理""准情度理""情理允协"等。在法律意义上，"情理"更多地指案情、事理，乃至高级法。情与理合体，天理与人情相通，其理论基础当是董仲舒的"天人合一"、程朱的"天人本无二"等理论。

（四）作为"情"的乡俗习惯

如前所述，乡俗习惯是"情"的重要内容和形式。明清时期纠纷解决中常出现"合依常例"的表达，"合依常例"也就是遵从乡俗习惯。依据乡俗习惯审理案件，也是能动司法中"曲法通情"的重要内容。严格来说，乡俗习惯是"人情""情理"中常理常情（较为抽象）和约规章程（多为成文形式）之间的中间形式，司法中运用较多而把握又相对困难，这里对其专门展开讨论。

---

〔1〕《司马光集》卷四十九《章奏》"乞不贷故斗杀札子"。

〔2〕（明）王夫之：《读四书大全说》卷八，中华书局 1975 年版，第 505 页。

〔3〕参见［日］滋贺秀三等：《明清时期的民事审判与民间契约》，王亚新等编译，法律出版社 1998 年版，第 29~39 页。

〔4〕（清）万维翰：《幕学举要·官方》。

〔5〕（清）孙奇逢：《四书近指》卷十五。

1. 乡俗习惯包括"习俗"和"乡例"

从生成方式和适用范围来看，乡俗习惯包括两类：一是完全自然生成、适用地域较广的风俗习惯，二是有人为痕迹、适用范围相对较小的乡俗惯例。这两者我们这里分别简称为"习俗"和"乡例"。

所谓"习俗"（风俗习惯）是指在边界相对模糊的共同体或地域中自然、长期逐渐形成的行为方式或社会规范，如"以彩礼为婚约形式"的习俗、子女取名从父姓的习俗、寡妇不愿再嫁而又无力抚养子女时"招夫养子"的习俗、以赌咒发誓为保证的习惯，等等。这种风俗习惯多数没有见诸文字，但通常能为民众遵行，有些带有普遍性或共通性，有些带有地方性或差异性。

所谓"乡例"（乡俗惯例）是指民间约定俗成、得到民间共同体认可的俗例或惯例，主要是行业性惯例、规则和标准，包括行商、店肆、经纪、储运、钱庄、典货等多方面的俗例，例如"买卖不破租赁""买业不明，可问中人"等交易惯例[1]。我们在乾隆时期的司法诉讼档案中发现了大量司法所用的土地买卖、租佃的乡俗惯例。有关土地交易的乡俗惯例主要存在于交易过程的三个环节：一是交易之前寻找买主环节中的"土地买卖先尽亲房、原业主"等；二是交易时书立卖地文契、交纳田价环节中的价格议定和围绕"凭中"发生的"画字银""喜礼银""脱业钱"等；三是交易之后土地真正易主环节中的"回赎"与"找价"等。归纳起来大致有："卖房地先问亲邻"，"卖房地先尽原业主"；"卖田地时田地内种的庄稼随田转卖"；"凡买产业都要给原业主'赏贺银两'"[2]（主要名目有"脱业钱""贺银""喜礼钱""喜礼银""画字钱""画字银""画押钱""遗念钱""挂红钱"等），"田地绝卖后原业主可以要求'找价'"；"卖房地得钱不能独享，应给族内亲戚喜钱（遗念钱、画押钱、画字银、喜资银、喜礼银等）"等。有关田地租佃的乡例有："佃种田地只换田主（骨主）不换佃户"（即不管田主是谁，佃户不变）；"田地钱粮由典主转交原主完纳"[3]；"佃户租田要给田主'寄庄钱'

---

[1] 参见徐忠明："传统中国乡民的法律意识与诉讼心态——以谚语为范围的文化史考察"，载《中国法学》2006年第6期。

[2] 即买田产的人除了付给现在的主人田产价钱之外，还要另外给原来（先前）的主人一笔感谢费。

[3] 即田地典卖之后，田地应向国家交纳的钱粮，由典主交给原来的田主，再由原来的田主交纳给国家。

'写田礼钱'〔1〕；"佃耕田地未满一年退还，所得谷物由主佃两家均分"，"因灾歉收，佃户交租五至八成"，"租山种树，所得'主二佃八抽分'"（山主得二分，佃户得八分）。〔2〕此外，南京国民政府时期司法行政部组编的《民事习惯调查报告录》载录了大量源古流今的、适用于解决纠纷的乡例，例如在河北清苑县，如果发生债务人无力偿还债务的借贷纠纷，一般是以债权人"让利不让本"的习惯达成和解，即达成"债权人表示抛弃利息的一部或全部，着债务人将原本归清"的和解协议。〔3〕

2. 乡俗习惯是社会生成法

从人类共同体的"国家与社会二元结构"或法社会学的角度来看，即使在当代发达国家或法治国家，"国法"也不是唯一的司法规则，在正式的法律（国法）之外还存在大量的、不直接依托于国家权力的非正式法律（非国家法），国内学界多称这种非正式法为"民间法"。在传统中国，这种"民间法"实际上也就是规范意义上的"天理""人情"或"情理"。国家法和民间法二者往往会并行不悖地成为解决纠纷的依据或规则。〔4〕传统中国不是现代意义上的法治国家，这种情形就更加普遍，清代州县衙门公堂前面牌匾上"天理 国法 人情"的宣示就是明证。作为非正式法的"天理"和"人情"都是"国法"没有直接规定的规范，是可以用来"法外施恩""屈法申恩""可私而公"〔5〕，以实现实质正义的具体规范或衡平规则〔6〕。

非正式法或民间法，从生成方式来看，大致可以分为两类：第一类是"自然"生成的风俗习惯、乡俗惯例、公序良俗（公共道德）等社会生成法。

---

〔1〕 "寄庄钱"或"写田礼钱"是佃户向田主交纳的租赁手续费。

〔2〕 原材料主要出自中国第一历史档案馆等：《清代地租剥削形态》（上、下册），中华书局1982年版；中国第一历史档案馆等：《清代土地占有关系与佃农抗租斗争》（上、下册），中华书局1988年版。参见陈会林：《地缘社会解纷机制研究》，中国政法大学出版社2009年版，第345～351页。

〔3〕 前南京国民政府司法行政部编：《民事习惯调查报告录》（下册），中国政法大学出版社2000年版，第433页。

〔4〕 Lawrence M. Friedman, *American Law*, ch. 2, New York：W. W. Norton & Company, 1984.

〔5〕 （清）李光地等：《渊鉴斋御纂朱子全书》卷六十四《治道二》。

〔6〕 衡平（equity）就是要公平地处理纠纷，其基本原则是"公平"和"善良"。衡平最早在英国是作为弥补普通法的缺陷而采用的一种方法，由国王良知守护人——大法官根据公平正义的观念来审判案件。衡平的要义在于法官可以享有自由裁量权，在法律没有规定，或按法律规定不能恰当处理案件时，法官可以根据公平正义原则和自己的良心来自由地裁判案件。

公序良俗（公共道德[1]）是社会主体在民事活动中所认同和遵从的、符合社会公共利益和基本道德准则的社会规范，如尊老爱幼、公平交易等，公序良俗带有价值判断的因素。"这些在民间社会中自然形成并长期得到遵从的原则和规则，经常被作为一种控制机制，应用于解决纠纷和确定事实上的权利义务。"[2]"社会生成法"在法社会学中又被称为"活的法"（living law）、"行动中的法"（law in action）。第二类是有人为制定环节的乡规民约、行业规章、会馆章程、宗法族规等自治性规范，这些准"社会生成法"可统称为"约规章程"，传统中国"国有律例，民有私约"，"官从政法，民从私约"，"朝廷有法律，乡党有条禁；法律维持天下，禁条严束一方"[3]等表达，说的就是国法与民间约规章程各有所工的情形。约规章程的适用对象是相对具体的特定共同体，在共同体内部具有实际的规范作用。

3. 乡俗习惯的特征

习俗和乡例虽然可以合称乡俗习惯，但两者是有所不同的，例如习俗（风俗习惯）完全是自然生成的，在社会生成法中适用范围最广、公信力最强。乡例（乡俗惯例）的形成中有人为因素，适用范围相对较小，往往适用于特定共同体或特定社会区域。乡俗习惯的共同特征，除了它们都是社会生成法之外，还有两个方面：一是分布的分散性。中国国土广袤、历史悠久、民族众多，政治、经济、文化发展不均衡，社会的情况比较复杂，各地乡俗习惯千差万别，正如常言所谓"千里不同风，百里不同俗"[4]。二是具有非制度化的事实性特征。乡俗习惯首先是一种"既存规范"事实，一种不同于国家制定法但为公众普遍认同和遵从的行为准则和价值标准。日本学者寺田浩明从"惯行"（惯行是习惯性行为，不是作为规则的习惯）的角度间接论述了乡俗习惯的事实性特征，他说：

> 旧中国的所谓"惯行"（即一般民众日常生活中行为规范的共有状

---

[1] 传统中国的法律本身具有伦理性，道德与法律大都是统一的，但这里所说的"道德"是指形式上不表现为法律条规、与法律规范并列的自律性道德规范。

[2] 范愉：《纠纷解决的理论与实践》，清华大学出版社2007年版，第578页。

[3] ［日］寺田浩明："明清时期法秩序中'约'的性质"，载［日］滋贺秀三等：《明清时期的民事审判与民间契约》，王亚新等编译，法律出版社1998年版，第141~157页。

[4] 胡朴安编：《中华全国风俗志》"自序"，中州古籍出版社1990年版。

态）具有一种非制度化的、事实性状态的性质。

某种惯行存在并不意味着人们的每一个具体行动或具体要求只要合乎该惯行就可以得到不言而喻的承认……关于什么是对什么是错，往往只能在日常生活中通过实际的行为来不断地加以尝试和相互确认。

与其以某种客观性规范的存在为前提，把那里发生的实际情况视为该规范的"遵守"和"违反"这样的两极现象，还不如看成一极是接近于大家都从事的行为类型的中心，另一极则是行为者自己认为有理，却背离了这个"中心"从而显得"突出"的个别行动。实际上的情况可以理解为分布在这两极之间无限多样的状态。即使从事的只是接近中心的行为，有时也难免引起争执；反过来即使采取了"突出"的行动，有时也可能就此获得通过。就这样在无数的行为和纠纷中，人们不断地以自己的行动或实践来相互确认在什么范围内行为就可以不至引起争执、超过什么限度就会遭致别人反击。而正因为如此，这种"中心"与"突出"之间的关系也在随时间变化而不断推移。[1]

4. 乡俗习惯如何进入能动司法

有学者认为民间规则作为司法能动的可能条件有五种情形：其一，法律虽然赋予民间规则法源地位，但没有规定其是否适用于司法或明确规定其适用范围的情形；其二，尽管没有规定民间规则的法源地位，但规定了其在一定时空范围内作用的情形；其三，法律上既没有肯定也没有否定民间规则的法源地位的情形；其四，法律上否定民间规则的法源地位，并排除其在司法上的适用情形；其五，因为法律调整不能，用民间规则替代国家法的情形。[2]

在传统中国，对于乡俗习惯能否进入国家司法程序，学界是有争论的。例如以滋贺秀三、寺田浩明师徒二人为代表的一些日本学者的回答是否定的。滋贺秀三说，在历史文献中我们"最终未能查到从地方习惯中发现规范，并

---

〔1〕　[日] 寺田浩明："明清时期法秩序中'约'的性质"，载 [日] 滋贺秀三等：《明清时期的民事审判与民间契约》，王亚新等编译，法律出版社 1998 年版，第 172 页、第 170 页。

〔2〕　参见谢晖："论民间规则与司法能动"，载《学习与探索》2010 年第 5 期。

在此基础上作出裁判的明确事例";[1]寺田浩明认为,"说到清代的民事习惯法……社会中并不存在(将其)作为审判规范的固有的审判机构",[2]"地方官基本上并不把各地的'惯行'作为习惯法或规范的问题来考虑"。[3]这也就是说,传统中国的国家审判机关(例如州县衙门)在处理"细事"案件时不直接依据民间法审断,没有把乡俗习惯当作"法"来对待。但真实的情况似乎并不是这么简单,对此下面将有多节专论。

二、情与法、情理与国法的关系

关于传统中国情与法、情理与国法之关系的研究成果已有不少,这些成果中既有全面讨论天理、国法、人情三者之间关系的(例如陈顾远先生的《天理·国法·人情》[4]、范忠信等著的《情理法与中国人》[5]),也有专门讨论法律与天理关系的(例如柳立言先生的《天理在南宋审判中的作用》[6])、法律与人情关系的(例如梁治平先生的《法意与人情》[7]),我们上面关于"情"的界定讨论中也对此有所涉及。这里,我们在这些成果和讨论的基础上再专门梳理一下情与法、情理与国法的关系,以便使之更加清晰和全面。

情与法、情理与国法的关系,具体来看无非是两种情况:一是法律认可或容纳部分情理,此即法中有"情";二是法律排斥部分情理,此即法外有"情"。后者是能动司法中"曲法通情"的前提条件,这个问题是本书多章论述的内容,在此不予专论。这里主要讨论三个话题:一是关于情与法、情理与国法关系的总体描述,二是法中有"情"的情形,三是乡俗习惯与国法的关系。

---

〔1〕 [日]滋贺秀三:"清代诉讼制度之民事法源的概括性考察——情、理、法",载[日]滋贺秀三等:《明清时期的民事审判与民间契约》,王亚新等编译,法律出版社1998年版,第41页。

〔2〕 [日]寺田浩明:"关于清代的民事法",载《学人》(第15辑),江苏文艺出版社2000年版,第1~15页。

〔3〕 [日]寺田浩明:"明清时期法秩序中'约'的性质",载[日]滋贺秀三等:《明清时期的民事审判与民间契约》,王亚新等编译,法律出版社1998年版,第139~190页。

〔4〕 参见范忠信等编校:《中国文化与中国法系:陈顾远法律史论集》,中国政法大学出版社2005年版,第275~282页。

〔5〕 范忠信等:《情理法与中国人》,北京大学出版社2011年版。

〔6〕 柳立言:"天理在南宋审判中的作用",载《清华法律评论》(第9卷第1辑),清华大学出版社2017年版。

〔7〕 梁治平:《法意与人情》,中国法制出版社2004年版。

（一）"大海"与"冰山"

情与法的关系，或者说情理与国法的关系，总体上是一种两者既有交叠又有冲突的关系。对此梁治平先生说：

> 法意与人情，应当两不相碍。只是，具体情境千变万化，其中的复杂情形往往有我们难以理会之处。即以"人情"来说，深者为本性，浅者为习俗，层层相叠，或真或伪，或隐或显，最详尽的法律也不可能照顾周全。况且法律本系条文，与现实生活的丰富性相比，法律的安排总不能免于简陋之讥。[1]

朱勇教授说：

> 情法并立，互为轻重；既不以法伤情，又不以情淹法；并重情法，共同为治——这就是传统的中国文明所确立的（情法）二者关系原则。从这样的原则出发，便引出了情法冲突的具体解决模式：伦理入于法，亲情义务法律化；区别不同情况，或者法就于情，或者情让于法，或者情法互避。[2]

这种情形被日本学者滋贺秀三形象地说成"'国法'只是'情理'大海上的冰山"，他说：

> （传统中国）国家的法律或许可以比喻为是情理的大海上时而可见的漂浮的冰山。而与此相对，西欧传统的法秩序却总是意图以冰覆盖整个大海，当铺满的冰面上出现洞穴的时候，则试图努力通过条理来扩张冰面，以覆盖这些洞穴。这就是二者最根本性的差别。[3]

这是在说"人之情伪万殊，而国家之科条有限"[4]的情形，特别是"细

---

〔1〕 梁治平：《法意与人情》，中国法制出版社 2004 年版，第 233~234 页、第 236 页。

〔2〕 朱勇："冲突与统一：中国古代亲情义务与法律义务"，载《中国社会科学》1996 年第 1 期。

〔3〕 ［日］滋贺秀三："清代诉讼制度之民事法源的概括性考察——情、理、法"，载 ［日］滋贺秀三等：《明清时期的民事审判与民间契约》，王亚新等编译，法律出版社 1998 年版，第 36 页。

〔4〕 （清）袁枚撰：《袁枚全集》卷十五《答金震方先生问律例说》（第 2 册）。

事"案审理可适用的规则中，国法少、情理多的情形。

（二）法中有"情"或"国法"容"情"

从一般意义上讲，法律不能背情违理。孟德斯鸠说，"人性是法纪之源"[1]；法国比较法学家勒内·达维德说，"情理是法的生命"，"法首先是情理"[2]；霍姆斯说，"法律的生命不是逻辑，而是经验"[3]，也多少包含这样的意思。传统中国更是如此。在传统中国，情理与法律意气相通、天生姻缘。"情理"有时是法律规范的补充，有时体现为法律的精神或原则（"一准乎礼"之类），乃至体现司法的正义标准。美籍华人学者余英时先生说："中国传统社会大体上是靠儒家的规范维系着的，道德的力量远在法律之上。道理（或天理）和人情是两个最重要的标准。"[4]日本学者滋贺秀三认为在传统中国，"国家的法律是情理的部分实定化"，"人情被视为一切基准之首"。[5]美国学者蓝德彰（John D. Langlois）说："秦以后的法律由于儒家惯例和礼仪观念的强化而儒家化。法家的法律排斥'情'，而儒家化的法律却包容了'情'。对于儒家来说，由于法律包容了'情'，才使得法律有了'活力'……法律考虑'情'的程度，也就是法律真正合法和符合正义的程度。"[6]中华法系的代表作、帝制后期法典蓝本《唐律疏议》被后人誉为"一准乎礼以为出入"[7]而"通极乎人情、法理之变"[8]。

下面我们主要基于"天理、国法、人情"的规范结构模式来论述传统中国法（国法）与情（情理）的一致性问题。

---

〔1〕 原文是："列赛逊突斯的法律准许与人通奸的妻子的子女或是她的丈夫的子女控告她，并对家中的奴隶进行拷问。这真是一项罪恶的法律。它为了保存风纪，反而破坏人性，而人性却是风纪的泉源。"见［法］孟德斯鸠：《论法的精神》（下册），张雁深译，商务印书馆1995年版，第176页。

〔2〕 ［法］勒内·达维德：《当代主要法律体系》，漆竹生译，上海译文出版社1984年版，第365页、第369页。

〔3〕 ［美］霍姆斯：《普通法》，冉昊、姚中秋译，中国政法大学出版社2006年版，第1页。

〔4〕 陈致访谈：《余英时访谈录》，中华书局2012年版，第3~4页。

〔5〕 ［日］滋贺秀三："清代诉讼制度之民事法源的概括性考察——情、理、法"，载［日］滋贺秀三等：《明清时期的民事审判与民间契约》，王亚新等编译，法律出版社1998年版，第39页、第40页。

〔6〕 ［美］蓝德彰："宋元法学中的'活法'"，载高道蕴、高鸿钧、贺卫方编：《美国学者论中国法律传统》，中国政法大学出版社1994年版，第313~314页。

〔7〕 （清）纪昀：《四库全书总目》"史部·政书类·法令之属·《唐律疏议》"。

〔8〕 （元）柳贯撰：《唐律疏议序》。

1. 天理、国法、人情"三位一体"

在传统中国，"天理—国法—人情"结构是宋代以后立法和司法的基本框架和原则。《大明律》宣称是"上稽天理，下接人情"而成"百代之准绳"[1]，《大清律例》被乾隆自誉为"揆诸天理，准诸人情，一本于至公而归于至当"[2]。明朝薛宣（1389—1464）说："法者，因天理，顺人情，而为之防范禁制也。当以公平正大之心，制其轻重之宜，不可因一时之喜怒而立法。若然，在则不得其所平者多矣。"[3]清代沈家本认为法律"根极于天理民彝，称量于人情事故，非穷理无以察情伪之端，非清心无以祛意见之妄"，"是今之君子，所当深求其源，而精思其理矣"。[4]"天理—国法—人情"的规范结构，意味着社会规范以国法为中心，以天理、人情为衡平，国法要渗入"天理"和"人情"，天理、国法、人情三位一体。

关于天理、国法、人情"三位一体"的表述，笔者知见的比较典型的主要有三类：

第一类，直接表述为"三位一体"，天理、国法、人情三者同为法源。例如，陈顾远先生说：

> （国法）上须顺应天理，下须顾及人情，绝不是高悬在情理以外，强使理为法屈，情为法夺的。法律并非立法者凭着个人见解，成为其意识上的创造物……虽在"王言即法"时代，而有道明君的修定法律，依然不废与乾坤同运的天理、与日月合明的人情。若有不如此的，"有势者去，众以为殃"。所以天理、国法、人情，实在是三位一体，实在都属于法（广义的"法"）的范围；没有天理的国法乃恶政下的乱法，没有人情的国法乃霸道下的酷法，都不算是助长人类生活向上而有益于国家社会的法律。[5]

---

〔1〕　（明）刘惟谦：《进明律表》。

〔2〕　御制《大清律例·序》。

〔3〕　（清）陈弘谋辑：《从政遗规·薛文清公要语》。

〔4〕　（清）沈家本：《重刻唐律疏议序》，见刘俊文点校：《唐律疏议》，中华书局1983年版，第670页。

〔5〕　范忠信等编：《中国文化与中国法系：陈顾远法律史论集》，中国政法大学出版社2005年版，第277页。

范忠信教授说：

> 情、理、法三者合起来，通盘考虑，消除互相冲突处，才是理想的、真正的法律，才是我们判断人们的行为是非善恶、应否负法律责任的最根本依据。单是三者中的任何一个，都是不可以作为完整意义上的法的。此即三位一体。[1]
>
> 在（传统）国人的观念中，法律不一定是一个本于自然正义形成的、有内在逻辑体系的强制性规范体系，而是"天理""国法""人情"三位一体的，是能预防和解决一切纠纷的公共政治技巧或治理术。[2]

林端教授说：在传统中国，"情理法同为法源，三者既分且合，共同立基在人情的基础之上"。[3]

第二类："国法"是"孤岛"，"天理"和"人情"是桥梁。这是天理、国法、人情"三位一体"的另一种非常形象的表达。例如，范忠信教授说：

> "国法"是一个"孤岛"，"天理"和"人情"是两个桥梁。如以"天"为"彼岸"，"人"为此岸，则"天理"架通了彼岸，"人情"架通了此岸；"国法"居中连接两桥。于是乎，"天人合一"也就在法制上实现了，也即实现了"天理""国法""人情"的"三位一体"。[4]

在"孤岛""桥梁"表述模式中，"天理—国法—人情"是"国法"向"天理"和"人情"两头延伸的不确定性规范组合模式。

第三类："天理"是抽象原则，"人情"是现实内容，"国法"不能悖逆"天理"和"人情"。例如，陈景良教授说：

> "天理"虽然至高无上，但作为抽象的原则，必须落实到具体生活之中才具有实际意义。天理落实到现实中，反映为民心、民情、民愿；反

---

〔1〕 范忠信等：《情理法与中国人》，北京大学出版社 2011 年版，第 23~24 页。

〔2〕 范忠信等：《情理法与中国人》"封底"介绍语，北京大学出版社 2011 年版。

〔3〕 林端：《韦伯论中国传统法律：韦伯比较社会学的批判》"自序与导论"，中国政法大学出版社 2014 年版，第 19 页。

〔4〕 范忠信等：《情理法与中国人》，北京大学出版社 2011 年版，第 23~24 页。

映到案件中，则是指值得理解、同情的具体事项与情节。就此而言，天理即民心，民心即案情，案情即值得同情的具体事项。国法作为客观公正的标准，自然不能与"天理"相悖，当然也就不能与民意相逆。这当然是指的一般通则。[1]

2. 天理与国法："天理"是大法（高级法），国法是小法（实在法）

关于"天理"与"国法"的关系，南宋朱熹说："盖三纲五常，天理、民彝之大节，而治道之本根也。故圣人之治，为之教以明之，为之刑以弼之。"[2]这就是说，天理以纲常伦理为核心与主旨（"大节"），制定和适用国法（"刑"）是为了维护或实现天理。朱熹之后的理学传人真德秀在湖南安抚使任上发布训令："是非之不可易者，天理也；轻重之不可跻者，国法也。以是为非，以非为是，则逆乎天理矣。以轻为重，以重为轻，则违乎国法矣。居官临民，而逆天理，违国法，于心安乎？雷霆鬼神之诛，金科玉条之禁，其可忽乎？"[3]这里对"天理"和"国法"的关系说得更为具体："天理"是是非问题，具有"质"的属性；"国法"只是轻重问题，只有"量"的属性。"天理"是"国法"的终极依据或价值判断的基本标准。理学家们的上述说法与亚里士多德论正义和法律的关系如出一辙。亚里士多德说，"城邦以正义为原则……正义恰是树立社会秩序的基础"，"法律的实际意义应该是促成全邦人民都能进于正义和善德的［永久］制度"[4]，理学说的天理之于国法，正如亚氏所说的正义之于法律。

传统中国天理与国法的关系，今天被一些学者表述为大法与小法、高级法与低级法的关系，天理是"大法"或"高级法"，国法是"小法"或"低级法"。例如柳立言先生说，"假如道理亦有大小等级之分，天理无疑是处于最高位阶，可称为天大的道理或最高的原则"[5]；叶孝信教授说，在伦理积

---

〔1〕 参见陈景良："礼法传统与中国现代法治"，载《孔学堂》2015 年第 4 期。

〔2〕 （宋）朱熹：《晦庵先生朱文公文集》卷十四《奏札·戊申延和奏札一》。

〔3〕 中国社会科学院历史研究所宋辽金元史研究室点校：《名公书判清明集》，中华书局 1987 年版，第 6~7 页。

〔4〕 ［古希腊］亚里士多德：《政治学》，商务印书馆 1965 年版，第 9 页、第 138 页。

〔5〕 柳立言："'天理'在南宋审判中的作用"，载《清华法律评论》（第 9 卷第 1 辑），清华大学出版社 2017 年版。

厚、重德轻法的传统中国，"情理自然成为比法律更高的法律渊源，因而一旦人情、天理与法律发生冲突，法律常常被搁置一旁"[1]。里赞教授认为"天理"即是"大经大法"[2]。陈景良教授说：

> 天理作为至高无上的原则，它是国法的指导，是国法制定的依据；国法体现天理，维护天理。在具体的司法实践中，天理落实到国法上，就权力干涉司法而言，则强调执法者应刚正不阿，不畏权贵，所谓"国法不容，上天难欺"。[3]

陈景良教授还认为在特定的条件下，牺牲"小法"而保护"大法"是传统中国法制的典型特征。

天理与国法的上述关系的一个重要表现是，"国法"即外化的伦理道德，而这种伦理道德是"天理"的基础与核心。梁治平先生说："婚娶、收养违制和幼卑犯尊之所以被视为严重的犯罪，是因为这类行为在道德的考虑上已足够严重；田土、钱债等关涉民事者之所以为立法者所轻忽，又是因为它们在道德上无足轻重（所谓'民间细故'）。"[4]台湾学者戴炎辉先生（1909—1992）说："我国古来法律受到道德的熏染，除现代所谓犯罪行为外，侵权行为及债务不履行，亦被认为是犯罪行为，不过其违背道德较浅，其刑亦轻而已。"[5]

3. 国法与人情："法顺人情"

在传统中国，"国法"与"人情"的一致性常被表述为"法顺人情"[6]。"法顺人情"可以说一直是传统中国国法的基本原则，就连被司马迁认为"六亲不认""刻薄寡恩、亲亲恩恩绝矣"的法家也主张法应容情。例如慎到说，"法非从天下，非从地出，发于人间，合乎人心而已"[7]。此话被南朝傅隆（369—451）重述为："原夫礼律之兴，盖本之自然，求之情理，非从天堕，

---

〔1〕 叶孝信主编：《中国民法史》，上海人民出版社1993年版，第320页。

〔2〕 里赞：《晚清州县诉讼中的审断问题》，法律出版社2010年版，第182页。

〔3〕 参见陈景良："礼法传统与中国现代法治"，载《孔学堂》2015年第4期。

〔4〕 梁治平：《法意与人情》，中国法制出版社2004年版，第156页。

〔5〕 戴炎辉：《中国法制史》，三民书局1979年版，第137页。

〔6〕 参见徐公喜："宋明理学法顺人情论"，载《船山学刊》2014年第3期。

〔7〕 《慎子·佚文》。

非从地出也。"〔1〕《商君书·壹言》中说："法不察民情而立之，则不成。"韩非说，"凡治天下，必因人情，人情有好恶，故赏罚可用"〔2〕，认为"臣事君，子事父，妻事夫……此天下之常道"（"三纲"内容之表述首见于此）。〔3〕

汉初政治家、御史大夫晁错说："法令，合于人情而后行之。"〔4〕此后因礼入律，及至唐律礼法合一，国法与人情融为一体。北宋律学博士傅霖所撰韵文律书《刑统赋》开宗明义即称："律意虽远，人情可推。"北宋著名地方官张耒（1054—1114）认为法悖人情是法律难以实施的主要原因，所谓"立法……常至于沮而不行者何也？是其立法非人情之故也"〔5〕。南宋著名地方官郑克撰《折狱龟鉴》解析法理与人情的关系时说："夫所谓严明者，谨持法理，深察人情也。"〔6〕

随着理学的兴盛，"法顺人情"的观念更是深入人心。理学大师朱熹（1130—1200）认为良法须考虑各种情理，以便"可私而公"。他说："铨法亦公。然法至于尽公不私，便不是好法。要可私而公，方始好。"〔7〕"可私而公"的意思是既可以法外自由裁量，又不违反罪刑法定原则。所谓"私"就是留有余地，以便适用者"灵活"掌握。朱熹举例说，如果严格依据法律规定的程式办事，人民发生饥荒时，逐级申报批准，等得到批示再赈济灾民，那么粮食早就烂得"不可食矣"〔8〕。朱熹认为"顺人情"可以是顺民俗、顺民约，应当允许不同乡里有不同的"约法"，应当尊重乡规民约，他指出，"如有乡土风俗不同者，更许随宜立约，申官遵守，实为久远之利，其不愿置立去处，官司不得抑勒，则不至搔扰"〔9〕；"因时制宜，使合于人情，宜于土俗，而不失乎先王之意也"〔10〕。南宋理学家和著名官吏真德秀（1178—

〔1〕《宋书·傅隆传》。

〔2〕《韩非子·八经》。

〔3〕《韩非子·忠孝》。

〔4〕（汉）班固：《汉书》，中州古籍出版社1991年版，第380页。

〔5〕（宋）张耒：《张右史文集》卷五十三《论悯·刑论下》。

〔6〕（宋）郑克撰：《折狱龟鉴》卷八《严明》。

〔7〕（清）李光地等：《渊鉴斋御纂朱子全书》卷六十三《治道一·总论》。

〔8〕参见（清）李光地等：《渊鉴斋御纂全书》卷六十四《治道二·财赋》。

〔9〕（宋）朱熹：《晦庵先生朱文公文集》卷九十九《公移·社仓事目·救命》。

〔10〕（宋）朱熹注：《孟子集注》卷六《滕文公章句》，岳麓书社2004年版，第288页。

1235）说："夫法令之必本人情，犹政事之必因风俗也。为政而不因风俗，不足言善政；为法而不本人情，不可谓良法。"[1]著名地方官胡颖（号石壁）说："法意、人情实同一体，循人情而违法意，不可也；守法意而拂人情，亦不可也。权衡于二者之间，使上不违于法意，下不拂于人情，则通行而无弊矣。"[2]

明清时期，"法顺人情"成为一种法律理念。例如明代丘濬（1421—1495）说："先王治世不专以法，法之中有情；不专以仁，仁之中有义。"[3]这就是说法律应当合乎人情的要求，否则即非善法。清代知县樊增祥在批词中说："天理、人情，为国法所不禁。"[4]乾隆皇帝则以"准诸人情，一本于至公"[5]标榜《大清律例》。

对于传统中国的"法顺人情"，张晋藩教授有一段经典评述，迻录如下，掠美作为结语：

> 由于民情、人情具有社会性，是法之所以立的基础，因此脱离民情，法的生命也将终结。从法制发展的历史看，法合人情则兴，法逆人情则竭。情入于法，使法与伦理结合，易于为人所接受；法顺人情，冲淡了法的僵硬与冷酷的外貌，更易于推行。法与情两全，使亲情义务与法律义务统一，是良吏追求的目标。[6]

（三）乡俗习惯与国法的复杂关系及司法官对乡俗习惯的实用主义态度

作为非正式法的乡俗习惯与作为正式法的国家法，两者的关系说复杂也复杂，说简单也简单，对此我们认为可以从四个方面来把握。

1. 乡俗习惯与国法并不完全一致

乡俗习惯与国法并不完全一致，有交叠也有冲突。例如历代法律都禁止

---

〔1〕（宋）真德秀撰：《西山先生真文忠公文集》卷三《直前奏札》。

〔2〕中国社会科学院历史研究所宋辽金元史研究室点校：《名公书判清明集》，中华书局2002年版，第311页。

〔3〕（明）丘濬：《大学衍义补》（下册），上海书店出版社2012年版，第216页。

〔4〕杨一凡、徐立志主编：《历代判例判牍》（第11册），中国社会科学出版社2005年版，第14页。

〔5〕御制《大清律例》序。

〔6〕张晋藩：《中国法律的传统与近代转型》，法律出版社1997年版，第53页。

所谓"利滚利"的"复利"（比如《大清律例》第149条"违禁取利"有规定），但民间到期另立新契或变更债务数额的乡俗习惯就轻易规避了法律禁令。又例如法律规定"不得匿丧成婚"[1]（如《大清律例》第105条"居丧嫁娶"有规定），而在闽南，有"居丧百日内可以成婚"的俗例。在乡俗习惯与国法不一致甚至冲突的情况下，司法中如果舍国法用俗例，就是"曲法通情"的能动司法情形。

2. 乡俗习惯可以成为法律

乡俗习惯可以通过国家"认可"的立法方式，以及以"有法律规定的依法律规定，没有法律规定的依习惯，没有习惯的依法理"这类民事通则而成为法律。这时的乡俗习惯就成为"习惯法"。对此陈顾远先生说："习惯，只须不违反公序良俗，只须未由法律以明文另为规定其他准则，都有法律的效力。"[2]"习惯法"的界定在学界没有共识，大致有两种意义或两个层面上的表述：一是法理意义或国家层面的习惯法概念，强调与国家的联系，是法律渊源中与制定法相并列的习惯法；二是法社会学意义或民间法层面上的"习惯法"，例如社会生成法意义上的乡俗习惯。显然，我们这里说的成为法律规则之一部分的乡俗习惯，主要是前者。

3. 乡俗习惯可以是效力更高、优先适用的司法规则

从总体上看，乡俗习惯在社会"惯行"中具有比法律更高的"效力"，比"国法"更具生命力，而且在司法中往往主动、优先适用。清代广东省潮州府潮阳县令说："法律一定者也，而习惯无定者也。习惯之例，原因复杂，非一朝一夕之故。是以，国家法律之力，恒不及社会习惯之力。"[3]对此卢梭讲，风俗习惯不仅是"法律"的一种，"而且是一切法律中最重要的一种；这种法律既不是铭刻在大理石上，也不是铭刻在铜表上，而是铭刻在公民们的内心里；它形成了国家的真正宪法；它每天都在获得新的力量；当其他的法律衰老或者消亡的时候，它可以不知不觉地以习惯的力量代替权威的力量"[4]。

---

〔1〕（明）叶春及：《惠安政书》，福建人民出版社1987年版，第333页。

〔2〕范忠信等编校：《中国文化与中国法系：陈顾远法律史论集》，中国政法大学出版社2005年版，第276页。

〔3〕《广东省调查诉讼事习惯第一次报告书》"第三款"潮州府潮阳县报告，转引自赵娓娓："国法与习惯的'交错'：清代广东省州县地方对命案的处理"，载《中外法学》2004年第4期。

〔4〕［法］卢梭：《社会契约论》，李平沤译，商务印书馆2011年版，第73页。

郭建教授说："在习俗上法律被当作是一种与自己无关的异己力量，个人和法律的关系并不是简单的要遵守或违反的问题，而是可以当作一个能够利用的力量或资源。习俗中往往包含着'利用'法律，应付法律，规避法律，甚至排斥法律的内容。"[1]在传统中国的民间社会生活中，主要是民间俗例约束着社会民众的行为。对此梁漱溟先生说："中国（民间）社会秩序的维持是靠社会礼俗而不靠宗教教会与国家法律。中国社会里宗教教会与国家法律都无多大势力，而最有力量的是社会礼俗。"[2]俞荣根教授说："在国家制定法的影响力无法波及的地区或者虽有波及但人们仍是依照祖祖辈辈形成的习惯乡俗生活的地区，人们对法的理解与渴望恐怕不只是抽象的国家颁布的写在纸上的条文，而更看重的是在此情此景中应该怎么做或不应该怎么做的成功经验和惯例。"[3]韩秀桃博士说："乡里社会的特定性决定了乡民的习惯意识、宗族意识和村落意识远胜于国家意识；乡民对于国家法的遵从亦远不如对风俗习惯的依赖和对宗族伦理法、村落习惯法的认可。"[4]

4. 地方司法官对乡俗习惯大多采取区别对待的实用主义态度

传统中国地方司法官在适用各种乡俗习惯时，大多采取区别对待的实用主义态度。乡俗习惯内容庞杂，有些习俗"落后"、不文明，有些习俗违背法律规定，这就像朱熹所说的："情之发有正与不正焉，其正者性之常也，而其不正者，物之欲乱之也，于是有恶焉。"[5]所以对乡俗习惯不能不有所辨识。朱熹教育门人周谟时指出："处乡曲，固要人情周尽，但要分别是非，不要一面随顺，失了自家。"[6]乡俗习惯能否成为官府审理"细事"案件适用的规则，主要依赖于司法官的自由裁量，这种自由裁量也是对司法官个人品行、经验、智慧的多重考验。日本学者寺田浩明认为传统中国司法官不把乡俗习惯当作"法"的一部分，他说："地方官基本上并不把各地的'惯行'

---

〔1〕 郭建："中国古代民事法律文化的基本特征概述"，载复旦大学法学院编：《多维时空下的理论法学研究》，学林出版社 2005 年版。

〔2〕 梁漱溟："中国文化的特征在哪里"，载《中国名人论文化》，安徽人民出版社 1995 年版，第 89 页。

〔3〕 俞荣根：《羌族习惯法》，重庆出版社 1999 年版，第 16 页。

〔4〕 韩秀桃："《教民榜文》所见明初基层里老人理讼制度"，载《法学研究》2000 年第 3 期。

〔5〕 （宋）朱熹：《晦庵先生朱文公文集》卷七十三《胡子知言疑义》。

〔6〕 （宋）黎靖德编：《朱子语类》卷一百一十七《朱子十四·训门人五》。

作为习惯法或规范的问题来考虑，而作为当地的'风''俗'或'习'的问题。如果他认为是'恶风''恶俗'或'恶习'的话，地方官就可能为了改变这些惯行而发告示、立碑文，积极地试图'移风易俗'。"〔1〕但事实上，似乎不完全是这样，后面我们将会以"招夫养子"习俗作为典型个案进行专论。

第二节　传统中国司法中的"曲法通情"

《唐律疏议》中说"杂犯轻罪触类弘多，金科玉条包罗难尽"〔2〕，《大清律例》中说"有定者，律令；无穷者，情伪也"〔3〕，这些规定都表达了这样一个意思：因为法条有限而情变百出，司法断案不仅可以曲法通情，而且有时必须曲法通情。户婚、田土、钱债等"细事"案件更是情变百出，必须准情酌理，详加推鞫。传统中国在"律无正条"（国法没有正式或明确规定）的情况下，司法官据法断案，在"严格司法"意义上，主要是适用"不应为"罪条款〔4〕和类推比附（援引）这两种处理方式；在"能动司法"意义上，则主要是"曲法通情"，亦即适用规则向"天理""人情""情理"延伸，以情补法、法外寻理。在伦理积厚、重德轻法的传统中国，"情理自然成为比法律更高的法律渊源，因而一旦人情、天理与法律发生冲突，法律常常被搁置一旁"〔5〕；"古人执法辄以天理人情，尤其是在州县一级地方衙门，所涉为钱债、田土一类'细故'，法官的自由裁量余地最大"〔6〕；州县官在"天理—国法—人情"的规范模式中随机应变、自由裁量，"或者法就于情，或者

---

〔1〕　[日]寺田浩明："明清时期法秩序中'约'的性质"，载[日]滋贺秀三等：《明清时期的民事审判与民间契约》，王亚新等编译，法律出版社1998年版，第169页。

〔2〕　《唐律疏议》第450条"不应得为"。

〔3〕　御制《大清律例·序》（乾隆五年）。

〔4〕　"不应为"即在律例中没有明确规定但基于正常事理、情理或社会管理需要而认为行为人不应当实施的行为。

〔5〕　叶孝信主编：《中国民法史》，上海人民出版社1993年版，第320页。

〔6〕　梁治平：《法意与人情》，中国法制出版社2004年版，第184页。

情就于法，或者情法互避"[1]。柏桦教授说：

> 中国古代官员在处理司法案件时，常常使用"揆情准理""情理之平""于法难容"等词，说明古代官员在裁断案件时是"情、理、法"兼用，在有相当大的自主裁量权的当时，三者的巧妙结合就成为古代官员是否"清明"的重要标准。[2]

一、传统中国司法官对司法中"曲法通情"的认知

在传统中国，历代主张严格依法断案、反对曲法通情者有之，但是主张司法可以曲法通情者是主流。[3]前面第二章中关于传统中国倡导能动司法的言论中，大多数属于"曲法通情"的主张。这里再撷拾数则传统中国地方官（州县官）或曾任地方官的官员主张司法可以"曲法通情"的代表性言论。

首先要说的是，被何勤华教授认为是中国历史上第一次明确提出"罪刑法定"原则的西晋人刘颂（？—300）也认为断案"（自）刑书征文，征文必有乖于情听之断"[4]，也就是说，严格依法律条文断案，常常可能出现违背情理的判断。史载西晋廷尉卫瓘（220—291）认为"明法理，每至听讼，小大以情"[5]，也就是说通晓法理的首席大司法官，判案不论案子大小都要考虑情理。

唐代孔颖达（574—648）说："法之设文有限，民之犯罪无穷，为法立文不能网罗诸罪，民之所犯不必正与法同，自然有危疑之理。"[6]宋代是传统中国人文精神大发展的时代，所谓士大夫"文学法理，咸精其能"[7]。南宋《名公书判清明集》所载判词中，多有"酌以人情，参以法意""情法两尽"

---

〔1〕 朱勇："冲突与统一：中国古代亲情义务与法律义务"，载《中国社会科学》1996年第1期。

〔2〕 柏桦、刘立松："清代的借贷与规制：'违禁取利'研究"，载《南开经济研究》2009年第2期。

〔3〕 参见顾元：《衡平司法与中国传统法律秩序——兼与英国衡平法相比较》，中国政法大学出版社2006年版，第117页。

〔4〕《晋书·刑法志》。

〔5〕《晋书·卫瓘传》。

〔6〕 李学勤主编：《春秋左传正义》，北京大学出版社1999年版，第1223页。

〔7〕《宋史》卷三百一十九《曾巩传》。

"非惟法意之所碍，亦于人情为不安""明其是非，合于人情而后已"[1]之语，特别是胡颖（号石壁）的一段话堪称经典，他说："法意、人情实同一体，徇人情而违法意，不可也，守法意而拂人情，亦不可也。权衡于二者之间，使上不违于法意，下不拂于人情，则通行而无弊矣。"[2]

清代是我们所知论述"曲法通情"最多的朝代。康熙时期的黄六鸿认为审理钱债纠纷案，"若夫券约分明，笔押有据，计其取息已多，自应减本归结。苟其本息俱道，律有远年倍还之条，定例三分行息。过此即属违禁，计其余息论赃入官，拟以笞杖，然而负者实贫，力难归结，尤须婉劝借人，量为减免，以留余惠而资福善可也"[3]。雍正时期袁守定（1705—1782）认为办案的要害在于"准情度理"，他说：

> 词讼情变百出，若难凭信。如证佐可凭也，而多贿托。契约可凭也，而多伪赝。官册可凭也，而多偷丈。族谱可凭也，而多裁估。然则决讼者将何所据乎，惟有准情酌理，详细推鞫，但能详细，民自不冤，所可据者此耳……曩在湖南，有辰溪令胡君国选，夙为制抚幕客，称谙练者。余尝叩其幕学，胡曰："作幕督抚无他巧，只是报本熟自是，阅邸抄一字不敢忽，而其大究不过情理而已。"可见准情度理，便是办案把鼻（凭据和缘由）。[4]

如前所述，这里"曲法通情"一词的固有表达直接源于乾嘉时期名幕、良吏汪辉祖（1730—1807）的论述，汪辉祖可能是清代官吏中对"曲法通情"论述最多、最系统的人。汪辉祖说，"（法律）运用之妙，尤在善体人情。盖各处风俗往往不同，必须虚心体问，就其俗尚所宜随时调剂，然后傅以律令，则上下相协……若一味我行我法，或且怨集谤生"[5]；"法有一定，而情别

[1]　中国社会科学院历史研究所宋辽金元史研究室点校：《名公书判清明集》，中华书局1987年版，第137页、第265页、第300页、第215页。

[2]　中国社会科学院历史研究所宋辽金元史研究室点校：《名公书判清明集》，中华书局2002年版，第311页。

[3]　（清）黄六鸿：《福惠全书》卷二十《刑名部十》"杂犯·债负"。

[4]　（清）徐栋辑：《牧令书》卷十七《刑名上》"袁守定·听讼"。

[5]　（清）汪辉祖：《佐治药言·须体俗情》。

千端，准情用法，庶不干造物之和"〔1〕；"法所不容姑脱者，原不宜曲法以长奸情，尚可以从宽者，总不妨原情而略法"〔2〕；司法官应当"体问风俗，然后折中剖断，自然情、法兼到"〔3〕。这最后一句是说司法官只要仔细体察人情俗尚，然后折中处理，自然能实现情法兼顾的目标。

清中期王凤生（1776—1834）说："听讼又非徒守其经而拘于法已也。所收民词，千态万状，其事故亦百变纷呈，尤须相时因地，体俗原情，以恤民隐而通权变。何谓体俗原情？如乡僻愚民罔知律例，其有习俗相沿，众皆视为恒泛（一般），实则犯禁令而不知者，非有以教之于先，未可骤施之以法。"〔4〕

晚清方大湜（1821—1886）、樊增祥（1846—1931）等著名地方官对"曲法通情"都有精要论述。例如方大湜说："自理词讼，原不必事事照例。但本案情节，应用何律何例必须考究明白，再就本地风俗，准情酌理而变通之，庶不与律例十分相背。"〔5〕也就是说，诉讼过程中必须经过"准情酌理"的变通，但不能"与律例十分相背"，守法"而又能于法外推情察理"。樊增祥在陕西省西安府渭南县知县任上审理案件，"于家庭衅嫌，乡邻争斗，及一切细故涉讼者，尤能指斥幽隐，反覆详说，科其罪而又白其可原之情，直其事而又挞其自取之咎"。〔6〕

最后我们迻录两位当代学者关于"曲法通情"的经典论述，作为对传统中国关于"曲法通情"认知的总结或评述。

梁治平先生说：

> 法意与人情，应当两不相碍。只是，具体情境千变万化，其中的复杂情形往往有我们难以理会之处。即以"人情"来说，深者为本性，浅者为习俗，层层相叠，或真或伪，或隐或显，最详尽的法律也不可能照

〔1〕（清）汪辉祖：《学治续说·法贵准情》。"不干造物之和"，意即不会触犯造物主的仁慈和原则。

〔2〕（清）汪辉祖：《学治续说·能反身则恕》。

〔3〕（清）汪辉祖：《学治臆说》卷上。

〔4〕（清）徐栋辑：《牧令书》卷十八《刑名中》"王凤生·治尚明通"。

〔5〕（清）方大湜著，吴克明点校：《平平言·桑蚕提要》，湖南科学技术出版社2010年版，第102页。

〔6〕（清）余诚格：《樊山集序》，《樊山集》卷首，光绪十九年（1893年）刻本。

顾周全。况且法律本系条文，与现实生活的丰富性相比，法律的安排总不能免于简陋之讥。因此之故，即使立法者明白地想要使法意与人情相一致，此一原则的最终实现还是要有司法者的才智与努力方才可能。这也就是为什么，历来关于明敏断狱的记载，总少不了善体法意，顺遂人情这一条……他们依据法律，却不拘泥于条文与字句；明于是非，但也不是呆板不近人情。他们的裁判常常是变通的，但是都建立在人情之上，这正是对于法律精神的最深刻的理解。[1]

陈景良教授指出：

> 再完善美好的法律，也未必能穷尽天下所有事项，因为立法者不是神，社会变化无穷，案情曲折复杂，古今中外，皆有疑难案件，皆有法律不能穷尽之事项。正如古人所言，法轨一定，则事理无穷，欲以一定之规而穷天下之事，欲其善治，不亦难乎？当案情特殊复杂，没有法可依；或者仅以法条去判断，就会于情于理于社会上的认知不合，当事人不服，社会效果、判决效果极差时，法官就须"酌以人情，参以法意"，据天、依法、酌情而断。否则就会成为一个拘泥于法条的陋吏，或者成为一个酷吏，落得个千夫所指的骂名。[2]

二、传统中国司法"曲法通情"的实践

传统中国司法"曲法通情"的历史至少可以溯至汉代的"春秋决狱"。从汉代至隋唐盛行近800年的"春秋决狱"，就是司法官断案在遇到法无明文规定或依成文法律判处有悖常理的案件时，直接依据儒家经典（以《春秋》为代表）中的原则和案例来判决的一种"曲法通情"的能动司法模式。"春秋决狱"的核心内容之一是"原心论罪"或"原情论罪"，"原心""原情"论罪，既是强调违法行为的动机，也是注重违法行为的案情。例如强调"志善而违于法者免，志恶而合于法者诛"[3]，也就是说，司法官审理案件，应

注重作案人的动机，以动机作为判决其有罪与否及罪刑轻重的最后根据。如果作案人的作案动机（志）是合乎道德（"善"）的，那么即使违反了法律，也应免于处罚或减轻处罚。相反，如果其动机是不合道德（"恶"）的，那么即使其行为客观上没有犯法，也应加以惩罚。总之，在这里，社会规范"德"代替了国家规范"法"。

台湾学者柳立言先生在对南宋判例进行细致研究后得出结论：

> 天理与法律的关系应分两个面相来分析：一是对受害者权益的维护；二是对加害者行为的惩罚。在前者，天理与法律平行而弥补其不足，没有导致司法的不客观、不确定或不一致。在后者，为了缝补受害人和加害人彼此的天伦，天理有时凌驾于法律，以道德训诲代替刑罚。[1]

也就是说，"天理"（属于广义之"情"的范畴）与"法律"（这里大致是"国法"）的关系，主要体现为两种：一是维护受害者权益时，"天理与法律平行而弥补其不足"；二是惩罚加害者时，"天理有时凌驾于法律，以道德训诲代替刑罚"。再简明一点说，司法中"曲法通情"的具体情形可以分为两类：一是国法不足以体现具体情理时，国法与情理兼顾；二是国法与情理发生冲突时，舍国法依情理。柳先生归纳概括的这两类情形大概也就是传统中国司法中的"曲法通情"的两种基本面相。下面笔者即据此对传统中国司法"曲法通情"的实际情况进行考察。

（一）国法与情理兼顾

在传统中国的判词中，我们经常看到这样的表述，"论法法不可容，论情情实难恕"[2]；"酌以人情，参以法意；揆之条法，酌之人情；酌情据法，以平其事"[3]等，这些都表明司法官断案时在作情法兼顾的努力。相对而言，司法审判中"情法兼顾"比"舍法用情"更难。兹述宋代的情形如下。

---

〔1〕 柳立言："'天理'在南宋审判中的作用"，载《清华法律评论》（第9卷第1辑），清华大学出版社2017年版。

〔2〕 刘俊文编著：《敦煌吐鲁番唐代法制文书考释》，中华书局1991年版，第443页。

〔3〕 后面三则见中国社会科学院历史研究所宋辽金元史研究室点校：《名公书判清明集》，中华书局1987年版，第137页、第192页、第215页。

1. "背母无状"案

"天理"和"国法"两者在司法中同时适用的情形，柳立言先生曾以南宋法官审案记录《名公书判清明集》为主要材料，对南宋的情形做过专门研究。根据柳立言先生的研究，南宋司法中"天理"和"国法"两者同时适用的情形，主要发生在两种情况之下：一是维护受害人的权利，二是惩罚加害人罪行。其中，维护受害人的权利的判例主要有：蔡杭所判"背母无状"案、韩竹坡所判"同宗争立"案、吴势卿所判"痛治传习事魔等人"案；惩罚加害人罪行的主要有：胡颖所判"叔父谋吞并幼侄财产"案、胡颖所判"子妄以奸妻事诬父"案、翁甫所判"出继不肖官勒归宗"案、翁甫"衣冠之后卖子于非类归宗后责房长收养"案。[1]对于这些案例，柳立言先生有精到的解读和论述，兹述一例：

《名公书判清明集》载有蔡杭所判"背母无状"案，判词如下：

> 详王氏所供，初事张显之为妻，显之既死，只有男张大谦。王氏以夫亡子幼，始招许文进为接脚夫。许万三者，乃许文进之义子，带至王氏之家者也。许文进用王氏前夫之财，营运致富。其许万三长成，王氏又为娶妇，悉以家计附之，虽前夫亲生之子已死，不复为之立继，所以抚育许万三之恩，可谓厚矣。今年四月，许文进病重，口令许万三写下遗嘱，分付家事，正欲杜许万三背母之心。许万三从而窃之，固已无状，且纵其妻阿戴悖慢其姑，又将盐策席卷而去，有是理哉？王氏有词，夫岂得已，本州委林都监究实，不能正其母子之名分，乃只问其财货之着落，舍本求末，弃义言利，知有货利，而不知有母子之天。鄙哉！武夫何足识此。尤可怪者，王氏方诉于本司之庭，忽有许文通者，突然执状而出，曳王氏而前，若擒捕一贼之状，押下供对，乃知许文通者，乃许万三所生之父。所供之状与所执之状，字画已出两手，无故而欲干预孀妇家事，一不可也；又为出继男入词，率子攻母，二不可也。违背公理，入脚行私，孀妇在公庭，犹且为其擒纽欺撼。则其在私家可知矣，则其助所生之子，以悖所养之母，又可知矣。当职亲睹其无状，心甚恶之，

---

[1] 柳立言："'天理'在南宋审判中的作用"，载《清华法律评论》（第9卷第1辑），清华大学出版社2017年版。

谁无父母，谁无养子，天理人伦，何至于是！许文通勘杖八十，封案，如敢更干预王氏家事，即行拆断，滕州差人管押。许万三夫妻及财本与王氏同居侍奉，如再咆哮不孝，致王氏不安迹，定将子妇一例正其不孝之罪。仍门示。[1]

此案是蔡杭（字仲节，号久轩）所审案件的判词，可能作于江南西路隆兴府知府任上，案发原因是义子及其生父侵占义母之财，原告是义母。大致案情和审理结果是：寡妇王氏有一位幼子，王氏难以持家，招来接脚夫许文进，并养育许文进带来的义子许万三。许文进不负所托，利用王氏前夫的遗产营运致富。王氏厚待许万三，不但以家计付之，而且替他娶了媳妇。虽然前夫的幼子后来死了，前夫绝后，但她也不立继。许文进死后，许万三夫妇悖慢王氏，并盗走其钱财。王氏将许万三夫妇告到州县衙门，州县官把办案重点放在追回钱财上。后来可能是许万三不服，由许万三生父许文通代为上诉到知府衙门，知府蔡杭受理此案。不料许文通在递状之时，竟一把抓着王氏，拖行至蔡杭面前。蔡杭本来认为原来州县官的判决就是"舍本求末，弃义言利，知有货利，而不知有母子之天"，现在"亲睹其无状，心甚恶之，谁无父母，谁无养子，天理人伦，何至于是"，认为许文通有两事不对：一是无故干预王氏家事；二是替许万三告状，"助所生之子，以悖所养之母"，可谓"违背公理"。蔡杭最后判决：许文通勘杖八十，缓刑，如敢再干预王氏家事，便要执行；许万三夫妇要归还钱财，与王氏同居侍奉，如再敢对王氏无礼，就"正其不孝之罪"。

此案中的"天理"是"母子之名分"[2]，亦即"天理人伦"。此案涉及的"国法"规定有哪些呢？对于主要加害人来说，许万三夫妇犯有"十恶"之"不孝"罪，具体可能涉及"别籍异财""供养有阙"，以及"同居共财法之卑幼私用财"等罪名，处罚分别可以是徒三年、徒二年、杖一百[3]；对于次要加害人来说，许文通协助亲生儿子犯罪，但本人跟王氏没有亲属关系，应按

---

〔1〕 中国社会科学院历史研究所宋辽金元史研究室点校：《名公书判清明集》，中华书局1987年版，第294~295页。

〔2〕《宋刑统》第52条规定："嫡、继、慈母，若养者，与亲同。"

〔3〕 参见《宋刑统》第155条、第348条、第162条。

"不应得为"罪处罚（蔡杭正是依此罪的最高刑罚即"杖八十"处罚的)[1]。

此案的判决做到了"天理"和"国法"兼顾。当然，"不孝"罪本身就包含了冒犯母子伦常，此时执行法律也就是实践天理，国法与天理一致维护了受害人的权利。在本应依法惩罚加害人之处，天理的作用有二：一是道德训诲；二是以减免刑罚来帮助他们恢复跟受害人的亲属伦理。法律以但书的方式协助天理完成止争的任务，实践先教后刑。[2]

2. "曹彬缓刑"案

北宋司马光的国史实录《涑水纪闻》卷二记载：

> 曹侍中彬为人仁爱多恕，平数国，未尝妄斩人。尝知徐州，有吏犯罪，既立案，逾年然后杖之，人皆不晓其意。彬曰："吾闻此人新取妇，若杖之，彼其舅姑必以妇为不利而恶之，朝夕笞骂，使不能自存。吾故缓其事，而法亦不赦也。"其用意如此。[3]

曹彬（931—999）是北宋名臣，此案是其在京东西路徐州府担任知府时审理的一个杖刑案件，属于"细事"案司法。案中被告新婚不久，如果此时"杖之"，可能打得他皮开肉绽、血肉模糊，惨不忍睹[4]，新娘婆家难免会因此迁怒于新娘，"必以妇为不利而恶之，朝夕笞骂"，也就是亲友可能认为新娘刚进门新郎就受刑，新娘肯定是个"扫帚星"或命里克夫之类的恶人。众亲一旦心生疑忌，便难免内心厌恶，朝夕笞骂，致使新娘难以正常生活下去，可能离家出走甚至导致更严重的后果。因此，既智且仁的曹知府判决原告的杖刑难免，但如何执行则可以变通，具体是"逾年，然后杖之"。如此，既维护了法律权威，又避免了对犯人家庭可能产生的不利影响，真正做到了情法兼顾。[5]

---

[1]　参见《宋刑统》第450条。

[2]　参见柳立言："'天理'在南宋审判中的作用"，载《清华法律评论》（第9卷第1辑），清华大学出版社2017年版。

[3]　（宋）司马光：《涑水纪闻》卷二。

[4]　古代的杖刑在今天看来是较重的处罚，有学者考证说，一个青壮年男子受杖六十（杖刑从杖六十到一百），也需要卧躺一个月，然后才能正常下地走路。

[5]　本章导语部分所述清代乾隆年间江苏省某县发生的"县试考生作弊"案，是此案的反例。清代"县试考生作弊"案的案情与上述案情类似，也是违法者新婚不久，但承办司法官"干吏"张某仍"严格"执法，舍情取法，导致新郎、新娘双双自杀的悲惨结局。

3. "李边赎田之讼"案

南宋《名公书判清明集》载有"李边赎田之讼"案，说的是李边与唐仲照的田地典卖纠纷官司打了九年都未能审决，案情大致是：先前李边将自家一块田地典卖给唐仲照，唐仲照支付的是铜钱，后来李边赎田时，欲支付部分纸币，唐仲照不同意，不肯退业，于是李边诉至官府。"县家所定与漕司所断，皆以李边为不直"，李边不服，官司打了九年。现在由知府（可能是两浙西路平江府）胡颖（号石壁）再来审理。胡颖根据案情，发现了问题的根本所在：李边以纸币赎回田产是合法的，因为当时会子纸币是法定通行货币，但现今的纸币与原来的铜钱已有差价，所以唐仲照不退典业也是合乎情理的。那此案应该怎样判呢？胡颖首先确立了一个指导思想（反映在判词中）："法意、人情，实同一体，徇人情而违法意，不可也；守法意而拂人情，亦不可也。权衡二者之间，使上不违于法意，下不拂于人情，则通行而无弊矣。"然后依此判决："李边备钱陪还唐仲照，如不伏（服），收勘从条行。"[1]允许用纸币支付，体现了"合法"；补足差价，则体现了"情理"。

4. "陈鉴诉刘有光不肯将义女魏荣姐还亲事"案

南宋《名公书判清明集》载有赵惟斋所判"陈鉴诉刘有光不肯将义女魏荣姐还亲事"一案。在该案中，"陈、刘二家以三世交契论婚，是为既亲且契，尽善尽美。只缘男家逗留五年，不曾成亲，遂致女家有中辍之意，争讼之端，自兹始矣"。订婚五年，男方都没有迎娶女方，根据法律规定，"诸定婚无故三年不成婚者，听离"，但州县官断"择日还亲"，即仍判男女双方完婚。这显然是"舍法意而用人情"之判决。后来案件上诉到赵惟斋（可能是知府）这里，赵惟斋经仔细分析案情及双方家庭实际情况后，还是判决双方离婚（古代订婚即视为有效婚姻）。从表面上看，这似乎是纠正了此前弃法顺情的判决，但实际上是"断之以法意，参之以人情"的明智判断。因为双方怨嫌已深，强行完婚，后果难料。赵惟斋的判决理由是：

> 以世契而缔姻好，本为夫妇百年之计，今乃争讼纷纭，彼此交恶，世契既已扫地，姻好何由得成？以法意论之，则已出三年之限；以人事

---

[1] 中国社会科学院历史研究所宋辽金元史研究室点校：《名公书判清明集》，中华书局1987年版，第311~312页。

言之，成毕之后，难保其往。今既各怀忿憾，已败前盟，初意何在？男女婚姻与其他讼不同，二家论诉，非一朝夕，倘强之合卺，祸端方始。今幸亲迎未成，去就甚轻，若不断之以法意，参之以人情，则后日必致仇怨愈深，牵烦不已。[1]

只有"听离"，并要求女方把聘礼退还男家，这样才"庶得两尽人情，可无词说"。由上述司法官所作评论可见，赵惟斋的判决实是基于对人之常情的深切体悟而作出的。[2]

5. "受人隐寄财产自辄出卖"案

南宋《名公书判清明集》载有"受人隐寄财产自辄出卖"一案，判词如下：

> 江山县詹德兴以土名坑南、牛车头、长町丘等田，卖与毛监丞宅。有本县临江乡吕千五入状，陈称上件田系其家物，詹德兴盗卖。今据毛监丞宅执出缴捧干照，有淳熙十六年及绍熙五年契两纸，各系詹德兴买来，又有嘉熙四年产簿一扇，具载上件田段，亦作詹德兴置立，不可谓非詹德兴之业矣。又据吕千五执出嘉定十二年分关一纸，系詹德兴立契，将上件田段典与吕德显家，观此则又不可谓非吕千五之家物也。推原其故，皆是乡下奸民逃避赋役，作一伪而费百辞，故为此之纷纷也。吕千五所供，已明言乃父因乡司差役，将产作江山县重亲詹德兴立户，即此见其本情矣。在法：诸诈匿减免等第或科配者，以违制论。注谓以财产隐寄，或假借户名，及立诡名挟户之类。如吕千五所为，正谓之隐寄、假借，既立产簿，作外县户，却又兜收詹德兴典契在手。赋役及己，则有产簿之可推，户名借人，又有典契之可据，其欺公罔私，罪莫大焉。今智术既穷，乃被詹德兴执契簿为凭而出卖，官司既知其诈，而索以还之，是赏奸也，比吕千五之必不可复业也。詹德兴元系吕千五之的亲，故受其寄，及亲谊一伤，则视他人之物为己有，不能经官陈首，而遽自卖之。在法：即知情受寄，诈匿财产者，杖一百。詹德兴受吕千五户之

---

〔1〕 中国社会科学院历史研究所宋辽金元史研究室点校：《名公书判清明集》，中华书局1987年版，第350~351页。

〔2〕 参见刘军平：《中国传统诉讼之"情判"研究》，中国政法大学出版社2011年版，第177页。

寄产，自应科罪，官司既知其伪，而遽以与之，是诲盗也，此詹德兴之必不可以得业也。西安税赋陷失，科配不行，邑号难为者，皆因乡民变寄田产所致。当职或因索干照而见，或阅版籍而知，未能一一裁之以法，亦未见有寄主与受寄人如是之纷争也。上件田酌以人情，参以法意，吕、詹二家俱不当有。毛监丞宅承买，本不知情，今既管佃，合从本县给据，与之理正。两家虚伪契簿，并与毁抹附案。詹德兴卖过钱，追充本县及丞厅起造，牒县丞拘监。詹德兴已死，吕千五经赦，各免科罪，詹元三留监，余人放。[1]

此案判者为南宋著名法官翁甫（字景山，号浩堂），案发地点为两浙东路衢州江山县（今浙江江山市）临江乡，时间约在宋理宗嘉熙年间（1237—1240年）。关于本案的判决，陈景良教授有精到的解读与评述[2]，下述内容主要源自陈景良教授的高论。

从判词来看，原告为吕千五，被告是吕千五的近亲詹德兴，善意第三人是毛监丞宅。案情大致是：吕千五与詹德兴是亲戚关系，吕千五为逃避税役，降立户等，于南宋淳熙十六年（1189年）、绍熙五年（1194年），两次立假契约将田产卖给詹德兴家，并于嘉熙四年（1240年）入了詹德兴的产簿（即官府核实后发给当事人的田产证明，当时称"省簿"）。詹德兴执所买田产契约与产权证明，把吕家假卖（实为寄产）于己的三块田地全部卖给了毛监丞宅。毛监丞宅实不知情，是现在法律上所说的善意第三人。现在吕家发现，作为亲戚的詹德兴竟然擅自把吕家所寄之田产作为己产卖给了毛监丞宅，焉能就此罢休，故吕千五把亲戚詹德兴告上了公堂，要求詹家返还田产。

法官该怎样审断这个案件呢？法官查明，吕、詹二家所立田产卖契为假，所立典契因前项虚伪而不合法；吕家假卖田契立于淳熙十六年（1189年），而吕千五兴讼已在嘉熙之后（1240年后），前后近50年，加之詹德兴已死，又涉及不知情人毛监丞宅，即后一项田宅买卖的买受人。经验丰富的法官在查清案情的基础上，首先是检出法条，其次是陈述案情与理由，包括对法律

〔1〕 中国社会科学院历史研究所宋辽金元史研究室点校：《名公书判清明集》，中华书局1987年版，第136~137页。

〔2〕 参见陈景良："礼法传统与中国现代法治"，载《孔学堂》2015年第4期。

的意义解释，最后"参以人情与法意"，作出如下判决：①吕、詹二家所立田地买卖与典之契约为违法，销毁并记录在案，自然吕家所假卖之产也不可能复业，詹德兴卖与毛监丞宅的收益也不得为合法，被追交县衙并记录在案。②不知情人毛监丞宅的买受行为，虽因前一项买卖有瑕疵，但毛监丞宅为善意第三人，故此买收契约被官府认可，并由县衙发给凭证，确认为正当买卖。③詹德兴死亡，吕千五经赦，不再科罪，詹德兴家人詹元三继续收监。

此判不是仅据"国法"条文，而是平衡了天理、国法、人情，于法于情于理皆为允当。此案中，"天理"当指是非不易之原则，具体内容是原被告双方吕、詹二家皆有过错，甚至有违法行为，故其利益不能得到保护，其损失自行承担；"国法"则是指：①《宋刑统》第72门"典卖指当论竟物业"中有关田宅买卖的规定；②"知情受寄、诈匿财产者，杖一百"（判词所引法律规定）；"人情"即本案中涉及当事人利益的情理，如毛监丞宅作为不知情人，其利益自当由法律予以保护等。

（二）舍国法依情理

传统中国司法变通适用"国法"的现象比较普遍，在许多特定案件中置"国法"于不顾，适用"天理""人情"判决，所谓"一旦人情、天理与法律发生冲突，法律常常被搁置一旁"[1]。下面分六种具体情况加以考察。

1. 根据"天理"判决

关于司法适用"天理"的情形，台湾学者柳立言先生曾以《名公书判清明集》为主要材料，对南宋的情形做过专门研究。根据柳先生的研究，南宋司法适用"天理"的情形主要有两种：一是在个案可用的规范中既有"天理"又有"国法"，但断案时舍国法用天理；二是在个案可用的规范中只有"天理"而无"国法"，断案时直接适用"天理"。[2]这里的第一种情形属于能动司法，在《名公书判清明集》载述的这种情形中，加重加害人处罚的案

---

〔1〕 叶孝信主编：《中国民法史》，上海人民出版社1993年版，第320页。

〔2〕 在这类情形中，《名公书判清明集》中维护受害人权利的案例有：吴革"兄弟一贫一富拈阄立嗣"案、翁甫"衣冠之后卖子于非类归宗后责房长收养"案、韩竹坡"出继子破一家不可归宗"案等；减轻加害人罪行（如仅科以"不应得为"罪）的案例有："先立已定不当以孽子易之"案（无作者）、吴革"生前抱养外姓殁后难以摇动"案、蔡杭"背母无状"案、刘克庄"兄弟争财"案、韩竹坡"同宗争立"案。参见柳立言："'天理'在南宋审判中的作用"，载《清华法律评论》（第9卷第1辑），清华大学出版社2017年版。

例仅见胡颖审理的"叔父谋吞并幼侄财产"案，而减轻或免除加害人惩罚的案例较多，例如胡颖审理的"因争财而悖其母与兄姑从恕如不悛即追断"案、"兄弟侵夺之争教之以和睦"案、"母讼其子而终有爱子之心不欲遽断其罪"案、"子妄以奸妻事诬父"案，蔡杭审理的"背母无状"案、"俾之无事"案，吴革审理的"宗族欺孤占产"案、"兄弟一贫一富拈阄立嗣"案，以及天水"兄弟争葬父责其亲旧调护同了办葬事"案等。[1]柳立言先生对上述诸案都有精到的解读和论述。兹述一例。

《名公书判清明集》载有吴革所判"宗族欺孤占产"案，判词如下：

> 刘传卿有一男一女，女曰季五，男曰季六，季六娶阿曹为妇，季五娘赘梁万三为婿。传卿死，季六死，季五娘又死，其家产业合听阿曹主管，今阿曹不得为主，而梁万三者乃欲奄而有之，天下岂有此理哉！使季五娘尚存，梁万三赘居，犹不当典卖据有刘氏产业。季五娘已死，梁万三久已出外居止，岂可典卖占据其产业乎？既攫取其家财，后盗卖其产业，既占据其茶店，又强取其田租，至于刘季六之丧与其妻之丧，至今暴露而不葬，则悉置之不问，有人心者，何忍如此！刘仲高、刘季安虽为刘氏房族，往往或利于并吞，或利于继立，反左袒梁万三，以攻阿曹。阿曹自欲守节，则诬以改嫁，阿曹自有子春哥，则告以无子。或为子侄，不念同宗共祖，而反符合异姓，以凌灭孤寡，是诚何心哉！梁万三便合科断，毕竟尚是亲戚，未欲遽伤恩义，牒押一行人下朱兼金厅，请根索刘传卿应干家业契书点对，其已典卖若干，其见存若干，如阿曹果能守节，而春哥又果是抚养之子，即将见存产置籍印押，责付阿曹管业，不许典卖，以俟其子之长。但于其间会计所费，给之资，速将其夫季六安葬，仍略支拨钱物，责付梁万三自葬其妻。所有梁万三已据占典卖田业，仍合理还，庶几天理人情，各得其当。如梁万三尚敢恃强，欺凌占据，即请申解，切将送狱研究，照条施行。仍榜市曹，以示劝戒。[2]

---

〔1〕 参见柳立言："'天理'在南宋审判中的作用"，载《清华法律评论》（第9卷第1辑），清华大学出版社2017年版。

〔2〕 中国社会科学院历史研究所宋辽金元史研究室点校：《名公书判清明集》，中华书局1987年版，第236～237页。

此案是吴革（号恕斋）所判案件之一，大约是其在两浙西路临安府知府任上所判。从上述判词可知此案的案情及判决大致如下：刘传卿有一女一子，女儿季五，其丈夫系入赘的梁万三；儿子季六，有妻阿曹，无子，以春哥养子，春哥尚未成年。刘传卿、季六和季五先后去世，春哥成为唯一的继承人。依照法律，刘传卿一家的"产业合听阿曹主管"，但是阿曹不仅"不得为主"，而且"梁万三者乃欲奄而有之"。梁万三不但取财，而且还勾结两位刘氏族人，合攻阿曹，"诬以改嫁……告以无子"，似乎要根除妻弟一家。司法官吴革指出，即使季五娘在生，梁万三也不应典卖据有刘氏产业，何况季五已死，梁万三久已搬离刘家，梁万三更不可典卖其产业。现在梁万三不但明抢暗夺，而且还未办好其妻与季六的后事，两人至今未葬。

吴革作出的判决有三项：①梁万三"既攫取其家财，后盗卖其产业，既占据其茶店，又强取其田租"，证据俱在，犯了侵占诸罪，自应依法科罚，但"梁万三……毕竟尚是亲戚，未欲遽伤恩义"，只要他归还全部侵占的财富，就无须依法处罚，如有再犯，始"送狱研究，照条施行"。②刘氏产业由官府检校，查明阿曹能否守节，春哥是否抚养之子，如是，刘氏产业交由阿曹掌管，不许典卖，待春哥成年后交还。③阿曹尽快葬夫，并给梁万三若干葬妻之费。

吴革认为上述判决是"庶几天理人情，各得其当"，其适用的规则主要不是国法，而是天理。此案中的"天理"与"人情"指涉相同，主要是指兄弟、女婿和亲戚等人的伦常；此案中的"国法"涉及侵占、盗窃、诬告、非法典卖、不应得为等罪刑规定。[1]根据"天理"判决，受害人春哥不但保住了刘氏家业，而且还可望得到被占去的家产，其继承权得到充分维护；阿曹得以掌管刘氏家业，她作为母亲的权利也得到充分维护。此外，为了保存亲戚的恩义，加害人梁万三应罚而不罚；作为受害人的阿曹还要资助梁万三葬妻；异姓尚且不罚，协助梁万三的两位同姓族人就更不用说了。总之，在司法官吴革心中，顾全恩义较执行国法（"照条施行"）更为重要，亦可说是顾全天理较刑罚更为重要，当法律的解决方法（特别是刑罚）可能不利于天

---

〔1〕 参见《宋刑统》第 287 条（盗缌麻小功财物）、第 342 条（诬告）、第 72 门（典卖指当论竞物业）、第 450 条（不应得为）等。

理人伦的恢复时，法律便要让步。[1]

2. 根据伦理判决

在传统中国，伦理是情理的重要内容，当案件中的伦理与国法可能发生冲突时，司法官就可能舍国法而用伦理判决，下面是几个典型案例：

（1）"李崇断儿"案：根据父子亲情判决。

《北史·李崇传》和南宋郑克所编《折狱龟鉴》都载有"李崇断儿"一案，其事如下：

> 寿春县人苟泰有子三岁，遇贼亡失，数年不知所在，后见在同县赵奉伯家。泰以状告，各言己子，并有邻证，郡县不能断。崇令二父与儿各在别处，禁经数旬，然后告之曰："君儿遇患，向已暴死，可出奔哀也。"苟泰闻即号啕，悲不自胜；奉伯咨嗟而已，殊无痛意。崇察知之，乃以儿还泰，诘奉伯诈状。奉伯款引，云先亡一子，故妄认之。[2]

此案中的司法官为北魏（后魏）著名地方官李崇（州刺史），李崇主要是根据父子亲伦情感来裁断案中纷争的。此案中李崇之所以要"令二父与儿各在别处，禁经数旬"，主要是为制造儿已"暴死"的假象创造条件。现在彼此之间数十日不见，忽然得报儿已暴死，对真父来讲，无异是晴天霹雳，他的悲伤哀痛之感情是怎么也控制不住的；而假父的内心原本就没有这种深厚真挚的感情，是无论如何也悲痛不起来的，所以只是"嗟叹而已"。李崇"以儿还泰"，是有百分之百的把握的。[3]

（2）"媳妇诉婆婆私自酿酒"案：根据婆媳亲伦判决。

清代袁守定（1705—1782）所撰《图民录》卷二"扶持伦纪"一节，载有两个宋代根据"伦纪"判决的案例，一个是"媳妇诉婆婆私自酿酒"案，另一个是"仆人欺主诉主"案。先说第一个案例，其案情如下：

---

[1] 参见柳立言："'天理'在南宋审判中的作用"，载《清华法律评论》（第9卷第1辑），清华大学出版社2017年版。

[2]《北史·李崇传》；（宋）郑克：《折狱龟鉴》卷六"掘奸"。

[3] 胡旭晟主编：《狱与讼：中国传统诉讼文化研究》，中国人民大学出版社2012年版，第556~557页。

（南宋）胡霆桂为铅山主簿时，私酿之禁甚严。有妇诉姑（婆婆）私酿，霆桂诘曰："汝事姑孝乎?"曰："孝。"曰："既孝可代姑受责。"以私酿律笞之。[1]

此案缘自媳妇告婆婆私自酿酒，司法官是南宋开庆元年（1259 年）江南东路信州铅山县主簿[2]胡霆桂。宋代对盐茶酒实行国家专营，其《榷酤之法》规定，"诸州城内皆置务酿酒，县、镇、乡、闾或许民酿而定其岁课，若有遗利，所在多请官酤。三京（东京、南京、西京）官造曲，听民纳直以取"，违令私自酿酒者杖二十。[3]同时基本法典又规定"有罪相容隐"，"诸同居，若大功以上亲及外祖父母、外孙、若孙之妇、夫之兄弟及兄弟妻，有罪相为隐，部曲、奴婢为主隐，皆勿论"[4]；"诸告祖父母、父母者，绞"[5]；"诸告周亲尊长、外祖父母、夫、夫之祖父母，虽得实，徒二年"[6]。此案中司法官没有依律处罚违令私自酿酒的婆婆，也没有依律处罚诉告父母的媳妇，而是只让媳妇"代姑（婆婆）受（杖）责"，这里的司法大概属于以婆媳亲伦或孝道代替国法的能动司法。

（3）"仆人欺主诉主"案：根据主仆伦纪判决。

此案案情如下：

（北宋）李孝寿为开封府尹，有举子为仆所凌，牒欲送府，同舍生劝止，乃释。戏取牒效尹书判云："不勘案，决杖二十。"仆持诣府，告其主仿尹书判，私用刑。尹即追主，备言本末。尹幡然曰："所判正合我意。"如数予仆杖，而谢举子。[7]

此案是说李孝寿在任开封府尹（相当于开封市市长）时，有一个应试的

---

〔1〕（清）袁守定：《图民录》卷二"扶持伦纪"。

〔2〕这里的主簿是知县的佐官，职掌之一是协助知县或受知县委派审理案件。

〔3〕《宋史·食货下七》。

〔4〕《宋刑统》第 19 门"有罪相容隐"。

〔5〕《宋刑统》第 146 门"告祖父母父母"。

〔6〕《宋刑统》第 147 门"告周亲以下"。

〔7〕（清）袁守定：《图民录》卷二"扶持伦纪"，又见（清）徐栋辑：《牧令书》卷十七《刑名上》"袁守定·听讼"、《宋史·李孝寿传》。

举子[1]受到仆役欺侮，举子写下诉状准备呈送府衙，被同舍的另一举子劝止。这位举子开玩笑，在这个没有呈递的诉状上面以府尹李孝寿的口吻写下判词："不用查案，判决杖打二十。"仆役第二天将这个诉状作为证据拿到府衙，告他的主人仿效府尹的书判私自用刑。李孝寿立即前往追查，举子细说事情经过，李孝寿立即转而对他说道："所判正合我意。"如数杖打仆役，并令仆役向举子道歉。此案中，仆役涉嫌犯有"奴婢殴詈主"罪和"奴婢告主"罪。《宋刑统》第138门"奴婢殴詈主并过失杀"规定："诸部曲奴婢过失杀主者，绞；伤及詈者，流。"第148门"奴婢告主罪"规定："诸部曲、奴婢告主，非谋反、逆、叛者，皆绞。"两罪并罚，该仆役是死罪。但司法官并未依律判决，而是"曲法通情"，仅处杖刑。这里的"情"主要是主仆名分伦纪，其次是具体案情。

3. 根据扶弱济贫之情理判决

清代光绪年间，陕西省西安府渭南县知县樊增祥"曲法通情"审理的案件，有不少是根据扶弱济贫之情理判决的，兹举两例：

案例一：王希贤控告邹增焱借了七百五十串钱而久拖不还，经查证属实。《大清律例》第149条"违禁取利"规定："负欠私债，违约不还者……五十两以上，违三月，笞二十，每一月加一等，罪止笞五十……并追本利给主。"七百五十串铜钱相当于七十五两白银[2]，但樊知县判决被告只还三百五十串，而邹增焱"延不具结，晓渎多词"，知县再拟如下批词：

> 惟此借票一张，的的真真，是尔自贻伊戚（自寻烦恼，自招忧患）。照理而论，七百五十串自应如数归偿。而本县恐尔无力措还，遂以远年账债，断令只还一半。复于一半之中，酌减二十五串，仅令还三百五十串而止。事之轻爽便易（宜），宁有过于此者？此事若不遇本县，尔等蔓讼，正不知何时得结……仰即遵照原判，予限三期交还钱三百五十串，以结蔓讼，勿再借词推延，自贻苦累。[3]

---

[1] 参加科举考试的读书人。

[2] 当时一串铜钱即铜钱一百文，十串铜钱或一千文或铜钱相当于一两白银。

[3] 樊楚才编：《樊山判牍（正编）》，大达图书供应社1934年版，第57~58页。

此案所"通"之"情"就是"重义轻利"伦理及原被告双方的经济状况。

案例二：寡妇贺阎氏控告当铺老板某氏（也是寡妇）侵吞自己寄存在该当铺的三百金，但拿不出真凭实据（契据），而且当铺老板矢口否认。樊知县本可据此依法驳回原告诉求，但樊知县同时查知被告"所呈房契账簿疑窦亦多"，加上原告孤苦贫弱，所以判决被告（当铺主人）"出"百金给原告，"遵断息争"，以实践"恤孤之义"来免除"昧赖之名（嫌疑）"。被告不服，"不顾体面""抗官违断"，并对原告提起反诉，呈词中有"贺阎氏是寡妇，本氏亦系孀孤，本县不应为彼害此"之语，意即樊知县原判不公。这下惹恼了知县，樊知县复怒判曰：

> 夫寡妇与寡妇不同，有寡而富者，有寡而贫者，损富益贫，实具消息盈虚之理。寡妇而能开当铺，令出百金有何大害。况此案蔓讼一年有余，若永远不结，再经上控，或被府提，尔之花销岂止百金而已。况房契账簿均被本县朱笔挑驳，一经谳局阅看，尔将何词自解。仰仍遵原断，限三日内交银百两，饬领完案。如违，责押比追不贷。[1]

就能动司法而言，此案中樊知县的审理既有"曲法通情"的因素，也有"代民作主"的因素。"曲情通法"之"情"，既有两告均无法有效举证之具体案情，也有"损富济贫""扶贫助弱"之情理，司法官自称自己的判决是"情理兼尽"。"代民作主"主要体现在不依当事人的诉求进行判决，而是站在当事人的角度进行判决，例如对当铺主人就是"不肯加尔以昧赖之名，但勉尔以恤孤之义"。

4. 根据乡俗习惯判决

有些乡俗习惯，包括被一些士大夫视为"陋俗"的乡野习俗，即使与国法规定不一致甚至冲突，但因为乡众认同如此，"法不责众"，也为司法官所宽容，成为断案的规则依据。例如《大清律例》第107条"同姓为婚"规定："凡同姓为婚者，各杖六十，离异（妇女归宗，财礼入官）。"但事实上，民

---

〔1〕（清）樊增祥："批当商刘德胜恳词"，载杨一凡、徐立志主编：《历代判例判牍》（第11册），中国社会科学出版社2005年版，第89~90页。

间很多"同姓为婚"案件往往未被断离，正如《大清律例增修统纂集成》所云："同姓为婚，礼所禁也。第穷乡僻壤，娶同姓者，愚民事所恒有。若尽绳之以律，离异归宗，转失妇人从一而终之义。"[1]也就是说，司法官在审断此类"乡愚"所犯案件时，可以考虑尊重乡野民俗。再例如明清时期，法律禁止"中表婚"[2]，《大清律例》第108条"尊卑为婚"规定："父母之姑舅两姨姊妹……并不得为婚姻，违者，各杖一百。若娶己之姑舅两姨姊妹者，杖八十，并离异。"但在湘鄂西土家、苗家及部分汉族地区，民俗竞相以兄妹、姐妹之间交换其子女之婚约为快事，当地司法官一般也以"俗所不禁"为由而置之不问。

5. 根据具体案情或常理常情判决

很多案件的具体案情都承载着人之常识、常情、常理，传统中国的司法官审理案件在"国法"难以直接适用时，往往根据具体案情来判决，这可能是"曲法通情"中最多的情形。兹举两例：

案例一：唐代"争子"案。唐代曾有一争子案件，其判词曰：

> 黄门（指宦官）缪贤，先娉毛君女为妇，娶经三载，便诞一男。后五年，即逢恩救。乃有西邻宋玉，追理其男，云与阿毛私通，遂生此子。依追毛问，乃承相许未奸。验儿貌酷似缪贤，论妇状似奸宋玉。未知儿合归谁族？阿毛宦者之妻，久积摽梅之叹。春情易感，水情难留，眷彼芳年，能无怨旷？夜闻情调，思托志于相如；朝望垣，遂留心于宋玉。因兹结念，夫复何疑？况玉住在西邻，连瓦接栋，水火交贸，盖其是常；日久月深，自堪稠密。贤乃家风浅薄，本阙防闲，恣彼往来，素无闺禁。玉有悦毛之志，毛怀许玉之心。彼此既自相贪，偶合谁其限约？所歇虽言未合，当是惧此风声。妇人唯恶奸名，公府岂疑披露？未奸之语，实此之由。相许之言，足堪明白。贤既身为宦者，理绝阴阳。妻诞一男，明非己胤。设令酷似，似亦何妨？今若相似者例许为儿，不似者即同行路，便恐家家有父，人人是男。诉父竞儿，此喧何已？宋玉承奸是实，

---

[1] （清）陶东皋、陶晓苒辑注：《大清律例增修统纂集成》卷十《户律·婚姻》。

[2] 所谓"中表婚"，即姑舅姨家子女互为婚姻的一种近亲婚配形态，又称"表亲婚"，表现为兄弟与姐妹，及姐妹与姐妹之间的子女相互结成夫妇关系，所谓"亲上加亲"。参见陈华文等：《婚姻习俗与文化》，黑龙江人民出版社2004年版，第153页。

毛亦奸状分明，奸罪并从救原，生子理须归父。儿还宋玉，妇归缪贤。毛、宋往来，即宜断绝。[1]

此案中"宦者"本是没有生育能力的人，妇女阿毛为"宦者"缪贤之妻，却生有一男孩，无怪乎邻居宋玉声称此孩为自己与阿毛私通所生，欲争此子。《唐律疏议》第 410 条"奸"规定："诸奸者，徒一年半；有夫者，徒二年。"疏议说："和奸者，男女各徒一年半。"但司法官没有依法处断，而是衡情度理，从人之常情出发进行分析："阿毛宦者之妻，久积摽梅之叹[2]。春情易感，水情难留，眷彼芳年，能无怨旷？"加之两家"连瓦接栋，水火交贸，盖其是常；日久月深，自堪稠密。贤乃家风浅薄，本阙防闲，恣彼往来，素无闺禁"。这说明，宋玉与阿毛通奸肯定是有的。对于孩儿之父为谁，司法官认为，尽管孩儿酷似"宦者"，但因其"理绝阴阳"，根本不具备生育能力，故不足为据，故判定小孩归宋玉。不仅如此，司法官还判令"毛、宋往来，即宜断绝"，以绝后患。[3]

案例二：郑板桥判"'和奸'之和尚、尼姑还俗"案。

清代郑板桥（1693—1765）于乾隆十一年（1746 年）任山东潍县县令，史载："邑之崇仁寺与大悲庵相对，有寺僧私尼，为地邻觉，缚之官。郑见僧尼年齿相若，令其还俗配为夫妇。"[4]这是说有一对和尚和尼姑通奸，众人执之告官。《大清律例》第 372 条"居丧及僧道犯奸"规定："凡居父母及夫丧，若僧、尼、道士、女冠（女道士、道姑）犯奸者，各加凡奸罪二等。相奸之人，以凡奸论。"同时条例规定："僧道不分有无度牒，及尼僧、女冠犯奸者，依律问罪；各于本寺、观、庵院门首，枷号一个月发落。"依此，两人应处罚杖一百，而且要在各自所在的寺庙正门前面带枷示众一个月。知县郑板桥在审理中得知，原来两人未出家时是同一村人，青梅竹马私订了终身，但女方父母把女儿许配给邻村一个老财主作妾，女儿誓死不从，于是出奔大悲庵削发为尼，同时男子也愤而披袈裟于范县崇仁寺。谁知在第二年"三月

---

[1] 《文明判集残卷》第 101~114 行，见刘俊文：《敦煌吐鲁番唐代法制文书考释》，中华书局 1989 年版，第 443~444 页。

[2] "摽梅之叹"是说女子盼嫁或渴望爱情的哀叹，源自《诗经·召南·摽有梅》。

[3] 参见刘军平：《中国传统诉讼之"情判"研究》，中国政法大学出版社 2011 年版，第 55 页。

[4] （清）曾衍东：《小豆栅》，齐鲁书社 2004 年版，第 264~265 页。

三"的潍县风筝会上，这对苦命鸳鸯竟又碰了面，于是趁夜色"幽会"，不料被人当场抓获。板桥先生见那和尚唇红齿白、聪明英俊，见那尼姑眉清目秀、楚楚动人，于是动了"恻隐之心"，非但不依法论处，反而兴起成人之美的念头，判令两人可以还俗，结为夫妻，且即兴题诗为判：

> 一半葫芦一半瓢，合来一处好成桃。
> 从今入定风规寂，此后敲门月影遥。
> 鸟性悦时空即色，莲花落处静偏娇。
> 是谁勾却风流案？记取当年郑板桥。[1]

此案判决，"曲法通情"，依据"恻隐之心""成人之美"等情理，是"人情味"十足的判决！

对于根据具体案情或常理常情来审理婚姻案件，清代地方司法官有自己的经验之谈，例如《福惠全书》和《牧令书》中都说：

> 若夫宴饮之间，片言结好；卮酒之献，代作蹇修（指媒人）。迨后或男已孤贫，或女婴陋疾；富者嫌贫而背约，贫者则指为赖婚；男家恶丑而败盟，女家则指为负诺。兴词致讼，各持其说，殊不知皆当日不慎之过耳。诸如此类，并无实凭实据，原属可合可离，宜召男女到案，亲讯其情愿与否，毋为面狗（曲从或迎合）饰说。不愿则竟与断离，使无非耦不终之叹；愿则竟为断合，以全遵先不悔之心。[2]

在传统中国，有效婚姻成立的形式要件不是登记，而是有媒妁、婚书、聘礼等订（定）婚程序（订立婚约则意味着婚姻成立），所谓"婚姻由纳吉而定，由纳征而成"[3]。《大清律例》第 101 条"男女婚姻"规定："若许嫁女已报婚书，及有私约，而辄悔者，（女家主婚人）笞五十；虽无婚书，但曾受聘财者亦是……男家悔者，罪亦如之，不追财礼。"但清代有些地方官审理婚

---

〔1〕（清）曾衍东：《小豆棚》，齐鲁书社 2004 年版，第 264 页。

〔2〕此文首见于清代康熙年间黄六鸿（1630—1717）所辑《福惠全书》刑名部"杂犯·婚姻"，后来乾隆年间徐文弼又引为自己的经验之谈。参见（清）徐栋辑：《牧令书》卷十九《刑名下》"徐文弼·判婚姻"。

〔3〕陈顾远：《中国婚姻史》，商务印书馆 2014 年版，第 124 页。

姻纠纷案件，往往不是根据上述国法规定判决，而是"召男女之当前，亲讯共情愿与否"，也就是确认双方"感情是否已经破裂"，这在今天看算是严格司法，但在当时是"曲法通情"，因为当时国法并没有规定婚姻成立的实质要件是两人感情相合。

对于"同姓为婚""尊卑为婚""良贱为婚"〔1〕等违律婚姻案件的审理，官方也认为要根据具体案情或常理、常情、礼俗来判决。清朝刑部贵州清吏司的官员在"道光十一年说帖"中说：

> 居丧嫁娶虽律有明禁，而乡曲小民昧于礼法，违律而为婚姻者亦往往而有。若必令照律离异，转致妇女之名节因此而失……（故）听各衙门临时斟酌，于曲顺人情之中仍不失维持礼法之意。凡承办此等案件，原可不拘律文断令完聚（"完聚"在这里指男女结婚）。若夫妻本不和谐，则此等违律为婚既有离异之条，自无强令完聚之理。〔2〕

违律为婚，虽然"律有明禁"，但在案件审理时，仍需根据具体案情"临时斟酌"，必要时还可"曲顺人情"。如果双方感情融洽，则可断令完聚；若双方感情并不和谐，则自可断令离异。这样的审理原则可谓体贴人情，弥补律之僵硬，从而可以在更大程度上实现正义。

6. 根据多种情理判决

传统中国"曲法通情"的能动司法，很多是根据多种情理判决的。兹述数例：

案例一：唐朝"杨志坚离婚"案。

唐代书法家颜真卿为江南道抚州刺史时，当地有位叫杨志坚的读书人，"嗜学而居贫"，但其妻嫌弃志坚贫穷、科考失败，要求与志坚离婚。志坚以诗送之曰："当年立志早从师，今日翻成鬓有丝。落托自知求事晚，蹉跎甘道出身迟。金钗任意撩新发，鸾镜从他别画眉。此去便同行路客，相逢即是下山时。"其妻持诗来到刺史府，要求据此离婚并办理手续。颜刺史了解真相后，挥毫判曰：

---

〔1〕　参见《大清律例》第107页、第108页、第115条。按律条规定，这类婚姻都有强制离婚。

〔2〕　《刑案汇览》卷七《居丧嫁娶可以原情免其断离》。

　　　　杨志坚早亲儒教，颇负诗名。心虽慕于高科，身未沾于寸禄。愚妻睹其未遇，曾不少留。靡追冀缺〔1〕之妻，赞成好事；专学买臣〔2〕之妇，厌弃良人。污辱乡闾，伤败风教，若无惩诫，孰遏浮嚣？妻可答二十，任自改嫁。杨志坚秀才，饷粟帛，仍署随军。〔3〕

　　颜刺史支持了颜妻的请求，判准两人离婚，但谴责原告道德堕落、重钱财不重人才的市侩目光，责备她不学那"不耻贫贱，在丈夫贫寒之际仍旧相敬如宾"的冀缺（春秋时晋国人）之妻，而专学那"在丈夫贫贱时，厌弃丈夫"的朱买臣（西汉人）之妻，认定原告犯有"厌弃良人，污辱乡闾，伤败风教"的罪名，除给予严厉的道德谴责外，还施以"答二十"之刑罚，最后还不忘将被告录用，资助其财物让他暂时在军中任职。史载此判之后，"四远闻之，无不悦服。自是江表（指长江以南）妇人，无敢弃其夫者"，可谓社会效果极好。这份判决书不曾引用法律条文，所依据的规则主要是"万般皆下品，唯有读书高"，以及夫妻恩爱、重义轻利、抑恶扬善等当时的多种核心价值观或常理常情。

　　案例二：南宋"阿章赎产之讼"案。

　　南宋著名判例集《名公书判清明集》中载有"阿章赎产之讼"一案，其判牍为：

---

　　〔1〕冀缺即郤缺（？—前597），春秋时期晋国著名将领和大臣。郤缺之父郤芮，晋国大夫，因得罪晋文公而被杀，郤缺因是罪臣之子，不得入仕，躬耕于冀野。有一次晋文公的大臣胥臣路经冀野，看见郤缺在田里锄草，其妻送饭到田间，二人相敬如宾，很受感动。胥臣认为郤缺是有德君子，可以治民，向晋文公力荐，郤缺被重用，先后任军政要职，最后执掌国政，晋国国力日盛。

　　〔2〕"买臣"即朱买臣（生卒年不详），西汉大臣。朱买臣家贫好学，靠卖柴生活，四十岁仍是个落魄儒生，其妻坚持要求离婚，朱买臣只好写了休书，递到妻子手里，妻子毫不留恋，离家而去。后来朱买臣因军功先后任中大夫、太守、都尉，列于九卿。

　　〔3〕《太平广记》卷四九五《杂录三》"杨志坚"，原文注"出《云溪友议》"，但《太平广记》与今见《云溪友议》中的记述有差异。据《云溪友议》载述，颜真卿为临川内史（内史为太守之副），杨志坚送给其妻的诗为："平生志业在琴诗，头上如今有二丝，渔父尚知溪谷暗，山妻不信出身迟。荆钗任意撩新鬓，明镜从别画眉。今日便同行路客，相逢即是下山时。"颜真卿的判词为："杨志坚素为儒学，遍览九经，篇咏之间，风骚可摭。愚妻睹其未遇，遂有离心。王欢之縻既虚，岂遵黄卷；朱叟之妻必去，宁见锦衣？恶辱乡闾，败伤风俗，若无褒贬，侥幸者多。阿王决二十后，任改嫁。杨志坚秀才，赠布绢各二十四、禄米二十石，便署随军，仍令远近知悉。"参见（唐）张鷟、范摅撰：《朝野金载·云溪友议》，上海古籍出版社2012年版，第82页。

　　阿章绍定年内，将住房两间并地基作三契，卖与徐麟，计钱一百五贯。当是时，阿章，寒妇也，徐鼎孙，卑幼也，律之条令，阿章固不当卖，徐麟亦不当买。但阿章一贫彻骨，他无产业，夫男俱亡，两孙年幼，有可鬻以糊其口者，急于求售，要亦出于大不得已也……楚人亡弓，楚人得之，何忍迫之出外，而使一老二孤无所归乎？此阿章所以为尚可赎也。但又据徐十二供，阿章离业已久，只因徐麟挟仇，教唆兴词。若果如是，则又难堕小人奸计，以滋无根之讼。大率官司予决，只有一可一否，不应两开其说。但本府未审阿章果曾离业与否，难以遽为一定之论。今两词并不到府，暑天又不欲牵连追对，宗族有争，所合审处。欲牒昌化（县）佐官，更与从公契勘，限五日结绝，申。[1]

　　此案发生在两浙西路临安府昌化县，被告上诉到临安府，知府吴革（字恕斋）受理后判决发回重审，上述材料即为知府发回重审的"判牍"。此案现在虽未审决，但要求不依国法，而是根据扶弱济贫之情、人伦亲情等多重情理判决的建议，似成定判。

　　本案当事人是阿章、阿章两孙（徐），及徐麟和徐十二（阿章亡夫之弟），纠纷缘自阿章将住房两间和地基卖断与徐麟，两年后阿章之从叔徐十二根据"亲邻条法"将该房产赎回。又九年之后，阿章以当初仅是典与徐麟并非断卖为由，要求赎回该房地产，徐十二不允。于是阿章诉至县衙。昌化县令在受理该案后，支持阿章所诉，断令徐十二"交钱还业"。徐十二不服，上诉于知府，指陈徐麟教唆词讼、联合阿章妄以断卖为典的违法情由。全案涉及宋代物产交易中之"卖""典"认定，而知府吴革的处理办法似为推翻昌化县原判结果，发回重新审理。

　　这里的"律之条令，阿章固不当卖，徐麟亦不当买"，当是指"在法，寡妇无子孙年十六以下，并不许典卖田宅"[2]。这里的"亲邻条法"，当为《宋刑统》第72门"典卖指当论竞物业"中"臣等参详"的规定："应典、卖、倚当物业，先问房亲；房亲不要，次问四邻；四邻不要，他人并得交

　　〔1〕　中国社会科学院历史研究所宋辽金元史研究室点校：《名公书判清明集》，中华书局1987年版，第164~165页。

　　〔2〕　中国社会科学院历史研究所宋辽金元史研究室点校：《名公书判清明集》，中华书局1987年版，第141页。

易。"又《宋会要》中云："凡典卖物业，先问房亲；不卖，次问四邻。其邻以东、南为上，西、北次之。上邻不卖，次问四邻。四邻俱不售，乃外招钱主。二邻则以南为上，南北二邻则以东为上。"〔1〕亲邻之法，亦适用于回赎之时。《名公书判清明集》卷四"曹司送邓起江淮英互争田产"云："邻赎之法，先亲后疏……况其田原是典契，业主之子尚存，纵邓震甫可得，他日取赎，亦须退还。"〔2〕由是观之，则本案中徐麟教唆阿章之图谋，似可自此条理解。

本案中，阿章已将房产出卖，本无可赎之理，况且阿章受人教唆，挑起词讼，更属不当。但考虑到其孤儿寡母之艰难处境，即"楚人亡弓，楚人得之，何忍迫之出外，而使一老二孤无所归乎"。所以司法官在判决时必须参酌人之常情，"此阿章所以为尚可赎也"。这里的"情"是复杂的，既有司法官对孤儿寡母的同情，又有阿章与徐十二的嫂叔亲情，如若纯然依法而判，判决阿章不得赎回房产，这势必违背人情，难以取得良好的社会效果。〔3〕

案例三：南宋"熊邦兄弟与阿甘互争财产"案。

南宋判例集《名公书判清明集》载有范应铃（字旗叟，号西堂）所判"熊邦兄弟与阿甘互争财产"一案，该案主要是依据"扶贫济弱""家族和谐"等多重情理判决的，其判牍云：

> 熊赈元生三子，长曰邦，次曰贤，幼曰资。熊资身死，其妻阿甘已行改嫁，惟存（在）室女一人，户有田三百五十把。当元以其价钱不满三百贯，从条尽给付女承分。未及毕姻，女复身故。今二兄争以其子立嗣，而阿甘又谓内田百把系自置买，亦欲求分。立嗣之说，名虽为弟，志在得田。后来续买，亦非阿甘可以自随。律之以法，尽合没官……今官司不欲例行籍没，仰除见钱十贯足埋葬女外，余田均作三分，各给其一。此非法意，但官司从厚，听自抛拕。如有互争，却当照条施行。〔4〕

---

〔1〕《宋会要辑稿》食货三七之一。

〔2〕中国社会科学院历史研究所宋辽金元史研究室点校：《名公书判清明集》，中华书局1987年版，第119页。

〔3〕参见刘军平：《中国传统诉讼之"情判"研究》，中国政法大学出版社2011年版，第56页。

〔4〕中国社会科学院历史研究所宋辽金元史研究室点校：《名公书判清明集》，中华书局1987年版，第110页。

此案中，熊邦、熊贤、熊资是三兄弟，熊资英年早逝，妻子阿甘改嫁，女儿身亡，留下遗产若干。熊资的两个哥哥为得财产，争相为之立嗣，已经再醮的阿甘声称这里的部分财产系自己置买，"亦欲求分"。家产纠纷由此而生。本案中熊资死后已为"户绝"（无男性子嗣），加上妻子改嫁、女儿身亡，其家财按法应全数"入官"。《宋刑统》第68门"户绝资产"规定，"诸身丧户绝者，所有部曲、客女、奴婢、店宅、资财，并令近亲转易货卖，将营葬事及量营功德之外，余财并与女。无女，均入以次近亲；无亲戚者，官为检校"；"户绝者，所有店宅、畜产、资财，营葬功德之外，有出嫁女者，三分给与一分，其余并入官。如有庄田，均与近亲承佃"。(注：这里的"近亲"当指配偶和女儿。）但范应铃"不欲例行籍没"，所以并未依律判决，而是曲法通情，判决"除见钱十贯足埋葬女外，余田均作三分，各给其一"，亦即除埋葬侄女之资外，其余田产均分为三份，兄弟二人和亡兄之妻各得一份，"此非法意"，但合人情。此"人情"当属"扶贫济弱""家族和谐"等。

案例四：清代"教书先生与主人债务纠纷"案。

清代陕西省西安府渭南县教书先生党逢辰早年受聘于郝氏家中教书，党逢辰曾借郝氏主人一百六十两银子。这些借款除当时陆续偿还外，至其过世时尚欠七十两未还。党逢辰之弟党见邦承继了兄长的上述债务，惟因家贫而拖延三十余年未还。郝氏子弟乃上党氏之门恶闹，要求连本带息偿还三百两，并由郝克栋代表郝家以"奸计缓推"（即想赖债不还）之罪名到县衙呈状控告党见邦。知县樊增祥审理后，根据师生伦理和官员"情面"等多重情理，作了"曲法通情"的判决，其判词云：

> 查党见邦之兄党逢辰先年在尔家教书，郝氏子弟相率受业。尔兄郝濬湘现为大荔校官（渭南县大荔地区的学官或教育官员），即其弟子。党逢辰以先生借欠东家之银一百六十两，陆续除清还外，下欠七十金未还，迄今三十余年。逢辰已故，其弟（党）建邦并不昧债，但因家贫恳缓。尔即在其家恶闹，复以奸计缓推具控。待先生者固如是，其忠且敬乎？尔兄现在俨然人师。设使尔兄门生，以此情施之于尔，尔能受乎？夫以七十金之债，而尔累算至三百余金，即施之于平人，犹当以盘剥治罪，况施于已故之师长乎？而尔在公堂，犹敢负气忿争，本应痛加扑挟，因

念尔兄现系职官，稍留体面。讯得尔郝氏子弟在党逢辰门下进学者前后凡三四人，从无一毫谢礼，（尔竟）尚敢逼讨前欠，事之不公无有逾于此者，是以将七十金作为谢仪（礼），谕令不必措还……以为薄待师门者戒。[1]

此诉发生在光绪年间，这里的判决有两个关键点值得注意：

第一，原告要求被告还钱的诉求是有国法依据的，但樊知县并未依此判决。《大清律例》第149条"违禁取利"规定："负欠私债，违约不还者，五两以上，违三月，笞一十，每一月加一等，罪止笞四十；五十两以上，违三月，笞二十，每一月加一等，罪止笞五十；百两以上，违三月，笞三十，每一月加一等，罪止杖六十，并追本利给主。"欠债不还者，不仅要承担民事责任（"追本利给主"），而且还要承担刑事责任（笞十至杖六十）。知县判决被告"不必措还"的依据不是"国法"，而是"情理"——"师生"之间类似父子之伦理。"师"与"天、地、君、亲"并列为"五尊"，为区区七十金而讼其师，本属道德败坏；而以七十金计高利贷本息达三百余金而讼其师，更是丧尽天良！在樊知县看来，为维护"师道尊严"，区区七十两欠债必须免除（算作是对老师的谢礼）！这点牺牲算得了什么！[2]

第二，原告（债权人）索要本金加利息三百金的行为，依律是应受处罚的，但知县判决免加"扑挞"。上述清律"违禁取利"条规定："凡私放钱债及典当财物，每月取利并不得过三分，年月虽多，不过一本一利，违者，笞四十，以余利计赃。重于笞四十者，坐赃论，罪止杖一百。"依此，被告最多应还"一本一利"一百四十金，现在原告强要三百金，其受罚依据除了上述规定外，还可适用《大清律例》第273条"凡恐吓取人财者，计赃，准窃盗论，加一等，免刺"的规定，总之笞杖刑责难免。但知县判决免加"扑挞"，依据的不是法，而是"情"——其兄郝溶湘作为国家官员（"校官"）的"体面"。

关于传统中国能动司法中"舍国法依情理"的情形，除了上述六种情形之外，还有批示"治以家法"的情形。例如，浙江省台州府黄岩县潘济清与

---

〔1〕 樊楚才编：《樊山判牍（正编）》，大达图书供应社1934年版，第120~121页。

〔2〕 范忠信等：《情理法与中国人》，北京大学出版社2011年版，第268~269页。

子女不和，潘济清于光绪四年（1878 年）呈控长子潘文褒和儿媳洪氏詈骂、"椅殴"自己。依当时的国法，儿媳已犯"十恶"中的"不孝"重罪。《大清律例》第 329 条"骂祖父母、父母"规定："凡骂祖父母、父母，及妻妾骂夫之祖父母、父母者，并绞。须亲告乃坐。"现在潘济清亲告"逆媳无上"，理应一告一个准，但王知县的"批词"说："潘文褒有意违犯，唆令弟媳洪氏出头殴骂等情，如果属实，亟宜治以家法，否则尽可呈请提究。"[1]知县对惩治加害人的建议是：要么曲法通情"治以家法"，要么小事闹大"呈请提究"。"家法"的处罚可能比"国法"要重，而所谓"提究"则是要实施逮捕、羁押并审讯。

第三节　能动司法中的"招夫养子" 习俗

本节是传统中国能动司法中适用具体习俗"招夫养子"的专论，主要以有关"招夫养子"习俗的诉讼为例，通过对相关批词和判词的考察，专论传统中国是如何通过变通规则进行司法能动的。"招夫养子"是从宋代即有文献记载的民间习俗，从有关"招夫养子"诉讼的批词和判词来看，中国传统司法中是直接适用民间法，把民间习俗当作"法"来对待的。历代司法机关在断案中灵活适用"招夫养子"习俗的情形，是传统能动司法变通规则的一个典型样例。

一、"招夫养子" 习俗[2]

（一）"招夫养子" 习俗的源流

作为民间习俗的"招夫养子"，是指女人在丈夫死后，因无力独自抚养年幼子女而另招男子入赘的行为，又称"（招）接脚夫""招夫依靠"等，"招夫养子"属于"招夫"类的习俗之一，[3]也有学者认为"招夫养子"是"赘婿"的形式之一。[4]

---

〔1〕　田涛等：《黄岩诉讼档案及调查报告》（上卷），法律出版社 2004 年版，第 253~254 页。

〔2〕　主要参见陈会林："人情：传统司法适用民间法的进路——基于涉及 '招夫养子' 习俗之诉讼中批词与判词的考察"，载《北方法学》2011 年第 2 期。

〔3〕　另有"招夫养老""招夫养姑""招夫养亲""招夫立嗣""坐产招夫"等。

〔4〕　参见陈鹏：《中国婚姻史稿》，中华书局 2005 年版，第 749~751 页。

"招夫养子"习俗源于何时，已无从查考。从我们所知见的情况来看，宋代已有"招夫养子"的文献记载[1]，宋元时期称招"接脚夫"。宋代《名公书判清明集》载："接脚夫盖为夫亡子幼，无人主家设也。"[2]《朱子语类》卷一百六《浙东》中说："昔为浙东仓时，绍兴有继母与夫之表弟通，遂为接脚夫，擅用其家业，恣意破荡。"袁采《袁氏世范》卷之上《收养义子当绝争端》云："娶妻而有前夫之子，接脚夫而有前妻之子，欲抚养不欲抚养，尤不可不早定，以息他日之争。"

元代此俗亦盛。徐元瑞《吏学指南》云："接脚夫，谓以异姓继寡妇者。"[3]《元典章》中有这方面的规定和案例，例如至元六年（1269 年），徐阿杜因为"伊男绵和身死，抛下儿女，无人养赡……男妇阿刘招义男为夫"；[4]至元二十六年（1289 年），"李兴奴原嫁陈元僧，元僧身故，转召孙福兴为婿，已与陈元僧义绝"。[5]这里的"义男"和孙福兴即是接脚夫。元代杂剧《窦娥冤》中张驴儿的父亲救了蔡婆婆（窦娥的婆婆），后来又来到蔡婆婆家度日，想入赘蔡婆婆家，他说："老汉自到蔡婆婆家来，本望做个接脚，却被他媳妇坚执不从。"[6]

明清两代"招夫养子"习俗更加广泛流行于民间。南京国民政府时期司法行政部编辑的《民事习惯调查报告录》第四编"亲属继承习惯"收录与"招夫养子"有关的习惯达 20 多条，遍及全国许多省份。例如，"皖俗妇人夫死，家贫子女幼小，有凭同戚族招夫养子之习惯。招配之后夫即在妇家照料一切"[7]；"（湖北）郧县招夫养老、招夫养子及坐产招夫[8]之风最为

---

〔1〕 参见 [日] 滋贺秀三：《中国家族法原理》，张建国、李力译，法律出版社 2003 年版，第496 页。

〔2〕 中国社会科学院历史研究所宋辽金元史研究室点校：《名公书判清明集》，中华书局 1987 年版，第 296~297 页。

〔3〕 （元）徐元瑞：《吏学指南·亲姻》。

〔4〕 《元典章》卷十八《户部四》"嫁娶·舅姑不得嫁男妇"。

〔5〕 《元典章》卷十八《户部四》"嫁娶·兄死嫂招后夫"。

〔6〕 《窦娥冤》第二折。

〔7〕 前南京国民政府司法行政部编：《民事习惯调查报告录》，中国政法大学出版社 2000 年版，第 861 页。

〔8〕 "坐产招夫"与"招夫养子"略有不同。"坐产招夫"通常是指妻子死了丈夫，多少留下些产业，或者还有公婆子女，既不能随嫁带走，又想保持原来家庭的完整性，同时也为防止家产为家人或丈夫族内亲房染指吞灭，便使用招赘后夫的办法加以解决。而"招夫养子"不一定有田地房产。

盛行……大抵招夫养子者，皆妇人自主，不以姑舅协议为要件"[1]；"（浙江）孝丰孀妇招夫之习惯……有以孀妇因翁姑年迈，或因子女幼稚而又家贫，不能存活，故招夫代为事畜者"[2]；等等。

（二）"招夫养子"习俗的要件

民间允许"招夫养子"的条件与程序，现在我们只能从《民事习惯调查报告录》中知其大概。上书第十一章"浙江省关于亲属继承习惯之报告"第二十五节"孝丰县习惯"的"孀妇招夫"条记载：

> （招夫养子）成立之条件即：（一）立笔据（此项笔据或曰婚约或由本妇出名或由翁姑出名不等）；（二）聘金（二三十元不等，较平常聘礼为轻）；（三）本妇仍从前夫之姓；（四）后夫仍从本姓，不以前夫之姓为姓；（五）前夫财产俟前夫之子长成时概行归还，而后夫所生子不得酌分；（六）后夫所置财产，如前夫并无遗产者，前夫之子得以酌分；（七）前夫之子由后夫养至十六岁或二十岁再行归宗；（八）前夫如无子者，后夫所生子先立与前夫为子。[3]

第十一章第二十六节"长兴县习惯"之"招夫养子"条载：

> 长邑孀妇招夫养子，须以有子为必要条件，孀妇有尊亲属者，当然认为主婚人，否则，孀妇亦得自主，但财礼必须亲族署名见收。有片面具婚书者，有赘夫加具赘书附带条件者，大都以养子年龄成丁为标准，并有管理财产之订定，惟处分前夫财产之权属诸本妇，赘夫只能管理而无处分之权。如有前夫遗产花息续置产业者，赘夫之子能否酌量分配，均视为双方爱情而定。设赘夫无子，则当仍为前夫遗子管有，有生有子，

---

[1]　前南京国民政府司法行政部编：《民事习惯调查报告录》，中国政法大学出版社2000年版，第976页。

[2]　前南京国民政府司法行政部编：《民事习惯调查报告录》，中国政法大学出版社2000年版，第914页。

[3]　前南京国民政府司法行政部编：《民事习惯调查报告录》，中国政法大学出版社2000年版，第914页。

其子即从赘夫之姓。倘赘夫死亡，仍得招夫，固不以一度限之也。[1]

综合以上两条记载，可知"招夫养子"习俗的主要内容大概有以下几个方面：第一，以女方有未成年子女为前提条件；第二，"招夫"程序与一般婚礼基本相同，例如立婚约、下聘金、送彩礼、尊亲属主婚等；第三，本妇从前夫之姓不改，后夫从本姓不改；第四，前夫财产之处分权属本妇，后夫只有管理权；第五，前夫遗产由前夫之子继承，增值部分如何分配由现在夫妇两人商定，后夫所置财产，前夫之子和后夫之子共同继承；第六，寡妇招夫不限次数，如果后夫死亡，子女仍幼，仍可招夫。

在传统中国，"寡妇招夫"也是男方就婚于女家，所以也被视为赘婿形式之一，但是寡妇招夫与一般的在室女招赘还是有区别的：首先，在室女招婿是与普通女嫁男相对，目的是养老、持家、承嗣；而寡妇招夫是相对于妇女改嫁而言。其次，在室女所招之婿是家庭成员之一，而"招夫养子"中的"夫"仅仅是招来的帮手，一般不可能成为家庭中的正式成员，在地位上近似"仆"的身份。[2]

(三)"招夫养子"习俗与国家法的关系

这里的"国家法"也就是传统中国的"国法"。在传统中国，"国法"对待一般招赘和养子招夫是不一样的。在室女招赘虽然也受到歧视，但国法总的来说是明文认可和保护的，赘婿不能随便被妻家所"出"（驱逐、离婚）。例如，《大元通制条格》载："夫妇之道，人伦至重，若男弃妇，犹有'三不出'之义。女子从人，岂得反弃其夫？"[3]《大明律》第110条"逐婿嫁女"规定："凡逐婿嫁女，或再招婿者，杖一百。其女不坐。男家知而娶者同罪，不知者亦不坐。其女断付前夫，出居完聚。""招夫养子"习俗与国法的关系则相对比较复杂。对于为了"养子"而招夫，到底是禁止还是允许，历代国法似乎采取了因时制宜、灵活处理的态度。从总体上看，国法既有听民从便的情形，也有明文禁止的规定。而司法实践在这方面是否"有法必依，执法

---

[1] 前南京国民政府司法行政部编：《民事习惯调查报告录》，中国政法大学出版社2000年版，第915~916页。

[2] 参见阿风：《明清时代妇女的地位与权利》，社会科学文献出版社2009年版，第182页。

[3] 《大元通制条格》卷四《户令》"嫁娶"。

必严"，则又另有一番景象。这正是我们下面所要考察和分析的主要内容。

二、历代适用情况

（一）宋代司法官在国法"无禁绝明文"的情况下，认可和保护"招夫养子"习俗

宋代"国法"没有明文禁止招"接脚夫"，所谓"法初无禁绝之明文"，[1]但宋代法律对"接脚夫"的财产权利有规定，例如规定接脚夫对妻子前夫遗产只有使用权而无所有权，"其前夫庄田，且任本妻为主，不得改立后夫户名，候妻亡，其庄田作户绝施行"，[2] "（后夫）不得干预前夫之业"。[3]宋代的司法官对这一习俗也是认可和保护的，这在当时的有关判词中已经明确地反映出来。今天我们所能见到的宋代判词较为稀少，《名公书判清明集》是一部非常难得的宋代诉讼判决书分类汇编，其中的"户婚门"中有一些有关"招夫养子"的判词，下面我们选取几例进行分析。

1. "夫亡而有养子不得谓之户绝"案判词

《名公书判清明集》卷九"户婚门"中的"户绝"类载有一则题为"夫亡而有养子不得谓之户绝"的判词，作者是提刑官叶宪，判词全文较长，这里摘要如下：

> 阿甘见（现）在虽招到接脚夫，而有三岁以下收养之子，非户绝分明……据本县当来所申，丁昌在日已养得三岁以下之子，然则丁昌原非绝户，未先之告妄耳。林知县既明知之，乃复绳之以不除附之法……（除附之法）此谓人家养同宗子，两户各有人户，甲户无子，养乙户之子以为子，则除乙户子名籍，而附之于甲户，所以谓之除附。彼侯四贫民，未必有户……然法亦有虽不除附，官司勘验得实，依除附法之文。林知县亦不照应，便将丁昌作户绝，拘没其业，而夺之丁昌妻儿之怀，以资告讦无赖之辈，于理殊未安。

---

[1] 中国社会科学院历史研究所宋辽金元史研究室点校：《名公书判清明集》，中华书局1987年版，第273页。

[2] 《宋会要辑稿》食货六一《民产杂录》。

[3] 中国社会科学院历史研究所宋辽金元史研究室点校：《名公书判清明集》，中华书局1987年版，第479页。

前谓阿甘已招接脚夫,不应得为前夫抱子,便欲籍没其业,则尤未安。妇人无所倚,养子以续前夫之嗣,而以身托于后夫,此亦在可念之域,在法初无禁绝之明文。纵使此子不当养,阿甘系招接脚夫,亦有权给之条,未当拘没也。按户令:寡妇无子孙并同居无有分亲,召接脚夫者,前夫田宅经官籍记讫,权给,计值不得过五千贯,其妇人愿归后夫家及身死者,方依户绝法。据丁昌之业,所值不过二百余贯,其合给阿甘明甚。朱先无赖,伺人子幼家危之际,妄告户绝。官司亦惟微利是嗜,不顾义理,不照法令,便从而没夺之,几于上下交征矣。

本司所断,系据理据法,兼在提举司结绝之后翻诉,施行自有次第。本县不尊本司后断,乃辄将提举原牒不当文移,混乱妄申,承行人勘杖八十。再贴,仰将丁昌物业一文以上,并照条给还阿甘管领,取状照申。朱先妄告,本合坐罪,经赦原免,其已纳买业价钱二百十四贯有零,未委是何据,官司妄行交收,告示朱先,经自赍钞前去请领。其原给公据,责本县吏人监索解来,毁抹附案,仍给断由,附阿甘收执。牒提举司、本州各照会。[1]

这是一则关于"招夫养子"的上诉案件或复审案件的判词,说的是:丁昌、阿甘夫妇收养了不满三岁的异姓穷苦人家的小孩侯四作儿子,不久丁昌过世,阿甘招接脚夫再婚。这时有个名叫朱先的"无赖"向官府告发说,由于阿甘再婚,丁昌之户应该成为"户绝"(无男性子嗣,父系血缘断绝),当时的林知县没收丁昌的土地并将其变卖的"买业价钱"二百十四贯处理给朱先。后来被告上诉至州府,司法官叶宪作为上司,推翻了林知县的裁判,其理由有三:第一,当时法律认可和保护没有及时办理收养收续的事实收养关系,所谓"虽不除附,官司勘验得实,依除附法";第二,当时国法并没有明文禁止"招夫养子"行为,所谓"妇人无所倚,养子以续前夫之嗣,而以身托于后夫,此亦在可念之域,在法初无禁绝之明文";第三,即使养子的身份被否认,招夫之妇女的财产权也应该依法受到保护,对此《户令》有明文规

---

〔1〕 中国社会科学院历史研究所宋辽金元史研究室点校:《名公书判清明集》,中华书局 1987 年版,第 272~274 页。

定。[1]基于以上三点，叶宪裁决：将丁昌物业价钱给还阿甘管领；免除朱先妄告之罪。这里的三条判决理由，后面两条都间接反映了当时国法对"招夫养子"习俗的不禁止和司法官对这一民间习俗的认可，换句话说，"招夫养子"习俗成为这里审判的规则依据。

2."已嫁妻欲据前夫物业"案判词

《名公书判清明集》卷九"户婚门"中的"接脚夫"类载有一则题为"已嫁妻欲据前夫物业"的判词，作者是江都提刑官刘克庄（号后村），这里摘要如下：

> 赵氏先嫁魏景宣，景宣既没，赵氏能守柏舟共姜之志，则长有魏氏之屋，宜也。今已改嫁刘有光，遂以接脚为名，鹊巢鸠居，岂能免魏景谟等之词乎？据刘有光赍出杨奎简，则执先有招夫入舍之约。魏景谟赍出刘预简，则有权借本家成亲。一是一非，彼此互持。但揆之理法，赵氏前夫有子魏汝楫，且生孙矣，其屋同居魏景谟、魏景烈各有分，支书内明言未分。刘有光非其族类，乃欲据屋，诚所未安。况嫌隙已开，若复出入其家，饮食男女于其间，不独面目有腼，亦傍观所羞，稍有气节者将望望而去之……魏景宣非无子孙，且其屋系同居亲共分，法不应召接脚夫。赵氏改嫁，于义已绝，不能更占前夫屋业，合归刘贡士家，事姑与夫，乃合情法。[2]

这里是说赵氏在丈夫魏景宣死后移情于刘有光，前夫有儿子魏汝楫，魏汝楫又生了儿子。赵氏不顾及前夫的同居兄弟魏景谟等亲属的阻拦，坚持以招接脚夫之名将刘有光招入，并且让刘有光占据前夫物业，因此被前夫兄弟魏景谟等告至官府。司法官判决不承认刘有光的"接脚夫"名分，命夫妇两人全部离开魏家，赵氏改嫁刘家。从判词来看，上述判决的理由主要是"同居亲共分，法不应召接脚夫"。北宋《大中祥符编敕》规定："妇人在日，已与兄弟伯叔分居、各立户籍之后夫亡，本夫无亲的子孙及有分骨肉、只有妻

---

[1] 参见［日］滋贺秀三：《中国家族法原理》，张建国、李力译，法律出版社2003年版，第504页。

[2] 中国社会科学院历史研究所宋辽金元史研究室点校：《名公书判清明集》，中华书局1987年版，第353~356页。

在者，招到后夫，同共同输，其前夫庄田且任本妻为主，即不得改立后夫户名，候妻亡，其庄田作户绝施行。"〔1〕南宋《户令》中也有这类规定（参见上一则判词所引）。这里实际上规定了"招夫"要以前夫兄弟分家为前提，因为"招夫养子"本是因家中无（男）劳动力而生活不下去而不得已而为之的行为，如果说前夫过世时财产并未分割，也就是兄弟们保持"同居共财"的关系，家中就被视为有劳动力，这时的"招夫养子"是不合习俗本身要求的。本案中魏氏兄弟并未分家，所以赵氏"招夫养子"的条件不成立。此外还有一个理由判官没有明说，这就是赵氏在"招夫"时已有已为人父的成年儿子，仅此也不符合"招夫养子"的前提条件。总之，此案中判官的判决依据，表面上是国法规定，实际上是"招夫养子"习俗，判官不认可赵氏"招夫养子"的行为，主要是因为这一行为不符合"招夫养子"习俗本身的要件。

3. "已出嫁母卖其子物业"案判词

《名公书判清明集》卷九"户婚门"中的"违法交易"类有一则题为"已出嫁母卖其子物业"的判词，作者江东提刑官蔡杭（号久轩），判词摘要如下：

> 徐氏乃陈师言之继妻，原乞养一子，曰绍祖，又亲生二子，绍高、绍先，及女曰真娘。师言死，徐氏自将夫业分作五分，乞养之子一分，而己与亲生二子自占四分……绍祖以偏爱议其母……（徐氏）不能守志，而自出嫁与陈嘉谋……在法有接脚夫，盖为夫亡子幼，无人主家设也。今陈氏三子年几三十，各能主家，亦何用陈嘉谋为哉？徐氏于子壮年事陈嘉谋，是嫁之也，非接脚也……其徐氏自卖所分一分之业，委是违法。〔2〕

这里徐氏是陈师言的后妻。陈师言原有一个养子名绍祖，后来又和徐氏生二子一女。陈师言死后，徐氏将与陈师言共有财产的五分之一分给陈绍祖，将另外五分之四留给自己及两个亲生子，同时徐氏以招接脚夫的名义招入陈嘉谋。陈绍祖对养母徐氏的这些行为不满，遂控告。司法官认为，法律并不禁止的"招夫养子"行为，是"为夫亡子幼，无人主家设"，而今陈氏三子

---

〔1〕《宋会要辑稿》食货六一《民产杂录》。

〔2〕中国社会科学院历史研究所宋辽金元史研究室点校：《名公书判清明集》，中华书局1987年版，第296~297页。

"年几三十，各能主家"，再招接脚夫，就不再为法律所认可；法律规定财产继承实行诸子均分制，妻子没有财产继承权，徐氏自己给自己分得一份产业是不合法的。这里判官在适用国法的同时也适用了"招夫养子"的习俗规则。

综上所述，对于"招夫养子"的民间习俗，宋代国法在总体上是不禁止的，司法也是认可和保护的。司法适用这一民间习惯，但适用时不是无条件的，至少在两种情况下司法官不认可：一是寡妇与前夫兄弟"同居共财"，二是儿子已经成年。

（二）明朝司法官在国法规定"比依和奸"的情况下对"招夫养子"习俗的灵活适用

到明代，"国法"中出现了禁止寡妇"招夫养子"的规定，例如嘉靖、隆庆年间的《嘉隆新例·刑例》规定："民间寡妇不能守志者，听其改嫁。敢有假以子女幼小及翁姑年老无人侍养招赘后夫，事发，比依和奸者律问罪，离异。情重者，从重科断。"[1]

尽管国法禁止"招夫养子"行为，但司法官在审理相关案件时仍对有关习俗加以适用，这也在当时的有关判词中反映出来。明代的判牍大多已经失传，现在可见的明代判牍集有十余种[2]，其中，《折狱新语》是李清在浙江省宁波府推官任内审理各类民刑案件的结案判词，是我国现存唯一的明代判词专集。[3]《折狱新语》中有两则涉及"招夫养子"习俗的判词，现迻录并分析如下。

1. "陈良忠与王四四互控"案判词

《折狱新语》卷一"婚姻"之"枉法事"篇[4]，系"陈良忠与王四四互控"案的判词，上述标题为笔者自拟。判词全文如下：

---

〔1〕 刘海年、杨一凡主编：《中国珍稀法律典籍集成》乙编（第2册），科学出版社1994年版，第70页。

〔2〕 参见杨一凡："十二种明代判例判牍版本述略"，载张伯元主编：《法律文献整理与研究》，北京大学出版社2005年版，第164～177页。

〔3〕《折狱新语》所载判词极具特色。每篇以"审得"二字提起，点明当事人的姓名、籍贯，然后叙述案情。叙述简明扼要，精炼清晰，在叙述过程中不时夹杂判官的议论。最后是断语，断语条分缕析，前后呼应。判词的语言除少量的公牍术语外，往往融入经史百家、杂记小说之言以及大量诗文典故，在文采斐然的同时，让今天的读者颇感晦涩。

〔4〕（明）李清：《折狱新语》卷一《婚姻》"枉法事"。

审得王四四者，吕氏后夫。而陈良明，其（吕氏）前夫；陈良忠，其前夫之兄也。先因良明患疾身故，止存一妇、二稚子耳。第不知当日之惓惓孤孀者，亦曾订嫁期于"二十五年"，而以死别作生离之远约否？[1]然一抔未干，六尺犹在。[2]胡吕氏遑遑求嫁者，若不得于夫则热中[3]也。兹问良明以何时死？则去年六月，而今则七月耳。岂夏之日，冬之夜，已备历孤枕独衾之凄凉，而无夫自伤欤？抑"三月无君则吊（慰问）"，而嫁急乃同于仕急也！"旧谷既没，新谷既升，钻燧改火"，期可嫁矣。[4]良忠以服制未终为言，亦"子谓之姑徐徐云耳"。[5]何吕氏觅鸳偶而性急者，犹之食鸡子而性急。[6]于是以远宗陈良佐主婚，以徐国祥等为媒，而招四四入赘。良忠心忿控府，有以也。王四四又以枉法告？夫四四之入赘也，妇不作庾媳之假啼，夫不待江郎之徐唤。[7]其订鸳舞而谐鱼水，[8]枉乎？不枉乎？且吕氏呼夫，二稚子呼父，鹊巢鸠居，已占尽陈门便宜；而顾令不与主婚之伯兄卷舌，而惟所欲为。甚矣！四四枉法一控，昧心极也。[9]第不识为吕氏者，此际果作何状？将无鸳衾既适于新谐[10]，鹊桥犹嗔于旧阻，[11]故以翻风激火者，为挠云过雨之

---

〔1〕 这两句是借用晋公子重耳对在狄纳娶的季隗所讲的话。《左传·僖公二十三年》："（重耳）将适齐，谓季隗曰：'待我二十五年，不来而后嫁。'"把死别当作重耳生离季隗的长远要约。

〔2〕 意思是：新坟尚存，小儿犹在。

〔3〕 意思是：得不到丈夫，就心急如焚。

〔4〕 前三句语出《论语·阳货》，意思是：旧谷子用完了，新谷子接上来；四季中各用不同的树钻木取火。"期可嫁矣"是说守夫丧服满一年就可以"嫁"了。

〔5〕《孟子·尽心》。这里借指良忠要吕氏慢些，等到故夫丧服期满再改嫁不迟。

〔6〕《世说新语·忿捐》载：王蓝田性急，尝食鸡蛋，用筷子刺不破，发怒丢在地上未破，提足用屐齿踩还未破，就拾起来狠狠地咬破吐掉。这里借以讽刺吕氏性急不能等待的改嫁情绪。

〔7〕 事出《世说新语·假谲》，载晋诸葛恢把女儿嫁给庾氏作儿媳，夫亡新寡，诸葛恢又把她嫁给江彬。她哭叫着拒不同床，江独睡装着梦呓不醒，她只得唤江郎醒来，江就乘机上床，和她成了好合。这两句在这里的意思是：吕氏既是自招王四四上门为婚，她既不是经"庾媳假哭不嫁而终于嫁"的过程，王四四也就没有等她慢慢地"唤江郎觉"的事情。

〔8〕 鸳舞而谐鱼水：雄鸳见雌凤而舞，欢合如鱼得水。以喻四四得吕氏为妻。

〔9〕 意思是：抹黑良心已达到极点了。斥责王四四怨陈良忠不肯主婚，便出以"枉法"控告，迫使他闭口卷舌，不敢过问自己的为所欲为。

〔10〕 鸳衾既适于新谐：指吕氏在"鸳鸯被"底已畅适地与新欢和合。

〔11〕 嗔于旧阻：指吕氏嗔怒前夫兄陈良忠在往日不肯做她招赘的主婚人，阻隔与后夫"鹊桥相会"。

明报。[1]而四四之告，实吕氏之唆欤？夫妇而薄，其险必也。姑免深究，仍杖王四四以儆。虽然，二稚子不日长矣，若相与连臂而歌《凯风》[2]乎？未知吕氏亦和（贺）以无裳之歌否？[3]

本案中，吕氏前夫陈良明留下两个幼子，吕氏在前夫去世不过七个月时即招王四四入赘。被有法定主婚权的前夫之兄陈良忠以未经伯兄同意为由具控于官府，而王四四受吕氏唆使而以"枉法事"（歪曲和破坏法律）反告陈良忠。司法官李清在判语中虽然对吕氏的行为进行"贬斥"，但最后的判决仍然是"姑免深究，杖王四四以儆"，处罚王四四的理由是其枉法具控陈良忠，而对吕氏的招夫行为并没有进行直接干预，也就是说司法官并不反对"招夫养子"行为。

2. "陈万廉、陈万羔控告陈茂入赘'抄虏'"案判词

《折狱新语》卷一"婚姻"之"抄虏事"篇，系陈万廉、陈万羔控告陈茂入赘"抄虏"案的判词，上述标题为笔者自拟。判词全文如下：

审得陈万廉、陈万羔，乃陈茂族侄，而茂则胡氏赘夫也。夫妇而贞者，从一终耳。若胡氏之传舍其夫，[4]而多多益善，则二犹不足。[5]于是初适郑姓，生子郑天富；继又适孙门，则生子孙天祥。迨天祥父亡，胡氏已五十余岁矣。胡遑遑求嫁者，若拟朱颜之犹昔，而忘白发之为今。[6]

---

　　[1]　翻风激火：借喻吕氏唆使王四四兴讼捏告陈良忠。两句的意思是：吕氏之所以教唆兴讼，是出于对陈良忠曾阻止她与王四四的好事，明明予以打击报复的行为。

　　[2]　这里借以讽刺吕氏是有两个儿子的母亲改嫁。

　　[3]　亦和（贺）以无裳之歌否：吕氏也向儿子和以嫁人的"无裳"诗歌还是不唱和？"无裳"出自《诗经·卫风·有狐》："有狐绥绥，在彼淇梁，心之忧矣，之子无裳。"狐；妖淫的兽，借指迷惑男子的女人。绥绥：慢慢地走。淇梁：淇水的桥上。裳：衣服。诗意是说：有只雌狐狸慢慢地走着，要想寻只雄的配对，在那淇水的桥梁上。好比媚妇见了一个单身男子，有意嫁给他，偏说：我心里很忧愁啊！忧愁你这个男子没有人替你做衣裳呢？这里引诗以"狐绥"看待吕氏求嫁，是封建官吏贬斥"寡妇嫁人"的恶毒之词。

　　[4]　传舍：古时供来往之人居住的客舍。这句意思是：胡氏一嫁再嫁又三嫁，把所嫁丈夫当作人来人去的传舍客人。

　　[5]　这是说胡氏已嫁郑、孙两家丈夫都死去还不够，又招赘陈茂入门为夫。

　　[6]　这两句意思是：你自己比作红颜少妇，还是从前青春年华的时候，因而忘记了现在已变成白发苍苍的老妪。

则有为之解者曰："若固宜嫁：夫七子之母，犹咏《凯风》。[1]此二母麀也！不嫁何待？[2]且不闻七十二岁之孟姬，犹嫁潘老乎？[3]以五十余岁者比之，想当倒作盈盈（轻盈美好）十五观（自看），[4]而自附于歌桃咏梅之少艾耳。[5]"婿故自急，老而尤急。五十非帛不暖，何可一日无此君。[6]然忸怩矣！自顾鸡皮，当羞鸳侣。[7]不独旁观者耻之，即天富、天祥亦耻之。而岂意涓涓者，又酿为今日祸水也。兹据万廉、万羔口供，则谓茂之赘，所挟甚奢，[8]而尽供卷洗[9]于天富兄弟耳。夫孝随财去[10]者，其为之父母，犹设谲灿然之伪物[11]，而诱其子之恭敬于不倦。茂匪独无真也，并亦无假；[12]若果其假也，则"有酒食、先生馔"[13]。此两儿者，不知如何勤勤匕卮间。[14]而胡寄食别族以死？[15]其为无毛可拔之空器，而非有肉可割之宝山[16]可知也。万廉等一告，诞

---

〔1〕《凯风》：《诗·邶风·凯风》："有子七人，莫慰母心。"诗意是指寡妇有七个孝顺的儿子自责，以感动想再嫁人的母亲。这里指胡氏已嫁了两家，各有一子，却还要招入赘夫。她的不安于室，贻着两个儿子，和歌"凯风"的七子之母相同。

〔2〕这两句意思是：这是古今一般的两头母猪啊！她熬着不嫁，怎能等待呢？这是极度鄙视的斥语。

〔3〕孟姬潘老：《太平广记·人妖》载：唐郭子仪部将张督，妻孟姬貌很似督。督卒，孟姬遂女扮男妆托名督弟，仍事子仪，为将十五年。七十二岁时辞官嫁潘老，后生两个儿子。

〔4〕这两句意思是：况且不闻七十二岁的孟姬尚嫁潘老么？把五十多岁的胡氏相比，胡氏倒可以作体态轻盈、十五出嫁的妙龄少女来看待自己呢？

〔5〕《诗经·周南》有"桃夭""摽梅"篇。桃、梅这里都是比喻少女貌美，正当及时婚嫁。

〔6〕这两句意思是：五十岁的人非穿着丝绸做的衣服不能保暖，胡氏不可一日无此夫君。

〔7〕这两句意思是：自己看满身衰老，皮肤又松又皱地像起栗的鸡皮，应当羞惭作雌鸳配雄鸳的伴侣。

〔8〕这是说陈万廉说陈茂生前身带很多财物到胡氏故夫家入赘。

〔9〕卷洗：席卷财物，一洗而空。

〔10〕孝随财去：指子女的所谓孝顺，随着父母已无钱时便没有了。这里所指的是《解人颐》记载某老年夫妇俩，诈藏假金银来秀骗众子争相孝顺的故事。

〔11〕意思是：设置诡诈的闪闪发光的金银伪造物。

〔12〕意思是：陈茂入赘到孙家，只是一个光人，非但没有真金银，并且连假的也没有。

〔13〕见《论语·为政》，是说有酒食应该让年长先出生的人吃喝。

〔14〕勤勤：殷勤恭敬；匕：勺；卮：酒杯；间：席上。

〔15〕以上数句意思是：陈茂不但没有真的金银可言，即使拥有假的金银，也会哄得陈氏两儿出酒食来殷勤地侍奉后父在席上吃酒，又何至他寄食别族，一直穷到死呢？

〔16〕意思是：无一文可掏、没钱财可取的穷汉。

矣！然其如陈茂之赘实祸胎。何？则可以一言解嘲[1]曰："不知老之将至云尔！"[2]

本案中，胡氏三次结婚，前两次嫁到郑家和孙家，分别生子郑天富和孙天祥，前两任丈夫先后死去，其中第二任丈夫死时胡氏已五十余岁，此时胡氏又要以"招夫养子"为名招陈茂入门为夫。这一行为引起男女双方家人的不满。女方的郑天富、孙天祥两兄弟"耻之"，男方的陈茂侄子陈万廉、陈万羔认为叔叔入赘时"所挟甚奢"，"抄虏"侵占自己的财产，更是提起控告。司法官查得陈茂入赘到孙家，其实只是一个光人，并无财产带入，故而驳斥陈万廉、陈万羔的诉求，并认为此次纠纷发生的"祸胎"在于"陈茂之赘"。判词对"招夫养子"违背"夫妇而贞者从一终"的伦常表示出极为不屑，例如说这种行为是"自顾鸡皮，当羞鸳侣"，"旁观者耻之"，"不知老之将至"，等等，但是，司法官除了道德谴责外，并没有认为其行为违法而予以禁止，也就是说司法官在"法"的层面事实上认可了"招夫养子"习俗。

综上所述，在明代，虽然国法禁止"招夫养子"的民间习俗，但真正到了司法诉讼程序，司法官并未以违法犯罪论处，也就是说在诉讼阶段没有禁止"招夫养子"行为。

（三）清代司法官在国法规定"听从民便"的情况下，以"弊俗"名义加以拒斥

在清代，我们在国法中没有看到禁止"招夫养子"的条文，相反，倒似乎有"听从民便"的规定。《大清律例汇辑便览》卷十《户律·婚姻》"居丧嫁娶"条规定："坐产招夫，听从民便。若私昵图谋、有伤风化者，应申邻族禀逐。"[3]这里没有说"招夫养子"，但我们完全可以推论：既然寡妇为了经营或管理前夫产业而招夫都能"听从民便"，那么为助养幼子而在"可念之域"的招夫更是可以"听从民便"的。不过清人视"招夫养子"为"恶俗"，丘炜萲在《菽园赘谈》写道："戚里早寡者，或不安于室，始焉求牡，

---

[1] 意思是：受人嘲笑，姑且强作辩解聊以自慰。

[2] 见《论语·述而》。这是借辞讽刺陈氏年老不自知耻，还要赘入男子。

[3] 又见《清通典》引乾隆十一年（1746年）上谕。转引自张晋藩：《清代民法综论》，中国政法大学出版社1998年版，第230页。

终且鸠居，率以招夫养子卫言为口实。此等恶俗，不知起于何时。"[1]这种观念在清代司法中也有体现，这在当时的有关批词和判词中也已经反映出来。

清代批词和判词，今天可见者相对较多。《樊山批判》是清朝十大名吏判牍之一[2]，作者是著名知县樊增祥[3]，其中涉及"招夫养子"习俗的批词和判词有近十则，下面我们选取几则加以分析。

1. "樊知县批陈陈氏"案的批词

《樊山批判》卷一有"批陈陈氏呈词"，现将此批词迻录如下：

> 招夫养子，最为弊俗。尔以孤孀招根遂儿为夫，原图养赡，乃一无所得，反将所蓄之二百八十串钱，尽为所耗。近则钱尽，而人亦不至，且以娶有元配为词，揆厥事情，恐左阿婆非媒妁也，乃牵头也，尔与根遂儿非嫁娶也，乃苟合也，以苟合始，以离异终。男女两人混账已极。候唤案一并重责，以为不要脸者戒。[4]

从上述批词推断，本案的大致案情是：原告陈陈氏在前夫死后，以"招夫养子"名义招"根遂儿"入赘为夫，但根遂儿不仅不尽"养赡"义务，反将女方积蓄耗尽后离家不归。陈陈氏因此提起控告。司法官在"批词"中根本不承认什么"招夫养子"行为，认为"招夫养子，最为弊俗"，"男女两人混账已极"，均为"不要脸者"，故"一并重责"。

2. "客民黄吉顺与舒献则互控"案的批词与判词

《樊山批判》中涉及"招夫养子"习俗的案件，仅有一例既有批词又有判词，此例即"客民黄吉顺与舒献则互控"案。卷二中有批词：

> 昨有年逾八十之客民黄显礼呈称，寡妇邓氏，招配其外甥舒献则为

---

[1] 转引自陈东原：《中国妇女生活史》，商务印书馆1998年版，第155页。

[2] 民国二十五年（1936年）中央书店出版"清朝十大名吏判牍"丛书，分别是《曾国藩判牍》《李鸿章判牍》《陆稼书判牍》《张船山判牍》《樊樊山判牍》《曾国荃判牍》《于成龙判牍》《袁子才判牍》《胡林翼判牍》《端午桥判牍》。

[3] 樊增祥：光绪三年（1877年）进士，历任咸宁知县、渭南知县、陕西提刑按察使等职，累官至江苏布政使。

[4] 杨一凡、徐立志主编：《历代判例判牍》（第11册），中国社会科学出版社2005年版，第19页。

夫，被尔等捆绑讹索等语。兹据来呈，许降子想即是舒献则，查邓氏既有十三龄之子，家道不寒，何须招夫养子，而黄显礼公然以外甥配其寡媳，实属无耻之尤。此等事风化攸关，断难宽纵，候唤案亲讯严惩。[1]

卷十五中有判词：

此案由于黄显礼老悖糊涂，其子物故，任听寡媳黄邓氏借招夫养子之名，与其外甥舒献则苟合。献则空手进门，妻人之妻，子人之子，宅人之宅，田人之田，暴富不祥，享受妻儿之供奉，弃家弗顾，改换祖宗之姓名，事本起于孤绥，情略同于鸠占，黄氏之弟男子侄不平久矣。前因舒献则在地耕作，不许黄吉顺用粪，以致互殴兴讼。讯其情节，不过如此。

黄氏门中添一舒献则，如添眼中之钉，去一舒献则，如去背上之刺。本县好恶同民，著将悖伦蔑理、贪淫无耻之舒献则即许降子笞臀见血，即日断离，遞（递）籍管束。倘敢再来，准黄吉顺等捆送惩办。复据献则声称，入门之始花钱四十余串，乞为断追。问其作何用度，则称请客吃酒。查，献则自己请客，岂能令他人还钱，应毋庸议。复据称在黄家为工两月，未得分文。查献则既已改姓为黄，乃是自种自田，何来庸值。况自两月以来，共表嫂供伊吃饭，伴伊睡觉，日间不掏饭钱，夜间不赁铺盖，若两相顶抵，黄姓吃亏多矣，而犹胆敢索讨工钱。著皂班于原来受杖之处加责百板，以当酬劳，兼为世间占尽便宜反说吃亏者戒。

黄邓氏淫僻无耻，惟既已夺其怀中之宝，姑免鞭背之刑，断令愿守愿嫁，听其自便。如其再醮，只准空身出门，不准携带财物。

至黄吉顺动辄打人，咎有应得。但所打者为舒献则，则此一打也，实获我心，譬如周打猃狁，[2]唐打突厥，金打西夏，元打波兰，皆因他人入居卧榻，不打不成，丈夫打之，庶快人意。谚有之：并州剪子亳州刀，苏州结子扬州绦，统归于打得好而已。

---

〔1〕　杨一凡、徐立志主编：《历代判例判牍》（第11册），中国社会科学出版社2005年版，第91页。

〔2〕　猃狁：中国古代民族名。相传远古时曾遭黄帝驱逐。殷周之际游牧于今陕西、甘肃北境及宁夏、内蒙古西部。西周初其势渐强，成为周王朝一大威胁。周宣王曾多次出兵抵御，并在朔方建筑城堡。春秋时被称为戎或狄。一说，猃狁为秦汉时匈奴的先民。

取结附卷。[1]

这里的"客民"是指从外省迁移来的人。[2]从以上批词和判词来看，本案的大致案情是：寡妇黄邓氏与前夫黄姓两人所生的儿子已经十三岁，而且家道并不贫寒，但黄邓氏仍借"招夫养子"名义招配舒献则为夫。这引起前夫黄家中"弟男子侄不平久矣"，冲突一触即发。这天舒献则在地里耕作，不许前夫兄弟黄吉顺用粪，"以致互殴兴讼"。司法官本来就认为"招夫养子"行为是"恶俗"，加上现在黄邓氏所养之子已经十三岁，而且家境富裕，根本不需招夫助养，所以对黄邓氏招进舒献则的行为"断难宽纵"，判决：①舒献则"悖伦蔑理、贪淫无耻"，"笞臀见血，即日断离，递籍管束"，入门所花钱四十余串并两个月工钱，不准索讨；②黄邓氏淫僻无耻，姑免鞭背之刑，断令愿守愿嫁，听其自便；③黄吉顺所打之人为舒献则，"庶快人意"，免追法责。这里显然也是拒斥"招夫养子"习俗的。

从以上两个案例来看，清代的法律虽不禁止民间普遍存在的"招夫养子"习俗，但司法审判中州县官认为"招夫养子"是陋习，易于引发民事纠纷，因此在审理过程中并没有予以肯定和保护，而是通过批词和判词的形式加以否定，对当事人进行道德训斥，决不宽容。

第四节 传统司法适用民间法的进路

从上面的考察来看，对于"招夫养子"习俗，在中国传统法制中，国法规定是一回事，司法实践似乎又是另外一回事。宋代的国法无明文禁止，司法基本上能依法行事；明代的国法明文禁止，而司法官在审理案件过程中又我行我素；清代国法规定"听民自便"，而司法官又以"弊俗"加以禁止。我们不禁要问，这里的司法官究竟有没有"法律意识"？他们在审理纠纷时适用的规范到底是什么？民间法到底是怎样进入司法程序的？

---

[1] 杨一凡、徐立志主编：《历代判例判牍》（第11册），中国社会科学出版社2005年版，第615～616页。

[2] 参见李文军："清代地方诉讼中的'客民'——以《樊山政书》为中心的考察"，载《唯实》2010年第2期。

一、传统中国司法官对民间法的实用主义态度

上面的考察表明，传统中国的司法官在审理案件过程中对待民间习俗或民间法时采取的是一种实用主义态度。这主要在两个方面体现出来：第一，当民间法与国家法发生冲突的时候，只要能使案件获得顺利、理想的解决，司法官们会巧妙地或者依其权势生硬地协调国法与习俗之间的矛盾，实在是无法协调的时候，则直接认可或适用习惯风俗。例如在前面讨论的明朝"陈良忠与王四四互控"案、"陈万廉、陈万羔控告陈茂入赘'抄房'"案中，州县官就是这样对待"招夫养子"习俗的。之所以如此，主要是因为传统的解纷理念是"和为贵"（不像西方和现代法治讲"人权至上"），更深层的原因是这些纠纷发生的场域是宗法性的农耕社会而非竞争性的工商社会。[1]第二，在民间法与国家法并不矛盾，但民间习俗被认为是"恶俗"的时候，司法官们在司法过程中会排斥这些不良习俗，并且不会把这些习俗看作是"法"的一部分而加以适用。例如在前面讨论的清代"樊知县批陈陈氏"案的批词和"客民黄吉顺与舒献则互控"案的批词与判词中，州县官认为"招夫养子"是一种极易引发婚姻家庭纠纷的陋习，因而通过对老百姓的民事诉求、呈词进行"批判"的形式加以制止。这两种情况都表明，当时的司法官把自由裁量权运用到极致，使得这种情况下的法律表达与司法实践出现背离，这时习俗或民间法起到了超越国法的作用，成为制定法的补充形式。正是基于这样一种实情，我们才可以说，滋贺秀三、寺田浩明等学者认为传统中国审判机关在审理民事纠纷时不把民间习惯当作"法"来对待的判断是错误的。

二、民间法在"人情"的适用中进入传统司法

上述所谓"实用主义"，主要是就对待国法与习俗的关系而言的。司法官真正适用的规则依据是"情、理、法"综合衡平。

上面所考析的批词和判词，以及今天仍然可见的山西省平遥古县衙和河南内乡古县衙大堂屏门上面保留的"天理 国法 人情"大牌匾，无不宣示着传统中国司法官解决纠纷所依据的规范是"天理—国法—人情"这样一种三元结构或框架的规则模式。"招夫养子"之类习俗或民间法属于"人情"的范

---

〔1〕 参见陈会林：《地缘社会解纷机制研究》，中国政法大学出版社2009年版，第310~323页。

畴。民间法正是以"人情"的形式进入传统司法官所适用的规范之中，"人情"成为传统司法适用民间法的进路。

相对而言，"国法"是成文的、固定的，而"人情"具有非制度化的事实性特征，是模糊可变的。就"招夫养子"习俗来说，一方面，孤儿寡母值得同情，正如宋代提刑官叶宪在判词中所说的，"妇人无所倚，养子以续前夫之嗣，而以身托于后夫，此亦在可念之域"〔1〕，亦如明朝宁波府推官李清在判词中所说的，"孤枕独衾之凄凉，而无夫自伤欤"〔2〕；另一方面，寡妇招夫再婚是一种"失节"行为，有违"天理"（父权社会中的纲常伦理），加上"招夫养子"是多方家族关系的重新排列组合，极易引起诉讼纷争，所以又有违碍"人情"的因素，因此李清在判词中说，"夫妇而贞者，从一终耳"，毫无顾忌地招夫，"旁观者耻之"，〔3〕清代知县樊增祥在"批词"中认为"招夫养子，最为弊俗"。〔4〕这两方面构成"招夫养子"之"人情"的两极，这两极构成司法官适用这种"人情"的边界。

"人情"的上述特征赋予遵守者以及司法者极大的弹性与自由度。就遵守者来说，"人情"只是一个模糊的行为模式或范围中心，以它为参考，"在无数的行为和纠纷中，人们不断地以自己的行动或实践来相互确认在什么范围内行为就可以不至引起争执、超过什么限度就会遭致别人反击"。〔5〕就司法官来说，"人情"有助于在判案中损益国法，随机应变，正如清代幕友汪辉祖在总结自己多年的司法实践经验时所说的："（国法）应用之妙，尤善体人情之所在……随时调剂，然后傅以律令，则上下相协……若一味我行我法，或怨集且谤生矣。"〔6〕所以，在传统司法中，我们看到司法官们所适用的规范更多的不是"国法"，而是"人情"，这一点连有些外国人都看得很清楚，比如法国人达维德（Rene David）认为，在传统中国，"法律（国法）并不是解决人

〔1〕 中国社会科学院历史研究所宋辽金元史研究室点校：《名公书判清明集》，中华书局1987年版，第296~297页、第273页。

〔2〕 （明）李清：《折狱新语》卷一《婚姻》"枉法事"。

〔3〕 （明）李清：《折狱新语》卷一《婚姻》"枉法事"。

〔4〕 杨一凡、徐立志主编：《历代判例判牍》（第11册），中国社会科学出版社2005年版，第19页。

〔5〕 ［日］寺田浩明："明清时期法秩序中'约'的性质"，载［日］滋贺秀三等：《明清时期的民事审判与民间契约》，王亚新等编译，法律出版社1998年版，第139~190页。

〔6〕 （清）汪辉祖：《佐治药言·须体俗情》。

与人之间争端的正常方法……最理想的是根本不需要援用法律"；[1]德国法学家茨威格特（K. Zweigert）和克茨（H. Kotz）曾说过："在远东，法只不过是确保社会秩序的次要且从属性的手段，真正的行为规范不是法，而是由传统所协调形成的不成文的行为规范的总体。"[2]这里"不成文的行为规范"就是民间法，就是"人情"。属于"人情"的民间法，就这样随着"人情"的适用进入了国家司法领域。所有这些，在上述案例或批词、判词中都得到了印证。

综上所述，日本学者认为传统中国司法中不直接适用民间法，不把民间习俗当作"法"来对待的看法是不符合历史实际的。在传统中国，习俗作为一种广义上的法律渊源、以"人情"为进路进入以"天理—国法—人情"为总体适用规范的国家司法之中。历史的车轮驶入近代，对于司法中如何处理国家法与民间法的关系问题，终于有了一个理性的制度安排，这就是宣统三年（1911年）《大清民律草案》第1条所规定的："民事本律所未规定者，依习惯法；无习惯法者，依法理。"虽然制定这部法律草案的机关在该草案还未及全部奏进和颁行时即被推翻，但这一文本上的规定仍具有划时代的里程碑意义。

---

〔1〕〔法〕勒内·达维德：《当代主要法律体系》，漆竹生译，上海译文出版社1984年版，第486页。

〔2〕〔德〕K. 茨威格特、H. 克茨：《比较法概论（原论）》（上），大木雅夫译，东京大学出版会1974年版，第121页。

第七章

"代民作主"：积极作为的司法能动

传统中国司法中的"代民作主"，主要是指司法官"擅自"变更当事人的诉请内容，越俎代庖，间接代为主张新诉求的能动司法方式，这种以变更诉求为主要内容的司法方式，属于积极作为或扩张功能一类的能动司法方式，是传统中国语境下的另一种司法智慧。本章是前面第五章所述"代民作主"的进一步展开。

在传统中国，国法规定司法官判案不得超出诉状所控范围。例如《唐律疏议》第480条"依告状鞫狱"规定："诸鞫狱者，皆须依所告状鞫之。若于本状之外，别求他罪者，以故入人罪论。"《大清律例》第406条"依告状鞫狱"规定："凡鞫狱，须依（原告人）所告本状推问。若于（本）状外别求他事，摭拾（被告）人罪者，以故入人罪论。"《大清会典》规定："凡鞫狱官听讼，依原告人本状推问，不得于状外别求他事。"〔1〕这里虽然侧重针对"重情"案司法，但作为法律原则，对"细事"案（与"重情"案并无质的不同）司法仍是适用的。但是在司法实践中，司法官往往"代民作主"，变更当事人诉求，这是相对于依据上述国法规定"严格司法"的能动司法。这种"代民作主"是"青天"意识、"父母官"意识在司法中的反映，是行政兼理司法模式中行政权的主动性带来的扩张性结果。

传统中国司法中"代民作主"能动司法的具体形式很多，这些形式大致可以归纳为三类：一是为止讼而改变当事人诉求，二是为打抱不平而改变当事人诉求，三是为成全姻缘而改变当事人诉求。

---

〔1〕《大清会典》（乾隆朝）卷六十九《刑部》"听断"。

第一节 为止讼而改变当事人诉求

在传统中国，"止讼""息讼"是司法追求的重要目标，也是考核官吏政绩的重要指标，所以司法官们想方设法"止讼"，包括想办法不让官司打下去、让当事人撤诉或和解而不需堂审等。"代民作主"，改变当事人诉求是"止讼"的重要方式。根据我们的考察和归纳，这里司法官改变当事人诉求的具体形式主要有"无为""教化""罪己""倒贴"，等等。

一、司法官"无为"止讼而改变当事人诉求

为了"止讼"，有些司法官不管原告诉求，受而不审，让当事人知难而退、知趣而撤（诉），从而达到"无为而无不为"之奇效。这类案例，最早的可能是春秋时期孔子审理的"父子讼"案。《荀子》中记载："孔子为鲁司寇，有父子讼者，孔子拘之，三月不别。其父请止，孔子舍之。"[1]孔子为鲁国司寇（首席大法官），有父亲状告儿子不孝，孔子受理但不审理，只是将两人拘留起来，三月之内不闻不问，直到原告要求撤诉，孔子才将他们释放。原告的诉求是依法制裁儿子的不孝行为，但作为法官的孔子不予理睬，目的是让原告止讼，不要将官司打下去。为什么这样做？孔子自己解释说，"不教其民，而听其狱，杀不辜也"[2]，意思是说，国家公务人员平时不教育人民遵纪守法，而只是在断案时加以制裁，这等于是在残害无辜的人。再联想到孔子说"听讼，吾犹人也，必也使无讼乎"[3]（意思是说，即使我和别的大司寇一样审理案件，但我追求的不是如何了结案件而是要通过处理案件来最终实现天下根本没有诉讼的目标），可知此案中孔子的良苦用心也主要是为了止讼。

此类案例甚多，兹再举清末胡文炳所编《折狱龟鉴补》中载述的两例，宋、清两代各一例。

案例一：南宋两浙西路平江知府韩彦古（？—1192）所判母告子（"兄弟同狱"）案，案情及处理经过如下：

---

〔1〕《荀子·宥坐》。

〔2〕《荀子·宥坐》。

〔3〕《论语·颜渊》。

士族之母讼其夫前妻之子。其扶掖而来者，乃其所生之子也。彦古曰："当略惩之。"母曰："业已论述，愿明公据法加罪。"彦古曰："若然，必送狱而后明。汝年老不能对理。姑留尔子，与前妻子并就狱与证，徐议所决。"母良久云："乞收回状文归家，俟其不悛，即再告理。"由是不敢复至。[1]

此案中，老妇人诉其丈夫前妻之子，司法官内心的态度是息讼，但他并不是简单地一驳了之，而是暂时不理原告诉求，让老妇人之亲子与其丈夫前妻之子同处牢狱，使老妇人将心比心地感受到自己对后者的不公待遇，从而主动撤诉。这一审判手段可谓妙矣。[2]

案例二：清代广东省潮州府潮阳知县蓝鼎元所审"兄弟争产"案，案情及处理经过如下：

余任潮阳时，有陈氏兄弟，伯明仲定，争父遗田七亩，构讼。余面谕之曰："汝兄弟本同体，何得争讼？"命役以一铁索挚之，坐卧行止顷刻不能离。更使人侦其举动词色，日来报。初悻悻不相语言，背面侧坐；至一二日，则渐渐相向；又三四日，则相对太息，俄而相与言矣；未几，又相与共饭矣。余知其有悔心也，因召问二人有子否，则皆有二子。命拘之来，谓曰："汝父不合生汝二人，是以构讼。汝等又不幸各生二子，他日争夺，无有已时。吾为汝思患豫防，命各以一子交养济院，与丐首为子。"兄弟皆叩头，哭曰："今知悔矣。愿让田，不复争。"余曰："汝二人即有此心，汝二人之妻未必愿也。且归与计之，三日后定议。"翼日，其妻邀其族长来求息，请自今以后永相和睦，皆不愿得此田。乃命以田为祭产，兄弟轮年收租备祭，子孙世世永无争端。由是兄弟姒娣皆亲爱异常，民间遂有言礼让者矣。[3]

---

〔1〕《折狱龟鉴补》卷一《兄弟同狱》，载陈重业主编：《折狱龟鉴补译注》，北京大学出版社2006年版，第86~87页。

〔2〕刘军平：《中国传统诉讼之"情判"研究》，中国政法大学出版社2011年版，第165页。

〔3〕《折狱龟鉴补》卷一《化兄弟争》，载陈重业主编：《折狱龟鉴补译注》，北京大学出版社2006年版，第144~145页。

此案中，原告的诉求是得到七亩地的家产，但司法官蓝知县只是将争讼之兄弟二人以铁链锁在一起，使之昼夜不能分离，以这种特殊方法来唤起潜存于兄弟之间而被外在欲望蒙蔽的亲情，亲情既显，矛盾即消，讼争亦止。[1]

二、司法官教化止讼而改变当事人诉求

传统中国司法中，为了"息讼"或"止讼"，司法官受理案件之后的作为有时不是严格依法审理而是教化，正如清代袁守定（1705—1782）针对亲属相讼时所说的："凡骨肉兴讼，最关风化，当以天理民彝感动之，感而不动然后为判曲直……凡事关伦纪，最宜扶持，不扶持则伦纪堕矣。伦纪堕则风俗坏矣，何由而致治乎？"[2]兹举三例，汉代、元代、清代各一例。

案例一：东汉亭长仇览所审母告子不孝案。《后汉书·仇览传》载：

> 人有陈元者，独与母居，而母诣（仇）览告元不孝。（仇）览惊曰："吾近日过舍，庐落整顿，耕耘以时。此非恶人，当是教化未及至耳。母守寡养孤，苦身投老，奈何肆忿于一朝（发泄一时的气愤），欲致子以不义乎？"母闻感悔，涕泣而去。览乃亲到元家，与其母子饮，因为陈（讲述）人伦孝行，譬以祸福之言。元卒成孝子。[3]

仇览在兖州陈留郡担任"蒲"这个地方的亭长（亭是县的派出机构）时，有个叫陈元的人和母亲同住，母亲到亭署诉告儿子陈元不孝，司法官仇览以为教化未至，亲到陈元家与其母子对饮，为其陈说人伦孝行，并送《孝经》一卷，使之诵读之。陈元深自痛悔，母子相向而泣，陈元后来成为大孝子。

案例二：元朝光泽知县况逵所审"兄弟争田"案。清代袁守定（1705—1782）所撰《图民录》中记载：

> 况逵为光泽县尹，尝有兄弟争田者，逵曰：“吾视若貌，非不恭友者。”授以“伐木”之章，亲为讽咏解说。于是兄弟皆感泣求解，知争田为深耻。〔1〕

此案中的司法官是元朝邵武路光泽县县尹况逵，况逵受理案件后，不是审理案件，而是赠送《诗经》并“亲为讽咏解说”，一番苦心教化之后，终于使当事人达成和解而撤诉。这里的《伐木》是《诗经·小雅·鹿鸣之什》中的一首诗，此诗第一章是：“伐木丁丁，鸟鸣嘤嘤。出自幽谷，迁于乔木。嘤其鸣矣，求其友声。相彼鸟矣，犹求友声。矧伊人矣，不求友生？神之听之，终和且平！”这里以鸟与鸟相求类比人和人相友，以神对人的降福说明人与人友爱相处的必要。

案例三：清代成都知府姚一如所审“兄弟争产”案。清人诸联（诸晦香）所辑《明斋小识》载有“兄弟争产”案，案情及处理经过如下：

> 姚一如（令仪）为成都守，请寄无所听。有富室弟兄争产成讼。未审前，一绅士来谒，馈金六千两，嘱袒护其兄。姚佯许之。及审，两造具备。绅亦应讯有名。姚谓其昆弟曰：“尔系同胞，为手足，我虽官长，究属外人。与其以金援我，何如一家相让！今金俱在，尔等自思。兄有亏还尔六千金，弟有亏受此六千金，俱可无讼。”两人感悟，投地饮泣。乃唤某绅曰：“尔伊家至戚，昆季（兄弟）奈何分彼此，而辄上下其手？平时不能劝导，又欲宵（夜）行嘱托，陷我于不义。今他弟兄已和好，以后稍有龃龉，即惟尔是问！”〔2〕

清人姚一如为成都知府时，受理一桩兄弟争产讼案。在开庭之前，两造的“至戚”（近亲）、某一绅士前来谒见姚知府，并馈金六千两，要求偏袒弟兄中的兄长，姚知府假装答应。堂审的时候，该绅士亦在侧。姚一如对两造说：“尔系同胞，为手足，我虽官长，究属外人。与其以金援我，何如一家相

---

〔1〕（清）徐栋辑：《牧令书》卷十七《刑名上》“袁守定·听讼”。

〔2〕（清）诸联：《明斋小识》卷六《丛书集成新编》（第76册），新文丰出版公司1997年版，第399页。

让！今金俱在，尔等自思。兄有亏还尔六千金，弟有亏受此六千金，俱可无讼。"于是"两人感悟，投地饮泣"。姚知府又对那绅士训道："尔系伊家至戚，昆季（兄弟）奈何分彼此而辄上下其手？平时不能劝导，又欲宵（夜）行嘱托，陷我于不义。今他弟兄已和好，以后稍有龃龉，即惟尔是问！"

三、司法官"罪己"止讼而改变当事人诉求

为了止讼或息讼，司法官们无所不用其极，其中一法是通过"罪己"或自责而感动当事人，使当事人撤诉或和解。清代袁守定（1705—1782）所撰《图民录》中载有不少这类案例，兹述三例：

案例一：西汉京师左冯翊韩延寿（？—前57）处理"兄弟争田"案，案情及处理经过如下：

> 韩延寿为左冯翊，行县民有昆弟讼田者，延寿曰："幸备位为郡表率，不能宣明教化，令骨肉争讼，自伤风化。"即日移病不听事，因闭阁思过，于是讼者自相责让，愿以田相移，终死不复争。[1]

汉代"左冯翊"是京师长安地区的长官（相当于郡守）。这段材料是说，有一次韩延寿巡行到高陵县，有兄弟二人因为争田来打官司，延寿非常伤心，对外说自己侥幸做了这个地方官，本应给全郡人作出表率，然而对教化宣传力度不够，以致骨肉兄弟相讼，自己有重大责任。于是称病不起，闭门思过。兄弟二人知道后，深为感动，主动撤讼，并且相互责让，表示自愿挪移田界，到死也不再争。

案例二：东汉交州桂阳郡太守许荆处理"兄弟争财"案，案情及处理经过如下：

> 许荆为桂阳太守，尝行春到耒阳县，有蒋均者兄弟争财互讼，荆对之叹曰："吾荷国重任，而教化不行，咎在太守。"乃顾使吏上书陈状，乞诸廷尉。均兄弟感悟，各求受罪。[2]

---

〔1〕　此段文字原载于《汉书·韩延寿传》。
〔2〕　此段文字原载于《后汉书·循吏列传·许荆传》。

此案中，桂阳太守许荆春季到耒阳巡视，遇到一个叫蒋均的人，与胞弟争夺财物而互相控告。许荆审理此案，面对兄弟俩感叹说："我担负治理地方的重任，但教化没有得到推行，责任在我太守。"于是要身边小吏向朝廷上书说明情况，请求到廷尉那里接受处罚。蒋均兄弟幡然悔过，各自认罪服法。

案例三：唐代河北道大名府贵乡县县令韦景骏处理"母子相讼"案，案情及处理经过如下：

> 韦景骏为贵乡令，有母子相讼者，景骏曰："令少不天，常自痛。尔有亲而忘孝耶。教之不孚，令之罪也。"因呜咽流涕，付授《孝经》，于是母子感悟，请自新。遂为孝子，此皆善于感动者也。[1]

贵乡县令韦景骏审理一对母子相讼案，韦景骏对其中的儿子说："本县令自幼不幸失去亲人，常常自感痛苦。你幸好有亲人，却忘记了孝道。教化不为人所信服，是本县令的罪过！"说着说着开始哭泣，随后送给这个儿子一本《孝经》，让他学习孝道大义。母子被感化醒悟，请求改过自新，后来那个儿子终于成为大孝子。

四、司法官"倒贴"止讼而改变当事人诉求

为了止讼，司法官不惜为当事人"倒贴"钱物，或出钱，或送物，或卖艺，这也是"以德化民"的一种方式。从所见案例来看，似乎也颇有实效。下面将出钱、送物、卖艺之情形，各举一例。

案例一：东汉会稽郡阳羡县县令郑弘（？—86）替被告还钱。清代袁守定（1705—1782）所撰《图民录》载述：

> 郑宏（弘）为阳羡太守（应为"县令"），民有弟用兄钱者，为嫂所责，未还。嫂诣宏，宏为叔还钱。兄闻之，惭愧自系于狱，遂遣妇赍钱还宏，宏不受。[2]

---

〔1〕 此段文字原载于《新唐书·循吏传·韦景骏传》，又见于（清）徐栋辑：《牧令书》卷十七《刑名上》"袁守定·听讼"。

〔2〕 此段文字又见于《太平御览》"惭愧""阴德""中衣""钱上"等篇；（清）徐栋辑：《牧令书》卷十七《刑名上》"袁守定·听讼"。这些地方的内容大同小异，其中郑宏（弘）的任职有"守阳羡郡""为阳羡令""为县啬夫"等，初查"阳羡"未曾为郡，故"为阳羡令"更为可信。

此案中，弟弟借了哥哥的钱不还，嫂子将叔子告到县衙，县令郑弘不忍心叔嫂相讼，遂改变当事人要求被告还钱的诉求，自己替原告的叔子还了钱，哥哥知道后惭愧无比，主动到县衙甘愿接受处罚，并要妻子还钱给郑县令，县令不接受。

案例二：北魏豫州汝南郡太守张苌年送牛给当事人。《图民录》载述：

> 张苌年为汝南太守，郡人刘宗之兄弟分析家产，惟一牛单不决，讼于郡庭，苌年见而凄之，谓曰："尔曹以一牛故致此竞，脱有二牛必不争。"乃以己牛一头赐之。于是境中各相戒约，咸敦礼让。[1]

此案中刘宗之兄弟分家，家中贫穷，仅一头牛，因争夺不能决定，便诉讼到府。张苌年感到伤心，说一头牛不好分，如果有两头牛就不会争夺了，于是就把自家的一头牛送给了他们。从此境内各自互相告诫约束，都推崇礼让。

案例三：北宋两浙路杭州府太守苏东坡画扇，助被告还债。此案之载述笔者见于林语堂著的《苏东坡传》：

> 北宋苏东坡任两浙路杭州府太守时，有一扇子店店主欠债不还，被人告到知府衙门。在法庭上，店主申诉苦况，称年前父亲去世，留下债务若干，今春多雨，扇子滞销，不能偿还，实出无奈。东坡听后并不责怪，只令店主取来一捆扇子，苏东坡当堂挥毫泼墨，在扇子上写草书，画枯树、瘦竹岩石，栩栩如生。不多时便将二十把团扇扇面题写画成，交由店主拿去售卖还债。时人闻知太守题画扇子外卖的消息，群集候于门外，扇子一出门即被抢购一空，结局自是皆大欢喜。[2]

---

〔1〕　此段文字原载于《北史·张苌年传》（第 1 册），第 611 页。
〔2〕　参见林语堂：《苏东坡传》，张振玉译，浙江文艺出版社 2014 年版，第 252 页。

第二节 为打抱不平而改变当事人诉求

司法官在审理过程中，如果发现或感觉到当事人有一方受到明显不公正对待，而又不能很好地提出诉求，司法官就可能为此当事人出头，直接改变当事人诉求而为之打抱不平。这种情况与当事人有有效诉求而司法官予以公正乃至"扶贫济弱"判决的情况不完全一样。这种情况类似今天法院在审理过程中发现问题之后向有关当事人提出司法建议（这种"司法建议"现在被纳入能动司法的范畴[1]），不同的是今天的司法建议仅仅是"建议"，不具有裁判强制力，而上述传统中国司法中为当事人打抱不平的情形则直接是判决行为。兹举两例。

一、县令段光清智惩贪婪诛求之店主

清代咸丰年间段光清（1798—1878）任浙江省宁波府慈溪县令时，某乡人与某店主争讼，诉至县衙，其案情和处理结果如下：

> 乡人供以父病来城延医，道经某米肆，足误践其雏鸡致毙，肆主索偿九百钱，囊中仅得钱二三百枚，不足以偿，因与争耳。段曰："鸡雏值几何，乃索偿九百乎？"乡人曰："肆主言，鸡雏虽小，厥种特异，饲之数月，重可九斤。以时值论，鸡一斤者，厥价百文，故索九百，小人无以难也。"段顾肆主曰："乡人言真乎？"肆主曰："真。"段笑曰："索偿之数不为过，汝行路不慎，毙人之鸡，复何言？应即遵赔。"乡人曰："吾非不遵，奈囊资不足耳。"段曰："汝可典衣以足之，再不足，本县为汝足之可也。"时环观者，啧啧詈县官殊愤愤，以一鸡雏断偿九百钱，乌有是理，然不敢诘也。乡人解衣付典，得钱三百，合囊资，凡得六百，段以三百补之，以付肆主，且笑语曰："汝真善营业哉，以一鸡雏而易钱九百，如此好手段，不虑不致富也。"肆主面有喜色，叩首称谢，携钱而起。
>
> 段忽令肆主回，则乡人亦随以至，乃皆跪舆前，段曰："汝之鸡虽饲

---

[1] "司法建议是人民法院坚持能动司法，依法延伸审判职能的重要途径。"见《最高人民法院关于加强司法建议工作的意见》（法〔2012〕74号）。

数月而可得九斤，今则未尝饲至九斤也。谚有云：斗米斤鸡。饲鸡一斤者，例须米一斗，今汝鸡已毙，不复用饲，岂非省却米九斗乎？鸡毙得偿，而又省米，事太便宜，汝应以米九斗还乡人，方为两得其平也。"肆主语塞，乃遵判以米与乡人，乡人负米去。[1]

此案中乡人路过米店门口时不慎踩死店主一只小鸡，店主要求乡人赔偿钱九百，理由是鸡虽小，但这只鸡是特种鸡，养上数月便可长到九斤，依时价，鸡一斤值钱百文，所以索偿九百钱。但乡人囊中仅有钱二三百，所以发生争讼。司法官段光清见店主过于精明、乡人过于老实，便决意在审理中设计一个套路为乡人打抱不平。段县令假意允诺店主要求，先命乡人依照索偿之数赔偿店主，事毕，县令又唤回二人，对店主说："你说你的鸡养数月便可长到九斤，现在还没长到九斤。俗谚说'斗米斤鸡'，现在你的鸡已死，已用不着喂养了，岂不是省了九斗米？你现在既得赔偿，又省九斗米，这事太便宜了。你应该将九斗米还给乡人，这样才公平。"店主语塞，只得遵判而行。

类似此种风格的判决，梁治平先生评论道："审之以道德，辨之以真伪，断之以是非，这或许是一般清明的判官可以做到的，但在这样做时不露声色，欲抑先扬，寓贬于褒，执法于'游戏'之中，却需要另一种特别的智慧。"[2]

二、知县徐文弼代寡妇作主保护"绝产"

徐文弼是清代康熙、乾隆时期的著名地方官和养生专家，曾任四川省重庆府永川县、河南省汝州（直隶州）伊阳县知县。清代《福惠全书》《牧令书》等文献载有徐文弼就立嗣纠纷中代寡妇作主保护"绝产"而提出的审理方案。兹将这段文字逐录如下：

有绝产丰厚，宗人立继为嗣，诱其寡妇，不分疏近，托立贤能、亲爱及其承嗣。本生（即亲生）父母假代理为名，暗行侵占，致寡妇贫困无依，吞声莫诉。为司牧者，又不可不预为之虑也。宜将嗣子唤至当堂，视其果否贤能、何等亲爱，并察其本父有无家业、素行良恶。若情涉可

---

[1] 参见徐珂编撰：《清稗类钞·狱讼类》"段光清判毙鸡案"。

[2] 梁治平：《法意与人情》，中国法制出版社 2004 年版，第 186 页。

疑，宜令族长等公立继嗣执照一纸，官长批明："日后不遵教训，不能孝
顺，以及本生（即亲生父母）唆诱，欺骗财产，许所后鸣公另立应继，
仍令（前立之子）归宗。"令在事者书押，官长用印，付继亲收执。[1]

这段文字所载述的不是具体案例，而是在"夫亡而妻在，立继从妻"时
司法官如何保护寡妇"绝产"的审理办法。"绝产"是没有合法继承人或合
法继承人放弃继承权的遗产，这里的"绝产"是指妻子死了丈夫，而两人又
无子女时的家产。这样的情形时有发生：某寡妇拥有丰厚的"绝产"，族人见
有利可图，争相说服该寡妇立嗣（立继承人），而该承嗣者（继承人）的亲
生父母也往往假借代亲生儿子管理或经营之名对此"绝产""暗行侵占"。诸
多不怀好意、各有所图的一干人，往往致使该寡妇不仅"贫困无依"，而且
"吞声莫诉"（也就是忍气吞声、孤独无助）。此时如果当事人诉至官府，司
法官该如何审理此类案件？徐文弼认为，此时司法官不可不特别为寡妇考虑。
例如司法官应该将承嗣者叫到堂审现场，细问详察其是否真的"贤能"，对母
亲是何等"亲爱"，同时了解其生父有无家业、品行良莠。如果情形可疑，难
以确定，就应该判令族长等人公开写立"继嗣执照"（立嗣证明兼担保文
书），司法官在上面批示类似下述意见的批词："日后如果承嗣者不听母亲的
话、不孝顺母亲，以及如果承嗣者亲生父母唆使、诱导亲子骗占母亲财产，
就应该允许母亲凭公另立承嗣者，让以前所立嗣子归宗（回到亲生父母家
中）。"最后判令相关当事人签字画押，官长代表官府钤印（盖章），相关当
事人各执一份。这一审理方案，也是属于司法官为打抱不平而改变当事人诉
求的情形。

第三节　为成全姻缘而改变当事人诉求

在传统中国，婚姻家庭纠纷既可能是"细事"，也可能是"重情"。青年
男女，血气方刚，蠢蠢欲动，在走向婚姻殿堂的过程中，无论是有心之举，
还是机缘巧合，难免做出云雨之事来。这种行为在当时是一种犯罪行为（当

---

〔1〕（清）黄六鸿：《福惠全书》卷二十《刑名部十》"杂犯·家产"，又见（清）徐栋辑：《牧
令书》卷十九《刑名下》"徐文弼·定继立"。

然在今天不算犯罪），罪名是"和奸"，如果被人发现告至官府，要是严格司法，那么当事人不仅姻缘告吹，而且还要被治以"和奸"之罪。例如《唐律疏议》《宋刑统》第 410 条规定："和奸者，男女各徒一年半；有夫者，徒二年。"《大明律》第 390 条、《大清律例》第 366 条"犯奸"规定："凡和奸，杖八十……其和奸、刁奸者，男女同罪。"对于"和奸"（通奸）行为，宋律规定处徒刑，明清律规定处杖刑。但司法官们在审理这类案件时，大多是能动司法，不仅"曲法通情"，免治其罪，而且"代民作主"，改变原告诉求，全其姻缘，成人之美。下面列述其例。

一、"以诗为媒"：犯奸之士"反因此以得佳偶"

少男少女谈情说爱，偷情幽会，难免做出云雨之事。传统中国的司法官在审理这类案件时，往往抱以同情、理解和宽容态度，认为此种事情虽不宜提倡，但也属人之常情，不算什么大不了的事。如果有第三人在"捉奸"之后将犯事男女告至官府，司法官往往不理会原告诉求，而是有意能动司法，不仅不处罚被告，而且"代民作主"，成人之美，干脆依"人情"成全他们，最后的处理结果往往是"犯奸之士既得幸免决罪，反因此以得佳偶"。这样的案例实在是太多，下面列述南宋两段"以诗为媒"的佳话。这两例非常相似，可能是巧合，但也可能是后者仿作。

案例一：南宋初年，监察御史王刚中（1103—1165）出巡至福建路延平府南平县，依法代为审理一起"花案"：书生陈彦臣与邻居之女静女偷情，被女方母亲现场抓获，送至官府，要求惩治两人"和奸"之罪。王刚中查知两人饱读经史，工于诗赋，于是令二人分别就室内竹帘和屋檐下误入蜘蛛网的蝴蝶为题，当堂各作诗一首，以示陈词。静女就室内竹帘口占一诗："绿筠擘破条条直，红线经开眼眼奇。为爱如花成片段，致令直节有参差。"陈彦臣就檐下蜘蛛网中蝴蝶吟诗一首："只因赋性太猖狂，游遍名园窃尽香。今日误投罗网里，脱身惟仗采花郎。"两诗寓情于景，涵意于物，特别是"脱身惟仗采花郎"一句尤为奇绝，因为现在的司法官王刚中本是进士探花郎及第（进士中的第三名），只是对策深令宋高宗满意，被点为第二名（榜眼）。王刚中拍手称赏，问："汝愿为夫妻否？"答曰："万死一生，全赖化笔。"王刚中便挥毫写成一首七绝，是为判决："佳人才子两相宜，致福端由祸所基。永作夫妻谐汝愿，不劳钻穴隙相窥。"[1]

案例二：南宋宰相马光祖（1201—1270）在任两浙西路镇江府京口县知县时，"有士人逾墙偷人室女，事觉到官"，也就是有位书生翻墙与邻人家的处女幽会，被人发觉，捆送官府。马知县以"逾墙搂处子"为题，令该书生作诗，说如果作得好诗，不仅判两人无罪，而且还可为两人作主，成全两人婚配。这位风流才子当堂提笔作诗一首："花柳平生债，风流一段愁。逾墙乘兴下，处子有心搂。谢砌应潜越，韩香许暗偷。有情还爱欲，无语强娇羞。不负秦楼约，安知漳狱囚。玉颜丽如此，何用读书求。"马知县读罢此诗，十分高兴，乃当场挥毫填词一首以为判决："多情多爱，还了半生花柳债。好个檀郎，室女为妻也不妨。杰才高作，聊赠青蚨三百索。烛影摇红，记取媒人是马公。"就这样，"犯奸之士既得幸免决罪，反因此以得佳偶，此光祖以礼待士也"[2]。

二、"权为月老"：乔太守"乱点鸳鸯谱"

明朝冯梦龙（1574—1646）所著《醒世恒言》第八卷"乔太守乱点鸳鸯谱"，讲的是三对年轻人的婚姻纠纷：宋仁宗景祐年间，杭州人刘璞久病不愈，拟娶未婚妻孙珠姨冲喜。孙家担心万一女婿的病治不好，自家女儿就要当寡妇，于是将孙珠姨之弟孙润（玉郎）打扮成女人代姐出嫁。而刘璞因病不能亲自出来结婚，只好让妹妹刘慧娘出来代替新郎完成仪式。就这样，两家都不约而同地偷换了结婚人，把性别弄反了，新婚之夜就发生了"弟代姊嫁、姑伴'嫂'眠"的"无夫奸"事件。而玉郎和慧娘各自早有婚约，慧娘已许配给裴政（裴九之儿），玉郎未婚妻为徐文哥（徐雅之女）。事情败露后，刘、裴、孙、徐四家闹成一场严重纠纷，六人三对年轻人的婚配关系陷入危机。裴家状告刘家"纵女卖奸"（刘慧娘与玉郎和奸），刘家状告孙家玉郎"强奸"刘慧娘。此案由两浙东路杭州府乔太守来审理。

乔太守受理案件后，将孙、刘、裴、徐四家一齐传到公堂，问明了原委后，当堂三下五除二解决了这一复杂的婚姻纠纷。现将判词迻录如下：

---

[1] 参见（宋）罗烨：《醉翁谈录》，古典文学出版社1957年版，第14~17页。
[2] 参见（元）吴莱：《三朝野史·马光祖判词》，载施蛰存、陈如江辑录：《宋元词话》，上海书店出版社1999年版，第713页。

弟代姊嫁，姑伴嫂眠。爱女爱子，情在理中。一雌一雄，变出意外。移干柴近烈火，无怪其燃；以美玉配明珠，适获其偶。孙氏子因姊而得妇，搂处子不用逾墙；刘氏女因嫂而得夫，怀吉士初非衔玉。相悦为婚，礼以义起。所厚者薄，事可权宜。使徐雅别婿裴九之儿，许裴政改娶孙郎之配。夺人妇，人亦夺其妇，两家恩怨，总息风波；独乐乐，不若与人乐，三对夫妻，各偕鱼水。人虽兑换，十六两原只一斤，亲是交门，五百年决非错配。以爱及爱，伊父母自作冰人；非亲是亲，我官府权为月老。已经明断，各赴良期。[1]

上述案件虽然述于小说，但实际上可能实有其事。一般来说，有具体判词的案例，即使出现在小说、笔记中，也大都实有所据。另外据稍晚于冯梦龙的明末清初人褚人获（1625—1682）所辑《坚瓠集》癸集卷三《姑嫂成婚》所载，本案史实源出《暇弋篇》[2]，《坚瓠集》转载的判词与上述《醒世恒言》中的内容完全相同，但《暇弋篇》另有案情介绍的内容。现将案情介绍部分的全文迻录如下：

有刘璞者，其妹已许裴九之子裴政矣。璞所聘孙氏，其弟润，亦已聘徐雅之女。而璞以抱疴，俗有冲喜之说，父母择吉完姻。妇翁以婿方病，润以少俊，乃饰为女妆，代姊过门，将以为旬日计。草率成礼，父母谓子病不当近色，命其幼女伴嫂。而二人竟私为夫妇。逾月，子病渐瘳（瘥愈），女家恐事败，绐（哄骗）以他故，邀假女去。事寂无知者。因女有娠，父母穷问得之，讼之官。官乃使孙、刘为配，而以孙所配徐氏偿裴。[3]

如果此案实有其事，更可能发生在明朝。总的来看，此案的焦点问题主

---

〔1〕（明）冯梦龙：《醒世恒言》第八卷"乔太守乱点鸳鸯谱"，新世界出版社 2013 年版，第133~134 页。

〔2〕可惜的是《暇弋篇》是何时、何人所写，是什么书、什么内容，暂时均无考。

〔3〕（清）褚人获辑撰：《坚瓠集》（三），李梦生点校，上海古籍出版社 2012 年版，第 778 页。这篇判词，并不是冯梦龙第一个写的。《坚瓠集》的作者褚人获（1625—1682）是明末清初人，晚于冯梦龙。但是《姑嫂成婚》这篇短文，注明是出在《暇弋篇》中。那么这篇判词，应该是《暇弋篇》的作者写的。可惜的是，《暇弋篇》是谁写的，是一部什么书，没有查到资料。

要有两个：

一是玉郎（孙润）和慧娘涉嫌"和奸"（"无夫奸"）的行为如何处理。对于"和奸"（无夫奸）行为，宋律规定处徒刑，明律规定处杖刑。如果依法先断二人"和奸"罪，再使慧娘还归裴政，这样至少会出现两个问题：第一，依"天理"之伦常，妇女有"从一而终"之义，若将慧娘断还裴政为妻，是有意使人再失贞节，是故意使其"有二夫"，显然违"礼"。第二，考虑具体案情，玉郎、慧娘的"无夫奸"罪名不一定能够成立，因为"无夫奸"一般是双方主动、故意为之，但此案中玉郎、慧娘"相奸"纯系偶合，无任何事先故意为之预备。基于上述考虑，乔太守没有拘泥于当事人的诉求和律文规定，而是"权为月老"，"将错就错"，判令孙润（玉郎）娶刘慧娘、裴政（裴九之儿）娶徐文哥（徐雅之女）、刘璞娶孙珠姨，"三对夫妻，各偕鱼水"。

二是各方家长涉嫌"纵子女犯奸"的行为如何处理。关于"纵子女犯奸"，《宋刑统》没有直接规定，《大明律》第391条"纵容妻妾犯奸"规定，"若纵容、抑勒（即强迫）亲女及子孙之妇、妾人通奸者"，"（父母）各杖一百，奸夫杖八十，妇女不坐"。此案中各方家长之所作所为，是出于爱子爱女之心，"情在理中"（即合乎情理），而后果实在出乎他们意料。若对他们责以"纵子女犯奸"，显然更不合情理。好在在这方面当事人没有诉求，司法官也没有理会。

此案中司法官乔太守"代民作主"，改变当事人的诉求，"顺其自然""引水归渠"，作出的判决既合乎情理，又未失立法本意，不仅避免了拆散美好姻缘，乃至可能扩大、恶化纠纷甚至闹出人命的严重后果，而且成就了六人三对青年的姻缘，产生了皆大欢喜的结局。总之，此案虽名"乱点鸳鸯谱"，却根本不是"乱点"！

三、"因错就错"：蒯知县成全美少妇与现役军人之姻缘

清朝名吏蒯德模（1816—1877）在江苏省苏州府长洲县县令任上判有如下一案：

> 丁四姐一酒家女耳，年十七，嫁于荣金和为妻。居邻城市，学作当炉（指卖酒），来至田家，未谙负耒[1]，以致见憎翁姑，难安家室。彼

---

[1] "负耒"原指背负农具，从事农耕。

妇已经出走，萧郎（指原来的丈夫）从此路人。乃舅家则控请官追，母氏又托词贼掳。此中虚实，究未可知。

迨武云鹏以收留之词自呈，乃知桃花坠雨，尚有余春；柳絮因风，原无定所；丁年正妙，难禁司马之琴心[1]；武夫可依，偏爱子南之戎服[2]。人可夫也，天实为之，此亦事之无可如何者矣。第丁氏徒倚军中，雅善党家之斟唱；荣某伧粗灶下，那知吴女之温存。若必强以重圆，势必拼将一死。爱河未续，祸水已成，为两家计，均失之矣。况武云鹏者，得自乱军，贮以金屋，非有潜逃之约，不比强暴之污。如斯婢子，见者皆怜，何况老奴，恋焉怎舍？本县用儒家之权变，参佛氏之圆通，破小拘墟，成大欢喜。断令偿以百元，平兹两造。一则黄金买笑，得安歌舞之身；一则白首同归，另觅糟糠之妇。因错就错，弦无用其更张；居安斯安，民或欣其得所。[3]

此判词通透得体，笔锋幽默。案中丁四姐本是城里人，家中开有酒馆。丁四姐十七岁嫁到农村，与荣金和结为夫妻，因为不会干农活，遭到公公、婆婆嫌弃，与婆家关系十分紧张，于是私自离家出走。娘家"控请官追"，控至官府，请求帮助找回丁四姐。丁四姐是怎么出走的？娘家和夫家说法不一，娘家说是被夫家逼走的，夫家说是被贼人掳走的，"此中虚实，究未可知"。案件正在审理中，突然有一青年武云鹏自呈禀状，说丁四姐为他所收留。原来年轻气盛、走投无路的丁四姐在离家之后，误入"乱军"，被兵丁武云鹏救出，孤男寡女，两人开始同居，生活甜蜜无比。

案情扑朔迷离，峰回路转，此案应该怎么判决？《大清律例》第116条"出妻"规定："若妻辄背夫在逃者，杖一百，从夫嫁卖[4]；因逃而改嫁者，绞。"第366条"犯奸"规定："凡和奸，杖八十；有夫者，杖九十。"司法官如果支持原告的诉求，"严格司法"，强行将丁四姐送回夫家，严惩丁四姐

---

〔1〕 司马之琴心：汉朝司马相如琴挑卓文君之心的典故。

〔2〕 子南之戎服：《春秋左传》郑国徐吾犯之妹美丽，同时许以子皙和子南，由其妹选择，子皙盛饰入，布币而出。子南戎服入，左右射，超乘而出。女自房观之，曰："子皙信美矣，抑子南夫也。夫夫妇妇，所谓顺也。"适子南氏。

〔3〕 （清）蒯德模：《吴中判牍》（三）。

〔4〕 意思是：任由丈夫将其嫁人或卖人。

和武云鹏，显然有违情理。因为从案情角度来说，武云鹏是在乱军中救得美少妇之后同居的，既不是诱拐人妻私逃，又没有强暴凌辱人妻；从人情角度来说，丁四姐与荣金和本来就不般配，现在丁四姐算是找到了更合适的男人。如果强行将丁四姐遣返回原夫家，后果可能非常严重。丁四姐有苦难在前，武云鹏系一介武夫，"若必强以重圆，（两人）势必拼将一死。爱河未续，祸水已成，为两家计，均失之矣"。加上司法官怜惜丁四姐之痛苦遭遇，"如斯婢子，见者皆怜，何况老奴，恋焉怎舍"，于是改变原告的诉求，"代民作主"，将错就错，顺水推舟，依情理判决：丁四姐和武云鹏（后夫）赔偿一笔金钱给荣金和（原夫），算是"黄金买笑，得安歌舞之身"；荣金和得钱另娶，算是"白首同归，另觅糟糠之妇"。如此判决，正如司法官自己所言，"用儒家之权变，参佛氏之圆通，破小拘墟，成大欢喜"，由此得一皆大欢喜之结局。从能动司法的形式来说，此判决既是"代民作主"，也有"曲法通情"因素。

第八章

"官批民调"：以调整程序为核心的多元能动司法

本章是前面第五章中"官批民调"能动司法形式的进一步展开。

"官批民调"是传统中国的三大调解（调处）方式之一。[1]这里所谓"官批民调"[2]是指传统中国的司法机关或州县官接到诉状后，认为案件不必堂审或不能堂审，将案件批回民间调处，自己只进行原则性指导，并对民间调处的效力予以确认的司法方式。在"官批民调"中，如果"民调"成功，调处人或当事人向官府呈递复状或和息状，州县官核准后销案，"民调"获得与堂审同等的法律效力；如果民调不成功，官府一般是再次批回民调或干脆"不准"，进行堂审的情形有但是很少。宋代司法官即认识到"官批民调"的重要性，所谓"硕德雅望，必能为息族党之纷诉；公心正理，必能照破族党之私情。一语可决，庶几情法两尽，而可全其族党之义，顾不美欤"[3]。清代是传统中国"官批民调"制度最为成熟的时期。日本学者高见泽磨说："在清（清末法制改革）以前的中国，（细事案件）除了由州县等地方官衙进行审判外，官员受理诉讼之后，对当事人作出批示[4]，让地缘、血缘、同业

---

〔1〕 三大调解方式是：民间调解、官方调解、"官批民调"。参见范忠信等：《情理法与中国人》，北京大学出版社 2011 年版，第 225~230 页；胡旭晟主编：《狱与讼：中国传统诉讼文化研究》，中国人民大学出版社 2012 年版，第 886~887 页。

〔2〕 关于"官批民调"这一四字术语的固有表达，始于何时，为何人所创，似乎难以考证。柏桦教授曾对笔者说，2009 年他指导的博士生袁红丽在其博士学位论文《清代官批民调制度研究》中首先提出或使用"官批民调"，这个肯定不正确。在笔者知见的文献中，早在 1992 年业师范忠信教授和郑定、詹学农三人合著出版的《情理法与中国人》一书中已有"官批民调"的表述并论述（见第 193 页，中国人民大学出版社 1992 年版）。2007 年笔者在博士学位论文《明清地缘社会的纠纷解决机制研究》中也大量使用"官批民调"的固有表达。

〔3〕 中国社会科学院历史研究所宋辽金元史研究室点校：《名公书判清明集》，中华书局 1987 年版，第 265 页。

〔4〕 上级在下级报上来的公文上面写上意见、作出指示。——作者原注

等组织来解决，在当事人和解之场合，允许撤诉。"[1]

传统中国法制总体上具有重实体、轻程序的特征。蔡枢衡先生曾说："从历史上看，（传统中国的法制）实际是先有裁判，然后才有裁判规定标准的刑法[2]，最后才有为正确适用刑法服务的司法制度。"[3]这里实际上说到了传统中国能动司法中的"程序能动"情形。"官批民调"乃是这种"程序能动"的重要形式之一。"官批民调"是以程序调整为核心的多元能动司法方式，在传统诉讼机制中非常普遍，也非常重要。

本章主要考察清代的"官批民调"，拟分为五部分论述：第一部分解释为什么说"官批民调"是能动司法；第二部分论述"官批民调"的发生及程序；第三、四部分分别论述"官批民调"中的"批词"和"民调"（这两者是"官批民调"的关键和核心内容）；第五部分梳理"官批民调"中程序调整之外的其他司法能动内容。

第一节　"官批民调"何以是能动司法

我们说"官批民调"是能动司法，其理由至少有三个方面。

一、"官批民调"与法律要求州县官"自理"案件的规定不一致

在传统中国，"细事"案属于州县"自理"案件，也就是可以自己审决、不需审转的案件（但当事人可以上诉）。"国法"对这种"自理"案件的审理要求州县官受理案件之后都要亲自审理，包括不能由非正印官（非长官）审理，更不能批回民间处理。宋代规定"州县官不亲听囚，而使吏鞫者，徒二年"[4]。明朝初期规定，"细事"案在告官之前必须先由乡里调处[5]，但成化年间又发布《在外问刑衙门官员务要亲理词讼不许辄委里老人》"条例"，要求州县官亲自审理"细事"案：

---

[1]　[日] 高见泽磨：《现代中国的纠纷与法》，何勤华等译，法律出版社 2003 年版，第 14~15 页。

[2]　此处"刑法"可以替换为"法律"。——引者注

[3]　参见蔡枢衡："历史上定罪和处刑的分工"，载《法学研究》1980 年第 4 期。

[4]　《文献通考》卷一六七《刑考六》。

[5]　明初《教民榜文》第 1 条规定："民间户婚、田土、斗打、相争一切小事，不许辄赴告官，务要经由本管里甲老人理断。若不经由者，不问虚实，先将告人杖断六十，仍由里甲老人理断。"

所在官司府州县问刑衙门官员，今后有告争户婚、田土、军政、斗殴、赃私事情，俱有文卷可查，众证明白者，不许委之里甲老人保勘，即与提人吊卷，躬亲问理，照依见行事例发落……若问刑官员不行亲自鞫问，仍前徇私废公，辄便行仰里老人等体勘，致使豪强得计，小民被害含冤莫伸者径赴巡抚、巡按等官处诉理，原问官吏通行拿问改正，应奏请者，奏请提问。其有阘茸不才误事官吏，当黜罢者，依律黜罢。[1]

《大清律例》第334条"告状不受理"在1765年增补的一条例文也规定：

民间词讼细事，如田亩之界址沟洫，亲属之远近亲疏，许令乡保查明，呈报该州县官，（州县官）务即亲加剖断，不得批令乡地处理完结。如有不经亲审批发结案者，该管上司即行查参照例议处。

从这些法律规定来看，当事人提起"细事"诉讼，只要符合起诉条件，州县官必须亲自审决，不得批转民间调处。这些规定可能有防止乡保滥用职权的意图，其实施初期也似乎有成效，但后来随着讼案日渐增多，触犯这些规定的情况越来越严重，最后这些规定似乎完全失效。"官批民调"的做法实际上违背了国法规定，可谓是相对于"严格司法"的能动司法形式。

二、"官批民调"将国家司法与民间调解有机结合

司法是国家解决纠纷的途径，但"官批民调"做到了将纠纷的国家解决与民间解决有机结合——"官批"是国家司法，"民调"是民间解纷方式。这一点清代地方官们有清醒的认识。例如袁守定（1705—1782）说：

乡党耳目之下，必得其情，州县案牍之闲（间），未必尽得其情，是在民所处较在官所断为更允矣。以此广劝士者，当亦息讼安人之一道。[2]

汪辉祖（1730—1807）说得更加到位：

---

〔1〕 刘海年、杨一凡主编：《中国珍稀法律典籍集成》乙编（第5册），科学出版社1994年版，第517页。

〔2〕 （清）徐栋辑：《牧令书》卷十七《刑名上》"袁守定·听讼"。

　　勤于听讼，善已。然有不必过分皂白，可归和睦者，则莫如亲友之调处。盖听断以法，而调处以情，法则泾渭不可不分，情则是非不妨稍借。理直者既通亲友之情，义曲者可免公庭之法。调人之所以设于周官也。或自矜明察，不准息销，似非安人之道。[1]

　　在汪辉祖看来，解决"细事"纠纷的上策是民间调处而不是官府堂审，因为堂审中"细故既分曲直，便判输赢；一予责惩，转留衅隙"[2]，而民间调处既能化解纠纷又不伤情面与和气。有些州县官自以为能明断是非，受理即堂审，不准销案，这并不是有效的"安人之道"。受理讼案应"不轻准"（不轻易答应堂审），应该尽可能多地进行"官批民调"，此即州县官不必亲自调处，而是安排在官府之外解决。[3]汪辉祖曾说他在"细事"放告之日所收下的二百来件词状中，正式受理（堂审）的新案不超过十件。

　　"官批民调"历来被视为"半官方"性质的调处、解决纠纷的"第三领域"[4]（相对于民间解决、国家解决而言）。"官批民调"中的官府只是不主持堂审，并非完全放任不管，民间组织如果调处成功，当事人还要到官府"具结"销案。"官批民调"体现了纠纷的国家解决与民间解决的有机结合，这不仅表现在程序或形式上，而且表现在效力或实质上，例如批示民间调处的"批词"和批准销案的"批词"，两者合起来就相当于堂审的判决（下面有专门的讨论）。

三、"官批民调"引发多重司法因素发生变化

（一）"堂审"被"批付——民调——禀复"所替代

　　"官批民调"，首先是引起司法程序重大变动。在传统中国（特别是在清代），"细事"案诉讼程式相对固定，可以概括为"起诉——受理——堂审——甘结——结案"，"官批民调"显然打破了这一常规程序。在"官批民调"

---

〔1〕（清）汪辉祖：《学治说赘·断案不如息案》。

〔2〕（清）汪辉祖：《学治说赘·姻族互讦毋轻笞挞》。

〔3〕［美］黄宗智：《清代的法律、社会和文化：民法的表达与实践》，上海书店出版社2007年版，第166页。

〔4〕有关论述参见陈会林：《国家与民间解纷联接机制研究》，中国政法大学出版社2016年版，第48页。

时，司法程序变成"起诉——受理——批付民调——民调——禀复与和息——销案"。[1] 在这里，严格司法中的"堂审"被"批付——民调——禀复"所替代。

（二）程序调整之外的其他司法能动内容

"官批民调"的程序变动会产生多米诺效应，在引起司法程序变动的同时，还会导致司法理念、司法主体、适用规则、审理方式等一系列变化，亦可谓程序能动引发其他多重能动。这里"其他能动"的内容，后面有专门讨论。

总之，"官批民调"，无论是用传统标准考量，还是用西方或现代标准考量，都是典型的能动司法形式，是以程序调整为核心的多重司法能动模式。

第二节 "官批民调"的发生和程序

一、"官批民调"的发生

如前所述，清代州县衙门对"细事"案件的处理过程一般分为"理"、"准"或"批"、"审"、"决"四个阶段，"官批民调"主要发生于第一、二阶段，也就是衙门在接收诉状之后，决定不"准"（开堂审理），而是批回民间调处（官批民调）。"官批民调"主要有两种情形：一是批回双方当事人协商自理；二是批由第三方即民间个人或组织解决，这些个人或组织包括乡绅、乡里组织、邻人、族长、宗族等。

（一）"官批民调"发生的情形与原因

从我们的考察来看，"官批民调"发生的情形与原因主要有三大类：一是案件本身方面的原因，二是司法者方面的原因，三是解纷效果方面的原因。

1. 案件方面的原因：案件不能准理或不宜堂审

"官批民调"发生的原因，首先是案件本身的原因，这也是直接原因，主要有诉讼要件和案情两方面的具体情形。

（1）诉讼要件的原因。这种情况一般是：诉讼要件有问题，不能准理

———————————

〔1〕 有关"官批民调"体现的"司法程序能动"的详细论述，参见陈会林："从'官批民调'到法院委托调解：中国的能动司法传统"，载《公民与法》2013 年第 11 期。

(堂审)，但纠纷本身应该得到解决，于是批回民间处理。这里的"诉讼要件"问题主要有两种情形：第一，形式要件方面的问题，诸如诉讼主体资格不合格、原告未备妥文契（这种情况在债务和土地纠纷中尤为普遍）等。诉讼程序要求"具呈人"（包括原告、被告或保人等）必须具备一定的资格，例如不能是妇孺老幼等法律规定不能直接成为呈告人的人（清代《状式条例》规定"凡有职及生监、妇女、年老、废疾或未成丁无抱者，不准"），不能是欠税（相应地，清代诉状之状首部分即为"完粮"的情况）的人。在业经整理的 78 件黄岩诉讼档案中，具呈人不合乎主体资格的共有 40 宗，占总数的大半。第二，实质要件方面的问题，主要是原告"所控不实"或"情节支离"之类。

（2）案情的原因。这种情况一般是：案件本来可以"准理"，但因为案情特殊而不宜堂审，于是批回民间处理。主要有两种具体情形：第一，情节轻微而不值得传讯或堂审。在这种情况下，堂审不利于社会和谐和当事人利益最大化，对当事人来说不仅情面尽失，而且旷时废业，甚至可能带来皮肉之苦。第二，情节违背家庭伦理或当地风俗，以及事关亲族邻里关系而不便公开传讯或审理。

2. 司法者方面的原因：为了减少工作量和扩大"无讼"政绩

有些案件符合诉讼要求，本身没有问题，官府可以"准理"（堂审），包括可以由官府进行调解，但州县官仍要将案件批回"民调"。这又是什么原因呢？据我们的考察和理解，这里司法官可能主要有两方面的具体考量：一是为自己着想，例如"官批民调"不仅可以减少自己的工作量，而且可以增加"息讼"指标、扩大政绩，真可谓"一举两得"；二是为解决纠纷本身考量，亦即民间处理的效果比官府审理的效果更好。下面先论说第一种考量。

（1）减少工作量。传统中国的州县衙门既是司法机关又是行政机关，州县官公务之繁忙超乎今人想象。[1]不过他们也有应对之策，其中之一就是将部分审判事务向民间转移，其方法主要有三：一是有些词讼"理"而"不准"也"不批"（相当于现在不受理）；二是有些词讼受理但批回民间解决，即"官批民调"；三是有些词讼准理（堂审），但调查取证事务要民间参与和

---

〔1〕 详论参见陈会林：《地缘社会解纷机制研究》，中国政法大学出版社 2009 年版，第 384 页。

支持，也就是协查或帮助提供证据，相当于履行美国陪审团的部分职能。《大清律例》第 334 条"告状不受理"之"例"规定："民间词讼细事，如田亩之界址沟洫，亲属之远近亲疏，许令乡保查明，呈报该州县官。"在这里，"官批民调"成为将部分解纷工作向民间转移的有效手段。

（2）扩大政绩。"官批民调"是"息讼之一端"。清代地方官袁守定（1705—1782）说：

> 悟得一法似属可行。如到一县，遍谙所治士耆之方正者，以折记之，注明某人居某里，以其折囊系于绅，每行乡村有所得即补记。遇民来诉，批所知相近之士耆处释，即令来诉者持批词给之，立言剀切，足以感人，必有极力排解，以副官指者。此或息讼之一端也。[1]

"官批民调"的"息讼"功能，主要体现在两个方面：第一，成功的"官批民调"可以有效化解纠纷、安抚民心，这是使纠纷解决的效果更好的考量；第二，没有"堂审"的"官批民调"算是"无讼"，在州县官的政绩考核中可纳入"无讼"指标，这是司法官为自身利益的考量。这里主要讨论后者。

清代对地方官的考核称"大计"，其中政绩考核分"勤""平""怠"三个等次，"勤"所表现出的结果包括"由听讼以驯致无讼……讼庭无鼠牙雀角之争，草野有让畔让路之美，和气致祥"[2]。官方视社会纠纷为"细故"的观点，落实在司法上，就是尽量阻止处理这类纠纷进入诉讼程序，除了设置种种制度加以阻隔（例如"放告日"制度、里老人制度——规定不经乡里组织理断不得告官的）之外，一个重要措施就是"官批民调"。传统中国人认为不经"堂审"的官司都不算官司，即使有起诉也算"无讼"。"官批民调"使纠纷解决程序从官府向民间逆转，这本身就是"息讼"。所以"官批民调"成为州县官"息讼"而至"无讼"，从而扩大政绩的重要手段。

3. 解纷效果方面的原因：民间处理比官府审理效果更好

有些案件可以审理，但州县官仍要批回民间调处，其主要考量可能是民

---

〔1〕　（清）徐栋辑：《牧令书》卷十七《刑名上》"袁守定·听讼"。

〔2〕　（清）田文镜：《钦颁州县事宜·听断》，雍正朝。《钦颁州县事宜》是雍正年间雍正皇帝特命总督田文镜、李卫所撰，刊刻通行，并冠以皇帝谕旨。

间处理比官府审理效果更好，所谓"可归和睦者，则莫如亲友之调处"[1]；"以视法堂之威刑，官衙之劝戒，（民间调解）有大事化小、小事化无之实效"[2]。成功的"官批民调"不仅可以有效化解纠纷、安抚民心，而且可以降低司法成本、维护社会和谐。"不但减少诉讼经济和行政成本，而且不容易造成诉讼双方因审判不公正而结下仇怨……在亲情浓重的乡土社会，不结仇怨则易和谐，对维护地方社会的稳定而言，也是利大于弊。"[3]亦像黄宗智所说的那样，"社会调解的运行减轻了法庭裁判的负担，也降低了民事纠纷演变为诉讼案件的比例"，同时还纠正了民众一有冲突就告之官府的滋讼恶习，端正了社会风气。[4]

上述三大类原因中，第三类原因是最根本的原因，也是"官批民调"成为能动司法方式的主要理由。

（二）诉讼档案中"官批民调"

若欲了解"官批民调"的实情，司法诉讼档案可能是一个比较好的考察视角。这里我们以中国台湾淡新档案[5]和中国大陆黄岩档案[6]为例进行考察。为了使真实感和整体感更强，我们将诉讼档案所反映的案件处理方式全部整体列述，不将"官批民调"独立出来，而是将"官批民调"包括在其中。

1. "批发呈词"中的"官批民调"

从清代台湾淡新档案和大陆黄岩档案的"批发呈词"（"批词"）所反映的情况来看，清代州县官在接到"细事"案件诉状之后的处理方式主要有七种，"官批民调"是其中之一。

第一类处理方式是"饬缉穷追"，亦即完全受理。例如黄岩诉讼档案第76号案件"余国楹呈为报明失窃求恩缉事"的批词为"应饬缉穷追"。这类案件在黄岩诉讼档案中有5个（第2、3、74~76号），占6.4%。

第二类处理方式是"不准"，也就是对起诉完全不受理。例如淡新档案

---

〔1〕 （清）汪辉祖：《学治说赘·断案不如息案》。

〔2〕 （清）陈宏谋：《寄杨朴园景素书》，载《皇朝经世文编》卷五十八《礼政》。

〔3〕 袁红丽："清代官批民调制度研究"，南开大学 2009 年博士学位论文。

〔4〕 ［美］黄宗智：《清代的法律、社会与文化：民法的表达与实践》，上海书店出版社 2007 年版，第 15 页。

〔5〕 吴密察主编：《淡新档案》（共 36 册），台湾大学图书馆 1995~2010 年版。

〔6〕 田涛等：《黄岩诉讼档案及调查报告》（上卷），法律出版社 2004 年版。

"黄英水为奉批声明不得不渎事"一案的批词为："该处坡塘是否在两造田业交界处所，抑由林妈德等田界内经过，既未明白声叙，又不绘图呈验，仍难准理。特斥。"[1]黄岩诉讼档案第 19 号案件"陶兴旺呈为恃强贪噬求提究追事"的批词为："控情支离，又无账据，不准。"这类案件黄岩诉讼档案中有 25 个（第 8、11、15、16、17、19、27、31、39、40~42、44、51~55、58、59、62、66、67、72、77 号），占 32.1%。

第三类处理方式是不进行堂审但表明具体处理意见，也就是"半受理"或某些学者所说的"当堂受理当堂批"的情形[2]。例如黄岩诉讼档案第 9 号案件"孙有召呈为不听训教叩饬归宗事"的批词为："阮临海既系已故阮周土之子，如果不务正业，劝戒不听，尽可妥向说明，带交阮临海亲属领回管束，自无他患。"这类案件有 2 个（第 9、69 号），占 2.6%。

第四类处理方式是"官批民调"，即将案件批回民间处理。这里又有两种情况：一是批回双方当事人"自理"。例如黄岩诉讼档案第 10 号案件"王潘氏呈为听唆丧良泣求追办事"的批词为："据呈是何纠葛，着自妥为理明，毋庸肇讼。"二是批回民间组织处理。这里的民间组织主要包括血缘组织（如宗族房亲）和地缘组织（如里甲、乡约）。例如黄岩诉讼档案第 36 号案件"鲍娄氏呈为图诈捏控声求究诬事"的批词为："着自邀亲属族，速即理明。"这类案件有 32 个（第 4~7、10、13、14、18、20、21、23~25、28、30、34~36、38、46~50、56、57、63、64、68、70、73、78 号），占 41%。

第五类处理方式是"另呈候示"，即要求补充证据另行呈告。例如淡新档案中同治四年（1865 年）"竹堑通事钱国殿为遵批另呈粘连佃批乞恩饬勘严差拘讯究追事"案的批词："候饬差查勘禀复察夺，抄文不足为凭，著检正契呈验。"[3]可以看出，县太爷的批词很明了：只有抄文是不足为凭证的，所以要先检验正式契约。黄岩诉讼档案第 61 号案件"郑大荣呈为强霸侧控求提究断事"的批词为："即着检同地契，并遵照指饬明白，另呈候示。"黄岩诉讼档案中这类案件有 11 个（第 22、29、32、33、37、43、45、60、61、65、71

---

〔1〕 吴密察主编：《淡新档案》（二十四），台湾大学图书馆 2007 年版，第 159~160 页。

〔2〕 参见王宏治："黄岩诉讼档案简介"，载田涛等：《黄岩诉讼档案及调查报告》（上册），法律出版社 2004 年版，第 58 页。

〔3〕 吴密察主编：《淡新档案》（十七），台湾大学图书馆 2006 年版，第 116~117 页。

号），占 14.1%。

第六类处理方式是因为呈告衙门错误，请到专司另行呈告。例如黄岩诉讼档案第 26 号案件"管连氏呈为控县批场下冤莫伸事"的两次批词为，"灶田（盐田）之事，赴盐呈请核办"，"着尊前批赴场，呈请核办"。也就是有关盐场的纠纷要到盐政部门呈告。此类处理方式在黄岩诉讼档案中仅此，一案，占 1.2%。

第七类处理方式是提出多种处理方案，供当事人参考。例如黄岩诉讼档案第 1 号案件"徐廷燮呈为噬修被殴泣求讯追事"的批词为："欠修逞横，辱慢师长，所控如果属实，张乘鳌殊出情理之外。着值役蒋升、方玉贰名持批速往查理。或仍凭土屿张绅等妥为理息，以免讼累。如理处不下，准即带案讯办。去役不许滋扰。定限二十日禀复，勿延。当堂批。"在该案中县太爷提出了三种处理方案：其一，让值班衙役蒋升、方玉带着官府的批示速往当事人纠纷地查清事实，妥善处理；其二，仍凭土屿张绅等妥为理息；其三，这是一种假定情形，如果前两种方法仍不能解决该纠纷时，"准即带案讯办"。根据批词也可知，县太爷之所以考虑如此周详，是因为"以免讼累"。又例如黄岩诉讼档案第 12 号案件"吴道朋呈为家遭焚毁报求存案事"的批词为："姑准存案。仍着自行设法向各主分别补立执凭，不得借口兴讼。"此案有受理或批回民间调处两种方式。黄岩诉讼档案中这类案例主要有上述两例，占 2.6%。

根据上述考析，我们认为，有些学者对黄岩诉讼档案中 78 个案件处理方式及其比例的认定似欠准确，例如陈瑞来、肖卜文《清代官批民调制度政治分析——以"黄岩诉讼档案"为考察中心》[1]认为：裁定驳回、不予受理的有 40 个，占 51.3%；裁定民间调处的 21 个，占 26.83%（被裁定由民间组织处理的 13 个，占 16.7%；被裁定自行处理的 8 个，占 10.13%）；因证据不足或陈述不清要求遵饬另呈的 11 个，占 14.1%；所涉纠纷当不属县衙管辖的 1 个（第 26 号）；裁决同意当事人诉讼请求的 6 个，占 8.9%。这里不仅单项统计可能不准，而且各项百分比的总和超过 100%。

2. 黄岩诉讼档案中的"官批民调"

上面我们对淡新档案和黄岩诉讼档案中"批词"反映的案件处理方式进

---

〔1〕 陈瑞来、肖卜文："清代官批民调制度政治分析——以'黄岩诉讼档案'为考察中心"，载《广东教育学院学报》2009 年第 2 期。

行了大致提炼归纳和比例统计，这里我们再进一步对黄岩诉讼档案中"批词"反映的案件处理具体情况进行梳理，这里的梳理可以列表如下，其中包括了全部"官批民调"案件。

档案号、名称和时间	县衙批词	处理方式
第1号"徐廷燮呈为噬脩（侵吞老师劳动报酬）被殴泣求讯追事"，同治十三年（1874年）十二月	欠脩（亏欠老师劳动报酬）呈横，侮慢师长，所控如果属实，张乘鳌殊出情理之外。着职役蒋升、方玉贰名持批属往查理。或仍凭土屿张绅等妥为理息，以免讼累。如理处不下，准即带案讯办。去役不许滋扰。定限二十日禀复，勿延。[1]	直接写出处理意见；官批民调
第2号"赵增锡呈为藉嫌侧诬求提讯究事"，光绪元年（1875年）五月	有无窃板情事，既被控衙提讯，着即投质，以明虚实。毋庸吊卷（提取案卷）。	直接写出处理意见
第3号"何英顺等呈为吁求天恩环求宥释事"，光绪元年（1875年）五月	前批：以该氏呈词而论，情固可悯。但姜善交释后亦未必即能奉养该氏也，姑候确查，再行核夺。 后批：姜善交或可原情释放，亦应静候本县核夺，非尔等固请所能准也。	等待处理结果
第4号"张汝龙呈为奸夫串逃乞恩提究事"，光绪元年（1875年）九月	张汝龙第一次呈告批词：李氏不守妇道，究应如何设法，以杜后患。尽可投知亲族妥议行之，何必讦讼公庭，播扬家丑也。 本次批词：尔妻李氏淫奔，已犯七出之条，若无所归，固难离异。兹既逃回母舅家中，亦可谓有所归，听其自去可也。尔乃先请断离，今又欲领回设法，实属无耻已极！犹敢晓渎，深堪痛恨。特斥。	官批民调

---

〔1〕 从此案的批词看，一是因拖欠教师束修且殴打受业师，故是非较明；二是案发地点就在北城，故当即派人前往较易；三是虽派衙役去查，但还是希望由该乡绅董出面，"妥为理息，以免讼累"；四是还特别关照"去役不得滋扰"；五是定了结案的时限为二十日。参见王宏治："黄岩诉讼档案简介"，载田涛等：《黄岩诉讼档案及调查报告》（上册），法律出版社2004年版。

档案号、名称和时间	县衙批词	处理方式
第5号"王金山等呈为劝诚不听存案杜累事",光绪二年（1876年）二月	着随时投保查禁,不必立案。	官批民调
第6号"郑丙松呈为迭理迭翻叩求提究事",光绪二年（1876年）二月	上年八月廿七日郑丙松呈告批词:竟不知有国服耶,可恶已极。着投局理明,毋庸滋讼。 上年八月廿九日陈显四(不知何等角色)呈告批词:仍照前批,投绅理息。两造均宜平心听理,毋得争胜逞忿,自贻伊戚。 上年九月初八葛普怀呈告批词:尔与郑丙松如果无纠葛,何以屡被诈借,悉曲曲从,殊不可解。着仍自投局绅理处,不必诉渎。 上年十二月初三对郑丙松呈告批词:仍邀原理之林兰友等,妥为调停息事,不必诡词砌耸,希图诈累。 本次批词:事隔多日,犹复哓渎不已,显系有意逞讼。特斥。	官批民调
第7号"徐增培呈为拂赊毁殴求提究追事",光绪二年（1876年）二月	小本经营何堪讼累,既经张河清等理赔和服,如果王日元翻悔前议,着即邀保,协同原理之人,向其催诘可也。	官批民调
第8号"叶珍呈为霸噬肆蛮求提追办事",光绪四年（1878年）二月	……种种情节扭捏欠明,碍难率准提讯。	不准
第9号"孙有召呈为不听训教叩饬归宗事",光绪四年（1878年）二月	阮临海既系已故阮周土之子,如果不务正业,劝戒不听,尽可妥向说明,带交阮临海亲属领回管束,自无他患。	直接写出处理意见受理
第10号"王潘氏呈为听唆丧良泣求追办事",光绪四年（1878年）七月	据呈是何纠葛,着自妥为理明,毋庸肇讼。	官批民调

续表

档案号、名称和时间	县衙批词	处理方式
第 11 号 "李毓金等呈为环求恩厚宽宥超释事", 光绪四年 (1878年) 七月	已讯, 释堂谕矣。无戳特斥。	不准
第 12 号 "吴道朋呈为家遭焚毁报求存案事", 光绪四年 (1878年) 七月	姑准存案。仍着自行设法向各主分别补立执凭, 不得借口兴讼, 切切。	两种: (1) 直接写出处理意见受理 (2) 官批民调
第 13 号 "彭正汉呈为强戽水塘迫求示谕事", 光绪四年 (1878年) 七月	既经族理, 着持批再邀族众劝令听理, 毋得率请示谕。	官批民调
第 14 号 "潘济清呈为逆媳无上饬差惩儆事", 光绪四年 (1878年) 七月	据呈, 该监贡之子潘文襃有意违犯, 唆令弟媳洪氏出头殴骂等情, 如果属实, 亟宜治以家法, 否则尽可呈请提究, 非传谕申斥所能了事。	官批民调
第 15 号 "林匡美呈为听唆离间绞串贩卖事" 光绪四年 (1878年) 十二月	察核情饰, 其中保无图诈。不准。	不准
第 16 号 "林云高呈为痛切剥肤结求讯办事", 光绪四年 (1878年) 十二月	呈词一味架耸, 显见刁健, 可恶已极。仍不准。切结掷还。	不准
第 17 号 "梁文厚呈为霸吞继产求恩追究事", 光绪四年 (1878年) 十二月	呈控含混, 又无宗图呈核, 未便率准。	不准
第 18 号 "周官凤呈为愈出愈蛮迫求限究事", 光绪四年 (1878年) 十二月	批词1: 周官升觊产欺凌, 容或有之, 据控擒禁殴辱等情, 显有装点等情。着自妥为理明, 无遽兴讼, 致伤亲亲之谊。批词2: 同室操戈, 本属家庭戾气。况尔以周官升喝子擒禁等词架耸, 诬陷亲属, 袒护外人, 更属不顾大局。特斥。	官批民调

档案号、名称和时间	县衙批词	处理方式
第19号"陶兴旺呈为恃强贪噬求提究追事",光绪四年（1878年）十二月	控情支离，又无账据，不准。	不准
第20号"蒋德赠呈为不已再号结求提追事",光绪四年（1878年）十二月	十一月十三日呈告批词：情词扭捏支离，显有不实不尽。着即自向理还，毋庸率请捉返。 十一月廿三日呈告批词：前呈业已批理，毋再架词耸渎。 本次批词：披览词讼，遇有呈词支离，衡情批驳。乃尔竟再三架耸，晓渎不休，明系讼棍伎俩。实堪痛恨。特斥，仍不准，切结掷还。	官批民调
第21号"汪贤铨呈为背据烹吞叩求讯断事",光绪四年（1878年）十二月	着邀房族理处毋讼，粘据发还。	官批民调
第22号"应庆明呈为恃强负噬恩求讯追事",光绪四年（1878年）十二月	着检税票借据呈核。	补充证据另行呈告
第23号"阮仙培呈为恃强霸吞签提讯追事",光绪四年（1878年）十二月	十一月三日阮宗标呈告批词：不仅情词一现地混渎，显系揑有别嫌，希图讼累，殊属刁健。现据阮仙培以尔吞公揑控等情具呈，不为无因，本应提究。姑念尔与阮仙培谊关叔侄，着即邀族人调理，以全体面，毋庸逞刁干咎。 本次批词：无戳不阅。	官批民调
第24号"蔡钦俊呈为唆讼霸继求恩讯断事",光绪八年（1882年）十一月	十月初八蔡钦桃呈告批词：启盛系尔钟爱，择继为嗣，岂容蔡钦俊妄事紊争。但彼此同宗，应邀集亲族绅董秉公妥议。 本次蔡钦俊呈告批词：现蔡钦桃年迈无后，择继启盛为嗣，尔惟有听其自便。况彼此谊关一本，而竟涎产紊	官批民调

续表

档案号、名称和时间	县衙批词	处理方式
	争、讦讼滋累，于心何安。尚其三思。系图发还。	
第25号"郑可舜呈为恃强捏控求吊汛卷事"，光绪八年（1882年）十一月	十月十八日林泮芹呈告批词：既经局董卢汝舟理说于前，应再邀同妥理，当有公论，不得摭拾浮词，混渎耸听，自取讼累也。省之。 本次批词：负欠借洋，尤不知非，辄敢摘删批示，妄渎朦混，实属刁健可恶。	官批民调
第26号"管连氏呈为控县批场下冤莫伸事"，光绪八年（1882年）十一月	前批：灶田之事，赴盐呈请核办。 后批：着尊前批赴场，呈请核办，不得恃妇混渎。特饬。	到其他部门呈告
第27号"张所寿呈为匪徒哄扰迫叩提办事"，光绪八年（1882年）十一月	……若果所控非虚，则尔探亲不家，其乡党邻佑当不乏人，何惧一任横行，置之不顾？更堪诧异，察核呈词谓非别有隐情，其谁信之？不准。	不准
第28号"陈梁氏呈为欺寡诬噬檄饬核删事"，光绪九年（1883年）四月	梁发棠所开药铺，氏家若果无分，王永基岂能以氏男曾在该铺学过生理控及同开？词不近情，殊难取信。究竟有无其事，着令氏弟梁发棠自行理明可也。	官批民调
第29号"王广法等呈为遵谕乞恩矜准超释事"，光绪九年（1883年）四月	既据尔等吁求，从宽姑准保释。仍将保状补戳另呈送核。	补充证据另行呈告
第30号"张冯氏呈为家遭回禄求恩存案事"，光绪十年（1884年）十二月	被焚之契系何项产业，词内并不叙明，无从稽核。应着自行查明补立。不准存案。	官批民调
第31号"徐罗氏呈为勒休负噬求讯究雪事"，光绪十年（1884年）十二月	查阅呈词，满纸模糊……不准。	不准

续表

档案号、名称和时间	县衙批词	处理方式
第 32 号"徐牟氏呈为截路凶殴迫求拘办事",光绪十一年（1885 年）正月	……如果受有重伤，应即亲身来案，听办验讯，以昭核实，毋以勾通土匪，由该氏出头只言混控。	补充证据另行呈告
第 33 号"于周氏呈为逼嫁串抢哀求严办事",光绪十一年（1885 年）二月	……着明白另呈候示。	补充证据另行呈告
第 34 号"胡凤山呈为恃强吞噬迫求究追事",光绪十一年（1885 年）二月	批词：进出货洋既有账簿可凭，又有王汝春等理算可证，着再自行清理，毋庸肇讼。	官批民调
第 35 号"辛光来呈为投理莫理粘求吊讯事",光绪十一年（1885 年）二月	控词含糊，供词牵混，似其中别有唆弄之人。究竟是何胶葛，即着持批投告院桥局绅杨旦查理理处，毋得混渎取咎。即转批当事人所在地院桥街"局绅"杨旦处理。这里的"局绅"指晚清乡约局的绅董（总主持）。	官批民调
第 36 号"鲍娄氏呈为图诈捏控声求究诬事",光绪十一年（1885 年）二月	氏子万庆，现在存否，词内并不叙出，具与杨周氏所呈情节悬殊，明系该氏将媳嫁卖，杨周氏争分财礼，因而互控，均属唯利是图，毫无志气。着自邀亲属族，速即理明。若再彼此控讼不休，定即立提讯究，无谓言之不先示。	官批民调
第 37 号"周克礼呈为局理容情粘求讯追事",光绪十一年（1885 年）三月	……其中显有隐饰别情，即着从实声叙听办，核示粘件姑附。	补充证据另行呈告
第 38 号"林桂槐呈为滞户不推签讯究事",光绪十一年（1885 年）三月	批词：出卖产业越年已久，尚未过割清楚，均属咎有应得。英华系属方外之人，何敢纠人凶殴，强悍如斯，显系饰词耸听，即着赶紧查明，过割清楚，毋再延控，自贻伊戚，呈不盖戳，并斥。	官批民调

续表

档案号、名称和时间	县衙批词	处理方式
第39号"蔡允林呈为刁告图噬求追究办事"，光绪十一年（1885年）三月	……今以刁告图噬为词，呈求追究，殊难取信。不准。	不准
第40号"卢有临呈为强占倒诈求提究追事"，光绪十一年（1885年）三月	三次呈告批词：情节种种可疑，显有隐饰别故，不准。 控出不情，显有别故，不准。 本县持平听断，不准刁民捏词肇讼，即有屈抑之处，亦须从实声叙，方为准理。如果装点情节，希图耸听，则非徒无益适足以害之耳。	不准
第41号"梁洪秋呈为藐抗锢噬叩提讯追事"，光绪十一年（1885年）三月	第一次呈告批词：尔与梁洪梅拼开染店收染布匹，自必登诸账簿，梁洪梅何以能因尔卧病在家，乘间搬运私自收钱，即使有其事，亦可艰邀同照簿清算。即着持批传谕遵办，毋遽肇讼。 本次呈告批词：查尔初词为梁洪梅搬运染布，向理，以影射五年重算为词。兹据续呈，又称七年重算。若果言真语确，何致前后两歧，其中显有隐情，不准。	官批民调 不准
第42号"蒋绍奇呈为吞公肆凶迫求追究事"，光绪十一年（1885年）三月	……不必大张其词，希图耸听。不准。	不准
第43号"郑杨氏呈为昧死噬款遣抱求追事"，光绪十一年（1885年）三月	……呈词均未叙明，殊属含混，即着检同标据并遵照指饬明白另呈办示。	补充证据另行呈告
第44号"石联渠呈为邀理罔济据实声控事"，光绪十一年（1885年）3月	石安标系该监生之胞兄，东边古路即使应归该监生承管，被安标恃强移设，该监生宜应邀公正族戚妥为调理。乃率先提究，实属荒谬。此斥。	不准

档案号、名称和时间	县衙批词	处理方式
第45号"张叶氏呈为贼获抢脱限交究追事",光绪十一年（1885年）三月	……着遵饬另呈办事,不得朦混。	补充证据另行呈告
第46号"鲍舜田呈为顽伙噬款饬提讯追事",光绪十一年（1885年）三月	拼伙开店,若店亏短,自应照股认派,陈良茂岂能图赖,既据鲍子章等向理在前,着再邀理清楚可也,毋遽肇讼。	官批民调
第47号"陈张氏呈为丧良蓄噬粘求提追事",光绪十一年（1885年）三月	葛善荷欠洋既有票据给执,又有抱还之人,尽可自行邀同向讨,毋庸遽请饬追。票揭还。	官批民调
第48号"徐永宁呈为恃强负噬求差追事",光绪十一年（1885年）三月	正月廿三日呈告批词:顾蝦蟆四欠尔货钱,既有亲笔账单,尽可自向取讨,不得遽兴讼端。 本次呈告批词:向讨欠款,人之常情,岂能反颜相加,无此情理。着遵有批所讨,不得饰词耸听,着图朦准。	官批民调
第49号"张汝嘉呈为忿理毁殴求提讯究事",光绪十一年（1885年）三月	同业王加标之子在尔门前与人争斗,同系幼孩,尔既避犹挽人排解,何又向斥?情词自相矛盾。所称王加标同行嫉妒,事或有之,然何致因此纠人向尔斥骂,甚至不容分剖辄行扭殴?恐无如此情理。惟既投局理处,着仍自邀理可也,毋庸涉讼。	官批民调
第50号"张潘氏呈为义子强占哀求讯追事",光绪十一年（1885年）三月	差持批邀同亲族,妥为理明,如敢再抗,呈办提究。	官批民调
第51号"王金氏呈为逞凶占殴求提讯断事",光绪十一年（1885年）三月	伤不请验,据不呈送,无从核查。不准。	不准

续表

档案号、名称和时间	县衙批词	处理方式
第 52 号 "林板祥等呈为奸荡产求饬禁推事"，光绪十一年（1885 年）三月	……事涉暧昧，并无证据……不准。	不准
第 53 号 "徐拱辰呈为赌输交迫逃卷避匿事"，光绪十一年（1885 年）三月	……先后矛盾不符。又不当时呈究，显有捏饰。不准。	不准
第 54 号 "王庭淦呈为特泼串诈迫求吊究事"，光绪十一年（1885 年）三月	……词内不得拉扯别事，装点砌饬，意图耸听。所呈不准。	不准
第 55 号 "黄良业呈为挺凶勒诈粘求核讯事"，光绪十一年（1885 年）三月	……显系抹煞原情，任意混渎，特斥。粘据阅发。	不准
第 56 号 "杨周氏呈为朋谋贩卖求提追究事"，光绪十一年（1885 年）三月	着遵照鲍娄氏词批邀理，若再争讼不休，定即提究。本县令出维行，慎勿尝试。	官批民调
第 57 号 "李金固呈为恃妇横占倒逆抗理事"，光绪十一年（1885 年）三月	李王氏起诉时县衙批词：伤已验明，即使所控尽实，事亦甚微，着遵批自邀房族查理可也。李金固起诉时县衙批词：尔既未违抗，着遵李永凤呈批听办原理人公理，呈复核夺。	官批民调
第 58 号 "陈卢氏呈为奉批斥驳叩求查理事"，光绪十一年（1885 年）三月	不准。仍不准。	不准
第 59 号 "李昌清等呈为黉夜撬窃求恩存案事"，光绪十一年（1885 年）三月	既然被窃，应请缉追，何以但求存案，其意何居？不准。	不准

续表

档案号、名称和时间	县衙批词	处理方式
第60号"应履廷呈为惑众阻葬迫求提究事",光绪十一年(1885年)三月	……亦着遵饬另呈。	补充证据另行呈告
第61号"郑大荣呈为强霸侧控求提究断事",光绪十一年(1885年)三月	……即着检同地契,并遵照指饬明白,另呈候示。	补充证据另行呈告
第62号"陈吉南呈为悖命更继按律追断事",光绪十一年(1885年)四月	……不准。	不准
第63号"陈周氏呈为诈挺捏声求提究事",光绪十一年(1885年)四月	批词1:指窃并无凭据,指殴又不请验。惟名分攸关,着邀房族理处,毋庸涉讼。 批词2:氏侄陈(法藐)等果砍氏山松木,当被氏子夺获,并将该氏殴辱,殊属不合。惟前据陈牟氏具呈,该氏子陈法增窃树呈殴,业经批饬,邀理在案。该氏应即遵照听理,毋伤亲亲之谊。	官批民调
第64号"梁一松呈为案非无据求吊核讯事",光绪十一年(1885年)四月	前次呈告批词:高异生户粮未收(交),应即自行过割清楚,不得以无据空言,牵扯涉讼等示。 本次呈告批词:该民人并不遵批清理,率行续呈,实属健讼。词不盖戳。并斥。	官批民调
第65号"张鸿业呈为盗砍情实求恩讯办事",光绪十一年(1885年)四月	……着再遵饬,另呈办示。	补充证据另行呈告

档案号、名称和时间	县衙批词	处理方式
第 66 号 "王曹氏呈为为中遭害声求吊销事"，光绪十一年（1885 年）四月	……察核呈词，其中显有隐情。不准。	不准
第 67 号 "张仙顺呈为图烹诬制迫求禁卖事"，光绪十一年（1885 年）四月	若果所称非虚，尔亲族自有公议，何得率请提讯，致干名义，粘据阅发。	不准
第 68 号 "管翰敖呈为霸占捏控迫求讯断事"，光绪十一年（1885 年）四月	二月廿三日周克礼呈告批词：是项田亩管取鉴既属情愿出卖，现在价已收清，何能阻推过户？无此情理。着即邀同原中妥理清楚，毋庸肇讼。 三月初八管翰敖呈告批词：前据周克礼照契买职员（指管取鉴）田亩，不许过户，于契外需索洋元等情具呈。核与所称不同。查两造呈词均难取信，着即邀同契中妥理清楚，毋庸肇讼。 本次呈告批词：呈果非虚，应即邀同蔡贤登理处，周克礼自无遁饰，即着照办。	官批民调
第 69 号 "王镇求呈为滞户不推求恩推户事"，光绪十一年（1885 年）四月	即着持批传谕林均照，赶将户粮推收清楚，如再抗延，听办提案究治……	直接写出处理意见受理
第 70 号 "陈福隆呈为负噬侧诬求恩札吊事"，光绪十一年（1885 年）六月	批词 1：解银求因妻病借洋藉为调治，尔竟允借，如果非虚，是该民人济其急难，解银求感激不遑，何致负噬不还？着自行理讨，毋庸兴讼。 批词 2：着自行妥理清楚，毋得以无据空言，希图耸听。	官批民调
第 71 号 "童汪氏呈为遵饬声叙哀求核示事"，光绪十一年（1885 年）六月	候着检宗谱呈核。	补充证据另行呈告

续表

档案号、名称和时间	县衙批词	处理方式
第 72 号"金加丰呈为业管粮抛矜存杜累事",光绪十一年(1885 年)六月	无据空言,不准存案。	不准
第 73 号"乔张氏呈为迭扰难堪求饬禁止事",光绪十一年(1885 年)六月	既由中人按年酌给,到月自应由张保太向取。如果意外多索,□□中具在,应即邀同理论,一□□□请禁止。此饬。	官批民调
第 74 号"管黄氏呈为家被失窃报明饬追事",光绪十二年(1886 年)七月	应饬缉穷追。	直接写出处理意见受理
第 75 号"金桂芳呈为被盗赃露签提研究事",光绪十三年(1887 年)三月	严缉穷追。 陈正渠词同。	直接写出处理意见受理
第 76 号"余国楹呈为报明失窃求恩缉事",光绪十五年(1889 年)二月	应饬缉穷追。	直接写出处理意见受理
第 77 号(被告为章良好,财产纠纷案),时间为光绪年间	情节支离,显有饬捏。不准。	不准
第 78 号"□□□报□□□□□杜害事(因遭火灾矜准存案)",约光绪十年至十一年之间(1884~1885 年)	契票被毁,应即自向重立,□□请存案无益。	官批民调

(三)"官批民调"的量化估计

传统中国州县官司法处理的案件中,属于"官批民调"的有多少?这个难有确数。据我们依所见材料所作的估计,清代州县准理的"细事"案件,约有三分之一是以"官批民调"方式解决的。这里有两点值得我们注意:第一，州县官处理案件是否"官批民调"，似乎因人、因地而异。例如黄岩诉讼档案所载 78 个案件中有"官批民调"案件 34 个（官方指定民调的案件 32 个，官方让当事人选择民调的案件 2 个），占总数的 44%（具体情况参见上面资料）；而台湾淡新档案所载案件中则少有"官批民调"。第二，"官批民调"的具体数量是动态的，清代的总体趋势似乎是由少到多。黄宗智先生对清代诉讼档案研究的结果表明：在 18 世纪中叶至 19 世纪中叶的 308 件案例中，未见知县发还乡保调处的案例。19 世纪后半期，直隶省顺天府宝坻县的 118 个诉讼案件中，有 6 例是县官未亲自裁断，而让乡保处理的；词讼累牍的台北府淡水–新竹 202 个案例中，"官批民调"的案子多达 31 个[1]；晚清黄岩诉讼档案中，业经整理出的 78 个案件中有"官批民调"案件 34 个。

二、"官批民调"的程序

官府将案件批回民间调处，民间一般会认真对待，依据常理常情、家法族规、习惯风俗等情理，特别是参考"批词"中提出的建议，来对纠纷进行处理。调处的结果无非是两种：一是当事人双方达成协议，然后到官府销案；二是当事人双方未能达成一致，继续上告，官府可能受理裁决，也可能再次批回民间调处[2]。民调成功、当事人达成协议的情况似乎是常态，但最后的结果也可能是第二种情况。

（一）"官批民调"的一般程序

清代"官批民调"有一套自己的司法程式：起诉——受理——批付民调——民调——禀复与和息——销案。这里核心程序的内容是：

（1）批付。例如州县官在呈状上批道："着乡保（或着族长、亲友）调处，毋使滋讼！"

（2）民调。州县官批付"民调"之后，将诉状转到乡保、族长等民间第三方，后者接状后，召集原被告双方以及相关人员进行调解。这时"民调"的过程本身与一般的民间调解过程无异，但因为有官方的介入，所以启动方

---

〔1〕　[美] 黄宗智：《清代的法律、社会与文化：民法的表达与实践》，上海书店出版社 2007 年版，第 94 页。

〔2〕　例如黄岩诉讼档案中的第 4 号案件"张汝龙呈为奸夫串逃乞恩提究事"、第 24 号案件"蔡钦俊呈为唆讼霸继求恩讯断事"。

式、调解内容、协议效力等与一般民间调解有所不同（下面有专门讨论）。

（3）呈禀或禀复。"民调"者在调处结束后将调处结果向衙门呈禀或禀复，这种汇报的报告文本称"复状"或"禀状"。如果调解成功，取具两造指模"切结"，类似签订调解协议书，调处人或当事人向官府呈递复状或和息状，说明事情的原委及处理意见，请求批准销案。州县官核准后如果批准销案，则"民调"获得与堂审同等的法律效力。如果民调不成功，官府一般是再次批回"民调"或者"不准"，进行堂审的情形也有，但很少。当然，此时当事人也可能继续上告或上诉，开始新一轮的诉讼过程。

（4）和息。经"官批民调"了结的纠纷，原被告双方最后要回到州县衙门具结销案，递交书面承诺书（和息状之类）。

（二）甘结和销案

经民间调解了结的案件，原被告双方还需具结（保证），以表示悔过、和解以及服从调解，然后到官府销案。这些程序是今天的民事诉讼程序所没有的，所以予以专门介绍。

甘结和销案程序是对原来"批词"的回应或回复。这里的保证书有很多名目，例如"遵依状""甘结状""和息呈"等。

1.《岸里大社文书》所见"遵依状"

《岸里大社文书》是清代乾隆年间至民国初年台湾中部的"民间经济关系文书"，其中屡见和息销案文书，例如乾隆四十八年（1783年）即有[1]：（1）"刘元、刘凤章、刘聪—王儁"纠纷案的"遵依状"："刘元等甘愿息讼，不敢生事，如有生事，甘愿治罪。"（2）"潘士万—王儁"纠纷案的"遵依状"："刘元藉坟吓骗一案，听公亲调处明白，甘愿息讼，不敢翻控，如有翻控，甘愿治罪。"（3）"猫务拣东保子民张仁丰、张三品、徐在勋—王儁"纠纷案的"和息呈"："劝处双方，两愿息讼，乞恩准息销，以敦和睦。"

2. 清代其他诉讼档案所见"甘结"与批文

（1）嘉庆十六年（1811年）直隶省顺天府宝坻县档案《宝坻县全宗》中有如下"甘结"和针对"甘结"的批文：

---

[1] 《〈岸里大社文书〉之北路理番同知案簿》，见台湾政治大学历史系1992学年度王云洲的硕士学位论文《清代台湾北路理番同知研究（1766—1888）》之附录四。

甘结。具甘结人胡瑞，今于与甘结事，依奉结得：武宽禀身赖伊耕毁豆子争吵一案，蒙恩审讯（实为"官批民调"——引者注）完结，身回家安分度日，再不敢争吵滋事。所具甘结是实。

嘉庆十六年元月二十四日。胡瑞（画押）。

（县太爷又批）：准结。[1]

（2）淡新档案中"姜阿青为冒捏混控恳准察释跟拘劈捏事"一案处理完毕，当事人双方的民事关系已经结束，官府批示："该佃所欠租谷，既向业户吴顺记完纳清楚，即著吴顺记具呈，以凭（摘）释。"[2]

（3）黄岩诉讼档案中针对"官批民调"甘结状的官方批示有"准息，附卷"，"既经尔等调理，两造均已允议，准。据票销案"，等等。

第三节　"官批民调" 中的"批词"

"官批民调"中的"批词"，即司法官在接收原告诉状之后，批回民间调处的处理意见。这种"批词"是传统中国诉讼中各类"批词"中的一种，它是"官批民调"的枢纽，是"官批民调"具有司法品格的标志和关键。

一、"批词"的界定和拟定

（一）"批词"的界定

1. 本著所谓"批词"即官府接收诉状后的"批发呈词"

本书所讨论的"批词"是指州县官在接收原告之诉状后，在诉状上面所作的是否受理或如何处理的意见与批示。作为动词形态，清代简称"批发呈词""批发词讼"等。乾隆中叶的刑名专家王又槐在其《办案要略》中有"论批呈词"专章。关于"批发呈词"，我们已在第三章有所讨论。

"批词"在传统中国使用广泛、情形复杂，清代几乎所有公务活动领域都有"批词"。这里我们只讨论诉讼活动中的"批词"。诉讼活动中的"批词"，也有多重指称或意义，这里我们从广义、中义、狭义方面分别列述。本书所

---

[1]　转引自张晋藩：《清代民法综论》，中国政法大学出版社 1998 年版，第 298 页；柏桦：《明清州县官群体》，天津人民出版社 2003 年版，第 100 页。

[2]　吴密察主编：《淡新档案》（十七），台湾大学图书馆 2006 年版，第 392~393 页。

谓"批词"是非常狭义的"批词"。

（1）广义的"批词"。广义的"批词"包括三种：批禀、批详、批呈。一般来说，"批禀"即对禀状所拟就的批词，"禀"或"禀状"既可为案外人向司法机关提出的诉讼请求文书，也可为下级司法机关向上级司法机关呈递的案件请示报告；"批详"即对详文所拟就的批词，"详"是下级司法机关向上级司法机关呈递的结案报告，其本身即包含了案件的批词；"批呈"即对呈状所拟就的批词，"呈"是当事人对司法机关投递的诉讼请求文书，可以是"呈词"（诉状），也可以是其他请求文书。

（2）中义的"批词"。中义的"批词"即"批呈"。"批呈"是司法官对当事人所有呈文的"批示"或"批示意见"，既包括对诉状的"批词"（例如批付民间调处），也包括对当事人其他呈文的"批词"（例如"官批民调"之"民调"结束后，司法官对当事人"复状"或"甘结状"批示的是否可以销案的意见）。对于"官批民调"来说，批示民调的"批词"和批准销案的"批词"，这两者加起来，相当于堂审的"判词"。

（3）狭义的"批词"。狭义的"批词"仅指司法官对原告诉状所作的批示，简称"批发呈词""批民词讼"等。"批发呈词"可以是"官批民调"，也可以是其他处理意见，例如前述清代黄岩诉讼档案中"批发呈词"所反映案件的处理方式就有七种之多："饬缉穷追"、"不准"、半受理、"官批民调"、"另呈候示"、另行呈告、多选方案。"官批民调"只是"批发呈词"中的一种。本书所讨论的"批词"即狭义的"批发呈词"。

上述"批词"外延分类的内容可以图示如下：

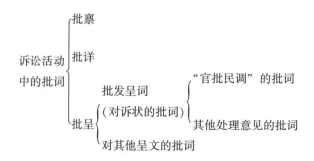

2. "批词"与"判词"的关系

从上面对"批词"的界定已明确可知，"官批民调"的"批词"不同于"判词"。从程序上来看，这种"批词"出现在堂审之前，而"判词"则是堂审的结果；从数量上来看，一般来说，一个诉讼案中判词只有一份，而这种批词则可能有多份[1]；从篇幅上来看，这种"批词"可以相对简短，可能只是二三字、十几字而已，例如"准""不准""着乡保传谕，毋任滋讼"等，而"判词"则一般较长。

在具体的案件处理中，不经堂审的案件一般只有"批词"，经过堂审的案件则一般既有批词，又有判词。但也有少数案件的批词与判词是合一的，此类案件主要是一些简单的"细事"案件，事实清楚，证据充分，州县官根据当事人的呈告、证据材料以及自己的判断，不经审理直接以批词的形式对纠纷作出判决，所谓"此案可以不问而断"[2]。例如清末樊增祥在《批何生瑞呈词》中批道："禀词可谓支离矣。据称仓粮毁败，出易无人肯领中。何以变价后，又有人肯买？彼先借后还，尚且不愿，何反甘心用现钱领回？彼时既可卖钱，则此粮不甚坏可知。既不甚坏，又何不可出易之有？明系该生希图自便，以粮易钱。迄今一年之久，粮既虚悬，钱亦随口混报，实属可恨已极。着将何生瑞管押吏房，立将仓粮如数赔补，庶免详革。如敢抗违，褫革杖比不贷。"[3]这时的"批词"与判词就很难区分了。

如前所述，在"官批民调"案件中，"官批民调"的批词，还包括在复状或甘结状上写的是否可以销案的意见（"准结""准息""姑准从宽免究销案"之类），这两者加起来，即相当于堂审的"判词"。

（二）"批词"的拟定

这里主要讨论"官批民调"所在的"批发呈词"意义上"批词"的拟定。

1. "批词"的制作主体

在传统中国，法律规定州县中只有作为长官（正堂官、正印官）的知州、

〔1〕　例如"黄岩档案"第4号"张汝龙呈为奸夫串逃乞恩提究事"案有7份批词，参见田涛等：《黄岩诉讼档案及调查报告》（上册），法律出版社2004年版，第238~240页。
〔2〕　樊楚才编：《樊山判牍（正编）》，大达图书供应社1934年版，第180页。
〔3〕　樊楚才编：《樊山判牍（正编）》，大达图书供应社1934年版，第150~151页。

知县才有资格、有权力审理案件，自然也只有他们才可以"批词"。历史上有许多才能出众的州县官写出的批词，情理兼具，文采飞扬，被奉为经典传之后世。但实际上更多的情况往往是幕友拟稿，长官认可或修改后誊为正状，所谓"幕友拟批于副状，官过目画押然后墨笔幕友于正状，过朱发榜，此通例也"[1]。

从清代诉讼档案来看，长官的佐官、属吏也可以拟定批词，一般是案情重要或复杂的案件才要由长官亲拟批词，否则可由属吏代拟批词。清代著名地方官樊增祥说："批词随来随答，至案经讯结，则由吏人叙供拟判，苟大意不相背谬，即亦不复润饰。惟案情较重及近怪者，乃据案手自作判。"[2]当然，长官属吏"批词"，一定要获得长官授权。

"批词"无论是长官亲拟，还是幕僚代写，其署名都以州县官名义，其通常形式如"特授四川宁远府冕宁县正堂加五级纪录十二次何批"之类。有些代写的批词，其署名前有一"代"字，例如冕宁县档案有一份署名"特授四川宁远府冕宁县正堂加三级议叙加一级纪录十二次陈"的批词前面写有"代行批"三个字。

2. "批词"的制作技巧

"批词"之重要性，不言而喻。批词得当，片言可以息讼；批词不当，则常常引起上控。所谓"批语稍未中肯，非增原告之冤，即壮被告之胆，图省事而转酿事矣"[3]；"善听者，只能剖辨是非于讼成之后；善批者可以解释诬妄于讼起之初……如其事真伪显然，不过纸上片言可以折断"[4]。乾隆年间曾做过30年刑名幕友的万维翰说："批发词讼，虽属自理，其实是第一件得民心事。不能洞见肺腑，无以折服其心。或持论偏枯，立脚不稳，每致上控，小事化为大事，自理皆成宪件矣。"[5]清末著名地方官樊增祥说："每一批出，能抉摘纰漏，动中窾要（要害），使无情者不得肆其诪张（欺诳诈惑），而冤结者先有伸理之望。未经讯鞫，而人心震动矣……父母之于子，情

〔1〕（清）徐栋辑：《牧令书》卷十八《刑名中》"何士祁·词讼"。

〔2〕（清）樊增祥：《樊山批判·自序》，载杨一凡、徐立志主编：《历代判例判牍》（第11册），中国社会科学出版社2005年版。

〔3〕（清）汪辉祖：《佐治药言·批驳勿率易》。

〔4〕（清）王又槐：《办案要略》，群众出版社1987年版，第69页。此段文字又见于乾隆年间为安徽抚署幕宾白如珍《论批呈词》，见（清）徐栋辑：《牧令书》卷十八《刑名中》"白如珍·论批呈词"。

〔5〕（清）万维翰：《幕学举要·总论》。

亲而无文；县令亲民如子，义当如是。"[1]

正因为如此，"核批呈词，其难其慎"[2]。拟制批词，不仅要熟悉律例成案，懂得人情物理，而且还要讲究技巧。这方面清代许多刑名专家、州县官都有经验之谈。例如：

乾嘉时期汪辉祖（1730—1807）说："一切口角、争斗类皆户婚细故，两造非亲则故，非族则邻，情深累世，衅起一时，本无不解之仇。第摘其词中要害，酌理准情，剀切谕导，使弱者意平，强者气沮。"[3]乾隆中叶王又槐说："批发呈词，要能揣度人情、物理，觉察奸刁诈伪。明大义，谙律例。笔简而赅，文明而顺，方能语语中肯，事事适当。奸顽可以折服其心，讼师不敢尝试其伎。若滥准滥驳，左翻右覆，非冤伸无路即波累无辜，呈词日积而日多矣。"[4]淡新档案中"垦户陈德益为备缴完案泣准开释以免久押染病放回医治事"一案的批词就颇得这一要领："银牛缴案给领，本应开释，因日听访问大甲总保，前经串同该监生及佃户张姓图占充公田埔，并有减庄界碑情事，现已派差往查，如无减界混占，再准释放，倘有抗霸串占等情，定即并提该总保从严究办。"[5]

乾嘉年间名幕王有孚在《一得偶谈》中说："先要看透他主意何在，其有装点情节希图耸听者，准情度理便可知其为诬。果能明白批饬，则诈伪之辈自不敢巧为尝试。若执笔者省些心血辄予准讯，即已坠其术中。若辈鬼蜮之技只图准不图审，官票既出而原告先已避匿，在被诬之家惊惶无措，胥役乘机需索，受诸窘辱。到得具词剖诉守候庭质，失业废时，多所耗费，更有被牵中证凭空拖累尤为可恨。"[6]淡新档案"陈阿琳为异地□名非勘不明乞准亲临指勘覆讯断结事"一案的批词为："案悬六年，皆由该监生故意拖延，所叙现经本府悉心详察，秉公讯断，又敢抗不具遵，惟有照例详办，以儆效尤，

---

〔1〕 （清）樊增祥：《樊山批判·自序》，载杨一凡、徐立志主编：《历代判例判牍》（第11册），中国社会科学出版社2005年版。

〔2〕 （清）汪辉祖：《续佐治药言·批驳勿率易》。

〔3〕 （清）汪辉祖：《续佐治药言·批驳勿率易》。

〔4〕 （清）王又槐：《办案要略》，群众出版社1987年版，第69页。此段文字又见于乾隆年间为安徽抚署幕宾白如珍《论批呈词》，见（清）徐栋辑：《牧令书》卷十八《刑名中》"白如珍·论批呈词"。

〔5〕 吴密察主编：《淡新档案》（二十一），台湾大学图书馆2007年版，第87~88页。

〔6〕 （清）徐栋辑：《牧令书》卷十八《刑名中》"王有孚·一得偶谈"。

不必捏词圆声。"〔1〕这份批词可谓顺应王有孚这段话的前两句。又例如黄岩诉讼档案第 4 号"张汝龙呈为奸夫串逃乞恩提究事"一案的批词为："尔妻李氏淫奔，已犯七出之条，若无所归，固难离异。兹既逃回母舅家中，亦可谓有所归，听其自去可也。尔乃先请断离，今又欲领回，实属无耻已极！犹敢哓渎，深可痛恨。特斥。"这份批词知县的语气比较重，其实也是制作批词的一种技巧，旨在使"诈伪之辈自不敢巧为尝试"。

二、"官批民调"之"批词"的类型及实例

（一）"官批民调"之"批词"的类型

从清代司法诉讼档案来看，"官批民调"之"批词"大致有三种类型〔2〕：

1. 简洁型

这类"批词"简洁明快，例如道光二年（1822 年）巴县陈正寿与冉洪芳发生水利纠纷案，县衙仅批"该约邻查处具复"〔3〕七字。

2. 教谕型

这类"批词"充斥礼义道德说教或价值判断内容，例如前述光绪元年（1875 年）黄岩县"张汝龙呈为奸夫串逃乞恩提究事"案，县官的一则批词说："李氏深恶万分。被阅情词，断难相安，或去或留，尔父子尽可自行主张。控之不已，其意何居？既无妇女杖毙之例，不能由官递行断离。即使予以责惩，亦未必能改前过。著邀族从长计议，呈请立禁可也。"〔4〕教化之意溢于字里行间。

3. 裁判型

州县官通过这类"批词"表明自己的处理意见，这类"批词"近似判词。例如光绪八年（1882 年）黄岩县发生的"蔡钦俊呈为唆讼霸继求恩讯断事"一案中，蔡氏家族有伯、仲、叔三房，叔房蔡钦桃绝嗣。《大清律例》规

〔1〕 吴密察主编：《淡新档案》（二十一），台湾大学图书馆 2007 年版，第 9~10 页。

〔2〕 参见陈会林："论中国传统能动司法的模式及其特征——以清代'官批民调'为样例的考察"，载《楚天法学》2016 年第 4 期。

〔3〕 四川大学历史系编：《清代乾嘉道巴县档案选编》（上册），四川大学出版社 1989 年版，第 4 页。

〔4〕 田涛等：《黄岩诉讼档案及调查报告》（上卷），法律出版社 2004 年版，第 240 页。

定，"无子者，许令同宗昭穆相当之侄承继"，"择贤、择爱，听从其便"〔1〕。
蔡钦桃先确定伯房之子（蔡侯柯）入继，后来发现自己更喜欢仲房之子（蔡
启盛），于是又"择爱"立其为嗣并定为正统，此举遭到伯房阻拦，蔡钦桃诉
至县衙，县太爷批示："启盛（仲房）系尔钟爱，择继为嗣（于法有据），岂
容蔡钦俊（伯房）妄事絮争。但彼此同宗，应邀集亲族绅董秉公妥议。如蔡
钦俊恃强蛮横，许即公呈，虽尤以儆。"〔2〕这里知县虽说要亲族绅董"秉公
妥议"，但实际上明确支持原告诉求，反对改变承继事实。

（二）"官批民调"之"批词"举要：以清代"官批族调"为例

"官批民调"的范围比较宽泛，这里主要以清代诉讼档案中的"官批族
调"为例。从清代的诉讼档案等资料可知，州县官批回民间调处的案件中大
部分是批示宗族组织调处的。这种情形是由当时特定的宗法社会生态所决定
的，是传统中国处理部分纠纷时的必然选择。下面主要选述中国大陆黄岩诉
讼档案和中国台湾淡新档案中"官批族调"的"批词"。

1. 黄岩诉讼档案中所见"官批族调"之"批词"举要

（1）第4号案件"张汝龙呈为奸夫串逃乞恩提究事"中有七条"批词"。
此案的大致案情是：张汝龙的妻子李氏，趁丈夫外出打工之机，与林崇高、
张老五通奸，事情败露后卷走家财逃走。后来李氏娘家人将其找回，避住其
母舅家中。但李氏仍与林崇高等人"往来不忌"，而且林崇高等人还扬言如果
张汝龙为难李氏，"定要其性命"。张汝龙及其父张安标先后七次呈告官府，
请求惩治奸夫淫妇，知县也七次批示，批回族人处理。这些批词的具体情况
如下〔3〕：

光绪元年（1875年）六月廿三日张汝龙第一次呈告，知县第一次批示：
"李氏不守妇道，究应如何设法，以杜后患。尽可投知亲族妥议行之，何必讦
讼公庭，播扬家丑也。"

六月廿八日张汝龙第二次呈告，知县第二次批示："妇女犯奸，即使到
案，照例亦应本夫领回，听其去留，不能官为断离。所称被卷衣物，毫无证

---

〔1〕《大清律例》第78条"立嫡子违法"条例。
〔2〕田涛等：《黄岩诉讼档案及调查报告》（上卷），法律出版社2004年版，第266~267页。
〔3〕均见田涛等：《黄岩诉讼档案及调查报告》（上卷），法律出版社2004年版，第239~240页。

据，凭何究追，不准。"

七月初三日张汝龙第三次呈告，知县第三次批示："奸情暧昧之事，律应奸所捕获方能准理，若以奸情指控，其事无凭，断难穷追，仍不准。"

七月十三日张汝龙第四次呈告，知县第四次批示："控词屡驳屡易，岂足为凭。奸情果实，着随时设法捆送请究。"

七月廿八日张汝龙父亲张安标第一次呈告，知县第五次批示："李氏深恶万分，披阅情词，断离相安，或去或留，尔父子尽可自行主张。控之不已，其意何居？既无妇女杖毙之例，不能由官递行断离。即使予以责惩，亦未必能改前过。着邀族从长计议，呈情立禁可也。毋生他心，希图彼累。"

八月初八日张安标第二次呈告，知县第六次批示："案节据具呈，本县批之详矣。既不愿留，亦不使之循去，徒以无据奸情哓哓不已，为意何居？特饬。"

九月十三日张汝龙第五次呈告，知县第七次批示："尔妻李氏淫奔，已犯七出之条，若无所归，固难离异。兹既逃回母舅家中，亦可谓有所归，听其自去可也。尔乃先请断离，今又欲领回设法，实属无耻之极！犹敢哓渎，深堪痛恨。特斥。"

(2) 第13号案件"彭正汉呈为强厔水塘迫求示谕事"是一起水利纠纷，呈状称彭正汉与彭利富等"公共吃小水塘一口"，这年天旱，彭利富将"吃水塘车干"，引起两家纠纷，经族人调解无效，呈告县衙。县官批词为："即经族理，着持批再邀族众劝令听理，毋得率请示谕。"

(3) 第24号案件"蔡钦俊呈为唆讼霸继求恩讯断事"是一起三房承嗣继承纠纷，县官批词为："启盛（仲房）系尔钟爱，择继为嗣，岂容蔡钦俊（伯房）妄事紊争。但彼此同宗，应邀集亲族绅董秉公妥议。"

(4) 第36号案件"鲍娄氏呈为图诈捏控声求究诬事"是一起婚姻纠纷，县官批词为："杨周氏争分财礼，因而互控，均属惟利是图，毫无志气。着自邀亲族，速即理明。"

2. 淡新档案中所见"官批族调"之"批词"举要

(1) "彭先和即彭阿福为阻抗分肥恃符越陷乞准集讯究追事"一案的批词为："惟该民承买周李氏之业，原佃庄水生等向尔承认租，当时应立契字付执为凭。未据检缴，已难查核，况查初呈，庄水生等四人仅欠本年租银十余元，为数甚微，著邀公亲理处可也。"〔1〕在这份批词中，知县认为当事人所诉租金仅为十余元，只是一起小额诉讼，故批示公亲理处即可。

（2）"吴宽炎吴杨氏吴宽敏吴信燧为遵批邀理坚抗莫何恳准并提讯断以便分关立约事"说的是一起家务纠纷，批词为："公业有所纠葛，莫善于邀集族房长公同理论，一经对簿公庭，则彼此饰是隐非，各逞祷幻，其中委曲真情，诚非官所能深悉也。所谓清官难断家务事者，此耳。尔等与吴士梅究竟作何缪辖，应如何开分，族众自有公议，可邀请正直望重之房长，秉公理处，不虑其不从。张坤控案，另候催集讯明究断，如必须跟究原委，再行并提质讯。"〔2〕知县批示当事人邀请正直、德高望重的房长调处。

（3）"曾选为恃横霸租抗吞恳恩饬差拘讯究追起耕还管事"说的是一起家务遗产纠纷，批词为："祖遗田业，按房均分。尔祖名下应得榖十石，自归尔父兄弟五人，每人两石。除长房曾代外，其余四房应照分，何以归尔一人收支？此中是何缘故，词内未据叙明。且既按房应分之谷，曾先别无延欠，何以独欠于尔？惟恐另有别故，著邀房族妥理，勿遽兴讼。"〔3〕知县认为原告所呈含混不清，官府无法具体堂审，故批示房族妥善处理。

第四节　"官批民调" 中的"民调"

"官批民调"时"民调"的过程与一般的民间调解过程无异，但因为有官方的介入，所以启动方式、调解依据、协议效力等与一般民间调解均有所不同。比如调解的启动不一定是当事人自愿而是官方要求的，具有一定的强制性；调解的依据会直接受到官方"批词"内容的影响；而调解协议（"和息状"之类）因被官方认可而产生强制效力（类同今天人民法院对人民调解协议的司法确认〔4〕）。

"官批民调"之"民"主要是"民间社会"，作为调解主体，"民间社会"可以是个人，也可以是组织，当然更多的是代表组织的个人。传统中国的社

---

〔1〕　吴密察主编：《淡新档案》（十八），台湾大学图书馆 2006 年版，第 274～275 页。

〔2〕　吴密察主编：《淡新档案》（十八），台湾大学图书馆 2006 年版，第 264～265 页。

〔3〕　吴密察主编：《淡新档案》（十八），台湾大学图书馆 2006 年版，第 1～2 页。

〔4〕　参见陈会林："'三调联动'矛盾纠纷化解机制的传统渊源"，载《湖北警官学院学报》2017 年第 6 期。

会组织形式，根据形成的主要机缘不同，可以分为血缘社会、地缘社会、业缘社会、信缘社会、江湖社会，等等。[1]这些"社会"都参与社会纠纷的解决，但总体来看，血缘社会、地缘社会是更主要的。所以下面在介绍"民调"主体之后，将主要介绍"官批民调"中的血缘社会、地缘社会调处纠纷的情况。

一、"民调"的主体

"民间社会"可以是个人，例如乡绅、族长、邻人、"中人"等；也可以是组织，例如血缘社会组织、地缘社会组织。血缘社会即因血缘关系形成的社会，其组织形式主要有宗族、宗亲会等[2]。地缘社会是指以地理因素（包括自然地理因素和人文地理因素）为主要机缘或纽带而形成的社会，其现代形式主要有社区、部落、村落、都市、同乡（会）、现代公寓、居民新村、大学城、乡村结社、乡间集会，等等；传统形式（明清时期）主要有乡里组织、乡约组织、同乡组织、乡村结社组织、乡间集会组织，等等。[3]

州县官一旦决定"批回民调"，就要考虑批付给谁调处。这方面往往表现出批付者的智慧或技巧。从清代地方诉讼档案来看，一般来说：①家庭家族内部的纠纷多批付宗族调处。例如光绪元年（1875年）黄岩县发生"张汝龙呈为奸夫串逃乞恩提究事"案。诉讼人呈控妻子李氏随同奸夫外逃并卷走家财。知县"批词"即云，"尽可投知亲族妥议行之，何必讦讼公庭，播扬家丑"。[4]②田债、斗殴、治安案件多批付乡约或乡里组织调处。例如乾隆二十九年（1764年）巴县回龙寺发生田产纠纷案，县令批示，"仰该管约保协同寺邻。查明妥议"[5]。这里的"约保"是乡约"约正"和保甲长的合称。③契约纠纷多批付中人调处。例如光绪十一年（1885年）黄岩县的"周克礼呈

〔1〕 有关传统中国民间社会组织形式具体介绍，参见陈会林：《传统社会的纠纷预防机制》，中国社会科学出版社2014年版，第4页；陈会林：《国家与民间解纷联接机制研究》，中国政法大学出版社2016年版，第56页。

〔2〕 有关传统中国民间社会组织形式具体介绍，参见陈会林：《国家与民间解纷联接机制研究》，中国政法大学出版社2016年版，第56页。

〔3〕 参见陈会林：《传统社会的纠纷预防机制》，中国政法大学出版社2014年版，第6~7页、第40~41页；陈会林：《国家与民间解纷联接机制研究》，中国政法大学出版社2016年版，第61~64页。

〔4〕 田涛等：《黄岩诉讼档案及调查报告》（上卷），法律出版社2004年版，第239页。

〔5〕 四川省档案馆编：《清代巴县档案（乾隆卷）》，档案出版社1991年版，第162~163页。

为局理容情粘求讯追事"案是一桩土地契据纠纷案。知县批示，"著邀同原中（原来的中人）妥理清楚。毋庸肇讼"〔1〕。④外乡人纠纷、区域经济纠纷多批付同乡会馆、行会调处。例如嘉庆六年（1801年）巴县靛行铺户发生纠纷，县衙"批仰八省客长协同行户等议复夺"，于是"（八省）客等遵即邀集行户并山客吕应荣等于十八日在府庙公议"。〔2〕"八省客长"即广东、浙江、福建、湖广、江西、江南、山西、陕西八省驻重庆同乡会馆的馆首或会首。

二、"官批族调"

我们在清代诉讼档案"批词"中经常看到"著自邀族人理处""邀公亲理处"之类的内容，这就是"官批族调"。宗族是血缘社会最主要的，也最为重要的形式，其组织系统是"族-房-家"，宗族首领主要是宗子、族长，他们的基本职责之一就是解决族内纠纷。〔3〕

（一）"可归和睦者，则莫如亲友之调处"

从诉讼档案来看，清代州县官批回民间调处的案件中大部分是批示宗族调处，这些案件主要涉及族产、立嗣、分家、田宅、墓葬、家事、婚姻等纠纷，既有族内的纠纷，也有族外的纠纷。这种情形是由当时特定的宗法社会生态所决定的。清代陈宏谋（1696—1771）说：

> 慎选房长族正，分别劝戒。敬宗即所以睦族，立教不外乎明伦。倡以祖宗，教其子孙，其势甚近，其情较切，以视法堂之威刑，官衙之劝戒，有大事化小、小事化无之实效……昔于江西酌定祠规，例示祠中，选立祠正，予以化导约束之责。族中有口角争讼之事，使集祠正秉公分训告以家法劝戒。当时已觉悚动，若久久行之，自能去其积习，以收远效。〔4〕

---

〔1〕 田涛等：《黄岩诉讼档案及调查报告》（上卷），法律出版社2004年版，第286页、第328页。

〔2〕 四川大学历史系编：《清代乾嘉道巴县档案选编》（上册），四川大学出版社1989年版，第238页。

〔3〕 关于宗族的组织结构及解决纠纷职能，参见陈会林：《国家与民间解纷联接机制研究》，中国政法大学出版社2016年版，第57~60页。

〔4〕 （清）陈宏谋：《寄杨朴园景素书》，载《皇朝经世文编》卷五十八《礼政》。

后来的汪辉祖（1730—1807）说得更为简明："可归和睦者，则莫如亲友之调处……理直者既通亲友之情，义曲者可免公庭之法。"[1]

清代代表宗族调处纠纷的主要是族长、宗直（值）等人。族长"除祭祀而外，族长最重要的任务就是处断族内纠纷……族长实等于族的执法者及仲裁者，族长在这方面的权威是至高的，族内的纠纷往往经他一言而决，其效力不下于法官"。[2]宗直是宗族中的专职调解员。光绪年间《暨阳义门王氏族谱》中的"宗约"规定："宗直一人以司纠察而决是非、定曲直，以辅族长，此尤非众所推服者不能堪其任也……为法使族人有所劝惩，知所趋避，而后为全美。"[3]

（二）"族调"可能需要多次调解

光绪年间徽州府歙县知县为"官批民调"拟定了一种空白格式批文，内容是敦请族长积极配合官府调处纠纷。这一空白格式批文中说，宗族长调处纠纷"不过一举足、一启口之劳"[4]，这当然是勉励之辞，并非说宗族调处过程真的如此简单。

从我们所了解的情况来看，"官批族调"之"族调"的一般过程大致是这样的：首先，族长召集双方当事人及相关人员，族长居中而坐，申明调解是官方明文所批（之所以如此，一来对当事人有一种威慑，使他们不敢过分行事，二来也表明他作为调解人是有官方授权的，现在的调解具有官方性）。其次，当事人陈述纠纷缘由，陈述的过程中当事人也会互相辩论。最后，在对纠纷情况有一个大致了解之后，族长依据案件事实和民间情理对案件作出处理决定。如果当事人服从调处结果，那么就签订一个和解协议（"和息状"之类），族长自己或派人将调解结果送到县衙销案，或者族长将协议交付地保，由地保交付县衙销案。若有必要，当事人也要随同一起前往县衙。如果当事人不服调解结果，族长便告知原被告于某个时间到县衙重新呈告，由知县再决定如何处理，包括是继续"官批民调"还是开堂审断（堂审的情况似乎较少）。

---

[1] （清）汪辉祖：《学治说赘·断案不如息案》。

[2] 瞿同祖：《中国法律与中国社会》，中华书局2003年版，第24页。

[3] 光绪《暨阳义门王氏族谱·宗约》。

[4] 田涛等：《黄岩诉讼档案及调查报告》（上卷），法律出版社2004年版，第34页。

清代司法档案中，常见"官批族调"时族调一次不成功，当事人多次上控，官府多次"官批族调"的案例，例如黄岩诉讼档案中第 4 号"张汝龙呈为奸夫串逃乞恩提究事"一案。这是一起涉嫌奸讼案。张汝龙第一次呈状，知县批为："李氏不守妇道，究应如何设法，以杜后患。尽可投知亲族妥议行之，何必讦讼公庭，播扬家丑也。"亲族调处过程中，李氏"席卷衣物与奸夫私逃出外"，于是张汝龙再告，官府认为此系家族事务，加上证据不明，故"不准"。原告再告，知县再批："李氏深恶万分，披阅情词，断安相安，或去或留，尔父子尽可自行主张。控之不已，其意何居。既无妇女杖毙之例，不能由官递行断离。即使予以责惩，亦未必能改前过。著邀族从长计议，呈请立禁可也。毋生他心，希图彼累。"〔1〕根据档案材料可知，原告七次提起诉讼，官府两次批付宗族调处。最后的处理结果如何，档案没有载述，我们不得而知，想必应该是得到了解决。

三、批回地缘社会组织调解

从清代诉讼档案来看，清代州县官将"细事"案批回地缘社会组织调处的情况主要有以下三种情形：

（一）批回乡里组织调处

清代的乡里组织主要有里甲、保甲、社学、社仓等〔2〕，"官批民调"中的乡里组织主要是保甲组织。清代诉讼档案中关于州县衙门将"细事"案件批回乡里组织调处的案例很多。例如黄岩诉讼档案 34 个"官批民调"案件中，批回地缘社会组织（乡里组织和乡约组织）调处的有 8 个，其中 2 个是批回乡里组织调处的。

第 5 号"王金山等呈为劝诫不听存案杜累事"。光绪二年（1876 年）二月，某乡二都六位长者联名呈告村民赵国有"不谋正业，游赌无聊，惯肆闯祸，拐骗齐来"，请求官府收容管教。知县批示："着随时投保查禁，不必立案。"

第 7 号"徐增培呈为拂赊毁殴求提究追事"。光绪二年（1876 年）二月，

---

〔1〕 参见田涛等：《黄岩诉讼档案及调查报告》（上卷），法律出版社 2004 年版，第 238~240 页。

〔2〕 关于明清时期乡里组织的详细介绍，参见陈会林：《传统社会的纠纷预防机制》，中国政法大学出版社 2016 年版，第 40~43 页。

西乡王日元至徐增培店中赊购商品未允，砸店打人，被乡绅张河清等裁定"赔还毁坏多物，并备酒和服"，王日元"翻议"不理，徐增培呈告官府，请求"饬提讯究"。知县批示："小本经营何堪讼累，既经张河清等理赔和服，如果王日元翻悔前议，着即邀保，协同原理之人，向其催诘可也。"这里的"保"就是保甲组织的首领——保长。

（二）批回乡约组织调处

乡约组织是民间为了一个共同目的（御敌卫乡，劝善惩恶，保护山林，应付差徭等），以地缘和规约为主要纽带构建的社区自治组织。[1]官府将"细事"案件批回乡约组织调处的具体情形，清代诉讼档案中有大量反映。例如黄岩诉讼档案中批回地缘社会组织调处的8个案件中，有5个是批回乡约组织调处的。

第6号"郑丙松呈为迭理迭翻叩求提究事"。光绪二年（1876年）二月，西乡乡约祈雨成功，集资演戏"以报神庥"，约民葛普怀拒不出资，约正金妙三将其姓名公布在戏台上，葛普怀恼羞成怒，大打出手。郑丙松劝架被打伤。郑丙松、葛普怀多次将对方告官。知县三次批示，"（葛普怀）竟不知有国服耶，可恶已极。着投局理明，毋庸滋讼"；"仍照前批，投绅理息。两造均宜平心听理，毋得争胜逞忿，自贻伊戚"；"着仍自投局绅理处，不必诉渎"。这里的"局""绅""局绅"，以及下面四例中的"绅董""局董"都是当时乡约组织的负责人。[2]

第24号"蔡钦俊呈为唆讼霸继求恩讯断事"。光绪八年（1882年）十一月，南乡三十七都蔡钦桃无子，先立蔡钦俊次子蔡侯柯为嗣，后又改立蔡启盛为嗣。蔡钦桃、蔡钦俊先后将对方告到官府。知县两次批示，"彼此同宗，应邀集亲族绅董秉公妥议"；"彼此谊关一本，而竟涎产衅争、讦讼滋累，于心何安？尚其三思。系图发还"。

第25号"郑可舜呈为恃强捏控求吊汛卷事"。光绪八年（1882年）十一月，南乡二十九都林泮芹"捏造抢案"，将债权人郑可舜牵连其中。林泮芹在

---

〔1〕 关于明清时期乡约组织的详细介绍，参见陈会林：《传统社会的纠纷预防机制》，中国政法大学出版社2016年版，第43～46页。

〔2〕 晚清出现"乡约局"这种邻近乡约的联合组织，负责人称"局""绅""局绅""局董""乡董"等。

局董卢汝舟理处债务纠纷之后仍将郑可舜告官。郑可舜另行呈告，要求在抢案中"注销"其名。知县先后两次批示，"既经局董卢汝舟理说于前，应再邀同妥理，当有公论，不得摭拾浮词，混渎耸听，自取讼累也"；"负欠借洋，尤不知非，辄敢摘删批示，妄渎朦混，实属刁健可恶"。

第 35 号"辛光来呈为投理莫理粘求吊讯事"。光绪十一年（1885 年）二月，南乡二十七都辛光来有东西两厢店屋，西厢店出押给陈崇厚，陈崇厚又私转卖给丁彭大四。丁彭大四欲占东厢店，打伤辛光来。辛光来呈告县衙，请求"吊契讯断"。知县批示："究竟是何胶葛，即着持批投告院桥局绅杨旦查理理处，毋得混渎取咎。"

第 49 号"张汝嘉呈为忿理毁殴求提讯究事"。光绪十一年（1885 年）三月，南乡三十八都张汝嘉见邻居王加标之子与人打架，前往劝阻。王加标认为张"偏护外人"，纠集地痞流氓殴打。张汝嘉投请局绅调处，王加标不买账，张汝嘉呈告县衙。知县批示："惟既投局理处，着仍自邀理可也，毋庸涉讼。"

（三）批回乡里组织和乡约组织共同调处

有些相对复杂的"细事"案件，官府可能批回乡里组织和乡约组织共同调处。这也是清代诉讼档案中常见的"官批民调"内容。兹举两例。

一是乾隆二十九年（1764 年）巴县的"回龙寺田产纠纷"案。四川省重庆府巴县直里十甲的百年名寺回龙寺的老住持惠祥负债"补修殿宇"，为了还债，惠祥将一半寺田出租并安排年轻僧人清浩负责打理，不料清浩携寺庙押佃钱和向王姓监生借的三十串钱私逃，王监生愤而牵走寺庙猪牛，惠祥报案并呈告县衙。县令批示："仰该管约保协同寺邻，查明妥议。"这里的"约保"即"乡保"，是乡约组织负责人约长与乡里组织负责人保长的联称。郑玉良等"乡保"十人"协议复状"："令惠祥还钱，王监生还牛物。惠祥次徒清汉，勤务农业，堪为当家。将此寺田摘出一半当钱三百六十千，将（还）各欠；将此（另）一半田取回佣耕，伊等将余谷贮仓价卖，凑针作斧，积赎田归寺，古迹复兴……禀乞太爷台前府准批示施行。"乡里组织和乡约组织联合商议的办法是：住持惠祥代表寺庙还清原助修庙宇之债主和清浩所借王监生的钱，王监生归还猪牛。寺庙的钱从哪里来呢？寺庙将未出租的一半寺田典卖还债；原来出租的一半寺田继续招佃取租，等租谷贮到一定数量之后，卖谷赎回典当出去的另一半寺田，以后的余谷用来振兴佛事。这一切都由惠祥的二弟子、"勤务农业"的清汉来"当家"主持。县太爷批："着公同赴案，当堂面谕。"意即准其施行。[1]档案中未见如何制裁携公款私逃的清浩，当有另案处理。

二是光绪十年（1884年）台湾省台南府恒春县知县在一份状纸上批示："两造纠葛不清，著交同善公所黄增福、张光清、夏云各绅董，会同调处清楚，禀复候夺。"[2]这里的"公所"是乡里组织，相当于保甲组织中的"保"；"绅董"是乡约组织负责人。知县的批示当是由乡里组织和乡约组织"会同调处"。

黄岩诉讼档案中批回地缘社会组织调处的8个案件中，有一个没有说明批回调处的是乡里组织还是乡约组织，这就是第1号"徐廷燮呈为噬脩被殴泣求讯追事"。同治十三年（1874年）十二月，北城二都张永培欠缴学费，老师徐廷燮讨要时，家长张乘鳌当街辱骂殴打老师。徐廷燮将张乘鳌告到官府，"急求饬差严拘讯追"。"仍凭土屿（村名）张绅等妥为理息，以免讼累。"这里的"张绅"应该不是保甲长就是约长。

第五节　程序调整之外的其他能动内容

"官批民调"是以程序调整为核心的多重司法能动模式。"官批民调"中的能动司法表现，除了程序调整之外，还有很多其他司法能动元素，例如司法理念的异动、审理主体的转移、适用规则的变通、审理方式的变化，等等。[3]

一、"息讼"的司法理念更为直接

前面已有论述，"息讼""止讼""无讼"是传统中国司法的基本理念，但"官批民调"的"息讼"理念更为直接。"官批民调"直接强调的不是分清是

---

〔1〕 四川省档案馆编：《清代巴县档案（乾隆卷）》，档案出版社1991年版，第162~163页。

〔2〕 《台湾"私法"附录参考书》第3卷上册第268页。转引自戴炎辉《清代台湾之乡治》，台北联经出版公司1979年版，第154页。

〔3〕 参见陈会林："从'官批民调'到法院委托调解：中国的能动司法传统"，载《公民与法》2013年第11期。

非、维护权益，而是尽快平息纠纷。对此我们可以从两个方面来看：

从官府方面来看，"官批民调"是官府"息讼之一端"〔1〕。无论是从"非经堂审的案件不算讼案"来说，还是从有效化解纠纷止讼来说，"官批民调"都是官方实现"无讼"治世目标的利器。官府在"官批民调"的"批词"中，明确表达了"以免讼累"之类的意旨，例如道光二十五年（1845年）四川省重庆府巴县蹇德华与王会章房屋租赁纠纷案中，官批"着凭中证理，令搬移领银，毋傭兴讼致累"〔2〕；同治十三年（1874年）浙江省台州府黄岩县"徐廷燮呈为噬修被殴泣求讯追事"案中，县衙"批词"云"凭土屿张绅等妥为理息，以免讼累"〔3〕。

从当事人方面来看，官方借"官批民调"以"息讼"的用意，得到了当事人的积极响应和配合。对"官批民调"的案件，民间一般都会积极、认真对待。调处成功，严格司法中的"甘结"变成"和息"，"和息"本身即含有和解及息讼（撤回诉讼）之意，"和息"意味着当事人不存在强制接受裁决的情形，而且当事人在"和息状"中一般还要表达对"官批"者"仁宪息讼安民之意""仁恩爱民息讼之德"等的感激之情。"和息"之后是销案，销案意味着这起未经堂审的案件不算"诉讼"，从而符合"息讼"原则和"无讼"精神。

二、审理主体从官府向民间转移

在"官批民调"中，审理纠纷案件的主体也发生了转移，负责具体调处的民间组织或个人取代了本应负责堂审的州县官。"官批民调"的实际调处人主要是亲友、乡绅等个人或代表社会组织的个人。对于亲友调解，著名师爷汪辉祖说："勤于听断，善已，然有不必过分皂白。可归和睦者，则莫如亲友之调处……理直者既通亲友之义，义曲者可免公庭之法。"〔4〕对于乡绅调解，著名州县官袁守定说："遇民来诉，批所知相近之士耆处释，即令来诉者持批

---

〔1〕 （清）徐栋辑：《牧令书》卷十七《刑名上》"袁守定·听讼"。

〔2〕 四川大学历史系编：《清代乾嘉道巴县档案选编》（上册），四川大学出版社1989年版，第207页。

〔3〕 田涛等：《黄岩诉讼档案及调查报告》（上卷），法律出版社2004年版，第233页。

〔4〕 （清）汪辉祖：《学治臆说·断案不如息案》。

词给之，立言剀切，足以感人，必有极力排解，以副官指者。"[1]

三、适用规则更易"情法两尽"

"官批"之下的民间调处所依据的规则，除了州县官在"批词"中提出的建议之外，还可以是常理常情、家法族规、习惯风俗等情理法，"或者法就于情，或者情就于法，或者情法互避"[2]。在传统中国的三种调处方式[3]中，唯有半官方性质的"官批民调"最易做到"情法两尽"。对此有些司法官有精彩的经验之谈。例如，宋代司法官说："有司惟知守法，而族属则参之以情，必情法两尽，然后存亡各得其所。"[4]清代袁守定说："乡党耳目之下，必得其情，州县案牍之闲（间），未必尽得其情，是在民所处较在官所断为更允矣。"[5]清代汪辉祖说："盖听断以法，而调处以情。法则泾渭不可不分，情则是非不妨稍借。"[6]

四、审理方式由民间调处代替官府堂审

在"官批民调"程序中，"民调——禀复——和息"组合取代了"堂审——甘结"组合，温情脉脉的民间调处取代了匍匐公堂、动辄大刑伺候的衙门堂审。在正常审理或堂审中，州县官一般须当堂定谳并作成书面判决书。《牧令书》曰："堂上定谳，是非曲直。当下分剖，两造咸知……当堂发落。胜负已，唤集两造，明白晓谕。倘各处语音迥别，尤当使两造实在明白而后止。退堂后，即将谳语斟酌得当，次日贴于照壁。则亦当晓谕无异，两造可以放心归家，诸弊亦无从生矣。"[7]在"官批民调"中，州县官的意见主要通过"批词"来表达和传递，"批词"取代了"判词"。这里的"批词"一般包括两部分：一是在诉状上写的批付民间调处的批示，二是在复状或和息状

---

〔1〕（清）徐栋辑：《牧令书》卷十七《刑名上》"袁守定·听讼"。

〔2〕朱勇："冲突与统一：中国古代社会中的亲情义务与法律义务"，载《中国社会科学》1996年第1期。

〔3〕三种调处方式是：民间调处、官府调处、"官批民调"。

〔4〕中国社会科学院历史研究所宋辽金元史研究室点校：《名公书判清明集》，中华书局1987年版，第265页。

〔5〕（清）徐栋辑：《牧令书》卷十七《刑名上》"袁守定·听讼"。

〔6〕（清）汪辉祖：《学治臆说·断案不如息案》。

〔7〕（清）徐栋辑：《牧令书》卷十八《刑名中》"袁守定·当堂定谳"。

上写的是否可以销案的意见，这两者加起来，即相当于堂审的"判词"。

在"官批民调"中，"民调"方式本身也可以比较灵活，在今天看来可以是调解、仲裁、裁决等。此外，严格司法中的"甘结"在这里变成了"和息"，"结案"在这里变成了"销案"。

第九章

传统中国能动司法的逻辑与机制

对于传统中国司法中存在的突破"断罪引律令"（这里的"罪"即不法行为）、"依告状鞫狱"等严格司法规定，从而纠补严格司法缺陷的种种做法，我们用现代语言总结并表达为"能动司法"。能动司法作为一种对法律的"纠错"或"补救"机制，是法律运行内在规律的体现。传统中国的能动司法也应该遵循着一定的内在逻辑或机制原理。这种逻辑与机制，在当时似乎并无自觉的专门系统论述，现代研究者有所涉及但也比较零散。例如，顾元教授认为传统中国司法运作的内在逻辑主要是"衡平"[1]，黄玉顺教授等人认为传统中国追求的"正义"主要是"和"[2]，韩星教授等人认为传统"正义"通过"正—中—和"的逻辑而展开和实现。[3]这里我们在前贤相关研究的基础上，根据自己的理解，尝试对传统中国能动司法的逻辑与机制进行相对系统的考察、总结和表述。

机理即机制及其原理。从根本上说，能动司法是严格司法之结果与实质正义能否实现这两者之间权衡的结果，所以传统中国能动司法的逻辑与机制也应该在这一语境下生成。本章拟分五个方面论述：一是传统中国能动司法机理的哲学表达，二是传统中国能动司法追求的实质正义，三是传统中国能动司法实现正义的路径与方法，四是传统中国能动司法的边界，五是传统中

---

〔1〕 参见顾元：《衡平司法与中国传统法律秩序——兼与英国衡平法相比较》"内容提要"，中国政法大学出版社 2006 年版。

〔2〕 参见黄玉顺：《中国正义论的形成——周孔孟荀的制度伦理学传统》，东方出版社 2015 年版，第 26 页；"中国正义论纲要"，载《四川大学学报（哲社版）》2009 年第 5 期；"'中国正义论'：儒家制度伦理学的当代政治效应"，载《文化纵横》2010 年第 2 期；"孔子的正义论"，载《中国社科院研究生院学报》2010 年第 2 期；"孟子正义论新解"，载《人文杂志》2009 年第 5 期；等等。

〔3〕 韩星："'仁'·'正'·'中'·'和'——儒家古典正义论的逻辑展开"，载《哲学动态》2016 年第 10 期。

国司法中的"海瑞定理"（苏力教授提出）与能动司法的关系。

第一节 "反经而善"：传统中国能动司法机理的哲学表达

一、"反经而善"可能是较好的固有表达

传统中国能动司法的机理是什么？在现有相关研究成果中，笔者所知见关联度最高的观点可能是顾元教授在《衡平司法与中国传统法律秩序》一书中提出的"衡平"一说。顾元教授认为"衡平"体现了传统中国司法运作的内在逻辑以及理念和意义，他说：

> 传统中国社会里的司法官关于纠纷认知及其处理样式的模式是十分独特的：他们是以建立或者恢复一种稳定、和谐的人际关系和社会关系为根本的着眼点，来看待和解决现实的纠纷（特别是民事纠纷）。在这些司法官看来，重要的是解决纠纷，而不是企图通过具体纠纷的解决来建立一套旨在影响当事人和其他人的未来行为规则。在此纠纷认知背景之下，支撑司法官价值判断的是一种"衡平"的理念与精神。[1]

"衡平"（equity）是个外来语，其含义除了公正、公平、公道、正义（这些是其基本含义或本义），以及特指英国衡平法或衡平法院之外，还可以指与严格司法相对的能动司法，即"严格遵守法律的一种例外，即在特定情况下，要求机械地遵守某一法律规定反而导致不合理、不公正的结果，因而就必须使用另一种合理的、公正的标准……由裁判官对这种矛盾采取补救措施"[2]。顾元教授所说的传统中国司法中的"衡平"，是指司法官在天理、国法、人情等规则因素支配和综合作用下，对案件作出合于现实理性需要的适当性处理，其结果常常是对于国家实定法规则的一种"技术性"规避，所谓的"衡平司法"实质上就是司法官尽其可能地权衡他所面临的所有社会条件，从而作出

---

〔1〕 顾元：《衡平司法与中国传统法律秩序——兼与英国衡平法相比较》"内容提要"，中国政法大学出版社2006年版。

〔2〕 沈宗灵：《比较法总论》，北京大学出版社1987年版，第172~173页。关于"衡平"的全面解释，还可参见戴维·M. 沃克：《牛津法律大辞典》，李双元等译，法律出版社2003年版，第33页、第384~385页。

的能够最大限度地达到和谐与均衡的判断的过程。[1]

我们无意评论外来术语"衡平"能否作为传统中国能动司法机理的表达，这里我们所要追问和回答的是，对于传统中国能动司法的机理，传统中国法文化中有没有自己的固有表述或本土表达？如果有，是如何表达的？

在中国传统文化中，笔者尚未见到对传统中国能动司法（纠补严格司法缺陷的种种做法）之机理的直接表达，在众多固有的间接表达或相关表达中，笔者以为"反经而善"一词可能是相对恰当的表达[2]，它不仅能反映"权衡"的规则和程序，而且能够反映"权衡"的目的、过程和结果。"权"或"权衡"是中国传统伦理学的要义之一。[3]"权衡"在中国原是指称量物体轻重的秤，权是秤砣，衡是秤杆。朱熹说："权者，权衡之'权'，言其可以称物之轻重，而游移前却以适于平，盖所以节量仁义之轻重而时措之。"[4]清代汪辉祖说："盖治术有经有权，惟有才者能以权得正，否则守经，犹恐不逮耳。"[5]"反经而善"作为较为抽象的哲学命题，表达了"在特定情形下，追求和实践变通常规以实现至善结果"这样的意思，而这正是能动司法的根本所在。

二、"反经而善"的提出及相关问题的表述

"反经而善"这个命题的最早提出者，笔者所知见的是东汉文学家、经学家赵岐（108—201）[6]。赵岐在《孟子注疏·离娄上》中说：

> （孟子）曰："嫂溺不援，是豺狼也。男女授受不亲，礼也；嫂溺援
> 之以手者，权也。"（赵岐注：）"权者，反经而善者也……夫权之为道，

---

〔1〕 顾元：《衡平司法与中国传统法律秩序——兼与英国衡平法相比较》"内容提要"，中国政法大学出版社 2006 年版。

〔2〕 已有不少学者将"反经而善"作为传统中国司法"在特定情况下变通规则或程序以实现真善或大德"这种模式的机理之一。参见梁治平：《法意与人情》，中国法制出版社 2004 年版，第 248~249 页；胡旭晟主编：《狱与讼：中国传统诉讼文化研究》，中国人民大学出版社 2012 年版，第 15~16 页。

〔3〕 参见梁治平：《法意与人情》，中国法制出版社 2004 年版，第 247~248 页。

〔4〕 （宋）朱熹：《晦庵先生朱文公文集》卷五十八《书》"答宋深之"。

〔5〕 （清）汪辉祖：《学治续说·为治不可无才》。

〔6〕 赵岐（108—201），东汉文学家、经学家，京兆长陵（今陕西咸阳东北）人，历任刺史、议郎、太常等职，撰有《孟子注疏》等书。

所以济变事也，有时乎然，有时乎不然，反经而善，是谓权道也。故权
云为量，或轻或重，随物而变者也。"[1]

《孟子》原文中说，礼制规定"男女授受不亲"（普通男女之间授受物件
不应有肌肤的直接接触，亦即普通男女交往不要过于亲密），但是在嫂子溺水
的紧急情况下，小叔子应该"援之以手"（用手拉扯嫂子）以救其性命，"嫂
溺不援"的行为是"豺狼"行为。赵岐将这种特殊情况下，行为违反常规，
以合乎"善"或正义宗旨的做法，凝炼概括为"反经而善"。针对孟子的话
来说，"反经而善"是说在嫂子溺水的情况下，小叔子可以违反"男女授受不
亲"的礼制规定，亲手拉扯嫂子以救其性命，这样才不违背礼制的人性、人
道之"善"宗旨。赵岐认为"反经而善"是"权"之"道"（"权"即综合
考量而变通，"道"即原则、宗旨或规律）；遇到"变事"（非常态的事情）
是否需要"反经"（违反常规常情），完全取决于"反经"的结果是否"善"。
如果不"反经"，结果就不"善"，那么就应该"反经"，这叫做"随物而
变"。

类似"反经而善"的表述还有"怀其常经而挟其变权乃得为贤""反常
合道""通变达理"等。例如汉代韩婴说："夫道二：'常'谓之经，'变'谓
之权。怀其常经而挟其变权，乃得为贤。"[2]南朝皇侃（488—545）[3]在
《论语义疏》中说："子曰：'可与立，未可与权。'（皇侃义疏：）'权者，反
常而合于道者也。自非通变达理，则所不能。'"[4]

先贤们还专门论及"反经"的宗旨是"达理"或"致善"，并且强调
"反经"是不得已而为之的权宜之计，而非常态。例如董仲舒说，"夫权虽反
经，亦必在可以然之域"[5]，这是说"反经"只有在可以做的情况下才能
做。南朝皇侃说，"自非通变达理，则所不能"[6]，这是说，如果"反经"

────────────

〔1〕（汉）赵岐注：《孟子注疏》，山东画报出版社2004年版，第204~205页。
〔2〕（汉）韩婴：《韩诗外传》卷二。
〔3〕皇侃（488—545），南朝梁儒家学者、经学家，吴郡（今江苏苏州）人，历任国子监助教、
员外散骑侍郎等职，精通儒家经学，尤明"《三礼》学"和《孝经》《论语》，撰有《论语义疏》十
卷。
〔4〕（梁）皇侃撰：《论语义疏》，中华书局2013年版，第231页。
〔5〕（汉）董仲舒：《春秋繁露·玉英》。
〔6〕（梁）皇侃撰：《论语义疏》，中华书局2013年版，第231页。

不能"达理"，就不能做。唐朝冯用之说："夫权者，适一时之变，非悠久之用……圣人知道德有不可为之时，礼义有不可旋之时，刑名有不可威之时，由是济之以权也。"〔1〕宋代真德秀（1178—1235）说得更具体、更有针对性，他对州县官说：

> 公事在官，是非有理，轻重有法。不可以己私而弗公理，亦不可执公法以徇人情……吾心如秤，不能为人作轻重，此有位之士所当视以为法也……是非之不可易者天理也，轻重之不可踰者国法也。以是为非、以非为是，则逆乎天理矣；以轻为重、以重为轻，则违乎国法矣。〔2〕

先贤们还认为做到"反经而善"是很难的。曹魏经学家、哲学家王弼说："权者道之变，变无常体，神而明之，存乎其人，不可预设，最至难者也。"〔3〕

三、"反经而善"的司法解读

上述"反经而善"及其相关表述，虽然主要是经学或哲学层面的，但完全可以适用于法律或司法领域。这样说并非完全是牵强附会，因为传统中国的诉讼乃至整个法制的主要价值取向就是贯彻伦理精神，而传统伦理学的精髓与要义之一便是既重"经"又讲"权"，〔4〕传统中国能动司法的学理支撑便是传统中国伦理学所津津乐道的"经""权"之道，"反经而善"是传统中国诉讼的重要灵魂。〔5〕

"反经而善"中的"反"，是指"权"（灵活变通）之实质过程的体现，"只要是'反经而善者'，即属于'权'"〔6〕，这里的过程包括背离"经"的情形，"反"的司法意义大致属于今天的"自由裁量"。"经"是指某种具有确定性的东西，例如常道、常规，以及规范意义上的礼义、国法，司法意

---

〔1〕《全唐文》卷四〇四《机论》。

〔2〕（宋）真德秀：《西山先生真文忠公文集》卷四十"谕州县官僚"。

〔3〕转引自（梁）皇侃撰：《论语义疏》，中华书局 2013 年版，第 231 页。

〔4〕参见梁治平：《法意与人情》，中国法制出版社 2004 年版，第 247～248 页；胡旭晟主编：《狱与讼：中国传统诉讼文化研究》，中国人民大学出版社 2012 年版，第 15 页。

〔5〕参见胡旭晟主编：《狱与讼：中国传统诉讼文化研究》，中国人民大学出版社 2012 年版，第 19 页、第 23 页。

〔6〕胡旭晟主编：《狱与讼：中国传统诉讼文化研究》，中国人民大学出版社 2012 年版，第 16 页。

义上的严格执法，等等。"善"是"事理之当然"〔1〕，是人们所追求的公平正义或具体正义〔2〕，例如"孝"（所谓"百善孝为先"）、"和"（所谓"和也者，天下之达道也"〔3〕）等。"反经而善"的一般意思是说在特定情形之下通过变通常道常规，以实现至善（"事理当然之极"〔4〕）结果。"反经而善"作为能动司法的机理，是指在特定情形之下通过变通严格司法，以谋求司法结果的最大公平正义。对此当代学者们有很多论述。例如梁治平教授说：

> 视古人书判清明者，既具引法条，照例行事，又不拘泥于条文字句，而能够体察法意，调和人情，其所为之判决，因事而异，极尽曲折委婉，这绝不是一味地抱持常经所能够做到的。〔5〕

胡旭晟教授说：

> 对于中国古代清廉的司法官们来说，他们之所以在大多数诉讼活动中依律法裁判（持"经"），那是因为他们认为这样可以实现案件结果的公正而合乎情理；一旦严格执法不能达此目的，他们马上就会"济之以权"，依"人情""天理"而非法律裁判。显然，为他们所看重的，乃是每个具体案件处理的妥当性，或者说，他们所追求的，乃是诉讼运作过程中的具体正义。
>
> "经""权"之道实为所有受规则支配的人类都必然面临的问题和必须掌握的技巧，各民族间的差别仅在于程度之不同。然而，在司法实践中，将"权"之一道运用得如此普遍而出神入化，那实在是中华民族独有的人生智慧；也正是依靠这种人生智慧，中国的司法先辈们才能够创造出那许许多多各尽其妙、皆大欢喜的人情化、艺术化判决。〔6〕

---

〔1〕（宋）朱熹《大学章句》之"止于至善"解。
〔2〕参见胡旭晟主编：《狱与讼：中国传统诉讼文化研究》，中国人民大学出版社 2012 年版，第 23 页。
〔3〕《中庸》。
〔4〕（宋）朱熹《大学章句》之"止于至善"解。
〔5〕梁治平：《法意与人情》，中国法制出版社 2004 年版，第 249 页。
〔6〕参见胡旭晟主编：《狱与讼：中国传统诉讼文化研究》，中国人民大学出版社 2012 年版，第 19 页、第 23 页。

综合先贤们的论述，作为传统中国能动司法机理之表达的"反经而善"，主要包括以下几层意思：第一，"反"的前提条件是有"经"或严格司法存在，不反这个"经"就会适得其反、事与愿违。第二，"反"就是能动，以现代法律语言视之，大概属于"自由裁量"的范畴，虽然今天的"自由裁量"以明确的程序规则和法治精神为前提，而传统中国不具备这些条件[1]，但"自由裁量"的做法古今相通。第三，"反经"或能动的宗旨指向是"善"，并非任性妄为。对此钱钟书先生说："'权'者，变'经'有善，而非废'经'不顾……是以'达节'而不失'节'，'行权'而仍'怀经'，'小德'出入而'大德'不逾。"[2]胡旭晟教授说："'权'之所用，不仅是不得已而为之，而且是实现'善'、贯彻'经'之所必需。"[3]第四，"反经"只适用于特定情形，而非常态，常态仍然是"依经"或"循经"。第五，"而善"是就"反经"的应然结果和主流情形而言的，"反经"的实效并非必然是"善"的，现实中也有任意司法、曲从私情导致结果不"善"的情形[4]。

第二节　传统中国能动司法追求的实质正义

《唐律疏议·名例律》中说："铨量轻重，依义制律。"传统中国法制也有自己的正义追求。徐忠明教授说："传统中国司法类型的基本特征，可以用（追求）'实质正义'来概括，因为它具有追求实质正义的目标指向。"[5]从抽象或法理意义上讲，司法之所以能动，目的就是追求实质正义或上面所说的"善"。这里我们就来讨论传统中国能动司法追求"实质正义"的问题。

一、"正义"的西中表达

在最一般的抽象和共性意义上，"正义"作为人类共同体的主导价值标准或顶层道德要求，是一种正面价值判断，代表着所有行为和规范（或制度）

---

〔1〕　参见胡旭晟主编：《狱与讼：中国传统诉讼文化研究》，中国人民大学出版社 2012 年版，第 19 页。

〔2〕　钱钟书：《管锥编》（一）下卷，三联书店 2001 年版，第 397~398 页。

〔3〕　胡旭晟主编：《狱与讼：中国传统诉讼文化研究》，中国人民大学出版社 2012 年版，第 16 页。

〔4〕　参见第十章第四节"警示"部分。

〔5〕　徐忠明："凡俗与神圣：解读'明镜高悬'的司法意义"，载《中国法学》2010 年第 2 期。

的根本公正性与合理性。在语词上，西方主要用 Justitia（拉丁语）、Justice（英语、法语）、Gerechtigkeit（德语）等，中文也有"正义"，但传统中国常用"第一义""天下之大本""天下之正道""天下之达道"等这一类的表述。在具体内容上，西方的"正义"强调个人权利，传统中国的"正义"强调人际和谐。

（一）源自西方的"正义"（Justice）语词及其思想理论

"正义"（Justice）一词及其思想理论都源自西方。在西方人心目中，"正义有着一张普洛透斯似的脸（a Protena Face）[1]，变幻无常、随时可呈不同形状并具有极不相同的面貌……从哲学的理论高度上看，思想家与法学家在许多世纪中业已提出了各种各样的不尽一致的'真正'的正义观，而这种种观点往往都声称自己是绝对有效的。从社会秩序的实用主义层面来看，人们也已经采用了许多不同的思想进路去解决'善社会'（good society）的问题"。[2]在一般意义上，正义是一种正面价值判断，是基于个人权利、个人主义的行为和规范（或制度）的公正性与合理性。这是西方各种具体正义最大的共同特征。

西方人追求正义，源远流长，百转千回。从法学视角来看，西方大概除了奥斯丁（John Austin，1790—1859）、凯尔森（Hans Kelsen，1881—1973）等人所代表的实证主义法学派认为不存在客观的实体正义，认为正义即合法性之外，其他各家各派大都有正义的追求。例如在柏拉图那里，正义是一种等级和谐，国家（城邦）正义是指卫国者（guardians）、生产者（husbandmen and craftsmen）、服从治国者（rulers），三类人安分守己、各司其职的状态；[3]个人正义是指激情和欲望服从理性的美德。在亚里士多德那里，正义是政治生活中平等的人配给到相等事物的善德。[4]在古罗马那里，"正义是给予每个人他应得的部分（即每个人各得其所）的这种坚定而恒久的愿望……

---

〔1〕　普洛透斯是古希腊神话中的海神，他能预言凶吉，却从不轻易开口说话，故随时变化其形体——狮子、蛇、豹、猪甚至流水和火，以避人诘问。

〔2〕　［美］E. 博登海默：《法理学：法律哲学与法律方法》，邓正来译，中国政法大学出版社1999年版，第 252 页

〔3〕　参见［古希腊］柏拉图：《理想国》，张竹明译，商务印书馆 1986 年版，第 156 页。

〔4〕　［古希腊］亚里士多德：《政治学》，吴寿彭译，商务印书馆 1997 年版，第 148 页。

法律的基本原则是：为人诚实，不损害别人，给予每个人他应得的部分"[1]。在《圣经》中，正义有神的正义和人的正义、有道德意义上的正义（Zedek）和法律意义上的正义（Mishpat）。神的正义即上帝是"正义"的化身，上帝的正义根植于对所有创造物的福祉和拯救；人的正义体现为公平、善待弱者、不贪图财利，有怜悯、谦卑之心等；道德意义上的正义指"正直""正当""仁义""慈悲""同情"等；法律意义上的正义指"公平""公正""中正"，以及严格遵行律法、赏罚分明和不徇私情。现代西方正义思想的主流是自然法学派和综合法学派的正义理论。自然主义法学派的代表人物、被誉为西方"正义理论大厦的封顶人"的罗尔斯（John Bordley Rawls，1921—2002）认为：正义是社会制度的首要美德；社会正义体现为"平等的自由"的第一原则和"机会公平与差别相结合"的第二原则[2]。综合法学派或统一法学派的代表人物博登海默（Edgar Bodenheimer，1908—1991）对"正义"有很多经典论述，例如他说，"正义一直被描述为一种更高的法律，而且社会中的实在法应当与其相符合"[3]；"正是正义概念，把我们的注意力集中到了作为规范大厦组成部分的规则、原则和标准的公正性和合理性之上"[4]；"正义被认为是人类精神的某种态度、一种公平的意愿以及一种承认他人的要求和考虑的意愿……给予每个人以其应得的东西的意愿乃是正义概念的一个重要的和普遍有效的组成部分。没有这个成分，正义就不能在社会中兴旺"[5]。

正义在外延上包括形式正义和实质正义。在法律意义（相对于道德意义）上，形式正义即法律正义，主要是指行为的合法性和程序的公正性，至于行

---

〔1〕 ［古罗马］查士丁尼：《法学总论——法学阶梯》，张企泰译，商务印书馆1989年版，第5页。

〔2〕 第一原则要求平等人平等地享有与他人相同的最广泛的基本自由，强调每个人都能够平等地享有基本自由。但自由会导致不平等，所以除第一原则外还需要第二原则，第二原则包括两个方面：一是机会均等，即社会的各种机会对所有人开放，大家平等竞争，使那些有同等自然禀赋和同样意愿的人有同样的机会和成功前景；二是允许差别存在，即正义意味着平等，但不否认差别的存在，这些差别势必使不同的人会有不同的成功前景，这些差别应该有利于社会之最不利成员的最大利益。在这两大原则中，第一原则优先于第二原则。在第二原则中，机会平等原则优于差别原则。

〔3〕 ［美］E.博登海默：《法理学——法哲学及其方法》，邓正来译，华夏出版社1987年版，第260页。

〔4〕 ［美］E.博登海默：《法理学——法哲学及其方法》，邓正来译，华夏出版社1987年版，第238页。

〔5〕 ［美］E.博登海默：《法理学——法哲学及其方法》，邓正来译，华夏出版社1987年版，第253页。

为主体或当事人是否得到了正当权利或实现了正义，则非所问，也就是"只问过程不问结果"；实质正义主要是指正确完整地得到法律所规定的实体权利，实现法律所追求的目标，强调结果的公正与公平，不论过程或程序如何，也就是"只问结果不问过程"。形式正义和实质正义相互依存，不可割裂。一般来讲，严格司法体现的主要是形式正义，能动司法追求的主要是实质正义。

（二）传统中国对"正义"的表达

古代汉语有"正义"的固有表达。例如，《荀子》中说，"不学问，无正义，以富利为隆，是俗人者也"，"正利而为谓之事，正义而为谓之行"[1]；《史记·游侠列传》中说，"今游侠，其行虽不轨于正义，然其言必信，其行必果"；东汉王符《潜夫论·潜叹》中说，"正义之士与邪枉之人不两立之"。此外，《五经正义》《史记正义》等书名中也有"正义"二字。这些"正义"除了书名中的"正义"是表示语言文字恰当、正确的含义之外，其他"正义"与西方"正义"（Justice）的意思颇为接近，都有公平、公正、仁义等意思，但遗憾的是这种"正义"并没有形成可与西方正义直接对应的系统理论或思潮。

中国传统文化中没有能直接对译西方"正义"的固有表达，与西方"正义"较为接近的大概是"义"[2]。《说文解字》释"义"为："己之威仪也。从我羊。"徐铉注云："与善同意，故从羊。"说明"义"与"善"同义。

中国传统文化中的"义"文化，源远流长，影响深远。汉语中的"义"有很多意思，勉强可与西方"正义"（Justice）大致对应的，是"宜"意义上的"义"，例如《释名》中的解释是，"义，宜也。裁制事物，使各宜也"；《中庸》中说，"义者，宜也"；韩愈《原道》中说，"行而宜之之谓义"。荀子则将"义"与"正"合为"正义"一词："正利而为谓之事，正义而为谓之行。"[3]与这种"义"联称的有"仁义""侠义"等。这种"义"可以理解为规范标准的合理正当性、思想言行的合宜性，也包括"公平""公正""仁义"等意思。

今天中国人当然也讲"正义"[4]。中国最大的权威性、综合性辞典《辞

---

〔1〕《荀子》"儒效""正名"。

〔2〕黄玉顺：《中国正义论的形成——周孔孟荀的制度伦理学传统》，东方出版社2015年版，第7页、第22~23页。

〔3〕《荀子·正名》。

〔4〕社会主义核心价值观用的是"公正"，回避了源自西方的"正义"一词。

海》对"正义"的定义是：

> 亦称"公正"。对政治、经济、法律、道德等领域中制度和行为之合理性的一种道德认识和肯定评价。作为伦理学范畴，既指符合一定道德规范的行为，又主要指处理人际关系和利益分配的一种原则，即一视同仁和得当所得。[1]

二、传统中国"正义"的具体内容

传统中国的"义"或"正义"的具体内容是什么？据我们的考察和理解，在传统中国被称为"第一义""天下之大本""天下之正道""天下之达道"等主导价值标准或基本道德标准的"义"或"正义"，其内容或义项主要集中在三个方面：一是"重义轻利"，二是"中"，三是"和"。

（一）"重义轻利"

传统中国所谓的"义"，大多数时候是"利"之对称。尽管中国历史上"义利之争"从未断过，甚至出现过类似西方功利主义学派的"事功学派"[2]，但传统中国的主流价值观仍是儒家主张的"重义轻利"，其最高境界可能就是所谓"舍身而取义"[3]。"重义轻利"不仅是"儒者第一义"[4]，而且成为中华民族规范民众、引导社会的重要价值导向，"规范着全民族的价值评价与价值选择，渗透在、制约着社会生活的各个方面。从普通而平凡的民俗生活到重大的典章制度，都无不深受传统义利论的指导与定向"[5]。

（二）"中也者，天下之大本"

"中也者，天下之大本"[6]，认为"中"是天下合理正当性的根本标准，这是传统中国的主流价值观。在儒家那里，"中"可以视同"中庸"。中庸者，

---

〔1〕 夏征农、陈至立主编：《辞海》，上海辞书出版社2009年版，第2922页。

〔2〕 参见罗炽、陈会林等：《中国德育思想史纲》，湖北教育出版社2003年版，第403～408页。

〔3〕 《孟子·告子上》。

〔4〕 （宋）朱熹：《晦庵先生朱文公文集》卷二十四《书》"与延平李先生书"。

〔5〕 张国钧：《中华民族价值导向的选择——先秦义利论及其现代意义》，中国人民大学出版社1995年版，第7页。

〔6〕 《中庸》。

"不偏之谓中，不易之谓庸。中者，天下之正道。庸者，天下之定理"。[1]"中"即"不偏不倚"，程颐说，"不偏之谓中"[2]；朱熹说，"中者，不偏不倚，无过不及"[3]，"中则无过不及"[4]。儒家提出"中也者，天下之大本""中者，天下之正道""中者是也，不中者非也"等命题。

"中"与"正"大多合体连言，而且两者可以互训。例如《管子·法法》载："圣人精德立中以生正，明正以治国。"《礼记·儒行》载"儒有衣冠中"，陈澔注云"中，犹正也"，"中"指衣冠周正。《淮南子·主术》载"是以立中"，高诱注云"中，正也"。[5]

先秦儒家认为"中正"是"皇极""王道"之本质。《尚书·洪范》载有"皇极"，孔颖达《正义》释云："皇，大也；极，中也。"陈淳释曰："人君中天下而立，则身正以为四方之标准，故谓之皇极。"[6]"无偏无陂""无偏无党"等乃"皇极"之表现。宋代道学则将"中正"与"仁义礼智"联系起来，例如周敦颐在《太极图说》中说："圣人定之以中正仁义，而主静（自注：无欲故静），立人极焉。"朱熹注曰："圣人之道，仁义中正而已矣。"[7]张载在《正蒙·中正》中说："学者中道而立，则有仁以弘之。无中道而弘，则穷大而失其居，失其居则无地以崇其德。"[8]朱熹说："中是礼之得宜处，正是智之正当处。"[9]

（三）"和也者，天下之达道"

"和"者，有和谐、和睦、协调、融洽诸意。孟子说："天时不如地利，地利不如人和。"[10]"和"不是泯灭区别或差异、要求完全相同、绝对一致，而是可以保留各自特色、保障各自权利的和谐，亦如音乐中可以是不同音符

---

〔1〕（宋）朱熹：《四书集注·中庸章句》。

〔2〕《河南程氏遗书·第七》。

〔3〕（宋）朱熹：《中庸章句》。

〔4〕黎靖德编：《朱子语类》（第6册），中华书局1994年版，第238~2385页。

〔5〕参见韩星："'仁''正''中''和'——儒家古典正义论的逻辑展开"，载《哲学动态》2016年第10期。

〔6〕（宋）陈淳：《北溪字义》，中华书局1983年版，第46页。

〔7〕陈荣捷：《近思录详注集评》，华东师范大学出版社2007年版，第1页。

〔8〕（宋）张载：《张载集》，中华书局1978年版，第26~27页。

〔9〕（宋）黎靖德编：《朱子语类》（第6册），中华书局1994年版，第2382页。

〔10〕《孟子·公孙丑下》。

组成的和弦、不同声部构成的合唱，此即所谓"君子和而不同，小人同而不和"[1]。《中庸》首章云："中也者，天下之大本也；和也者，天下之达道也。致中和，天地位焉，万物育焉。"这是说："中"是天下的根本，"和"是天下的归宿。由"中"致"和"，便可以实现天地万物各得其所、各正性命，万物和谐相处、生长繁育的"保和太和"境界，也就是"万物并育而不相害，道并行而不相悖"的境界。

中国传统主流文化把和睦视为"善"，主张"和为贵，权为次"，"家和万事兴"，"和气生财"。儒家的纲领性主张是"大道之行也，天下为公，选贤与能，讲信修睦"[2]，"君子矜而不争，群而不党"[3]。道家主张："上善若水。水善利万物而不争，处众人之所恶，故几于道……夫唯不争，故无尤。"[4]明代《教民六谕》中的一"谕"就是"和睦乡里"，清代《圣谕十六条》中的一条就是"和乡党以息争讼"。社会和谐，既是官方的政治要求，也是民间社会自定的使命，例如明代南直隶徽州府祁门县仙桂乡二十都"文堂乡约"的约规规定："父子相亲，兄弟相友，长幼相爱，夫妇相敬，朋友相信；有恩相亲，有礼相接；凡父坐子立，夫妇如宾，兄先弟随。"[5]清代台湾地区的乡庄《庄规》规定："各庄总董庄正副责任大端，无非约束庄众、和睦乡邻之事。"[6]世界上可能只有传统中国最强调"和"或"和谐"。英国学者李约瑟（Joseph Needham，1900—1995）说："古代中国人在整个自然界中寻求秩序与和谐，并将此视为一切人类关系的理想。"[7]与西方相比尤其如此，因为"古代的西方和东方都崇尚和谐，然而彼此有别。西方所崇尚的主要是艺术上的和谐，对政治上、社会上乃至世界上的和谐殊少关注；东方的中国

---

〔1〕《论语·子路》。

〔2〕《礼记·礼运》。

〔3〕《论语·卫灵公》。

〔4〕《老子》第八十章。

〔5〕《隆庆［祁门］文堂乡约家法》，明隆庆刻本，原件藏安徽省图书馆。

〔6〕 张磊："清末台湾北部乡治组织的法律考察"，附录一"庄规四则"，中南财经政法大学2007年硕士学位论文。

〔7〕 潘吉星主编：《李约瑟文集：李约瑟博士有关中国科学技术史的论文和演讲集》，陈养正等译，辽宁科学技术出版社1986年版，第338页。

所崇尚的和谐则如气之充盈于天地之间，几乎无所不在"[1]。

上面我们大致梳理了传统中国之"正义"的三项内容，这三者是有内在联系，是可以贯通的，这主要体现在以下三个方面：第一，"重义轻利"侧重于行为品德，"和"侧重于社会秩序。正是在"重义轻利"价值导向支配下，有"漠视权利"之嫌的"和"，才成为中国传统价值观的主要导向。[2]第二，"和"以"中"为条件，只有做到了"中"，才能实现"和"，所谓"发而皆中节，谓之和"[3]。第三，"和"是天地之合德、天下之归宿，自然也是"重义轻利"和"中"的最终指向。如果追问"正义"的上述三项内容中，哪一项更能体现传统中国"正义"的根本内涵，在现有蔚为大观的研究成果中[4]，最大的共识是"和"或"社会和谐"[5]，也就是说传统中国主张的正义主要是"和"。"和"是中华民族普遍追求的一种理想社会秩序状态。"'和'在中国古代的观念世界里有着格外的重要性：它既是美与艺术的理想，又是社会与政治的理想，而这两者又是相互贯通、相互结合的。"[6]

三、"中正""和睦"：传统中国能动司法的实质正义追求

传统中国司法（包括能动司法）追求的具体正义或实质正义，是抽象正义或普遍正义的具体体现，两者在逻辑层面和事实层面都具有一致性。在上

---

[1]　张正明："和谐境界浅说"，载湖北省炎黄文化研究会编：《传统文化与和谐社会》，香港天马出版有限公司 2005 年版，第 10 页。

[2]　参见胡旭晟主编：《狱与讼：中国传统诉讼文化研究》，中国人民大学出版社 2012 年版，第 37 页。

[3]　《中庸》。

[4]　例如黄玉顺：《中国正义论的形成——周孔孟荀的制度伦理学传统》，东方出版社 2015 年版；"中国正义论纲要"，载《四川大学学报（哲社版）》2009 年第 5 期；"中国正义论——儒家制度伦理学的当代政治效应"，载《文化纵横》2010 年第 2 期；"孔子的正义论"，载《中国社科院研究生院学报》2010 年第 2 期；"孟子正义论新解"，载《人文杂志》2009 年第 5 期。卢永凤："社群主义的视角：荀子正义观的当代阐释"，载《道德与文明》2011 年第 2 期。郭齐勇："先秦儒学关于社会正义的诉求"，载《解放日报》2009 年 1 月 11 日；"再论儒家的政治哲学及其正义论"，载《孔子研究》2010 年第 6 期。王堃："正名：儒家正义论之绪统——以荀子正名与正义思想为例"，载《东岳论丛》2014 年第 4 期。韩星："'仁''正''中''和'——儒家古典正义论的逻辑展开"，载《哲学动态》2016 年第 10 期，等等。

[5]　持这类观点的学者及成果甚多，例如黄玉顺：《中国正义论的形成——周孔孟荀的制度伦理学传统》，东方出版社 2015 年版，第 24 页；韩星："'仁''正''中''和'——儒家古典正义论的逻辑展开"，载《哲学动态》2016 年第 10 期。

[6]　胡旭晟主编：《狱与讼：中国传统诉讼文化研究》，中国人民大学出版社 2012 年版，第 893 页。

述传统中国"正义"的三个义项中，"重义轻利"更多地针对具体事务，"中""和"更多地针对行为或行为规范。正如荀子所言："正利而为谓之事，正义而为谓之行。"[1]此外，从历史文献载述情况来看，传统中国关于司法正义的指称，更多的是"中""和"。刘军平教授说：传统中国司法审判中的情理情结，使司法官常常不得不扮演一个轻视国法而重情准理的道德教化者和案件调和者，其价值取向无非是止争息讼，体现"中庸"与"和谐"。[2]所以我们这里说传统中国能动司法的实质正义追求主要体现在"中""和"两方面。司法正义意义上的"中""和"有很多表述，其中"中正"和"和睦"可能最具有代表性。

（一）"中正"

作为正义内容的"中"，在传统中国法律或司法语境中有"中""中正""至公""至当"等多种表述，其中"中正"是出现较早并被强调较多的表达，具有代表性。

成书于公元前五世纪（春秋时期）的《尚书》是中国最早的政典与法律教科书，其中的《吕刑》是已知中国最早的法律文献。《尚书》强调狱讼要"中"，《吕刑》中说，"哀敬折狱，明启刑书，胥占，咸庶中正"，"士制百姓于刑之中"，"观于五刑之中"，"非佞折狱，惟良折狱，罔非在中"，"罔不中听狱之两辞"，等等。《伪孔传》[3]对这些"中"皆释为"中正"。这里的"中正"是说在审断案件时要不偏不倚、适中得当，以"中正"作为断狱量

---

〔1〕《荀子·正名》。

〔2〕 参见胡旭晟主编：《狱与讼：中国传统诉讼文化研究》，中国人民大学出版社 2012 年版，第201 页。

〔3〕《伪孔传》指伪造的孔安国《尚书传》，以明非真出于孔安国之手。历史上流传的《尚书》有"今文"和"古文"两个版本。《尚书》成书于东周（时称《书》，《尚书》之称始于汉代），传世的《尚书》在秦朝作为"禁书"在"焚书坑儒"中被焚。汉初儒生伏生（伏胜）靠惊人的记忆力口述重写《尚书》，用秦汉时通用文字隶书抄写，史称《今文尚书》。汉武帝时，鲁共王刘余拆除孔府旧宅，在墙壁中发现被人所藏的《尚书》，皆蝌蚪文字，时人不识，孔安国以今文释读并奉诏作传，史称《古文尚书》。《古文尚书》至东汉失传，但东晋元帝时，梅赜突然献出所谓孔安国作传的《古文尚书》（唐朝孔颖达作《尚书注疏》即以此为底本），后被确证有"伪作"，所以今天所见《古文尚书》并非原版。但是《伪孔传》并非全为伪作，而且即使是"伪作"部分，其本文及其释义也是珍贵的历史文献，是时人学术或思想观点的反映，特别是其注，是目前能够见到的时代最早的完整书注（两汉学者所作注解均已散失），因而仍受学者重视，常见引用。参见罗炽等：《中国德育思想史纲》，湖北教育出版社 1998 年版，第 180~185 页。

刑的基本原则，是司法正义的体现。[1]

法家特别强调法制（包括司法）的"公正""公义"原则，反对背公行私的法律行为。例如韩非子对韩昭侯说："法者，见功而与赏，因能而授官。今君设法度而听左右之请，此所以难行也。"[2]慎到说："菁龟（占卜）所以立公识也，权衡所以立公正也，书契所以立公信也，度量所以立公审也，法制礼籍所以立公义也。"[3]

司法意义上的"中正"是国家规定的司法原则，是国家对司法的基本要求。清代《钦颁州县事宜》规定："为有司者，审理词讼，事无大小，必虚公详慎，勿任一时之性，勿执一己之见。勿因证佐串通一气而摇惑是非，勿因原被各执一词而依违两可……兵役与百姓争讼，勿偏袒兵役；绅衿与百姓争讼，勿偏袒绅衿。"[4]

传统中国法制的"中正"追求也体现或落实于法典之中。例如乾隆五年（1740年）御制《大清律例·序》中说，"古先哲王所为设法饬刑……适于义，协于中，弼成教化以洽其好生之德"；"（本律例）揆诸天理，准诸人情，一本于至公，而归于至当"。

传统中国一般意义上的"中"是与礼义或伦常联系在一起的，这也体现在法制正义之中。例如《唐律疏议·名例律》中说，"铨量轻重，依义制律"；明代刑部尚书刘惟谦在《进大明律表》中说，"圣（指明太祖朱元璋）虑渊深，上稽天理，下揆人情，成此百代之准绳"。可能正是在这些意义上，陈顾远先生（1896—1981）才认为传统中国司法追求的"正义"与"天理"相关，或者说"天理"就是正义的直观表达，是实质正义的主要内容。他说："（西方）法学家所说的正义法、自然法、社会法就是（古代）中国人所说的天理。根据正义法说，法律必须合于正义的目的，而为道德律所支配，乃为正则，乃非恶法。"[5]

---

[1] 参见韩星："'仁''正''中''和'——儒家古典正义论的逻辑展开"，载《哲学动态》2016年第10期。

[2] 《韩非子·外储说左上》。

[3] 《慎子·威德》。

[4] （清）田文镜：《钦颁州县事宜·听断》。

[5] 范忠信等编校：《中国文化与中国法系：陈顾远法律史论集》，中国政法大学出版社2005年版，第275~276页。

（二）"和睦"

作为"正义"义项之一的"和"，在传统中国法制语境中有"和""和气""和睦"等多种表达，其中用得较多，特别是针对"细事"案司法所用的主要是"和睦"。

"和睦"是传统中国纠纷解决机制的基本理念和最高原则。例如宋代胡石壁（胡颖）说："大凡宗族之间，最要和睦，自古及今，未有宗族和睦而不兴，未有乖争而不败。"[1]明代特别民事诉讼法《教民榜文》要求地方社会"务要邻里和睦，长幼相爱。如此，则日久自无争讼，岂不优游田里，安享太平"[2]。清代为地方司法官确定的治世目标是"由听讼以驯致无讼，法令行而德化亦与之俱行矣……讼庭无鼠牙雀角之争，草野有让畔让路之美，和气致祥"[3]。其他更通俗简明的表述有"和为贵""息事宁人"等。[4]

传统司法正义追求的"和睦"，是为了实现和保障人际或社会的和谐。这种"和睦"除了要求司法既"案结事了"又不伤情面之外，更高的目标是"不争""无讼""无刑"。例如孔子说"君子矜而不争，群而不党"[5]，他为自己担任鲁国大司寇（相当于最高人民法院院长和首席大法官）确定的使命是"听讼，吾犹人也，必也使无讼乎"[6]，意思是说，我虽然和别的大司寇一样审理案件，但我追求的不是如何了结案件而是要通过处理案件来最终实现天下根本没有诉讼。《唐律疏议·名例》中对"和睦"有"以刑止刑，以杀止杀"的表述。乾隆五年（1740 年）御制《大清律例·序》中说"有定者律令，无穷者情伪也"，所以"甄陶训迪，刑期无刑，法外之仁，垂为明训"，"从事于斯者，胥懋敬哉"。清代徐栋说："所宜重（刑名）者……又曰

---

〔1〕 中国社会科学院历史研究所宋辽金元史研究室点校：《名公书判清明集》，中华书局 1987 年版，第 369 页。

〔2〕 刘海年、杨一凡主编：《中国珍稀法律典籍集成》乙编（第 1 册），科学出版社 1994 年版，第 635~645 页。

〔3〕 （清）田文镜：《钦颁州县事宜·听断》，雍正朝。《钦颁州县事宜》是雍正年间皇帝特命总督田文镜、李卫所撰，刊刻通行，并冠以皇帝谕旨。

〔4〕 详细论述参见陈会林：《地缘社会解纷机制研究》，中国政法大学出版社 2009 年版，第 312~320 页。

〔5〕 《论语·卫灵公》。

〔6〕 《论语·颜渊》。

'刑期于无刑'，岂尚申韩之术者所能哉？"〔1〕（意思是不同于法家的重刑主义）

关于传统司法正义追求"和睦"，今人有很多论述，例如，高其才教授指出："中国古代社会以'和'为司法、审判的根本目标，纠纷解决中以和为贵、以礼为准，广泛运用调处方法结案息讼即为突出特点。"〔2〕梁治平教授说："使民不争是中国文化的理想……听断之人依据案情妥为调处，在解决一件讼事的同时，更努力根绝争讼之源。"〔3〕顾元教授在《衡平司法与中国传统法律秩序》中说：

> 传统中国社会里的司法官关于纠纷认知及其处理样式的模式是十分独特的：他们是以建立或者恢复一种稳定、和谐的人际关系和社会关系为根本的着眼点，来看待和解决现实的纠纷（特别是民事纠纷）。在这些司法官看来，重要的是解决纠纷，而不是企图通过具体纠纷的解决来建立一套旨在影响当事人和其他人的未来行为规则。〔4〕

与传统中国通义中"中"与"和"的关系一样，在司法追求的具体正义中，"中正"是"和睦"的条件，"和睦"是"中正"的归宿。也就是说，传统中国司法所追求的正义，其终极目标和标准主要是"和睦"。对此刘军平教授说，传统中国能动司法"由于情判的灵活与变通，它能够纠正既有法律条文的死板与僵硬，从而能在某种程度上实现公平与正义，并由此达致和谐与无讼的理想目标"；在中国传统诉讼中，"和谐乃是总的价值取向……追求实体公正则是和谐在情判领域的具体价值取向"〔5〕。

四、如何看待司法正义追求的中西差异

传统中国的正义论与西方的正义论可以相提而不能并论。如前所述，中

---

〔1〕　（清）徐栋辑：《牧令书》卷十七《刑名上》序言。

〔2〕　参见高其才："乡土社会、伦理传统、法治实践与能动司法"，载《哈尔滨工业大学学报（社会科学版）》2012年第3期。

〔3〕　梁治平：《法意与人情》，中国法制出版社2004年版，第192页。

〔4〕　顾元：《衡平司法与中国传统法律秩序——兼与英国衡平法相比较》"内容提要"，中国政法大学出版社2006年版。

〔5〕　刘军平：《中国传统诉讼之"情判"研究》，中国政法大学出版社2011年版，第28页、第147页。

西司法正义追求的具体内容是有差异的，这种差异集中体现在西方正义论主要是个人权利维度的公正性与合理性；传统中国司法追求的正义主要是社会秩序维度的和睦，是"和为贵，权为次"，首先是人际和谐，其次才是权利的实现。[1]对此，西方人似乎看得更加清楚。美国法学家威格莫尔（John H. Wigmore，1863—1943）对中西进行比较之后指出，西方法学家认为一切法律秩序的基础是"权利之争"，"（但）在中国人看来，对于原则的固执或对于权利的争执，它和肉体的殴斗是同样的下流、可耻……妥协、调和是莫上的德性"。[2]美国学者布迪（Derk Bodde，1909—2003）把这种"息事宁人"的理念称为"中国思维模式"，他说："（这种）中国思维模式企图将看起来冲突的元素们加以混合，而进入一个统一的和谐之中。在中国哲学中充满着二元论的看法，但这两个二元的成分，往往被看成是相互补充且相互需要的，而不是相互对立、相互排斥的。"[3]

应该如何看待传统中国司法正义首先追求人际"和睦"而不是强调个人权利？我们认为，在某种意义上，这是农耕社会、宗法社会、熟人社会所特有的司法理念。首先，这是农耕社会的司法理念。传统中国社会主要是一个男耕女织、自给自足、基本上可以不依赖商业的小农社会，社会生产和社会结构狭小、简单，这种生产生活方式决定了传统中国"重农抑商""重义轻利"的观念，同时难以生长出发达的权利义务观念。其次，这是宗法社会和熟人社会的司法理念。传统中国社会是以"亲亲尊尊"为关系基础的熟人社会和宗法社会，"强调伦常秩序，注重血缘身份，并使这种宗法因素渗透于政治、经济和思想文化各种社会关系中，进而从总体上影响民族意识、民族性格、民族习惯的形成"。[4]在这种社会里，个人权益嵌夹在强宗大族之中，和睦是当事人的最大利益所在。对此李贵连、李启成两位教授有一段精彩论述，迻录如下：

---

〔1〕 详细论述参见陈会林：《地缘社会解纷机制研究》，中国政法大学出版社 2009 年版，第 320~323 页。

〔2〕 Wigmore, *A Panorama of World's Ligal Systems*, pp. 149-150. 转引自梅小璈、范忠信选编：《梅汝璈法学文集》，中国政法大学出版社 2007 年版，第 320 页。

〔3〕 Derk Bodde, "Harmony and Conflict in Chinese Philosophy", in Arthur F. Wrighteds, *Studies in Chinese Thought*, Chicago: University of Chicago Press, 1953, p. 54.

〔4〕 朱勇：《清代宗族法研究》，湖南教育出版社 1987 年版，第 1 页。

我们今天所接受的公平、正义观念并非永恒真理，仅是特定社会的产物。历史上的许多道理存在于历史深处。我们在翻阅清代司法文书的时候，常常发现类似这样的案件："张大、张二同属一家族，张大向张二借了钱或者张大确实欠张二的钱，这一点当事人都承认，但官府的判决结果往往不是按照所欠金钱的原数目偿还，而是根据双方当事人的具体境况来作出判决，或者是张大全还，或还一半，或取消债务，有时甚至还要张二贴补点钱给张大。"以我们今天的眼光来看官府的裁断，完全没有确定性，是"葫芦僧判断葫芦案"。殊不知这主要的原因之一是我们今天和传统社会对个人成功观念上的差异有以致之。我们今天会将某个人的成功主要看作是个人努力的结果，故他对其财产当然拥有完全的所有权；但在传统中国，一个人的成功主要是家族，尤其是祖先积德行善之结果。因此，个人对其占有之财产不具有完全之所有权，在很大程度上是家族财产暂时在其名下保管而已。况且族人之间本就有相互周济之义务。在这种观念之下，官府的判决就可以理解了，恰恰是如此判决才符合该社会流行的正义观念。在这种社会氛围中，像这样貌似不公平的处理才被认为实现了社会公平。[1]

总之，特定的社会生态大致决定了传统中国人公平意识淡漠，维权意识不强，奉行重让非争、息事宁人的人生哲学。如果说在追求民主法治的今天，中国司法追求刚性和谐，同现代法治要求有冲突的话，那么传统社会首重社会和谐则有一定的合理性和必要性。

第三节　传统中国能动司法实现正义的路径与方法

我们认同著名学者韩星教授经过认真研究得出的结论：中国传统正义是通过"正—中—和"的逻辑而展开和实现的，其主要内容是，"义"的价值基础是"正"，要实现"正"则须"中"，由"中"才能达到"和"。[2]以此

---

〔1〕 李贵连、李启成：《中国法律思想史》，北京大学出版社 2010 年版，第 9 页。
〔2〕 韩星："'仁''正''中''和'——儒家古典正义论的逻辑展开"，载《哲学动态》2016 年第 10 期。

为基础，结合传统中国的"定分止争"[1]法制理论，我们认为传统中国能动司法实现正义的主要路径与方法是"名分——定分——止争——和睦"，也就是在认可"名分"的基础上，通过能动司法"定分止争"，最终实现人际和睦、社会和谐。

在展开论述之前，需要特别指出的是，下面讨论的"定分止争""明是非，剖曲直""因其讼而默寓以劝"等内容并非是专门针对能动司法的，它们虽然都可以承载能动司法，但只有在"曲法通情""代民作主""官批民调"等情形下才具有能动司法的属性。

一、对纠纷的认知与"定分止争"命题的提出

(一) 传统中国对纠纷的理性认知

人类生活的多样性与社会价值的多元性，决定了社会各主体不同价值取向的客观存在，决定了人类社会难免会出现不同的利益归属与恩怨情仇，人类社会因此从产生的那一天开始，便伴随着不同的矛盾或纠纷。社会纠纷是一种客观的社会现象，没有纠纷的社会是不存在的。[2]对此中国先贤们有非常理性的认知，例如明代刑科给事中赵银说："民生有欲，不能无争，则物我相刑而讼兴焉。"[3]明代刑部尚书刘惟谦在《进大明律表》中说："天生烝民，不能无欲。欲动情胜，诡伪日滋。强暴纵其侵凌，柔懦无以自立。故圣人者出，因时制治，设刑宪以为之防，欲使恶者知惧而善者获宁。"清代著名地方官黄六鸿（1630—1717）说："地方官纵能听讼，不能使民无讼，莫若劝民息讼。"[4]清代知县、史学家崔述（1739—1816）说："自有生民以来，莫不有讼。讼也者，事势之所必趋，人情之所断不能免者也……讼也者，圣人之所不贵而亦贤者之所不讳也。"[5]

---

[1] 《北京大学法律百科全书：中国法律思想史 中国法制史 外国法律思想史 外国法制史》（北京大学出版社 2000 年版），有"定分止争"专条，见第 151 页。

[2] 相关的具体论述参见陈会林：《国家与民间解纷联接机制研究》前言，中国政法大学出版社 2016 年版。

[3] 刘海年、杨一凡主编：《中国珍稀法律典籍集成》乙编（第 5 册），科学出版社 1994 年版，第 517 页。

[4] （清）黄六鸿：《福惠全书》卷十一《刑名部一》"词讼·劝民息讼"。

[5] （清）崔述撰：《崔东壁遗书》，顾颉刚编订，上海古籍出版社 1983 年版，第 701 页。

如何使纠纷得到化解，使社会回归和谐，这正是司法正义所要直接解决的问题。传统中国人在这方面有独到的认识和表达，其重要表现便是提出了"定分止争"的命题。

（二）"定分止争"命题的提出及意义

"定分止争"的命题是法家在论述法律的起源和作用时提出来的，其固有表达首见于《管子》一书，其中说：

> 夫法者，所以兴功惧暴也；律者，所以定分止争也；令者，所以令人知事也。法律政令者，吏民规矩绳墨也。[1]

"律者，所以定分止争也"，这是说法律产生的原因、司法的目的都是为了"定分止争"。法家用来证明"定分"可以"止争"的典型事例主要是所谓"走兔人逐"。《慎子逸文》载：

> 一兔走街，百人追之，贪人具存，人莫之非者，以兔为未定分也。积兔满市，过而不顾，非不欲兔也，分定之后，虽鄙不争。

此例又见于《商君书·定分》：

> 一兔走，百人逐之，非以兔为可分以为百，由名之未定也。夫卖兔者满市，而盗不敢取，由名分已定也。故名分未定，尧、舜、禹、汤且皆如鹜焉而逐之；名分已定，贪盗不取。

这个事例是说，何以人人追逐一只所值甚微的兔子呢？这是因为，兔子的所有权未定，人人可以取得兔子的先占"权利"；如果兔子的所有权明确，即使"贪盗"也不敢枉取。

"定分止争"者，"正名定分，以止争夺"也，意思是说，只要确定了社会主体各自的"名分"，就可以避免社会纷争。这一命题的法律意义主要是："定分止争"是国家和社会需要法律、需要司法的主要原因，是法律或司法的主要作用或价值所在；只有通过立法或司法明晰或确定社会主体各自的权利

---

[1]《管子·七臣七主》。

边界，人际和睦、社会和谐才有可能实现。"定分"又表述为"明分"，"止争"又表述为"止暴"。在这里，"定分"是为"止争"服务的。

二、"名分"：传统中国正义标准的前提和载体

（一）"名分"是传统中国对权利的直接表达

1. 传统中国对"权利"的表达方式

一个社会的正义是否首重权利，与这个社会有没有"权利"的表达，两者不是一回事。传统中国的正义首重"和"，但也有对"权利"的表达。从某种意义上说，"权利"是客观存在的，只要有社会，就有权利；纠纷（dispute）无不因权利而起，"纠纷"总是与权利的"冲突"（conflict）相伴而来，"任何社会中冲突的发生都会使一定的合法权益受到侵害，或者使一定的法定义务不能履行"〔1〕，或者说，"纠纷是由于当事人因为某种原因对现在的状态怀有不满并要求进行变更而产生的"〔2〕。

传统中国法律文化究竟有无"权利"意识，迄今尚无定论。〔3〕古代汉语中有"权利"的固有表达，例如《商君书·算地》中说："夫民之情，朴则生劳而易力，穷则生知而权利。易力则轻死而乐用，权利则畏罚而易苦。"《荀子·君道》中说："按之于声色、权利、忿怒、患险，而观其能无离守也。"《史记》中有"家累数千万，食客日数十百人，陂池田园，宗族宾客为权利，横于颍川"的记载。〔4〕但这些"权利"不是与义务相对应的概念，与西方法律中的权利概念不同。上面商鞅说的"权利"，是"权衡和利益"的意思，所谓"度而取长，称而取重，权而索利"，其要义是因权生利或者以权谋私。〔5〕荀子和《史记》中说的"权利"是"权势和财货"的意思。

传统中国对与"义务"相对的"权利"，另有自己的特别表达方式，这

---

〔1〕 顾培东：《社会冲突与诉讼机制》，法律出版社 2004 年版，第 28 页。

〔2〕 ［日］小岛武司、伊藤真：《诉讼外纠纷解决法》，丁婕译，中国政法大学出版社 2005 年版，第 16~17 页。

〔3〕 有关"权利"用法的详细讨论，参见李贵连："话说'权利'"，载《北大法律评论》（第 1 卷第 1 辑），法律出版社 1998 年版。

〔4〕《史记·魏其武安侯列传·附灌夫》。

〔5〕 参见秦晖："吏治改革：历史与文化的反思"，载赵汀阳主编：《论证》（第 3 辑），广西师范大学出版社 2003 年版，第 313 页。

种表达方式主要有两种：一是直接表达，主要是表达为"名分"[1]。"名分"是传统中国对民事性权利和义务最主要的固有表达。二是间接表达或"隐蔽"表达，即通过禁止性规定表达。"国法"禁止一种行为，这是一种"义务"性的规定，同时也意味着默许、承认乃至保障一种"权利"[2]。例如律典中规定，"凡窃盗，已行而不得财，笞五十，免刺；但得财，以一主为重，并赃论罪，为从者，各减一等"[3]；"凡夜无故入人家内者，杖八十。主家登时杀死者，勿论"[4]。这些规定实际上就是在保护私有财产权。上述两种权利表达，第一种显而不彰，但覆盖面广；第二种保障力强，但范围有限。或许正是有这两种权利表达，黄宗智先生才认为传统中国的法律实践使民事权利得到了切实的保护。[5]

2. "名分"可以是权利，也可以是义务

什么是"名分"？在传统中国，"名分"是凭恰当的名义、身份可以享有的权利或应该履行的义务。"名分"既是权利也是义务，是权利与义务的统一。[6]这里的"名"是对个体身份的确认，这些身份之"名"，在"细事"纠纷或司法中主要有两类：一是人际关系之"名"，例如君臣、父子、兄弟、夫妇、朋友"五伦"之名；二是经济社会关系之"名"，例如士、农、工、商、军、倡、优、皂、隶之类。"分"是"名"所决定的，或者说是根据"名"所确认的权利和义务，所谓"名位不同，礼亦异数"[7]。依礼依法所应得或所可为者，可谓之"权利"；依礼依法所必须为、不应为、不应得者可

---

〔1〕 参见胡旭晟主编：《狱与讼：中国传统诉讼文化研究》，中国人民大学出版社 2012 年版，第119~120 页。

〔2〕 以往学者每每认为，传统中国法律属于"义务本位"的类型。但是，如果我们承认"权利与义务"具有一种相互性的话，那么"义务"的背后即有"权利"的存在。必须指出的是，传统中国也没有"义务"这样的法律概念，所谓"义务本位"的说法，其实也是一种解释性的建构。

〔3〕 《大清律例》第 269 条"窃盗"。

〔4〕 《大清律例》第 277 条"夜无故入人家"。

〔5〕 参见［美］黄宗智：《法典、习俗与司法实践：清代与民国的比较》，上海书店 2007 年版，第 52 页。

〔6〕 有关讨论参见张岱年："中国古典哲学概念范畴要论"，载《张岱年全集》（第 4 册），河北人民出版社 1996 年版，第 671~672 页；范忠信等：《情理法与中国人》，北京大学出版社 2011 年版，第 237~238 页；张朝阳：《中国早期民法的建构》，中国政法大学出版社 2014 年版，第 155~158 页。

〔7〕 《左传·庄公十八年》。

谓之"义务"。[1]今天也有很多类似"名分"这种既是权利又是义务的法律行为，例如公民的劳动和受教育，《宪法》第 42 条规定"中华人民共和国公民有劳动的权利和义务"，第 46 条规定"中华人民共和国公民有受教育的权利和义务"。

从权利维度来说，"名分"有"法定的身份权益""法定权益""所有权"等意思（这里的"法"不完全是国法），亦即社会主体在社会生活（包括在政治、经济、文化、宗教等领域的生活）中所处的地位及依此地位而被分得的"正当"权益，亦即"合情、合理、合法"的"法定"权益。[2]

（二）"名分"是"和睦"正义标准的前提和载体

在传统中国，"名分"是司法的依据和标准。范忠信教授说：

> "名分"，是古时民事法律关系的准据，是一切法律的基石。法官决狱断讼，首先必须特别分辨清楚的就是"名分"，其次才是分辨是非曲直。或者说，"名分"本身就是古代中国最根本的、真正意义上的是非曲直标准。[3]

"名分"作为司法标准，也是"和""和睦"之正义标准的载体和前提。这主要体现在三个方面：第一，"名分"的存在，是"和而不同"中"不同"的体现，亦即所有社会主体都各有各的权利或义务，只有存在"名分"、认可"名分"，"和"或"和睦"才有可能实现。在这个意义上，没有"名分"就没有"和"或"和睦"。第二，实质正义或实体正义是以体现或保障具体权利为内容的，"和"或"和睦"之正义的标准最终是通过"名分"的实现而体现出来的。第三，"名分"可以是权利，也可以是义务。若强调其中的权利因素，则与西方基于个人权利之正义暗合；若强调其中的义务因素，则是传统中国不强调权利之"和"正义标准的体现。

三、"定分"：传统中国司法实现正义的中枢

"定分"即确定"名分"。"定分"固然首先是立法的任务，但也是司法

---

[1] 范忠信等：《情理法与中国人》，北京大学出版社 2011 年版，第 241 页。

[2] 参见范忠信等：《情理法与中国人》，北京大学出版社 2011 年版，第 237 页。

[3] 范忠信等：《情理法与中国人》，北京大学出版社 2011 年版，第 238 页。

的使命。宋代的真德秀（1178—1235）说："听讼之际，尤当以正名分，厚风俗为主。"〔1〕从司法维度讲，"定分"是"止争"的前提，是司法的根本任务，是实现"和睦"正义的中枢环节。荀子说：

> 群而无分则争，争则乱，乱则穷矣。故无分者，人之大害也；有分者，天下之本利也。〔2〕

> 人生而有欲，欲而不得，则不能无求。求而无度量分界，则不能不争。争则乱，乱则穷。先王恶其乱也，故制礼义以分之，以养人之欲，给人之求。使欲必不穷乎物，物必不屈于欲，两者相持而长，是礼之所起也。〔3〕

历朝历代都有"定分"的固有表达和内在要求。例如东汉名将、外戚邓骘（？—121）永初元年（107年）在力辞蔡侯封爵的上书中说："常母子兄弟，内相敕厉，冀以端悫畏慎，一心奉戴，上全天恩，下完性命。刻骨定分，有死无二。"〔4〕意思是说，平时家人互相告诫劝勉，以正直诚实和敬畏审慎的态度拥戴皇室，上以顾全朝廷恩宠，下以保全自家性命。刻骨铭心确定自家或自己的名分，死无二心。汉代以后"定分"的固有表达常见于史书，择举数例：

> 北边诸将及懿所督，皆为僚属，名位不殊，素无定分，卒有变急，不相镇摄。（三国时期）〔5〕

> 背正崇邪，弃直就佞，忠无定分，义无常经。（三国时期）〔6〕

> 修邵信臣（人名）遗迹，激用滍诸水以浸原田万余顷，分疆刊石，使有定分，公私同利。（西晋）〔7〕

> 崇析赀产，令诸子各有定分……陆贾、石苞，古达者也，亦先有定

---

〔1〕（宋）真德秀：《西山先生真文忠公文集》卷四十"渝州县官僚"。

〔2〕《荀子·王制》。

〔3〕《荀子·富国》。

〔4〕《后汉书·邓骘传》。

〔5〕《三国志·魏志三·魏志三·明帝睿》。

〔6〕《三国志·魏志三·蜀志十二·郤正传》。

〔7〕《晋书·杜预传》。

分，以绝后争。(唐朝)[1]

先王之制，大都不过三国之一，上下等差，各有定分，所以强干弱枝，遏乱源而崇治本耳。(明朝)[2]

陛下诚欲正名定分，别嫌明微，莫若俯从阁臣之请，册立元嗣为东宫，以定天下之本，则臣民之望慰，宗社之庆长矣。(明朝)[3]

四、"止争"：传统中国司法实现正义的途径

"止争"即解决纷争，实现人际和睦、社会和谐的过程与状态，又称"止讼""息讼"等。通过司法"止争"是实现司法之和睦正义的最后环节和根本路径。司法"止争"既是解决纠纷案件本身，也是预防纠纷的方式。前者如明代刑科给事中赵银所说的，"听讼者因辞以求其情，原情以定其罪，情罪既明，人心自服，讼斯止矣。故《易》曰'辨讼'，孔子曰'听讼'，《书》曰'两造具备，师听五辞'"[4]；后者即所谓"决今日讼，以止明日讼"[5]。

(一) "行法令而施劝善惩恶"："听讼"的内容与方式

如何息讼或止争？清代早期著名地方官黄六鸿（1630—1717）曾这样说：

息讼之要，贵在平情，其次在忍。以情而论，在彼未必全非，在我未必全是。况无深仇积怨，胡为喜胜争强？我之所欲胜，岂彼之所肯负乎？以此平情，其忿消矣，而何有于讼？以忍而言，彼为横逆，从傍自有公论，何损于吾？或别有挑唆，无如息气让人，便宜自在。彼即受辱，吾宁不费钱乎？以此为忍，其念止矣，而何至于讼？虽然，平情乃君子之行，容人亦非浇俗所能。惟恃上之有以劝之耳……息讼之本，不在专求乎下，而在先谋乎上也。[6]

---

[1] 《新唐书·姚崇传》。

[2] 《明史·叶伯巨传》。

[3] 《明史·姜应麟传》。

[4] 刘海年、杨一凡主编：《中国珍稀法律典籍集成》乙编（第5册），科学出版社1994年版，第517页。

[5] 转引自范忠信等：《情理法与中国人》，北京大学出版社2011年版，第222页。

[6] (清) 黄六鸿：《福惠全书》卷十一《刑名部一》"词讼·劝民息讼"。

这里的"息讼"是指当事人遇到纠纷不打官司，或者当事人诉告之后经司法官劝释而撤诉。这段话表达了这样两层意思：第一，息讼止争需要当事人和司法官两方面的努力：当事人"平情"（心理平衡）和"容人"（忍让）而不打官司，司法官努力听断案件，化解、止息纠纷；第二，"息讼"的最好办法是使当事人不打官司，但只有"君子"或"非浇俗"之人才能做到，一般人难以做到，所以就社会整体来说，"息讼"主要靠司法官听断（所谓"先谋乎上"，包括劝释），而不能指望当事人不诉告（不能"专求乎下"）。

这段话论说息讼之道，全面而中肯。单就"谋乎上"（"上"即官府），亦即司法听讼来说，"止争"的内容或方式主要是"行法令而施劝善惩恶"，具体体现在两个方面：一是审断，即"明是非，剖曲直"；二是教化，即"因其讼而默寓以劝"。清代《钦颁州县事宜》中说：

> 听讼者，所以行法令而施劝善惩恶者也。明是非，剖曲直，锄豪强，安良懦，使善者从风而向化，恶者革面而洗心，则由听讼以训致无讼，法令行而德化亦与之俱行矣……讼庭无鼠牙雀角之争，草野有让畔让路之美，和气致祥。[1]

《钦颁州县事宜》是雍正皇帝授权田文镜、李卫撰写，冠以皇帝谕旨刊刻通行，关于基层地方官为官指南的国家法令。上面这段话是关于州县官"听讼"案件的要求，内容全面，要旨明确，可视为传统中国基层地方（能动）司法的指南或纲领，反映了传统中国地方司法经验在清代的成熟。这里的"行法令而施劝善惩恶"是对传统中国司法使命的高度精炼概括。"行法令""明是非，剖曲直，锄豪强，安良懦"说的是司法中的"审断"；"施劝善惩恶""使善者从风而向化，恶者革面而洗心"说的是司法中的"教化"；"由听讼以训致无讼，法令行而德化亦与之俱行"说的是司法或能动司法的使命所在；"和气致祥"说的是司法正义之社会正义（相对于个人正义）的实现。

清人汪辉祖说："教则非止条告号令具文而已，有其实焉，其在听讼乎，使两造皆明义理，安得有讼？讼之起，必有一暗于事者持之，不得不受成于

---

〔1〕 （清）田文镜：《钦颁州县事宜·听断》。

官。官为明白剖析是非，判意气平矣。"[1]这里的"明白剖析是非，判意气平"说的是司法中的审断，"条告号令""使两造皆明义理"说的是司法中的教化。光绪年间地方官魏息园曾编有《不用刑审判书》，其所谓"不用刑审判"有两种方式：一是法官以其出众的智慧巧妙地得到案件实情而不用刑讯逼供，二是用教化的方法使争讼双方自愿息讼，即"以教化息讼争"[2]。这两种方式所对应的分别就是司法中的"明是非，剖曲直"和"因其讼而默寓以劝"。

(二)"明是非，剖曲直"

这里的"明是非，剖曲直"，说的是司法官中正断案，使案结事了、忿消讼息。这是司法的基本内容和本色工作。

公心听断，务使两平，是官府对司法官的明确要求。清代《钦颁州县事宜》规定："为有司者，审理词讼，事无大小，必虚公详慎，勿任一时之性，勿执一己之见。勿因证佐串通一气而摇惑是非，勿因原被各执一词而依违两可……兵役与百姓争讼，勿偏袒兵役；绅衿与百姓争讼，勿偏袒绅衿。"[3]

大部分地方官对"中正"审断案件也有清醒认识。例如，清代袁守定(1705—1782)说，"物不得其平则鸣，鸣矣而不得直，则愈不得平矣，为民分忧，所望良有司至切也"[4]；汪辉祖(1730—1807)说，"一切口角、争斗类皆户婚细故，两造非亲则故，非族则邻，情深累世，衅起一时，本无不解之第摘。其词中要害，酌理准情，剀切谕导，使弱者意平，强者气沮"[5]；王凤生(1776—1834)说，"两造控争，各持一理。理之是者，固据事直陈；即理之非者，亦强为附会，以争一胜……惟在官之酌理准情，平心定断"[6]。

(三)"因其讼而默寓以劝"

这里的"因其讼而默寓以劝"命题，是指司法官在诉讼过程中，借助"听讼"这个机会或平台以及案情涉及的事例，对当事人"现身说法"，教而

---

〔1〕(清)汪辉祖：《学治臆说·亲民在听讼》。

〔2〕此类案例可参见汪振甦：《不用刑审判书故事选》，群众出版社1987年版。

〔3〕(清)田文镜：《钦颁州县事宜·听断》。

〔4〕(清)徐栋辑：《牧令书》卷十七《刑名上》"袁守定·听讼"。

〔5〕(清)汪辉祖：《续佐治药言·批驳勿率易》。

〔6〕(清)徐栋辑：《牧令书》卷十八《刑名中》"王凤生·听讼宜慎"。

化之，不仅做到案结事了，而且还要使当事人和好如初，乃至更加亲密并保证以后再不打官司。"因其讼而默寓以劝"，既体现于审理过程中的劝释或教训，也体现于批词和判词中（所谓"寓教于判"）。

清代黄六鸿（1630—1717）说：

> 地方官纵能听讼，不能使民无讼，莫若劝民息讼……平情乃君子之行，容人亦非浇俗所能。惟恃上之有以劝之耳……要即因其讼而默寓以劝之……政尚清简，锥角之微，亲为谕释，使和好如初，而恬让之怀，油然动矣。于是强暴革心而向道，良善感化而兴仁。将见德风所被比同可封，又何讼狱之不为止息哉……息讼之本，不在专求乎下，而在先谋乎上也。[1]

这里是说，司法官在司法过程中对当事人"亲为谕释"，使之撤诉或接受判决，不仅"和好如初"，而且"革心而向道，感化而兴仁"（"因其讼而默寓以劝"），是司法息讼或止争的根本之道和光荣任务。

在传统中国，在实现息讼止争、人际和睦与社会和谐的实践中，教化被认为是比"法治"更有效的方法，所谓"道之以政，齐之以刑，民免而无耻；道之以德，齐之以礼，有耻且格"[2]；"明于五刑，以弼五教，期于予治"[3]。所以，在诉讼过程中对当事人施行教化，成为司法或能动司法的基本要求，此即所谓"因其讼而默寓以劝"[4]。

传统中国的官府或地方官个人，关于"因其讼而默寓以劝"的言论主张很多。例如宋代的真德秀（1178—1235）说："今邑民以事至官者，（听讼）愿不惮其烦而谆晓之，感之以至诚，持之以悠久，必有油然而兴起者。"[5]元朝黄溍（1277—1357）说："人有斗讼，必谕以理，启其良心，俾悟而止。"[6]明清时期因受程朱理学的影响，社会主流思潮认为百姓"兴讼""健讼"是

---

〔1〕（清）黄六鸿：《福惠全书》卷十一《刑名部一》"词讼·劝民息讼"。
〔2〕《论语·为政》。
〔3〕《尚书·大禹谟》。
〔4〕（清）黄六鸿：《福惠全书》卷十一《刑名部一》"词讼·劝民息讼"。
〔5〕（宋）真德秀：《西山先生真文忠公文集》卷四十"谕州县官僚"。
〔6〕（元）黄溍撰：《金华黄先生文集》卷三十四"叶府君碑"。

教化不行、民风浇薄的表现，所以更加强调"因其讼而默寓以劝"。明代中期《在外问刑衙门官员务要亲理词讼不许辄委里老人》条例中说："人怀慈父，至不忍欺，则争讼岂有不息者？"[1] 这是强调伦理教化的可行性与必要性。明朝一位地方官说：

> 兄弟之间，本无不和也。以和而致争，以争而致讼，以讼而致息，以息而思和。不告不知情费，无由思息也；不打不知畏楚，无由永和也。聊以十三之竹皮，用代六条之木舌。埙篪之爱，其未艾乎？[2]

这里是说对于兄弟之讼，如果施以教化，便可"因祸得福"，反而使兄弟手足之情得以强化。这里的竹皮、埙、篪皆为乐器名。古有乐器"竹皮弦琴"，即在粗竹筒的表皮上切割出细长的竹皮作为琴弦；"木舌"即"木铎"，是指木质的铃舌，古代宣布政教法令时，巡行振鸣以引起众人注意。"聊以十三之竹皮，用代六条之木舌"，包含"'因其讼而默寓以劝'的教化有'木铎'宣教之效"的意思。埙、篪二者合奏时声音相应和，故以"埙篪"比喻兄弟情。

"因其讼而默寓以劝"，是清政府为州县官审理词讼案件规定的基本原则和任务。清朝廷规定：

> 州县放告收呈，须坐大堂，详察真伪，细讯明确，如审系不实不尽者，则以圣谕中息诬告以全良善教之；审系一时之忿，及斗殴并未成伤者，则以戒仇忿以重身命教之；审系同村相控者，则以和乡党以息争讼教之；审系同姓相控者，则以笃宗族以昭雍睦教之。[3]

清代大部分地方官也都能身体力行，袁守定说："审词讼原有可以劝释之处。凡事关亲族，遽绳以法，则其情愈暌；事关绅士，遽直其事，则其色不解，而寻衅构难将未已矣。官为劝释，亦杜衅止讼之一道也。"[4]

传统中国（能动）司法中的州县"听讼"，因其教化因素突出、教化色

---

[1] 刘海年、杨一凡主编：《中国珍稀法律典籍集成》乙编（第5册），科学出版社1994年版，第518页。

[2] （明）苏茂相辑，郭万春注：《新镌官板律例临民宝镜所载审语》卷九《告息》。

[3] 《牧令须知·听讼》。

[4] （清）徐栋辑：《牧令书》卷十七《刑名上》"袁守定·听讼"。

彩浓厚，而被日本学者滋贺秀三夸大为"教谕式调停"，以与西方的"竞技性诉讼"严相区别。在他看来，在清代州县审判中，官府作为权威而中立的第三者介入民间纠纷，以体罚、拘禁等强制性手段，辅之以文化、道德的权威来查明真相，找到双方利益的平衡点，以求纠纷得到合乎情理的解决。审判的公正性保障，存在于通过多数人承认（即"遵依甘结"）而使案件了结的程序结构之中，倘当事人事后反悔，还可以一直上诉，不存在依法定程序在一定阶段强制性终结案件的机制。审判和调解的本质区别在于案件的终结是否需经当事人同意，这种以当事人心服为指向，并不具有权威拘束力和严格确定性的审理过程，实际上只是一种"调停"。[1]

审断（"明是非，剖曲直"）和教化（"因其讼而默寓以劝"）都是司法"止争"的内容和方式，但两者并非完全处在一个层次上，其效果和难易程度也有所不同。梁治平教授说："一般民间词讼，两造相争，或为利财，或受激忿，要以公心听断，务使两平，已经很不容易。若欲晓之以理，动之以情，释纷争于堂上，化干戈为玉帛，那就更不简单了。"[2]

第四节　传统中国能动司法的边界

能动司法不是任意司法。前面我们从法理意义上界定了能动司法的边界是遵循法治原则和实现实质正义，那么这两者在传统中国的能动司法中是如何体现的呢？根据我们的考察和理解，传统中国能动司法的边界主要体现在两个方面：一是不违天理或伦理之治，二是本于至公，不徇私情。

一、不违天理或伦理之治

清人汪辉祖说："讼之为事，大概不离乎伦常日用，即断讼以申孝友睦姻之义，其为言易入，其为教易周。"[3]传统中国"法治"的核心是伦理之治，传统中国能动司法坚持的"法治"原则实为天理或伦理之治原则。这种"伦理"主要是"纪之为三纲，张之为五常"之类的"天理"，主要以"情理"

---

〔1〕 ［日］滋贺秀三："清代诉讼制度之民事法源的概括性考察"，载［日］滋贺秀三等：《明清时期的民事审判与民间契约》，王亚新等编译，法律出版社1998年版，第20~21页。
〔2〕 梁治平：《法意与人情》，中国法制出版社2004年版，第189页。
〔3〕 （清）汪辉祖：《学治臆说·亲民在听讼》。

形式面世。

在由小农经济、宗法社会、世袭帝制所"组成"的传统中国，血缘伦理是天理、国法、人情的灵魂，是社会的主导价值观。这种血缘伦理虽然有些模糊不清，但又无所不在。梁治平先生认为传统中国实质正义的载体是"礼"或道德。他说："以道德统摄法律，这正是古代法统一性的价值基础……出乎礼则入于刑，他们于道德和法律实际是不加区分的。立法者依其道德准则编制人类行为的法典，司法者则在实践中尽力推行之……如此形成的法律体系，表现出高度的统一性和单纯性。"[1]

作为司法审判依据，具有高度伦理色彩的情理与法律规范既有其内在逻辑统一的一面，又有其相互对立、冲突的一面。[2]在传统中国的能动司法实践中，情理高于法令而具备了类似西方自然法的衡平角色，"情理自然成为比法律更高的法律渊源，因而一旦人情、天理与法律发生冲突，法律常常被搁置一旁"[3]。余英时先生说："中国传统社会大体上是靠儒家的规范维系着的，道德的力量远在法律之上。道理（或天理）和人情是两个最重要的标准。"[4]

在传统中国，法律和诉讼本以维护纲常伦理为主要宗旨。当援引法律条文能够有效地实现这一目的时，司法官就应该严格依律法判决；倘若引用法律会妨碍这一宗旨，或者说直接依据伦理或"情理"能更好地实施道德教化，司法官就应该毫不犹豫地置法律于不顾，这在传统中国独特的文化背景里并不算"违法"（至少不会追究其不依律例之责），而是在更灵活、更有效地"司法"[5]，亦即能动司法。

二、本于至公，不徇私情

上不违"天理"、下不失"人情"，是传统中国能动司法的社会价值期待，但其中的分寸或尺度难以掌控或把握。在具体案件审理中，"本于至公而归于至当"（《大清律例·序》），也就是"公心听断，务使两平"，也许是传

---

〔1〕 梁治平：《法意与人情》，中国法制出版社 2004 年版，第 156~157 页。

〔2〕 参见胡旭晟主编：《狱与讼：中国传统诉讼文化研究》，中国人民大学出版社 2012 年版，第 430 页。

〔3〕 叶孝信主编：《中国民法史》，上海人民出版社 1993 年版，第 320 页。

〔4〕 陈致访谈：《余英时访谈录》，中华书局 2012 年版，第 3~4 页。

〔5〕 参见胡旭晟主编：《狱与讼：中国传统诉讼文化研究》，中国人民大学出版社 2012 年版，第 11~12 页。

统中国能动司法"看得见"的正义，是能动司法实现实质正义的体现。"本于至公"是这种实质正义的原则性边界，其边界的边界，或者说是底线，主要是不"徇人情"、不"徇私情"，可以"曲法"，但不能曲从私情。对此司法官们有很多论述。例如，南宋真德秀说："公事在官，是非有理，轻重有法，不可以己私而拂公理，亦不可徇（曲）公法以殉人情。"[1]清人万维翰说："断狱凭理。理之所突，情以通之……听断总要公正，著不得一毫（私人）意见。为两造设身处地，出言方平允能折服人。"[2]贾明叔说："人情所在，法亦在焉。谓律设大法，礼顺人情，非徇（私）情也。徇（私）情即坏法矣。"[3]

第五节　关于传统中国的"海瑞定理"与能动司法

明代海瑞（1514—1587）在中国司法史上的地位可能仅次于皋陶、包拯，是中国历史上的第三位"司法之神"。海瑞在浙江省严州府淳安县知县任上，曾亲自拟定《兴革条例》。这个《兴革条例》，既是本县县治的地方法规及其实施细则，也是海瑞匡正时弊的规划蓝图及其实施方案，分为"吏属""户属""礼属""兵属""刑属""工属"六篇，其中"刑属"篇较为全面集中地反映了海瑞的法治、司法思想。"刑属"篇中有两段关于如何"止讼"的精彩言论，被当代法学家苏力教授提炼、抽象为两个定理——司法"公平定理"和司法"差别定理"。苏力教授将这两个定理命名为"海瑞定理"，并从法学理论层面和社会历史层面逐一论证其合理性和正当性。[4]

"海瑞定理"说的问题，实际上属于上述"明是非，剖曲直"的审断问题，即通过公正兼保护性司法"以讼止讼"，实现"中正""和睦"的实质正义。这个问题涉及传统中国能动司法的要害，这里单独用一节加以专论。

"海瑞定理"实际上说的是两个问题，一是只有公正司法才能止讼的问题（海瑞定理Ⅰ），二是如何公正司法的问题（海瑞定理Ⅱ）。

---

〔1〕（宋）朱熹：《晦庵先生朱文公文集》卷四十《谕州县官僚》。

〔2〕（清）万维翰：《幕学举要·官方》。

〔3〕转引自（清）万维翰：《幕学举要·官方》。

〔4〕苏力："'海瑞定理'的经济学解读"，载《中国社会科学》2006年第6期。

一、通过公正司法"以讼止讼"

关于如何息讼，海瑞说：

> 问之识者，多说是词讼作四六分问，方息得讼。谓与原告以六分理，亦必与被告以四分。与原告以六分罪，亦必与被告以四分。二人曲直不甚相远，可免愤激再讼。然此虽止讼于一时，实动争讼于后。理曲健讼之人得一半直，缠得被诬人得一半罪，彼心快于是矣。下人揣知上人意向，讼繁兴矣……可畏讼而含糊解之乎？君子之于天下曲曲直直，自有正理。四六之说，乡愿之道，兴讼启争，不可行也。[1]

这里海瑞反对所谓"四六分问"的息讼之道，认为这种是非不分、各打五十大板，让有理者也半受屈、无理者也半得利的做法，实际上是鼓励诉讼。因为"和稀泥"注定会引发好事者为了追求不当利益而"健讼"，也就是"虽止讼于一时，实动争讼于后"，结果恰恰与一味主张息讼的裁判者的预期背道而驰。真正有效的"息讼"之道是在全力听讼的基础上依照案情是非曲直"中正"审断。这一思想被苏力教授抽象表达为"只有公正的司法才会真有效率"或"始终如一地依法公正裁判会减少机会型诉讼"，此即"海瑞定理I"。

其实历史上不乏类似主张者，例如明代比海瑞早近百年的成化年间（1465—1487）刑科给事中赵银说：

> 民生有欲，不能无争，则物我相刑而讼兴焉。听讼者因辞以求其情，原情以定其罪，情罪既明，人心自服，讼斯止矣。故《易》曰"辨讼"，孔子曰"听讼"，《书》曰"两造具备，师听五辞"。[2]

清代知县、史学家崔述（1739—1816）说：

> 自有生民以来，莫不有讼。讼也者，事势之所必趋，人情之所断不

---

[1] 《海瑞集》卷二《条例》"兴革条例·刑属"。

[2] 刘海年、杨一凡主编：《中国珍稀法律典籍集成》乙编（第5册），科学出版社1994年版，第517页。

能免者也……讼也者，圣人之所不贵而亦贤者之所不讳也。

（有人）曰："孔子曰：'听讼，吾犹人也；必也使无讼乎！'然则圣人之言亦非与？"（我）曰："《大学》释之明矣，曰：'无情者不得尽其辞，大畏民志。'然则圣人所谓'使无讼'者，乃曲者自知其曲而不敢与直者讼，非直者以讼为耻而不肯与曲者讼也。若不论其有情无情而概以讼为罪，不使之得尽其辞，曰'吾欲以德化民'，是大乱之道也。且无讼之治，圣人犹难之；今之吏岂惟无德且贪莫甚焉，民之相争固其所也，而欲使之无讼，舛矣！"

圣人知其然，故不责人之争而但论其曲直，曲则罪之，直则原之，故人竞为直而莫肯为曲。人皆不肯为曲则天下无争矣。[1]

这里赵银、崔述说得比"海瑞定理Ⅰ"更加具体、明了：从社会整体来看，争讼是难免的、正常的，孔圣人说的"无讼"，不是完全否定争讼，不是绝对反对争讼，而是说要通过公正司法，使不诚实的人不敢尽说假话，使理亏的人不敢强词夺理，要用大的道义使民心畏服，这样，"决今日讼，以止明日讼"[2]，争讼不待听而自无。

二、通过保护性司法实现公平正义

所谓保护性司法，主要是指倾向于特别保护特定主体（例如未成年人或弱势群体）以求实质公平正义的司法活动。海瑞说：

两造具备，五听三讯，狱情亦非难明也。然民伪日滋，厚貌深情，其变千状，昭明者十之六七，两可难决亦十而二三也。二三之难不能两舍，将若之何……窃谓凡讼之可疑者，与其屈兄，宁屈其弟；与其屈叔伯，宁屈其侄；与其屈贫民，宁屈富民；与其屈愚直，宁屈刁顽。事在争产业，与其屈小民，宁屈乡宦，以救弊也。（乡宦计夺小民田产债轴，假契侵界威逼，无所不为。为富不仁，比比有之。故曰救弊。）事在争言貌，与其屈乡宦，宁屈小民，以存体也。（乡宦小民有贵贱之别，故曰存

---

〔1〕　此处三段原文，见（清）崔述撰：《崔东壁遗书》，顾颉刚编订，上海古籍出版社 1983 年版，第 701 页、第 702 页、第 700 页。
〔2〕　参见范忠信等：《情理法与中国人》，北京大学出版社 2011 年版，第 222 页。

体。若乡宦擅作威福，打缚小民，又不可以存体论。)〔1〕

这里海瑞说到了三个方面的"两可难决"案件："讼之可疑者"、"争产业"与"争言貌"，其判决原则有两个方面：一是针对兄与弟、叔与侄、贫民与富者、愚直与刁顽之间名分的差别，海瑞认为应该袒护兄长、叔伯、愚直；二是针对小民与乡宦的差别，海瑞认为如果是争"产业"，应该袒护小民；如果是争"言貌"，应该袒护乡宦。根据苏力教授的解读，这里的"产业"相当于"经济资产"，这里的"言貌"（言辞礼貌）相当于人的社会地位、身份和尊严，以及"个体享有的诸多高度人格化的权益"。上述两方面内容都体现了"差别保护"原则或礼教"亲亲尊尊""均平扶弱"的原则。在此苏力教授引出了"海瑞定理II"：

> 根据定义，穷人和小民占有的经济资产必定更少；而根据经验，在中国传统社会，兄长、叔伯、愚直和乡宦占有的文化资产更多。据此，我们可以暂且抽象出下面两条基本原则："在经济资产的两可案件中，无法明晰的产权应配置给经济资产缺乏的人；以及文化资产的两可案件中，无法明晰的产权应配置给文化资产丰裕的人。"这是一个差别保护原则。

"海瑞定理II"包括了经济资产上的弱势保护原则（定理IIA）和文化资产上的优势保护原则（定理IIB）。〔2〕

"海瑞定理"与能动司法有什么关系？"海瑞定理"在两个方面体现了能动司法的要义：第一，能动司法虽然不能完全阻止争讼，但可以"以讼止讼"；第二，通过"论其曲直"和"差别保护"司法，能动司法可在一定程度上实现"中正"和"和睦"的实质正义。

综合上面的考察和论述，传统中国能动司法逻辑与机制的内容可以概括总结为：以"反经而善"为哲学机理，以"中正""和睦"为实质正义的主

---

〔1〕《海瑞集》卷二《条例》"兴革条例·刑属"。

〔2〕苏力教授对"海瑞定理"的表达模式显然受到西方亚里士多德将特殊正义（个别正义）表述为"分配正义和矫正正义"、赫伯特·哈特（1907—1992）将法律规则表述为"设定义务的规则（第一性规则）和授予权力的规则（第二性规则）"、约翰·罗尔斯（1921—2002）将社会正义原则表述为"平等的自由（第一原则）和机会公平与（结果）差别相结合（第二原则）"等表达模式的影响。

要标准，以"定分止争"为基本路径和方法，以不违天理和不徇私情为边界。司法过程中的"定分"与司法结果追求的"和睦"（实质正义）这两者之间的基本关系是："定分"并不总是导致"和睦"，如果两者在个案中发生冲突，能动司法将模糊或牺牲某些"名分"（个人权利）从而保障当时条件下"和睦"所体现的更大的整体权利。传统中国的能动司法以情、理、法的博弈与相融为基本方式，围绕着"情理""教化""息讼"三个关键词而展开，其中情理是规则，教化是手段，息讼是目的。这种能动司法是一种"情理——教化——息讼"型的能动司法，其特质与传统中国"情理法运行模式"[1]的特征相一致。

---

〔1〕　参见霍存福："中国传统法文化的文化性状与文化追寻——情理法的发生、发展及其命运"，载《法制与社会发展》2001年第3期。

第十章

对传统能动司法的传承与借鉴

传统中国的能动司法，源远流长，化身千万。梁治平教授指出："19世纪中叶以降，中国面临西方文明的挑战，变法图强，势在必行，于是有清末的法律变革，至此，中国古代法数千年的传统竟成绝响，'传统'与'现代'的分界由此而产生。不过，对于现代中国人来说，过去的传统并不只是以往的记忆，它还是今人的生存背景。而它对于今人的意义，最终取决于他们自己的判断、取舍和努力。"[1]传统中国能动司法作为一种制度整体虽然已成为"绝响"，特别是"重案"能动司法随着近代刑事法制改革和"罪刑法定"原则的确立而消失，但其中的很多做法及精神绵延未绝、历久弥香，尤其是其中的"细事"能动司法更在近代民事司法变革中凤凰涅槃、蝶化新生。直到今天，国内的主流观点仍然认为能动司法是当代中国司法的"基本取向"和"必然选择"。[2]2009年，在应对国际金融危机的大背景下，最高人民法院明确提出了"能动司法"的理念。2009年8月，时任最高人民法院院长王胜俊在江苏调研时提出：能动司法是新形势下人民法院服务经济社会发展大局的必然选择，各级法院要充分发挥能动司法的积极作用。他提出：一要调整理念，增强能动司法的自觉性；二要调查研究，增强能动司法的前瞻性；三要健全机制，增强能动司法的有序性；四要有效服务，增强能动司法的针对性；

---

〔1〕 梁治平：《法意与人情》，中国法制出版社2004年版，第12~13页。

〔2〕 参见贺小荣："能动司法是人民法院服务大局的必然选择"，载《人民法院报》2009年9月1日，第1版；公丕祥："能动司法：当代中国司法的基本取向"（上），载《光明日报》2010年6月24日，第9版；王兵："能动司法：当代中国司法的必然选择"，载《人民司法》2010年第11期。需要指出的是，这类观点中似乎含有当代中国司法"必须能动""必须全面能动"的意思，这种将能动司法无条件绝对化的观点，肯定是有问题的。

五要提高能力，增强能动司法的规范性。[1]遗憾的是，王院长在这里并没有提出当代能动司法是否应该传承传统中国能动司法优良资源的问题。

孟子说，"观水有术，必观其澜"[2]。从历史发展大势来看，近代的"马锡五审判方式"、当代的人民法院委托调解制度，以及其他许多有关能动司法的规律性认识和做法，实际上都是与传统能动司法一脉相承的。我们研究传统中国的能动司法，主要目的就在于探寻可为现实能动司法所借鉴和利用的传统资源。

第一节 传统中国能动司法并非"不良的""落后的" 司法

为了有效传承和借鉴传统资源，首先要澄清一种认识，这就是认为中国传统司法（包括能动司法）因为有重和谐轻权利、重教化轻审决、重情理轻国法、行政兼理司法等特征因素，所以是"落后的""不良的"司法。例如，有些学者认为传统中国的能动司法是"原始"的、"落后"的[3]，认为"中国有两千年专制历史，历史上没有良好的司法，包括民国期间做的努力，最后在大陆没留下多少真正可资利用的资源和基础"[4]。这类判断几成一种思潮，但实际上它们不准确，有略加辨识的必要。

一、南橘北枳，水土异也

梁治平教授说：

现代人论及中国古代法，或以为中国历来不重法律，中国社会乃是礼治的社会；或以为古人判案并不严格依据法律条文，而以抽象含混的情理代之。诸如此类的议论，虽然不是全无根据，都于历史的真实有着相当距离。中国古代法的真精神，应当由中国文化的设计与格局去认识，

---

〔1〕 参见贺小荣："能动司法是人民法院服务大局的必然选择"，载《人民法院报》2009 年 9 月 1 日，第 1 版。

〔2〕《孟子·尽心上》。

〔3〕 参见赵钢："'能动司法'之正确理解与科学践行——以民事司法为视角的解析"，载《法学评论》2011 年第 2 期。

〔4〕 贺卫方："改革本身就是改变国情"，载《华商报》2012 年 5 月 19 日。

依其本身的经验去阐述。[1]

梁教授的这些话，在我看来实际上也是在提醒我们，对待传统能动司法，甚至整个传统，在总体上必须根据本土的"南橘北枳"原理，以及外来的"社会存在决定社会意识、经济基础决定上层建筑"等原理，进行理性的价值判断和客观清醒的认识。

《晏子春秋》中说："橘生淮南则为橘，生于淮北则为枳，叶徒相似，其实味不同。所以然者何？水土异也。"[2]这是说果树赖以生长的自然生态发生变化，果实的味道也必然发生变化，有什么样的水土，就有什么味道的果实。能动司法模式的古今差异也类似此种情形。

在某种意义上，传统中国的能动司法作为一种制度整体，是特定社会生态中"长出来"的特定司法模式，这种"社会生态"就是农耕文明、宗法社会、熟人社会、"以法治国"的帝制社会、法律关系相对单纯的"人情"社会。近代的西方或今天的中国则是（或正在变成）另一种"社会生态"：工商文明、公民社会、生人社会、追求"依法治国"的民主社会、法律关系相对复杂的法治社会。古今中国的社会进化阶段不同，社会生态不同，各有其制度话语体系。在这种情况之下，古今差异不是简单的"落后"与"先进"之别，不能武断地说传统的东西因为不能直接适用于今天就是落后的。[3]著名学者、中央电视台"百家讲坛"栏目主讲人姜鹏教授在评说柏杨白话版《资治通鉴》时说："柏杨一上来就批评司马光缺乏民主思想，这是一件很莫名其妙的事情。司马光生活在一千多年以前，有自己的社会生活环境，那个时代的人没有现代西方意义上的民主思想，有什么可奇怪、可批评的呢？如果司马光有民主思想，岂非一件很吓人的事？"[4]王亚新教授指出："上述特点（指行政兼理司法、'教谕式'审理等）与西欧法与审判的传统恰成对照，但这决不意味着中国传统的落后性。传统中国的法与审判可以说是人们从另一个方向上设想和构筑秩序并将其发展到极为成熟精致高度的产物，是另一种同样

---

〔1〕 梁治平：《法意与人情》，中国法制出版社 2004 年版，第 9 页。

〔2〕 《晏子春秋·杂下之十》。

〔3〕 参见陈会林：《国家与民间解纷联接机制研究》，中国政法大学出版社 2016 年版，第 211 页。

〔4〕 "解放读书——姜鹏访谈"，载 http://www.pdf001.com/wenshi/_lishi/389.html，最后访问日期：2018 年 8 月 15 日。

具有自身内在价值的人类文明的体现。"〔1〕

不同时期的国家制度，因为历史条件的不同而必然有所不同。黑格尔（1770—1831）说：

> 国家制度纵然随着时代而产生，却不能视为一种制造的东西……从这一观点出发，我们就不会提出这种无意义的问题：君主制与民主制相比，哪一种形式好些？我们只应该这样说，一切国家制度的形式，如其不能在自身中容忍自由主观性的原则，也不知道去适应成长着的理性，都是片面的。〔2〕

这段话的意思是说：国家制度（包括司法制度）虽然在每个时代都有所不同，但它不是被选择或被建构的东西。"君主制和民主制哪个更好"是一个没有意义或非常无聊的问题，因为一切国家制度，只要是不能为国家的"现实性"所"容忍"、不能与国家"成长着的理性"相适应（也就是不能与国家的经济形式、社会生态、文化传统、民族精神等一致），都不是好的制度。每个民族或国家都有它"自在自为"的制度。

中国法制正在进行现代化的全面转型，我们不能简单地用现代标准来判断传统法制。对此，李贵连教授和李启成教授指出：

> （中国）自近代以来整个法律体系以西方法为导向的全面转型，导致我们今天在理解传统中国的法观念方面存在很大的困难……不能将现代法学的基本概念体系和思想观念直接用于历史上的法律思想和事件，而应在了解当时社会状况的基础上作"同情的理解"。那些在中国传统社会发生的法律现象，我们不可以今人的观念来简单看待，尽管从地缘文化而言，我们与古人同在一种文化之内，但实际上，由于近代遭逢西学东渐的"数千年未有之大变局"，发生了多次思想断裂，因此需要"同情的理解"。〔3〕

---

〔1〕　参见王亚新："关于滋贺秀三教授论文的解说"，载［日］滋贺秀三等：《明清时期的民事审判与民间契约》，王亚新等编译，法律出版社1998年版，第98~99页。

〔2〕　［德］黑格尔：《法哲学原理》，范扬、张企泰译，商务印书馆2011年版，第330页。

〔3〕　李贵连、李启成：《中国法律思想史》，北京大学出版社2010年版，第1页、第9页。

我们的研究，只要在总体上坚持"南橘北枳"和"社会存在决定社会意识、经济基础决定上层建筑"等价值判断标准，就可以得出结论："越是研究中国古代史，越是能理解当下中国，越是能得出今天必须要搞民主法治的结论。这并非是要为古代中国的某些劣根性进行辩护，而是因为什么样的社会土壤就会长出什么样的制度。"[1]

二、应该对固有传统心存"温情与敬意"

我们对本国历史，包括传统中国的能动司法，应作"同情式"理解。对此钱穆先生说："（我们）对其本国已往历史有一种温情与敬意，至少不会对其本国已往历史抱一种偏激的虚无主义，亦至少不会感到现在我们是站在已往历史最高之顶点，而将我们当身种种罪恶与弱点，一切诿卸于古人……（唯此）其国家乃再有向前发展之希望。"[2]

对传统表达"温情与敬意"的最高境界，是传承和借鉴其中的优良资源或普世因素。传统中国能动司法中很多优良因素是可以传承借鉴的，也是应该传承借鉴的。一方面，中国社会的转型还在进行中，传承的社会基础仍然存在。近代以来，随着国家"有规划的变迁"的推进，乡土社会内生力量的推动和外生力量的催化，传统中国社会也在变迁[3]，但农村的城镇化、乡镇的工商化并未完成，"关系""人情"等仍是我国基层社会的重要纽带，"乡土社会"仍是我们分析当代司法问题的重要背景。[4]另一方面，人类每个历史时段的司法实践，都要以现有历史条件为基础，因此应该借鉴历史经验。恩格斯说："和那种以天真的革命精神笼统地抛弃以往的全部历史的做法相反，现代唯物主义把历史看作人类的发展过程，而它的任务就在于发现这个过程的运动规律。"[5]克罗齐讲："一切真历史都是当代史。"[6]当代中国司

---

〔1〕 参见陈会林：《传统社会的纠纷预防机制》"自序"，中国社会科学出版社2014年版。

〔2〕 钱穆：《国史大纲（修订本）》（上册），商务印书馆1991年版，第1页。

〔3〕 参见洪建设、曾盛聪："制度下乡：建构'新乡土中国'路径依赖"，载《社会科学辑刊》2005年第2期。

〔4〕 梁治平："乡土社会中的法律与秩序"，载王铭铭、王斯福：《乡土社会的秩序、公正与权威》，中国政法大学出版社1997年版。

〔5〕 《马克思恩格斯选集》（第3卷），人民出版社1972年版，第61页。

〔6〕 [意] 贝奈戴托·克罗齐：《历史学的理论和实际》，傅任敢译，商务印书馆2005年版，第2页。

法是历史的产物，也是历史的一部分，今天的能动司法应该吸收传统能动司法中的有利因子，应该根植于固有社会的能动司法传统。

老一辈法学家汪振荭教授曾形象地比喻说：古代中国的断案智慧，"纵使在广泛运用现代科学技术破案的今天，也还有其不容忽视的借鉴价值。这正如医学已昌明到大量使用仪器的阶段，却并不足以抛弃我国古老的针灸、气功；武器已发展到中子、激光的时代，也不得偏废我国传统的防身武术"[1]那些更懂得司法应该在法官判断与正式法律之间维持平衡的美国律师和法学家，对于传统中国能动司法的一些做法也表达了肯定的态度。例如，弗兰克（J. N. Frank，1889—1959）赞赏传统中国"法律的判决最终是人的判决，判决更多的是受法官个人偏见而不是正式法律的影响"，称颂传统中国人更喜好非正式的调停而不是正式的法律判决。[2]庞德（Roscoe Pound，1870—1964）认为传统中国人在作出判决时采用的灵活而基于道德的方法是可取的。[3]他说：

> 中国在寻求"现代的"法律制度时不必放弃自己的遗产……处在现代化过程中的国家必须在以下两个方面保持平衡：一方面是全盘接受新法律以适应形势，另一方面是维持过时了的法律传统。中国具有被接受为伦理习俗的传统的道德哲学体系，这种哲学体系可能被转化为一种据以调整关系和影响行为的公认的理想，这一点可能是一个有利因素。[4]

第二节　"马锡五审判方式"的能动司法属性

时任最高人民法院院长王胜俊指出："能动司法是对人民司法优良传统的继承和发展，是人民法院人民性的具体体现。中国共产党早在苏区时期就形

---

〔1〕　汪振荭：《不用刑审判书故事选》"前言"，群众出版社1987年版。

〔2〕　参见［美］高道蕴等编：《美国学者论中国法律传统》（增订本），清华大学出版社2004年版，第11页。

〔3〕　Roscoe Pounds，"Comparative Law and History as Bases for Chinese Law"，*Harvard Law Review*，1948，pp. 749–762.

〔4〕　转引自［美］高道蕴等编：《美国学者论中国法律传统》"导言"，清华大学出版社2004年版，第11~12页。

成了包括就地审判、巡回审判在内的体现能动司法理念的司法制度；陕甘宁边区时期‘就地审判，不拘形式，深入调查研究，联系群众，解决问题’的‘马锡五审判方式’，也是因应当时特殊时期、特殊背景以及人民司法制度的基本要求而能动司法的具体实践。"[1]"马锡五审判方式"是抗日战争时期，陕甘宁边区陇东分区专员兼高等法院陇东分庭庭长马锡五在司法工作中开创的依靠群众、深入调查、就地解决、不拘形式（审判与调解相结合，调解为主）、实事求是的巡回审判方式。"马锡五审判方式"可能是中国法制史上唯一以人名冠名的审判方式。从客观上说，马锡五审判方式是近代传承传统能动司法的一个典型例证。[2]公丕祥教授指出："以马锡五同志为代表的陕甘宁边区司法工作者创造出的‘马锡五审判方式’，充分体现了人民司法的能动性品格。"[3]

一、马锡五审判方式产生的背景

马锡五[4]审判方式的产生有特定的司法背景，具体主要有以下三个方面。

（1）当时的陕甘宁边区司法实践中普遍存在刑讯逼供的现象，社会影响非常恶劣，严重影响边区政权的稳定巩固。时任陕甘宁边区陇东分区专员兼高等法院陇东分庭庭长的马锡五，强调提取证据中坚持实事求是的重要性，要求司法人员实地调查搜集证据，尊重人民群众的基本权利。马锡五在审理案件时，采取解释说服的探问方式，禁止使用刑讯。如果审讯没有得到具体的口供，则搜集各种切实的证明材料。对于既无口供，也无其他证据，同时

---

〔1〕 沈德咏主编：《全国法院践行能动司法理念优秀案例选编》"序"，人民法院出版社2013年版。

〔2〕 参见任尔昕、宋鹏："能动司法视角下马锡五审判方式的再审视"，载《甘肃政法学院学报》2011年第3期。

〔3〕 公丕祥："能动司法：当代中国司法的基本取向"（上），载《光明日报》2010年6月24日，第9版。

〔4〕 马锡五（1899—1962）是陕西省保安县（现志丹县）人，1930年参加革命，历任陕甘宁边区苏维埃政府粮食部长、陕甘宁省苏维埃政府国民经济部长、陕甘宁省苏维埃政府主席、中共陕甘宁省委常委。抗日战争时期先后担任陕甘宁边区庆环分区、陇东分区专员，1943年兼任陕甘宁边区高等法院陇东分庭庭长。1946年任陕甘宁边区高等法院院长。中华人民共和国成立后，1949年12月被任命为最高人民法院西北分院院长，1952年8月兼任西北军政委员会政治法律委员会副主任，1954年9月被任命为最高人民法院副院长。1962年4月10日病逝于北京。马锡五为人清廉、正直，有极高的人格亲和力，被称为"马青天"。

也不能够提出充分的犯罪理由的，无论什么性质的案件，都不能凭空定案。边区政府总结和推广马锡五审判方式，各级司法机关努力做到客观、正确收集运用证据，努力杜绝冤假错案，提高办案质量。

（2）当时边区法律往往与民间习惯发生冲突。例如陕甘宁边区法律保护男女婚姻自由，但是边区"买卖婚姻"现象由来已久，屡禁不止。如果严格按照边区法律判决离婚案件，很多老百姓都保不住老婆，群众对此意见极大。对此，马锡五主张按照边区的社会实际情况，具体案件具体分析。在离婚案件的审理中，对有些离婚案件中的"自由离婚"行为进行一定程度的限制，尤其是对抗日军人的离婚案件进行严格限制，但主要方面以不违反边区政府颁行的婚姻法为原则。在马锡五的影响下，边区高等法院组织各县审判人员，对本地区的民间风俗习惯进行细致的调查整理。在对良莠习惯进行分析区别的基础上，法院在审理民事案件中适用一些民间习惯，促进了司法工作人员对于边区人民生活的理解和民间生活习惯的认识。

（3）对于案件处理形式的选择问题，原先司法机关只审判不注重调解，即使调解，原则也不明确，程序也不完备。马锡五主张审判与调解相结合，根据不同对象，具体地进行细致的思想工作，针对当事人的特点，晓以法理人情，说明利害关系，努力做到既合乎法律原则又合乎人情理念。边区政府总结出马锡五审判方式具有审判和调解相结合的特点后，制定政策并确立完善了调解的原则，大力推行调解工作。对于普通民事案件和轻微刑事案件，通过调解解决，严重的刑事案件通过审判解决，最大程度地提高司法效率，化解边区社会的纠纷。

二、马锡五审判方式的内容及其能动司法因素

1944 年《陕甘宁边区政府一年工作总结报告》中最早提出"马锡五审判方式"。同年 3 月 13 日延安的《解放日报》专门以"马锡五同志的审判方式"为题发表评论，介绍典型案例，高度赞扬这种审判方式，并对马锡五审判方式的特点进行了概括。[1] 当时陕甘宁边区各县广泛推行马锡五审判方式。

马锡五审判方式是对马锡五从事司法裁判工作的特点的概括和总结，其包括深入人民群众、就地审讯、重视调解解决纠纷、巡回审判、公开审判、

---

〔1〕　参见张卫平："回归'马锡五'的思考"，载《现代法学》2009 年第 5 期。

人民陪审制度等多方面内容。最早对马锡五审判方式进行系统研究总结的张希坡先生将马锡五审判方式的特点总结归纳为：第一，一切从实际出发，实事求是，客观、全面、深入地进行调查，反对主观主义的审判作风；第二，认真贯彻群众路线，依靠群众，实行审判与调解相结合，司法干部与人民群众共同断案；第三，坚持原则，忠于职守，严格依法办事，廉洁奉公，以身作则，对下级干部进行言传身教；第四，实行简便利民的诉讼手续。[1]

马锡五审判方式有很多能动司法因素，总体上具有能动司法的属性。公丕祥教授指出："以马锡五同志为代表的陕甘宁边区司法工作者创造出的'马锡五审判方式'，充分体现了人民司法的能动性品格：深入农村、深入基层调查案情，弄清纠纷事实真相；依靠群众，尊重群众，教育群众，向当事人说理讲法，消除对立情绪；实行审判与调解相结合，司法机关与群众共同处理案件，使群众意见与法律规定在判决中有机融为一体，彻底解决纠纷；实行简便利民的诉讼手续，巡回审判，就地办理，等等。"[2]

在法理上，能动司法是司法机关在特殊案件审理过程中，在法治前提下，积极作为、变通规则、调整程序、扩张功能，最大限度地实现公平正义的司法理念和司法模式。在马锡五审判方式中，不重形式，重踏踏实实为群众解决问题，司法利民、司法便民，从当事人的角度考虑问题，减轻当事人的诉讼成本等，体现了积极作为、扩张功能；简化起诉程序和方式（例如口头起诉、直接受理），就地审理，着重调解，巡回审判，采用便利当事人的审理方式等，体现了调整程序；注重民间习俗，强调实地调查，注意听取群众意见等，体现了变通规则；司法为民、实事求是的司法理念是其公平正义观的体现。

三、马锡五审判方式在能动司法语境下的回归和实践

新中国成立之后，尤其是改革开放以后，马锡五审判方式在很长一段时期淡出中国司法实践的舞台。大约是 2005 年，在建设和谐社会[3]、推行能

---

〔1〕 张希坡：《马锡五审判方式》，法律出版社 1983 年版，第 55 页。

〔2〕 公丕祥："能动司法：当代中国司法的基本取向"（上），载《光明日报》2010 年 6 月 24 日，第 9 版。

〔3〕 2004 年 9 月，中共十六届四中全会通过的《中共中央关于加强党的执政能力建设》中首次提出"构建社会主义和谐社会"理念，将"构建社会主义和谐社会"列为全面提高党的执政能力的五大能力之一。2006 年 10 月中共十六届六中全会通过了《关于构建社会主义和谐社会若干重大问题的决定》。

动司法的大背景下，中国主流话语开始重提马锡五审判方式，将学习和推进马锡五审判方式作为推动法院司法审判改革的一项举措。2009 年最高人民法院在提交全国人民代表大会的工作报告中明确提出：司法便民工作，必须"继承和发扬'马锡五审判方式'，深入基层，巡回审判，就地办案，方便群众诉讼，减轻群众负担"。为中国法学界和司法界所熟知的马锡五审判方式，在经历了 20 多年的沉寂后又被重新提起，并作为能动司法大背景下一种重要的审判方式而备受推崇。

当代中国语境下的能动司法，主要是指法官不应仅仅消极被动地坐堂办案，不顾后果地刻板地适用法律，而是在尚处于形成进程中的中国司法制度限制内，可以并应当充分发挥个人积极性和智慧，通过审判以及司法主导的各种替代纠纷解决方法，有效解决社会中各种复杂的纠纷，努力做到"案结事了"，实现司法的法律效果和社会效果的统一。[1]本身具有能动司法属性的马锡五审判方式，与这种能动司法自然是非常契合的。数年间，一场以积极推进马锡五审判方式为主要内容的审判制度改革在全国各级法院展开，其主要内容有：强调司法为民理念；简化起诉的程序和方式；创新审判方式，注重调解结案，扩大巡回审判适用范围；法官要注意主导诉讼，提高诉讼效率，发挥在调查取证环节和事实认定环节中的主动性；重视群众对于案件解决的意见，推动多元化纠纷解决机制，妥善化解各种纠纷，实现社会和谐稳定。

能动司法下在马锡五审判方式的推进中也遇到一些问题需要克服。例如，法院实际工作中面临着"调撤率"的压力；马锡五审判方式对我国现代诉讼证据制度形成冲击；马锡五审判方式下基层法官工作压力过大；法院政治权力与专业职能之间形成尴尬；部分当事人在诉讼调解中的"流氓心理"得以滋长；实质正义究竟是源于理性判断还是"和稀泥"；等等。[2]

第三节　人民法院委托调解是对"官批民调"的传承

当代中国社会转型时期的能动司法中，在事实上已经或正在传承传统能

---

〔1〕　参见苏力："关于能动司法与大调解"，载《中国法学》2010 年第 1 期。

〔2〕　任尔昕、宋鹏："能动司法视角下马锡五审判方式的再审视"，载《甘肃政法学院学报》2011年第 3 期。

动司法的内容很多，例如人民法院对社会调解协议的司法确认、人民法院立案后委托社会组织调解等制度，都是过去"官批民调"的现代版本，对此我们曾有专门研究。[1]其中人民法院立案后委托社会组织调解的做法是最为典型的现代"官批民调"，下面再予扼要论述。

一、人民法院委托调解制度

人民法院委托调解制度，是指人民法院在受理案件之后、作出裁判之前，经当事人同意，将案件委托给有利于案件解决的组织或个人进行调解，对调解达成的协议依法予以确认，调解达不成协议则继续予以审判的司法制度。稍微展开一下解读，这种司法制度的主要内容是：民事案件进入诉讼程序后，在案件审理中，对于部分有可能通过调解解决的，在征得当事人同意后，法院出具委托调解书，委托民调组织进行调解。经调解，双方当事人达成协议的，由民调组织制作调解协议书，人民法庭进行司法确认；如果双方达不成协议，则由法院依法审判。

人民法院委托调解属于诉讼中调解或诉讼内调解，最高人民法院有很多文件对此予以专门规定。兹择要列述如下：

2004年最高人民法院《关于人民法院民事调解工作若干问题的规定》第3条规定，经各方当事人同意，人民法院可以委托与当事人有特定关系或者与案件有一定联系的企业事业单位、社会团体或者其他组织，和具有专门知识、特定社会经验、与当事人有特定关系并有利于促成调解的个人对案件进行调解，达成调解协议后，人民法院应当依法予以确认。

2009年最高人民法院《关于建立健全诉讼与非诉讼相衔接的矛盾纠纷解决机制的若干意见》第15条规定："经双方当事人同意，或者人民法院认为确有必要的，人民法院可以在立案后将民事案件委托行政机关、人民调解组织、商事调解组织、行业调解组织或者其他具有调解职能的组织协助进行调解。当事人可以协商选定有关机关或者组织，也可商请人民法院确定。调解结束后，有关机关或者组织应当将调解结果告知人民法院。达成调解协议的，

---

[1] 参见陈会林：《国家与民间解纷联接机制研究》，中国政法大学出版社2016年版，第151~165页；陈会林："从'官批民调'到法院委托调解：中国的能动司法传统"，载《行政与法》2013年第11期；陈会林："'三调联动'矛盾纠纷化解机制的传统渊源"，载《湖北警官学院学报》2017年第6期。

当事人可以申请撤诉、申请司法确认，或者由人民法院经过审查后制作调解书。调解不成的，人民法院应当及时审判。"

2010 年最高人民法院《关于进一步贯彻"调解优先、调判结合"工作原则的若干意见》中强调："在案件受理后、裁判作出前，经当事人同意，可以委托有利于案件调解解决的人民调解、行政调解、行业调解等有关组织或者人大代表、政协委员等主持调解，或者邀请有关单位或者技术专家、律师等协助人民法院进行调解。调解人可以由当事人共同选定，也可以经双方当事人同意，由人民法院指定。"

2016 年最高人民法院《关于人民法院进一步深化多元化纠纷解决机制改革的意见》规定："登记立案后或者在审理过程中，人民法院认为适宜调解的案件，经当事人同意，可以委托给特邀调解组织、特邀调解员或者由人民法院专职调解员进行调解。委托调解达成协议的，经法官审查后依法出具调解书。"

二、人民法院委托调解是"官批民调"的现代版本

人民法院委托调解制度可以说是传统中国"官批民调"的现代版本。两者作为能动司法的表现形式，其"能动"的基本内容几乎完全一致：（1）司法的理念或宗旨都从专门的法权保护转向兼顾疏减讼压、促进社会和谐稳定；（2）调处主体都发生了从官方到民间的移转。人民法院委托调解重视对调解组织和个人的精心选择，其中个人的甄选主要限于人大代表、政协委员；（3）审理方式都被社会调解所替代；（4）适用规则都发生了变通，民间情理习俗可以适用；（5）裁判表达方式都发生了变化，人民法院委托调解中的"司法确认书"取代了"判决书"。

人民法院委托调解和"官批民调"也有不同的地方，例如，人民法院委托调解重视当事人的权益保护，而"官批民调"首重息事宁人；人民法院委托调解的启动是基于原、被告双方当事人的自愿，而"官批民调"带有州县官的强制性；人民法院委托调解中的法官并不参与调解，而"官批民调"中的州县官在大多数情况下是具体调处的主导者。但两者在根本方面是一致的，例如，它们都是官方与民间互信、互动与合作的司法模式；两种司法模式中的调解权都不能对抗诉权，当事人对调解达不成协议的，审判机关应该继续予以审理；两者都是司法能动的体现，而且都属于"程序能动"模式。正是

在上述意义上，我们才认为，人民法院委托调解与"官批民调"一脉相承，它在事实上是对"官批民调"的现代传承。[1]

第四节　传统能动司法带给今天的启示与警示

一、传统能动司法带给今天的启示

传统中国的能动司法有数千年的经验积累和智慧积淀，蕴含着许多能动司法的普适因素或规律性的认识，这些东西可以为今天的司法制度提供制度资源与精神营养，也可以为当代中国能动司法的发展和完善提供诸多有益启示。这里的"启示"大致有以下几个方面：[2]

（1）能动司法是严格司法不足以实现公平正义情况下的一种主动"纠错"或"补救"机制，体现法律运行的内在规律。能动司法不是司法应对社会转型时期矛盾纠纷多发的"一时之需"，而是司法工作科学发展的"长久之计"，是履行司法使命、破解司法难题、提升司法公信力的"必然要求"，是法院必须长期坚持的基本司法理念。

（2）成文法体制和单一制国家的民事司法，更具有"能动"的必然性。

（3）能动司法不是任意司法，法治和正义是能动司法的边界。能动司法体现的是司法运行方式的适度主动和适度被干预，能动司法并不否认司法的被动性、中立性特征；能动司法必须在依法司法的前提下进行，必须遵循法律规定的法律原则、法律精神；当代中国的能动司法不能简单以英美法系"法官造法"的方式进行；能动司法坚持法律适用的原则性与灵活性的结合，坚持个案公正与普遍公正的有机统一，坚持依法审理与案结事了的有机统一；能动司法必须把握形式正义与实质正义的辩证统一关系，最大限度地实现形式正义与实质正义的统一或实现实质正义的优先性；法院不能牺牲司法公正来满足少数人的利益，不能因积极主动提供司法服务而损害公正司法的形象。

---

〔1〕　有关古代"官批民调"与现代"委托调解"关系的论述，参见田平安、王阁："论清代官批民调及其对现行委托调解的启示"，载《现代法学》2012年第4期。

〔2〕　参见康建胜、卫霞："传统司法中的'能动'主义及其价值——以情理法为视角"，载《甘肃社会科学》2012年第2期。高其才："乡土社会、伦理传统、法治实践与能动司法"，载《哈尔滨工业大学学报（社会科学版）》2012年第3期。公丕祥："能动司法：当代中国司法的基本取向"（上、下），载《光明日报》2010年6月24日，第9版，2010年7月1日，第9版。

（4）司法能动的方式是多元的。诸如，在适用规则上排斥简单的法条主义，寻求以情理为支柱的法律条文中所蕴含的基本价值；在审理方式上坚持调解优先原则；在司法职能上坚持司法为民，延伸司法职能，等等。

（5）能动司法可以承载司法的社会责任，而不是仅满足于就案办案。能动司法应当尽一切可能，积极主动地回应司法的社会需求，应当注重解决影响社会和谐稳定的源头性、根本性、基础性问题，应当促进司法的公正廉洁。

（6）能动司法应坚持走专业化与大众化相结合的道路。法院应该通过审判、执行工作，实现好、维护好、发展好人民群众的切身利益，真正实现"案结事了"；法官应该注重与纠纷当事人、纠纷相关人和社会的交互讨论，用简便灵活的方式亲近民众、方便民众，与当事人互信，增强民众对于司法裁判的可接受性。

（7）能动司法应该注意各方利益的平衡。

（8）能动司法本身可以成为普法的重要途径或方式。

（9）民间权威和社会自治组织的发达是能动司法得以有效实行的前提或基础。

（10）能动司法需要司法官具有较高的道德修养和知识素质。能动司法中的法官，不仅要通晓人情和法律，而且要有现代民主意义上的"父母官"意识、"青天"意识，否则极易导致主观擅断，乃至徇私枉法。

二、传统能动司法予以我们的警示

胡旭晟教授说："若要将传统的经权之道转化为合乎现代法治要求的自由裁量，则必须满足两个前提条件：一是司法者们具有坚定的法治信念，二是'权'之运用有严密的程序规制。"[1]传统能动司法给予当代司法的警示也主要在这两个方面，此即：从技术层面看，能动司法不是任意司法；从精神层面看，能动司法的理念必须随着社会的转型而转变。

（一）能动司法不是任意司法

爱因斯坦说："科学是一种强有力的工具。怎样用它，究竟是给人类带来幸福还是带来灾难，全取决于人自己，而不取决于工具。刀子在人类生活中

---

〔1〕　胡旭晟主编：《狱与讼：中国传统诉讼文化研究》，中国人民大学出版社2012年版，第23页。

是有用的，但它也能用来杀人。"〔1〕科学（技术）的运用有两面性，能动司法更是如此。传统中国的能动司法，在有效化解纠纷、维护传统正义方面的积极作用固然是主要的，但也有"能动"太多、任意司法、措置失当等带来的教训。一方面，司法官的素质良莠不齐，所谓"府州县官员，才智有高下，存心有公私"〔2〕；另一方面，能动司法本身具有不稳定性和模糊性，就像清人周守赤所说的，"情伪百出，狱讼滋丰，辄出于律例之外，有司以无专条，援引比附，可彼可此，一有不当而出入生死之关，失之毫厘谬以千里矣"〔3〕；也像李交发教授所说的，"'情'在中国古代确乎是一个不定的变数，可谓'风情万种'，当它一与'法'结合时，诉讼便显千姿百态，宽也由'情'，严也由'情'，宽与严在'情'中犹似一块可以任人捏揉的小泥团，一时是人，一时又是鬼"〔4〕。

传统能动司法中的"任意"司法，可能主要表现在两个方面：一是在规则的适用方面剑走偏锋、顾此失彼；二是在司法目的和理念方面只重个体正义，忽视整体公正。关于第一个方面，下面我们看一个实例：

清代光绪二十一年（1895年），直隶省顺天府宝坻县有位寡妇控告其故夫之兄与她争地，而事实是她因向夫兄"借贷未允"而捏词诬告。知县不问皂白，依"兄应接济弟之孤寡"的伦理道义，判令被告"量力资助"，原告具结"永不滋扰"。但原告（弟媳）仍不满足，几个月后又抢割被告（夫兄）佃客地里的庄稼，兄无奈状告官。官府又断令他"义助"弟媳，弟媳再具结"永不滋扰"。该兄"念兄弟之情"，遵判再拿出一些家产供弟媳"用度"，并帮她置了几亩地。不料弟媳不久又自食其言，继续到兄长门上寻衅滋事。该兄万般无奈，自伤告官，但官府只是断令双方各具甘结，"互不滋扰"。〔5〕

此案中，对寡妇的诬告、抢割他人庄稼、"寻衅滋事"等行为应给予何种处罚，当时法律均有"正条"规定，例如关于"诬告"，《大清律例》第336条"诬告"规定："凡诬告人笞罪者，加所诬罪二等。流、徒、杖罪，加所诬

---

〔1〕 许良英等编译：《爱因斯坦文集》（第3卷），商务印书馆1976年版，第56页。

〔2〕 刘海年、杨一凡主编：《中国珍稀法律典籍集成》乙编（第5册），科学出版社1994年版，第518页。

〔3〕 周守赤《新辑刑案汇编》"顾森书序"。

〔4〕 李交发：《中国诉讼法史》，中国检察出版社2002年版，第267页。

〔5〕 本段引文均转引自曹培："清代州县民事诉讼初探"，载《中国法学》1984年第2期。

罪三等，各罪止杖一百、流三千里。"关于抢割他人庄稼，《大清律例》有第271条"盗田野谷麦"和第280条"公取窃取皆为盗"的规定。关于"寻衅滋事"，《大清律例》第273条"恐吓取财"规定，"凡恐吓取人财者，计赃，准窃盗论，加一等"；第294条"杀子孙及奴婢图赖人"规定，"若因图赖而诈取财物者，计赃，准窃盗论"。在兄妹争产案的审理中，"曲法通情"不是不可以，但此案中司法官在财产关系与伦理关系之间，走向一个极端，只考虑伦理关系，完全无视财产关系上的皂白是非、正当财产所有权应否保护，这样的能动司法显然有失公允。清代著名地方官樊增祥曾严厉批评这种过分轻视财产关系上的是非、过分迁就伦常关系的"能动"做法，他说："往往无理者薄责而厚赉，有理者受累而折财。问官之自命循良者，于被讹之家，（往往）劝令忍让，曰全骨肉也；于诬告之人，酌断（以）财产，曰恤贫寡也。"[1]这里的"全骨肉"主要是强调亲属间的血缘伦理名分的保护，"恤贫寡"主要是强调"扶弱济困"的伦理人情。过分践踏财产所有权以维护伦常或人情的做法（判决），只会奖励无情、无义、无赖之人，而制裁真正老实、勤俭、安分之人。这种批评是非常有见地的。[2]

关于传统中国能动司法中"任意"司法的第二个方面，古人常说成是"徇人情""徇私情"，也就是曲从私情。对此胡旭晟教授评论说：

> 司法的个别化和非逻辑化传统使得中国的司法官们习惯于就事论事，只从个案"公平"来思考和决断，只追求具体纠纷处理结果的"公正"，而忽略"形式理性的法"（韦伯语），忽略法律的内在逻辑联系和整体关系，忽略法律乃一种普遍化的原则和制度，从而也忽略总体上和制度上的法律公正之实现。[3]

这样，我们在弘扬和传承传统能动司法时，就必须要有扬弃态度，注意辨识其中的负面因素，区分精华与糟粕，去芜存菁，取精用宏。

能动司法不是任意司法，我们非常赞成公丕祥大法官提出的两个"不主张"：

---

〔1〕　（清）樊增祥：《樊山政书》，中华书局2007年版，第264页。

〔2〕　有关解释本案的内容，参见范忠信等：《情理法与中国人》，北京大学出版社2011年版，第258～259页。

〔3〕　胡旭晟主编：《狱与讼：中国传统诉讼文化研究》，中国人民大学出版社2012年版，第23页。

不主张人民法院和法官超越法定职责去受理案件，违背法律规定去裁判案件，把应当通过其他社会控制力量解决的纠纷纳入司法渠道，而是主张人民法院和法官在不与法律原则、法律规定冲突的前提下，通过正确行使自由裁量权、合理解释法律规则、灵活采取司法措施、司法资源的社会共享等方式……推动社会治理的健全和完善。

不主张人民法院和法官在司法活动中拥有绝对的支配权，甚至代替当事人履行举证责任，处分诉讼利益，而是主张人民法院和法官通过正确行使诉讼指导权和释明权，加强对诉讼过程的必要干预，合理平衡当事人的诉讼能力，促进诉讼活动的顺利进行。[1]

(二) 能动司法的理念必须随着社会的转型而转变

在改革开放进行了 20 多年之后，中国社会开始再一次发生转型（春秋战国时期也曾发生过），这种"转型"包括经济方面从计划经济转到市场经济的转型，执政方面从不重法治到追求法治的转型，社会形态方面从宗法社会、农业社会向公民社会、工商社会的转型等，总之是从传统社会向现代社会转型。[2]随着社会的转型，传承传统能动司法也必须有现代转换的质变过程，其中最重要的，是能动司法的宗旨和理念需要从过去的"和为贵"转向"维权兼维稳，通过维权实现维稳"。[3]

传统中国是农耕经济、宗法社会、熟人社会、非民主非法治社会，公平意识相对淡漠，维权意识不发达，奉行重让非争、息事宁人的人生哲学。如果说在这样的时代强调"和为贵"（和谐第一，维权第二）有其合理性和必要性的话，那么在工商文明、公民社会、生人社会、追求民主法治的今天，如果仍将"和为贵"（刚性维稳）作为制度性能动司法的具体目标与理念，则是有问题的，是同现代法治要求有冲突的。现代社会是强调权利和义务的

---

[1] 公丕祥："能动司法：当代中国司法的基本取向"（下），载《光明日报》2010 年 7 月 1 日，第 9 版。

[2] 参见陈会林：《国家与民间解纷联接机制研究》，中国政法大学出版社 2016 年版，第 7 页。

[3] 参见陈会林：《国家与民间解纷联接机制研究》，中国政法大学出版社 2016 年版，第 230~234 页。

法治社会，"维权是最好的维稳"，否则，能动司法不仅难以有效化解纠纷，而且可能扩大或恶化纠纷。事实上，传统司法应对"小事闹大"诉告的策略并非都是"大事化小"，目的也并非都是和谐"息讼"，维护和保障当事人权益也是司法官处理纠纷时的重要考虑因素。

结 语

本著研究的"初心"是希望传统中国的能动司法问题（包括是否有能动司法的问题）能在古今中外语境中获得通解。论述至此，我们有以下结语：

一、能动司法大量存在是传统中国"细事"司法的重要特征

传统中国的能动司法，是农耕、宗法、帝制语境下的古代中国司法官在处理案件时，突破"断罪引律令"之类要求的严格司法，积极作为、变通规则、调整程序、扩张功能，以最大限度实现"和睦"之正义的司法模式。从司法应对"小事闹大"诉告策略的能动方式来看，传统中国的能动司法主要有规则变通意义上的"曲法通情"、积极作为或功能扩张意义上的"代民作主"、程序调整意义上的"官批民调"三大类形式。这种能动司法的机理可以表述为"反经而善"，其基本的内在逻辑和实现路径是在认可或强调"名分"的基础上，通过"平情""教化""定分止争"，实现人际和睦和社会和谐。

在传统中国，因为小农经济、宗法纽带的社会生态，不完善而又浸润伦理精神的法律体系，地方行政与司法合一的治理体制，崇尚和谐、息事宁人的处世理念，使得能动司法大量存在，这成为"细事"司法（民事性司法）的重要特征。

二、传统中国的能动司法是特定社会生态中"长"出来的特定司法

马克思说，经济基础决定上层建筑，"法律应该以社会为基础……应该是社会共同的、由一定物质生活方式所产生的利益和需要的表现"[1]；美国第28任总统伍德罗·威尔逊（Woodrow Wilson，1856—1924）讲："凡法律非能通万国而使同一。各国皆有其固有法律，与其国民的性质同时发达，而反映

---

〔1〕《马克思恩格斯全集》（第6卷），人民出版社1961年版，第291~292页。

一国人民的生存状态于其中，并包孕人民政治的和社会的判断。"〔1〕传统中国的能动司法是特定社会生态中"长"出来的特定司法方式。德国法学家茨威格特（K. Zweigert）和克茨（H. Kotz）说："每个社会的法律实质上都面临着同样的问题，但是各种不同的法律制度以极不相同的方法解决这些问题。"〔2〕这里的"不同社会"既包括同一时期不同的国家或民族，也包括同一国家或民族的不同时期或历史阶段。能动司法的古今差异当属后一种情形。

正因为传统中国能动司法是历史的产物，所以总体上不能作"不良"和"落后"的价值判断。对待传统，不宜背离"社会存在决定社会意识、经济基础决定上层建筑"的基本价值判断标准。我们对待本土传统的能动司法乃至整个传统法制，应该心存"温情与敬意"，应该根据社会发展理性地分析判断其利弊，探寻其合理可借鉴之处，既不以"国粹"夸大其作用，也不以"不良"或"落后"否定其价值。

三、强调人伦、追求和睦是传统中国能动司法不同于西方能动司法的主要特征

传统中国不仅有能动司法，而且这种能动司法可能是独树一帜。法律的天生缺陷需要司法补救的规律，决定了中外法制都有能动司法，但传统中国能动司法不具有美国能动司法或司法能动主义的那种语境和前提（司法独立、公民法律意识、法官职业化等），传统中国社会的特殊生态因素——农耕文明、宗法社会、熟人社会、中央集权、君主专制等，决定了其能动司法有自己的特征。这种特征与西方的差异，主要表现在两个方面：第一，在精神或气质方面，帝制时期的中国与西方，都认同"人性是法纪之源"〔3〕，但相对而言，传统中国的能动司法更强调血缘人伦、尊卑亲疏等，而西方中世纪的能动司法则强调"上帝面前人人平等"的宗教观念和平等因素。也许正是在这个意义上，余英时先生才说："西方的现代是脱离宗教，中国的现代是脱离

---

〔1〕《国家论》（*The State*）第十四章"法律的性质和其发展"（Law, Its Nature and Development），第598~599页，转引自杨鸿烈：《中国法律发达史》，中国政法大学出版社2009年版，第1页。

〔2〕[德] K. 茨威格特、H. 克茨：《比较法总论》，潘汉典等译，法律出版社2003年版，第46~47页。

〔3〕参见 [法] 孟德斯鸠：《论法的精神》（下册），张雁深译，商务印书馆1995年版，第176页。

道德。"〔1〕第二，在追求实质正义方面，传统中国能动司法主要强调社会和谐、人际和睦，而西方能动司法强调个人权利维度的公正性与合理性。这种情形大概就是梁启超所说的："欧洲国家，积市而成。中国国家，积乡而成。此彼我政治出发点之所由歧，亦彼我不能相学之一大原因也。"〔2〕

四、当下中国的能动司法并非完全是创新

"能动司法是当代中国司法的基本取向"〔3〕，"能动司法是当代中国司法的必然选择"〔4〕，"能动司法是人民法院服务大局的必然选择"〔5〕，这类宣示性表达是国内在社会新转型时期认知能动司法的主流观点。关于"能动司法"的认识，当代国内主流话语中类似上述观点的各种评说，有些是有问题的。例如：（1）当代中国司法"必须能动""必须全面能动"的认识是将能动司法无条件绝对化。（2）"能动司法"源自西方的说法是不准确的。准确的说法应该是"能动司法"一词或类似的固有表达源自西方（具体是美国），能动司法的做法，实际上古今中外都是存在的。（3）那种认为中国没有"能动司法"的看法是偏见和武断。有学者认为"外国司法能动主义的讨论在很大程度上与中国的司法实践没有多大关系"〔6〕；认为"从我国的文化遗产中是找不到'能动司法'的元素的"，传统中国的司法中根本就没有"能动司法"〔7〕。（4）认为当代中国的能动司法完全是"创新"的观点也是有问题的。主流观点大都认为能动司法"是人民法院司法理念的一次重大创新"〔8〕；认为"'能动司法'这一命题的提出，是当代中国法律人的智慧结晶，它是中

---

〔1〕 陈致访谈：《余英时访谈录》，中华书局 2012 年版，第 204 页。

〔2〕 梁启超：《先秦政治思想史》，东方出版社 1996 年版，第 224 页。

〔3〕 公丕祥："能动司法：当代中国司法的基本取向"（上、下），载《光明日报》2010 年 6 月 24 日，第 9 版，2010 年 7 月 1 日，第 9 版。

〔4〕 王兵："能动司法：当代中国司法的必然选择"，载《人民司法》2010 年第 11 期。

〔5〕 参见贺小荣："能动司法是人民法院服务大局的必然选择"，载《人民法院报》2009 年 9 月 1 日，第 1 版。

〔6〕 苏力："关于能动司法"，载《法律适用》2010 年第 Z1 期。

〔7〕 赵钢："谈我们需要什么样的能动司法"，载 http://www.legaldaily.com.cn/fxy/content/2011-07/08/content_2787490.htm? node=21212，最后访问日期：2016 年 5 月 31 日。

〔8〕 2010 年 5 月 26 日最高人民法院党组副书记、常务副院长沈德咏在南通召开的能动司法与促进社会管理创新研讨会上的讲话。参见詹菊生："能动司法是司法理念的重大创新"，载《人民法院报》2010 年 5 月 27 日。

国的‘本土资源’，而不是所谓的‘舶来品’”〔1〕，等等。而事实上中国当下的能动司法并非完全是创新，而是既有创新因素，也有移植外国法制和传承本土传统的情形。

孟子说“观水有术，必观其澜”〔2〕，从历史变易的总体流程来看，中国当代的能动司法中有许多传统因素，客观上存在对传统能动司法的传承。例如人民法院委托调解就与古代的“官批民调”具有一致性〔3〕；当代能动司法强调法、理、情的有机结合，强调慎重平衡各方主体利益，强调案件处理真正实现“案结事了”，强调提升法官素质是关键、法官与当事人互信是前提等，这些被强调的内容都是传统能动司法内容的精要。

传统中国的能动司法以及近现代“马锡五审判方式”、人民法院委托调解制度等共同展示的中国能动司法传统，可以辅证以下两个判断：第一，在移植、创新、继承的法制建设三维途径中，弘扬传统是法制现代化最具权威、最有生命力而成本最低的途径。因为法律本身“总是从历史中保留那些未被删除或未被汲取的东西”，“法律蕴涵着一个国家数个世纪发展的故事，我们不能像对待仅仅包含定理和推论的数学教科书一样对待它”。〔4〕第二，中华民族不仅有追求社会和谐的特殊传统，而且有实现这种和谐的特别智慧或手段。中西方以各自的能动方式追求有效化解社会纠纷的历程，印证了艺术家吴冠中的判断：东西方文化的最高峰是相通的，历史的发展只是两者从东西两侧向山顶爬的过程。〔5〕

五、传统中国能动司法的存在是超越“法律东方主义”的体现

从法理上讲，能动司法是法律“落后”于现实“需要”的结果，是特殊情况下严格司法不足以实现公平正义时主动“纠错”或“补救”的机制，是法律运行的内在规律之一。无论什么地方、什么时代，只要有法律、有司法，就可能存在“能动司法”。传统中国能动司法的存在是东西方法律文化相通性

---

〔1〕　公丕祥：“能动司法：当代中国司法的基本取向”（上），载《光明日报》2010年6月24日，第9版。

〔2〕　《孟子·尽心上》。

〔3〕　参见陈会林：“从‘官批民调’到法院委托调解”，载《行政与法》2013年第11期。

〔4〕　[美]霍姆斯：《普通法》，冉昊、姚中秋译，中国政法大学出版社2006年版，第1页。

〔5〕　韩小蕙：“艺术赤子吴冠中”，载《光明日报》2007年4月4日，第12版。

的表现。

自 20 世纪 70 年代以来，美国学者在东西方法律文化比较语境中，提出"法律东方主义"和"东方法律主义"的命题〔1〕，从而在法学界出现一种特有的话语体系。"法律东方主义"主要是说中国（传统）法制因为没有美国法制所拥有的那些特质——规范方面直接规定权利义务、有公法私法之分，司法方面遵从法律至上主义——而实际上是一种"无法"的法律制度；"东方法律主义"主要是重塑中国法制，使之"有法"并重获主体性的预期。"能动司法"现象是东西方法制的相同共通之处，昭示着中国在能动司法问题上有着同样的话语权。本著的研究就是基于法律是"国家制定或认可的、依靠国家强制力保障实施的规范"的法律定义标准，以统一的话语体系诠释传统中国的能动司法，在"超越东西方二元对立"〔2〕或从"法律东方主义"迈向"东方法律主义"〔3〕的问题上，做出的努力或尝试。

---

〔1〕 其代表作主要是两位美国学者的著作：萨义德（Edward W. Said）1978 年出版的《东方学》（又译为"东方主义"），王宇根译、三联书店 2007 年出版的中译本；络德睦（Teemu Ruskola）2013 年出版的《法律东方主义：中国、美国与现代化》，魏磊杰译、中国政法大学出版社 2016 年出版的中译本。

〔2〕 参见梁治平："有法与无法"，载《东方早报·上海书评》2016 年 10 月 9 日。

〔3〕 魏磊杰："从'法律东方主义'转向'东方法律主义'"，载《中国社会科学报》2016 年 11 月 3 日，第 1 版。

主要参考文献

一、史料或原始文献

（一）中国

1. （汉）王充：《论衡》。
2. （汉）赵岐注：《孟子注疏》，山东画报出版社 2004 年版。
3. （明）冯梦龙：《醒世恒言》，新世界出版社 2013 年版。
4. （明）海瑞：《海瑞集》。
5. （明）丘濬：《大学衍义补》。
6. （明）王士晋：《得一录》。
7. （明）颜俊彦：《盟水斋存牍》，中国政法大学出版社 2001 年版。
8. （南朝）皇侃：《论语义疏》，中华书局 2013 年版。
9. （元）黄溍：《金华黄先生文集》。
10. （清）曾衍东：《小豆栅》，齐鲁书社 2004 年版。
11. （清）陈宏谋：《五种遗规》，线装书局 2015 年版。
12. （清）褚人获：《坚瓠集》，李梦生点校，上海古籍出版社 2012 年版。
13. （清）崔述：《崔东壁遗书》，顾颉刚编订，上海古籍出版社 1983 年版。
14. （清）崔述：《无闻集》。
15. （清）樊增祥：《樊山判牍》，新文化书社 1934 年版。
16. （清）樊增祥：《樊山政书》，那思陆、孙家红点校，中华书局 2007 年版。
17. （清）顾炎武：《亭林文集》。
18. （清）贺长龄、魏源等：《皇朝经世文编》。
19. （清）黄六鸿：《福惠全书》。
20. （清）蓝鼎元：《鹿洲公案》。
21. （清）李光地：《榕村别集》。
22. （清）李钧：《判语录存》。
23. （清）李清：《折狱新语》。

349

24. （清）廖腾煃：《海阳记略》。

25. （清）全士潮、张道源等：《驳案汇编》，何勤华等点校，法律出版社 2009 年版。

26. （清）田文镜：《钦颁州县事宜》。

27. （清）汪辉祖、蒯德模：《病榻梦痕录 双节堂庸训 吴中判牍》，江西人民出版社 2012 年版。

28. （清）汪辉祖：《学治臆说》《学治说赘》《佐治药言》《续佐治药言》。

29. （清）汪龙庄、万枫江：《中国官场学》，今日中国出版社 1995 年版。

30. （清）王有孚：《一得偶谈》。

31. （清）王又槐：《办案要略》，群众出版社 1987 年版。

32. （清）文孚纂修：《钦定六部处分则例》，文海出版社 1999 年版。

33. （清）伍承乔：《清代吏治丛谈》，文海出版社 1973 年版。

34. （清）徐栋：《牧令书》。

35. （清）徐珂：《清稗类钞》。

36. （清）徐松：《宋会要辑稿》。

37. （清）袁枚：《袁枚全集》，王志英点校，江苏古籍出版社 1993 年版。

38. （清）袁守定：《图民录》。

39. （清）张廷骧：《入幕须知五种》，文海出版社 1966 年版。

40. （清）周守赤：《新辑刑案汇编》。

41. （清）诸联：《明斋小识》。

42. （清）祝庆祺等：《刑案汇览全编》，尤韶华等点校，法律出版社 2007 年版。

43. （宋）李觏：《直讲李先生文集》。

44. （宋）罗烨：《醉翁谈录》，古典文学出版社 1957 年版。

45. （宋）司马光：《涑水纪闻》。

46. （宋）郑克：《折狱龟鉴》。

47. （宋）朱熹：《四书集注》

48. 中国社会科学院历史研究所宋辽金元史研究室点校：《名公书判清明集》，中华书局 1987 年版。

49. （宋）朱熹撰，朱杰人等主编：《朱子全书》，上海古籍出版社、安徽教育出版社 2010 年版。

50. （唐）吴兢：《贞观政要》。

51. （唐）张鷟、范摅撰：《朝野佥载 云溪友议》，上海古籍出版社 2012 年版。

52. "二十六史"。

53. "十三经"。

54. "十通"。

55. 《管子》《慎子》《韩非子》《老子》《春秋繁露》《盐铁论》。

56. 《海瑞集》。

57. 《韩愈文集》。

58. 《皇明条法事类纂》。

59. 《隆庆〔祁门〕文堂乡约家法》。

60. 《冕宁县清代档案》。

61. 《明实录》《清实录》。

62. 《南部县正堂清全宗档案》（四川省南充市档案馆藏）。

63. 《全宋文》。

64. 《全唐文》。

65. 《世说新语》。

66. 《唐六典》《元典章》《大明会典》《清会典》。

67. 《唐律疏议》《宋刑统》《大元通制条格》《大明律》《大清律例》。

68. 陈重业主编：《折狱龟鉴补译注》，北京大学出版社 2006 年版。

69. 戴炎辉、吴密察等编：《淡新档案》，台湾大学图书馆 1995～2010 年版。

70. 高潮、马建石：《中国历代刑法志注译》，群众出版社 1984 年版。

71. 故宫博物院明清档案部编：《清末筹备立宪档案史料》，中华书局 1989 年版。

72. 官箴书集成编纂委员会编：《官箴书集成》，黄山书社 1997 年版。

73. 国家图书馆出版社影印室：《明清法制史料辑刊》（第一编），国家图书馆出版社 2008 年版。

74. 黄彰健：《明代律例汇编》，中央研究院历史语言研究所专刊 1994 年版。

75. 金人叹、吴果迟：《大清拍案惊奇》，海峡文艺出版社 2003 年版。

76. 襟霞阁主编：《陆稼书判牍》，上海东亚书局 1925 年版。

77. 襟霞阁主编：《清代名吏判牍七种汇编》，老古文化事业股份有限公司 2001 年版。

78. 李华：《明清以来北京工商会馆碑刻选编》，文物出版社 1980 年版。

79. 刘海年、杨一凡主编：《中国珍稀法律典籍集成》（乙编），科学出版社 1994 年版。

80. 刘俊文：《敦煌吐鲁番唐代法制文书考释》，中华书局 1989 年版。

81. 彭泽益：《清代工商行业碑文集粹》，中州古籍出版社 1997 年版。

82. 彭泽益：《中国工商行会史料集》，中华书局 1995 年版。

83. 蒲坚：《中国古代法制丛钞》，光明日报出版社 2001 年版。

84. 前南京国民政府司法行政部编：《民事习惯调查报告录》，中国政法大学出版社 2000 年版。

85. 上海博物馆图书资料室编:《上海碑刻资料选辑》,上海人民出版社 1980 年版。

86. 施蛰存、陈如江辑:《宋元词话》,上海书店出版社 1999 年版。

87. 四川大学历史系、四川省档案馆:《清代乾嘉道巴县档案选编》,四川大学出版社 1989、1996 年版。

88. 四川省档案馆编:《清代巴县档案汇编》,档案出版社 1991 年版。

89. 田涛等:《黄岩诉讼档案及调查报告》,法律出版社 2004 年版。

90. 王钰欣、周绍泉主编:《徽州千年契约文书》,花山文艺出版社 1991 年版。

91. 晓明、拓夫:《绝妙判牍》,海南出版社 1993 年版。

92. (清)沈家本著,徐世虹主编:《沈家本全集》,中国政法大学出版社 2010 年版。

93. 杨一凡、徐立志编:《历代判例判牍》,中国社会科学出版社 2005 年版。

94. 一凡藏书馆文献编委会编:《古代乡约及乡治法律文献十种》,黑龙江人民出版社 2005 年版。

95. 袁兆春:《乾隆年间孔府清厘邹县尼山祭学两田地亩争控案摘选》,载韩延龙主编:《法律史论集》(第 4 卷),法律出版社 2002 年版。

96. 张希清、王秀梅主编:《官典》,吉林人民出版社 1998 年版。

97. 中国第一历史档案馆编:《康熙朝汉文朱批奏折汇编》,档案出版社 1984 年版。

98. 中国第一历史档案馆等:《清代地租剥削形态》,中华书局 1982 年版。

99. 中国第一历史档案馆等:《清代土地占有关系与佃农抗租斗争》,中华书局 1988 年版。

(二) 外国

1. [古罗马]《学说汇纂》,罗智敏译,中国政法大学出版社 2008 年版。

2. [古罗马] 查士丁尼:《法学总论——法学阶梯》,张企泰译,商务印书馆 1989 年版。

3. 《古兰经》。

4. 《摩奴法论》,蒋忠新译,中国社会科学出版社 1986 年版。

5. 崔连仲等:《古印度帝国时代史料选辑》,商务印书馆 1989 年版。

二、著作

(一) 国内

1. 蔡枢衡:《中国刑法史》,广西人民出版社 1983 年版。

2. 陈东原:《中国妇女生活史》,商务印书馆 1998 年版。

3. 陈顾远:《中国婚姻史》,商务印书馆 2014 年版。

4. 陈会林:《传统社会的纠纷预防机制》,中国社会科学出版社 2014 年版。

5. 陈会林:《地缘社会解纷机制研究——以中国明清两代为中心》,中国政法大学出版社

2009 年版。

6. 陈会林：《国家与民间解纷联接机制研究》，中国政法大学出版社 2016 年版。

7. 陈会林：《祥刑致和：长江流域的公堂与断案》，长江出版社 2014 年版。

8. 陈鹏：《中国婚姻史稿》，中华书局 2005 年版。

9. 陈致：《余英时访谈录》，中华书局 2012 年版。

10. 程树德：《九朝律考》，中华书局 2006 年版。

11. 春杨：《晚清乡土社会民事纠纷调解制度研究》，北京大学出版社 2009 年版。

12. 戴炎辉：《中国法制史》，三民书局 1979 年版。

13. 窦季良：《同乡组织之研究》，正中书局 1943 年版。

14. 范愉：《纠纷解决的理论与实践》，清华大学出版社 2007 年版。

15. 范忠信、陈会林：《法理学》，中国政法大学出版社 2012 年版。

16. 范忠信、陈景良主编：《中国法制史》，北京大学出版社 2010 年版。

17. 范忠信：《中国法文化的暗合与差异》，中国政法大学出版社 2001 年版。

18. 范忠信等：《情理法与中国人》，北京大学出版社 2011 年版。

19. 范忠信等编校：《中国文化与中国法系：陈顾远法律史论集》，中国政法大学出版社 2005 年版。

20. 范忠信主编：《官与民：中国传统行政法制文化研究》，中国人民大学出版社 2011 年版。

21. 费孝通：《乡土中国·生育制度》，北京大学出版社 1998 年版。

22. 公丕祥：《当代中国能动司法的理论与实践》，法律出版社 2012 年版。

23. 冯华：《能动主义司法模式》，陕西人民教育出版社 2010 年版。

24. 谷春德：《西方法律思想史》，中国人民大学出版社 2000 年版。

25. 顾培东：《社会冲突与诉讼机制》，法律出版社 2004 年版。

26. 顾元：《衡平司法与中国传统法律秩序》，中国政法大学出版社 2006 年版。

27. 何勤华：《法的移植与法的本土化》，商务印书馆 2014 年版。

28. 胡旭晟：《狱与讼：中国传统诉讼文化研究》，中国人民大学出版社 2012 年版。

29. 黄玉顺：《中国正义论的形成——周孔孟荀的制度伦理学传统》，东方出版社 2015 年版。

30. 黄宗智、尤陈俊：《从诉讼档案出发：中国的法律、社会与文化》，法律出版社 2009 年版。

31. 李贵连、李启成：《中国法律思想史》，北京大学出版社 2010 年版。

32. 李厚泽：《中国现代思想史》，东方出版社 1987 年版。

33. 里赞：《晚清州县诉讼中的审断问题》，法律出版社 2010 年版。

34. 梁治平:《法意与人情》,中国法制出版社 2004 年版。

35. 林端:《韦伯论中国传统法律——韦伯比较社会学的批判》,(台北)三民书局 2003 年版。

36. 林语堂:《苏东坡传》,张振玉译,浙江文艺出版社 2014 年版。

37. 刘军平:《中国传统诉讼之"情判"研究》,中国政法大学出版社 2011 年版。

38. 罗昶:《伦理司法——中国古代司法的观念与制度》,法律出版社 2009 年版。

39. 罗炽、陈会林等:《中国德育思想史纲》,湖北教育出版社 2003 年版。

40. 那思陆:《清代州县衙门审判制度》,中国政法大学出版社 2006 年版。

41. 钱穆:《国史大纲》,商务印书馆 1991 年版。

42. 钱穆:《中国历代政治得失》,三联书店 2001 年版。

43. 钱钟书:《管锥编》,三联书店 2001 年版。

44. 任东来等:《在宪政舞台上——美国最高法院的历史轨迹》,中国法制出版社 2007 年版。

45. 沈德咏:《秋菊故乡新说法:能动主义司法模式理论与实践》,法律出版社 2010 年版。

46. 沈德咏:《全国法院践行能动司法理念优秀案例选编》,人民法院出版社 2013 年版。

47. 苏力:《法治及其本土资源》,中国政法大学出版社 2015 年版。

48. 苏力:《送法下乡》,中国政法大学出版社 2000 年版。

49. 孙笑侠等:《法律人之治——法律职业的中国思考》,中国政法大学出版社 2004 年版。

50. 童光政:《明代民事判牍研究》,海南出版社 2008 年版。

51. 汪振苃:《不用刑审判书故事选》,群众出版社 1987 年版。

52. 王立民:《中国传统侦查和审判文化研究》,法律出版社 2009 年版。

53. 王栻主编:《严复集》,中华书局 1986 年版。

54. 吴学斌:《刑法适用方法的基本准则——构成要件符合性判断研究》,中国人民公安大学出版社 2008 年版。

55. 徐忠明:《案例、故事与明清时期的司法文化》,法律出版社 2006 年版。

56. 杨鸿烈:《中国法律发达史》,中国政法大学出版社 2009 年版。

57. 易江波:《近代中国城市江湖社会纠纷解决模式研究》,中国政法大学出版社 2010 年版。

58. 张柏峰:《中国的司法制度》,法律出版社 2014 年版。

59. 张伯元:《法律文献整理与研究》,北京大学出版社 2005 年版。

60. 张朝阳:《中国早期民法的建构》,中国政法大学出版社 2014 年版。

61. 张国钧:《中华民族价值导向的选择——先秦义利论及其现代意义》,中国人民大学出版社 1995 年版。

62. 张晋藩:《清代民法综论》,中国政法大学出版社 1998 年版。

63. 张希坡：《马锡五审判方式》，法律出版社 1983 年版。

64. 张中秋：《中西法律文化比较研究》，南京大学出版社 1999 年版。

65. 赵旭东：《纠纷与纠纷解决原论：从成因到理念的深度分析》，北京大学出版社 2009 年版。

66. 浙江省高级人民法院编：《案例指导》（2011 年卷），中国法制出版社 2012 年版。

67. 周振鹤撰集：《圣谕广训集解与研究》，顾美华点校，上海书店出版社 2006 年版。

68. 朱勇：《清代宗族法研究》，湖南教育出版社 1988 年版。

（二）国外

1. ［德］K. 茨威格特、H. 克茨：《比较法总论》，潘汉典等译，法律出版社 2003 年版。

2. ［德］黑格尔：《法哲学原理》，范扬、张企泰译，商务印书馆 2011 年版。

3. ［德］马克斯·韦伯：《儒教与道教》，洪天富译，江苏人民出版社 2008 年版。

4. ［德］萨维尼：《论立法与法学的当代使命》，许章润译，中国法制出版社 2001 年版。

5. ［德］K. 茨威格特、H. 克茨：《比较法概论（原论）》，大木雅夫译，东京大学出版会 1974 年版。

6. ［俄］米·尼·波克罗夫斯基：《俄国历史概要》，贝璋衡等译，商务印书馆 1994 年版。

7. ［法］勒内·达维德：《当代主要法律体系》，漆竹生译，上海译文出版社 1984 年版。

8. ［古希腊］柏拉图：《理想国》，张竹明译，商务印书馆 1986 年版。

9. ［古希腊］亚里士多德：《政治学》，吴寿彭译，商务印书馆 1997 年版。

10. ［美］阿奇博尔德·考克斯：《法院与宪法》，田雷译，北京大学出版社 2006 年版。

11. ［美］昂格尔：《现代社会中的法律》，译林出版社 2001 年版。

12. ［美］本杰明·卡多佐：《司法过程的性质》，苏力译，商务印书馆 2008 年版。

13. ［美］伯尔曼：《法律与革命——西方法律传统的形成》，贺卫方等译，中国大百科全书出版社 1993 年版。

14. ［美］伯尔曼：《法律与宗教》，梁治平译，中国政法大学出版社 2003 年版。

15. ［美］E. 博登海默：《法理学：法律哲学与法律方法》，邓正来译，中国政法大学出版社 2004 年版。

16. ［美］E. 博登海默：《法理学——法哲学及其方法》，邓正来译，华夏出版社 1987 年版。

17. ［美］达玛什卡：《司法和国家权力的多种面孔》，郑戈译，中国政法大学出版社 2004 年版。

18. ［美］德沃金：《认真对待权利》，信春鹰、吴玉章译，中国大百科全书出版社 1996 年版。

19. ［美］高道蕴等编:《美国学者论中国法律传统》,清华大学出版社 2004 年版。

20. ［美］费正清:《美国与中国》,张理京译,世界知识出版社 2002 年版。

21. ［美］汉密尔顿:《联邦党人文集》,商务印书馆 2004 年版。

22. ［美］黄仁宇:《万历十五年》,中华书局 1982 年版。

23. ［美］黄宗智:《法典、习俗与司法实践:清代与民国的比较》,上海书店 2007 年版。

24. ［美］黄宗智:《清代的法律、社会与文化:民法表达与实践》,上海书店 2007 年版。

25. ［美］霍姆斯:《法律的道路》,李俊晔译,中国法制出版社 2018 年版。

26. ［美］霍姆斯:《普通法》,冉昊、姚中秋译,中国政法大学出版社 2006 年版。

27. ［美］卡多佐:《法律的成长·法律科学的悖论》,董炯、彭冰译,中国法制出版社 2002 年版。

28. ［美］孔飞力:《中国现代国家的起源》,陈兼、陈之宏译,三联书店 2013 年版。

29. ［美］罗伯特·麦克洛斯基:《美国最高法院》,任东来等译,中国政法大学出版社 2005 年版。

30. ［美］络德睦:《法律东方主义:中国、美国与现代化》,魏磊杰译,中国政法大学出版社 2016 年版。

31. ［美］萨义德:《东方学》,王宇根译,三联书店 2007 年版。

32. ［美］斯科特:《弱者的武器:农民反抗的日常形式》,郑广怀、张敏、何江穗译,译林出版社 2007 年版。

33. ［美］沃尔夫:《司法能动主义——自由的保障还是安全的威胁?》,黄金荣译,中国政法大学出版社 2004 年版。

34. ［日］高见泽磨:《现代中国的纠纷与法》,何勤华等译,法律出版社 2003 年版。

35. ［日］小岛武司、伊藤真:《诉讼外纠纷解决法》,丁婕译,中国政法大学出版社 2005 年版。

36. ［日］滋贺秀三:《中国家族法原理》,张建国、李力译,法律出版社 2003 年版。

37. ［日］滋贺秀三等:《明清时期的民事审判与民间契约》,王亚新等编译,法律出版社 1998 年版。

38. ［意］贝奈戴托·克罗齐:《历史学的理论和实际》,傅任敢译,商务印书馆 2005 年版。

39. ［英］丹宁勋爵:《法律的训诫》,刘庸安等译,法律出版社 1999 年版。

40. ［英］哈耶克:《法律、立法与自由》,邓正来等译,中国大百科全书出版社 2000 年版。

41. ［英］李约瑟:《李约瑟文集:李约瑟博士有关中国科学技术史的论文和演讲集》,陈养正等译,辽宁科学技术出版社 1986 年版。

42. Arthur F. Wrighteds, *Studies in Chinese Thought Chicago*, University of Chicago Press, 1953.

43. Arthur M. Schlesinger, *The Supreme Court*: 1947, Fortune, 1947, Jan.

44. Bryan A. Garner, *Black's Law Dictonary*, 9th ed., West Publinshing Co., 2009.

45. Jerome Frank, *Courts on Trial*: *Myth and Reality in American Justice*, Princeton Unitversity Press, 1949.

46. John King Fairbanks, *East Asia*: *The Great Tradition*, Boston: Houghton Mifflin, 1960.

47. Lawrence M. Friedman, *American Law*, New York: W. W. Norton & Company, 1984.

48. Thomas M. Keck, *The Most Activist Supreme Court in History*: *The Road to Modern Judicial Conservatism*, University of Chicago Press, 2004.

三、论文

（一）国内

1. 阿风："明清时代诉讼过程中的'悍妇'现象"，载《中国社会科学报》2011年7月5日。

2. 柏桦、刘立松："清代的借贷与规制：'违禁取利'研究"，载《南开经济研究》2009年第2期。

3. 蔡枢衡："历史上定罪和处刑的分工"，载《法学研究》1980年第4期。

4. 陈会林："'吃讲茶'习俗与民间纠纷解决"，载《湖北大学学报》2008年第6期。

5. 陈会林："'三调联动'矛盾纠纷化解机制的传统渊源"，载《湖北警官学院学报》2017年第6期。

6. 陈会林："'小事闹大'诉告策略的传统形式"，载汪世荣等主编：《中国边疆法律治理的历史经验》（下册），法律出版社2014年版。

7. 陈会林："传统中国基层解纷中的官民互动机制"，载《湖北大学学报》2013年第3期。

8. 陈会林："从'官批民调'到法院委托调解：中国的能动司法传统"，载《公民与法（法学版）》2013年第11期。

9. 陈会林："论传统诉告中'小事闹大'的司法应对方式——以清代司法文书、诉讼档案为中心的考察"，载《湖北大学学报》2016年第5期。

10. 陈会林："论中国传统能动司法的模式及其特征——以清代'官批民调'为样例的考察"，载《楚天法学》2016年第4期。

11. 陈会林："明清地缘社会解纷机制相关问题的研究现状"，载范忠信、陈景良主编：《中西法律传统》（第7卷），北京大学出版社2009年版。

12. 陈会林："明清地缘社会解纷中民间法与国家法的互动"，载谢晖、陈金钊主编：《民间法》，济南人民出版社2010年版。

13. 陈会林："人情：传统司法适用民间法的进路——基于涉及'招夫养子'习俗之诉讼中批词与判词的考察"，载《北方法学》2011年第2期。

14. 陈会林："中国非诉讼解纷机制（ADR）的传统智慧"，载陈金全主编：《中国传统司法与司法传统》，陕西师范大学出版社2009年版。

15. 陈会林："中国民间社会纠纷解决权的法源考察"，载谢晖、陈金钊主编：《民间法》（第8卷），山东人民出版社2009年版。

16. 陈会林："中国司法审判的传统智慧"，载湖北省法学会法律文化研究会编：《"传统法智慧与社会矛盾化解"学术研讨会论文集》2010年。

17. 陈金钊："'能动司法'及法治论者的焦虑"，载《清华法学》2011年第3期。

18. 陈金钊："司法意识形态：能动与克制的反思"，载《现代法学》2010年第5期。

19. 陈景良："礼法传统与中国现代法治"，载《孔学堂》2015年第4期。

20. 陈胜强："论能动司法的本土资源"，载《电子科技大学学报（社科版）》2011年第1期。

21. 陈馨："美国司法能动主义历史发展述评"，载齐树洁主编：《东南司法评论》2012年。

22. 程汉大："宪政文明，路在何方——西方主要国家立宪经验"，载《中西法律传统》（第9卷），北京大学出版社2014年版。

23. 春杨："论清代民间选择纠纷调解的理由"，载《法律适用》2008年第3期。

24. 春杨："清代半官方性质的民事纠纷调解初探"，载陈金全主编：《中国传统司法与司法传统》，陕西师范大学出版社2009年版。

25. 春杨："晚清乡土社会纠纷调解的民间规则与秩序"，载《山东大学学报》2008年第3期。

26. 范忠信："健全的纠纷解决机制决定和谐社会"，载《北方法学》2007年第2期。

27. 范忠信："于成龙断冯婉姑抗婚案"，载《中国审判》2006年第9期。

28. 方乐："能动司法的模式与方法"，载《法学》2011年第1期。

29. 高鸿钧："无话可说与有话可说之间——评张伟仁先生的《中国传统的司法和法学》"，载《政法论坛》2006年第5期。

30. 高其才："乡土社会、伦理传统、法治实践与能动司法"，载《哈尔滨工业大学学报（社会科学版）》2012年第3期。

31. 公丕祥："当代中国能动司法的意义分析"，载《江苏社会科学》2010年第5期。

32. 公丕祥："能动司法：当代中国司法的基本取向"（上、下），载《光明日报》2010年6月24日，第9版，2010年7月1日，第9版。

33. 顾培东："能动司法若干问题研究"，载《中国法学》2010年第4期。

34. 管伟："古代中国'能动司法'的实践及特征"，载《浙江工商大学学报》2010年第

4 期。

35. 郭国超：“扬弃与转型：'无讼'理念的回归与'能动'司法的兴起”，厦门大学 2015 年硕士学位论文。

36. 郭佳：“'马锡五审判方式'重提之思考”，载《法制与社会》2010 年第 3 期。

37. 郭齐勇：“先秦儒学关于社会正义的诉求”，载《解放日报》2009 年 1 月 11 日。

38. 郭齐勇：“再论儒家的政治哲学及其正义论”，载《孔子研究》2010 年第 6 期。

39. 韩星：“'仁''正''中''和'——儒家古典正义论的逻辑展开”，载《哲学动态》2016 年第 10 期。

40. 贺卫方：“改革本身就是改变国情”，载《华商报》2012 年 5 月 19 日。

41. 贺卫方：“中国古代司法判决的风格和精神——以宋代为基本依据兼与英国比较”，载《中国社会科学》1990 年第 6 期。

42. 洪建设、曾盛聪：“制度下乡：建构'新乡土中国'路径依赖”，载《社会科学辑刊》2005 年第 2 期。

43. 胡桥：“能动司法：政治愿景与司法挑战”，载《浙江社会科学》2010 年第 10 期。

44. 黄东海：“国家财政取向下'重农抑商'传统的法制真相”，载《法制与社会发展》2008 年第 1 期。

45. 黄东海：“明清商牙纠纷类型及所见国家商业社会控制”，载《华东政法大学学报》2010 年第 6 期。

46. 黄东海：“明清商牙纠纷与商业社会控制”，载《河南省政法管理干部学院学报》2008 年第 2 期。

47. 黄东海：“清前期的商业秩序管见”，载《江海学刊》2011 年第 3 期。

48. 黄晓平：“从古代公案小说管窥中国古典能动司法”，载《河南政法管理干部学院学报》2009 年第 6 期。

49. 黄晓平：“古代衙门建筑与司法之价值追求”，载《北方法学》2009 年第 6 期。

50. 黄晓平：“古代中英司法的公开传统之比较”，载《法制与社会发展》2010 年第 1 期。

51. 黄晓平：“试论传统社会中地方士绅的法律人角色”，载《江汉论坛》2009 年第 1 期。

52. 黄晓平：“中国传统司法的公开模式及其对当代中国的借鉴意义”，载范忠信、陈景良主编：《中西法律传统》（第 7 卷），中国政法大学出版社 2009 年版。

53. 黄玉顺：“孔子的正义论”，载《中国社科院研究生院学报》2010 年第 2 期。

54. 黄玉顺：“孟子正义论新解”，载《人文杂志》2009 年第 5 期。

55. 黄玉顺：“中国正义论纲要”，载《四川大学学报》2009 年第 5 期。

56. 黄玉顺：“中国正义论——儒家制度伦理学的当代政治效应”，载《文化纵横》2010 年第 4 期。

57. 霍存福："中国传统法文化的文化性状与文化追寻"，载《法制与社会发展》2001年第3期。

58. 江必新："能动司法：依据、空间和限度"，载《光明日报》2010年2月4日，第9版。

59. 江必新："能动司法需重视司法规律"，载《法制资讯》2010年第22期。

60. 康建胜、卫霞："传统司法中的'能动'主义及其价值——以情理法为视角"，载《甘肃社会科学》2012年第2期。

61. 李贵连："话说'权利'"，载《北大法律评论》（第1卷第1辑），法律出版社1998年版。

62. 李浩："能动司法视野下的乡土社会的审判方法——陈燕萍办案方法解读"，载《当代法学》2010年第5期。

63. 李娟："马锡五审判方式产生的背景分析"，载《法律科学》2008年第2期。

64. 李莉、陈益群、于波："中国传统文化在能动司法语境下的生动写照——陈燕萍精神研讨会综述"，载《人民法院报》2011年1月12日，第5版。

65. 李文军："清代地方诉讼中的'客民'——以《樊山政书》为中心的考察"，载《唯实》2010年第2期。

66. 李艳君："从'状式条例'看清代对书状的要求"，载《保定学院学报》2008年第3期。

67. 李艳君："清代民事诉讼中当事人的诉讼策略"，载《大理学院学报》2009年第3期。

68. 梁平、陈聪："能动司法理念下的法院调解"，载《华北电力大学学报（社会科学版）》2013年第4期。

69. 梁治平："'事律'与'民法'之间——中国'民法史'研究再思考"，载《政法论坛》2017年第6期。

70. 梁治平："乡土社会中的法律与秩序"，载王铭铭、王斯福：《乡土社会的秩序、公正与权威》，中国政法大学出版社1997年版。

71. 梁治平："有法与无法"，载《东方早报·上海书评》2016年10月9日。

72. 梁治平："法辨"，载《中国社会科学》1986年第4期。

73. 梁治平："死亡与再生"，载《法辨》，贵州人民出版社1992年版。

74. 林端："中国传统法律文化：'卡迪司法'或'第三领域'"，载范忠信、陈景良主编：《中西法律传统》（第6卷），北京大学出版社2008年版。

75. 刘练军："比较法视野下的司法能动"，载《法商研究》2011年第3期。

76. 刘涛："司法能动主义的历史演进与论争"，载《求索》2010年第11期。

77. 刘志强："论能动司法的语境及其困境"，载《法治研究》2011年第5期。

78. 柳立言："天理在南宋审判中的作用"，载《清华法律评论》（第9卷第1辑），清华大学出版社 2017 年版。

79. 龙宗智："关于'大调解'和'能动司法'的思考"，载《政法论坛》2010 年第 4 期。

80. 卢永凤："社群主义的视角：荀子正义观的当代阐释"，载《道德与文明》2011 年第 2 期。

81. 逯子新、赵晓耕："清代处理疑案的逻辑与智慧"，载《检察日报》2018 年 5 月 15 日，第 3 版。

82. 罗斌："梁慧星：能动司法切合国情"，载《人民法院报》2012 年 3 月 6 日，第 5 版。

83. 秦晖："吏治改革：历史与文化的反思"，载赵汀阳主编：《论证》（第 3 辑），广西师范大学出版社 2003 年版。

84. 任尔昕、宋鹏："能动司法视角下马锡五审判方式的再审视"，载《甘肃政法学院学报》2011 年第 3 期。

85. 苏力：""海瑞定理"的经济学解读"，载《中国社会科学》2006 年第 6 期。

86. 苏力："关于能动司法"，载《法律适用》2010 年第 2~3 期。

87. 田平安、王阁："论清代官批民调及其对现行委托调解的启示"，载《现代法学》2012 年第 4 期。

88. 王兵："能动司法：当代中国司法的必然选择"，载《人民司法》2011 年第 11 期。

89. 王彬："司法能动主义视野下的乡土司法模式"，载《山东大学学报（哲学社会科学版）》2010 年第 5 期。

90. 王德玲："论我国社会转型期的能动司法"，载《山东社会科学》2012 年第 9 期。

91. 王建林："司法能动的中国特色——兼与美国司法能动的比较"，载《政治与法律》2010 年第 9 期。

92. 王堃："儒家正义论之统绪——以荀子正名与正义思想为例"，载《东岳论丛》2014 年第 4 期。

93. 王茂生："美国联邦最高法院的能动司法——关于禁酒执法的两个著名判决"，载《比较法研究》2014 年第 3 期。

94. 王一："司法能动主义的语境和语义考察——基于美国司法史的梳理"，载《绍兴文理学院学报（哲学社会科学版）》2012 年第 1 期。

95. 王云洲："清代台湾北路理番同知研究（1766—1888）"，台湾政治大学历史系 1992 年硕士学位论文。

96. 王志强："《名公书判清明集》法律思想初探"，载《法学研究》1997 年第 5 期。

97. 王志强："南宋司法裁判中的价值取向"，载《中国社会科学》1998 年第 6 期。

98. 魏磊杰："从'法律东方主义'转向'东方法律主义'"，载《中国社会科学报》2016 年 11 月 3 日，第 1 版。

99. 肖卜文："清代官批民调制度政治分析——以'黄岩诉讼档案'为考察中心"，载《广东教育学院学报》2009年第4期。

100. 萧伯符、易江波："中国传统信任结构及其对现代法治的影响"，载《中国法学》2005年第2期。

101. 谢晖："论民间规则与司法能动"，载《学习与探索》2010年第5期。

102. 熊琦："打破'法无明文规定'僵化思维"，载《光明日报》2012年7月19日，第15版。

103. 徐公喜："宋明理学法顺人情论"，载《船山学刊》2014年第3期。

104. 徐昕："适应乡土社会的能动司法模式"，载《人民法院报》2010年11月25日，第5版。

105. 徐亚文、邓珊珊："中国语境下的'能动司法'：语义与实践"，载《湖北社会科学》2010年第11期。

106. 徐忠明："传统中国乡民的法律意识与诉讼心态"，载《中国法学》2006年第6期。

107. 徐忠明："明清诉讼：官方的态度与民间的策略"，载《社会科学论坛》2004年第10期。

108. 徐忠明："清代中国的爱民情感与司法理念——以袁守定《图民录》为中心的考察"，载《现代哲学》2012年第1期。

109. 徐忠明："权利与伸冤：传统中国诉讼意识的解释"，载《中山大学学报（社会科学版）》2004年第6期。

110. 徐忠明："小事闹大与大事化小：解读一份清代民事调解的法庭记录"，载《法制与社会发展》2004年第2期。

111. 薛梦寒："中国传统法制中的能动司法"，载《山西省政法管理干部学院学报》2014年第1期。

112. 姚莉："当代中国语境下的'能动司法'界说"，载《法商研究》2011年第1期。

113. 易江波："和谐社会构建视野下的派出所解纷权"，载《湖北警官学院学报》2011年第1期。

114. 易江波："论作为中国传统调解经验的儒家互惠原则"，载《湖北警官学院学报》2008年第1期。

115. 易江波："清末民初汉口码头纠纷解决中的参与力量"，载谢晖、陈金钊主编：《民间法》（第7卷），山东人民出版社2008年版。

116. 易江波："中国传统办案思维方式初探"，载《湖北省社会主义学院学报》2002年第1期。

117. 俞荣根："习惯法与羌族习惯法"，载谢晖、陈金钊主编：《民间法》（第1卷），山东人民出版社 2002 年版。

118. 袁红丽："清代官批民调制度研究"，南开大学 2009 年博士学位论文。

119. 袁祥、王逸："什么是能动司法，为什么要能动司法"，载《光明日报》2010 年 5 月 13 日，第 9 版。

120. 张建伟："能动司法的中国诠释和文化解读"，载《人民法院报》2010 年 5 月 28 日，第 5 版。

121. 张岱年："中国古典哲学概念范畴要论"，载《张岱年全集》（第 4 册），河北人民出版社 1996 年版。

122. 张磊："清末治湾北部乡治组织的法律考察"，中南财经政法大学 2007 年硕士学位论文。

123. 张伟仁："中国传统的司法和法学"，载《现代法学》2006 年第 5 期。

124. 张卫平："回归'马锡五'的思考"，载《现代法学》2009 年第 5 期。

125. 张正明："和谐境界浅说"，载湖北省炎黄文化研究会编：《传统文化与和谐社会》，香港天马出版有限公司 2005 年版。

126. 赵钢："'能动司法'之正确理解与科学践行——以民事司法为视角的解析"，载《法学评论》2011 年第 2 期。

127. 赵娓妮："国法与习惯的'交错'：清代广东省州县地方对命案的处理"，载《中外法学》2004 年第 4 期。

128. 郑国："董必武同志的能动司法思想探究"，载《董必武法学思想研究文集》（第 11 辑上册），2011 年 11 月。

129. 郑秦："清代地方司法管辖制度考析"，载《西北政法学院学报》1987 年第 1 期。

130. 周祖成、祁娜娜："能动司法：型构'善政'政治图景的司法哲学——从沃尔夫《司法能动主义》的民主与善政谈起"，载《政法论丛》2013 年第 3 期。

131. 朱小贞："处理群体性欠薪事件浅见"，载《中国司法》2008 年第 12 期。

132. 朱勇："冲突与统一：中国古代亲情义务与法律义务"，载《中国社会科学》1996 年第 1 期。

（二）国外

1. ［日］滋贺秀三："中国法文化的考察"，载《比较法研究》1988 年第 3 期。

2. Roscoe Pounds，"Comparative Law and History as Bases for Chinese Law"，*Harvard Law Review*，1948.

后　记

　　本著是作者主持的 2011 年度教育部人文社会科学研究规划基金项目《传统中国的能动司法模式研究——以"小事闹大"诉告的司法应对策略为重心》（项目批准号：11YJA820004，结项证书编号：2016JXZ290）的最终成果，同时也是作者主持的 2015 年度国家社会科学基金项目《基于社会安全视角健全化解社会矛盾的人民调解、行政调解、司法调解联动机制研究》（批准号：15BZZ088）的阶段成果。"社会安全""社会和谐""情理法""社会调解""行政调解""司法调解"以及"官批民调""人民法院委托调解"等内容，是上述两个课题交叉重叠的重要问题，本著均予以浓墨重彩地深度论述。

　　本著研究所在的教育部课题，从立项到现在已近 8 年，这期间对结项成果的修改并不顺利。首先是本人身体出现了一点意外：2017 年初我扭伤脚踝，手术 4 个小时、卧床 3 个月、跛行近半年。其次是书稿修改本身有些"折腾"。原来结项成果书稿的主体内容是传统中国"细事"案（民事性案件）能动司法，修改过程中我将一直在思考的传统中国"重情"案（刑事性案件）能动司法内容（这个问题的"问题意识"更强）加进来，重新调整书稿结构，将全部内容分为四编："理论与基础"编、"'细事'司法"编、"'重情'司法"编、"总结与传承"编，并以此方案与出版社签订出版合同。但随着脚伤的耽误、要求出版的时间将至，以及考虑到偏离课题内容太多可能有所不妥，于是又重新回到原来的"轨道"上来，在最初的"结项成果"稿基础上修改完善出版稿，这样一来，时间就显得非常仓促了。尽管如此，本人仍本着"文章千古事，得失寸心知"的心态夜以继日地认真加以修改。

　　一直以来，国内有一种思潮，认为重视传统就是要回到过去，研究外国就是要全盘西化，我们认为这类认识如果不是肤浅或愚蠢，那就是别有用心！事实上，我们研究历史、了解西方的目的，主要是要弘扬本土优良文化、借鉴域外优良资源，同时认清或回答这样一类问题：为什么中国和西方在过去各自是那样的一种政法制度？我们今天到底应该有什么样的制度？从古今和中西对比考察研究中，我们可以认识到上述制度的不同，与各自的地理环境、经济形式、社会生态、文化传统等诸多客观因素有直接关系，其原理大致就是"存在决定意识""经济基础决定上层建筑"之类。我们越了解历史，越研究西方，我们就越应该知道在经济工商化和全球化、社会公民化和生人化的今天，中国当代政法制度改革和完善的方向与目标在哪里。本著的研究正是这类思考和表达的一部分。

回望过去，本人自 2004 年在导师范忠信教授的指导下开始系统研究纠纷解决机制问题以来，已经出版的书中有几本大致可以成为一个系列，它们是：《地缘社会解纷机制研究》（中国政法大学出版社 2009 年版）、《传统社会的纠纷预防机制》（中国社会科学出版社 2014 年版）、《祥刑致和：长江流域的公堂与断案》（长江出版社 2014 年版）、《国家与民间解纷联接机制研究》（中国政法大学出版社 2016 年版）。如果加上现在这一本和正在撰写中的《基于社会安全的"三调联动"机制研究》（暂定名，国家社科基金项目结项成果），这些书大致可以成为"纠纷解决机制"研究成果系列。就纠纷解决的主体而言，这里有国家解决、民间（社会）解决、国家与民间联动（共同）解决；就（广义）纠纷解决的内容而言，这里有纠纷的预防，有纠纷的化解；就纠纷解决涉及的区域而言，有地方性的纠纷解决，有全国性的纠纷解决；就纠纷解决涉及的时间而言，有传统的纠纷解决，有现代的纠纷解决。这种"系列"并非刻意为之，而是"偶然天成"，岂不幸甚乎？！

本著即将付梓之际，除了首先要感谢为本著研究立项和提供资助的教育部之外，还要特别感谢以下诸位师友：

本课题组成员，他们是：中南财经政法大学法学院的春杨教授、北京邮电大学法学院的黄东海副教授、湖北警官学院法律系的易江波副教授、河南大学法学院的张文勇副教授、杭州师范大学法学院的黄晓平博士、武汉市武昌区司法局的朱小贞科长、湖北省荆门市掇刀区人民法院城南派出法庭的杨小瑜庭长等学者和专家。这里要特别提到的是，豪爽侠义、才华横溢的易江波副教授于 2015 年 4 月 13 日不幸因病永别了我们，实可谓"天妒英才，风摧秀木"；"隽才华文何处再，烟波江上伤别离"。江波的成就和风骨，值得我们永远追念！

　　课题结项成果的五位评审专家，他们是：中国人民大学法学院的赵晓耕教授、杭州师范大学法学院的范忠信教授、武汉大学法学院的柳正权教授、中南财经政法大学法学院的蔡虹教授和屈永华教授。

　　中国政法大学出版社的领导和编辑，特别是本著的策划编辑张琼军教授和责任编辑牛洁颖副编审，在某种意义上，他们是本书最早的读者，也是本书最后的作者。没有他们睿智、精到的高尚劳动，就没有本著的面世。"良朋嘉惠，并志简端！"

　　业师范忠信教授拨冗作序，勉励有加，更要专门致谢！

　　非常荣幸本著能纳入由张晋藩先生作为总主编的《法律溯源论丛》出版。《法律溯源论丛》佳作臻萃，本著忝列其中，突出了本著的主题，升华了本著的境界。

　　能动司法问题涉及司法、立法等多个领域的理论与实务，传统能动司法问题通贯古今、融汇中外，本人学识未逮、心余力绌，敬祈方家、读者批评指教！

　　　　　　　　　　　　　　　　　　　　　　　　　陈会林
　　　　　　　　　　　　　　　　　　　　　　　　　2019 年 4 月 2 日